राजनीति
की
लोक-संस्कृति

राजनीति की लोक-संस्कृति

निमित्त गोविन्दाचार्य

संपादक

रामबहादुर राय

प्रभात प्रकाशन
ISO 9001:2015 प्रकाशक
www.prabhatbooks.com

इंदिरा गांधी राष्ट्रीय कला केंद्र

प्रकाशक • **प्रभात प्रकाशन**
4/19 आसफ अली रोड,
नई दिल्ली-110002

संस्करण • प्रथम, 2019
मूल्य • छह सौ रुपए
मुद्रक • आर-टेक ऑफसेट प्रिंटर्स, दिल्ली

RAJNEETI KI LOK-SANSKRITI Nimitt Govindacharya
Ed. Ram Bahadur Rai ₹600.00
Published by Prabhat Prakashan, 4/19 Asaf Ali Road, New Delhi-2
e-mail: prabhatbooks@gmail.com ISBN 978-93-5322-464-6

यह पुस्तक
देश के उन अनाम लोगों को
समर्पित है
जो स्वर्णिम भारत का सपना देखते हैं और
इसके लिए सक्रिय हैं।

पुरोकथन

जिन्हें हम आदरभाव से गोविंद जी कहते हैं, वे कोडिपाक्कम नीलमेघाचार्य गोविंदाचार्य पचहत्तर की आयुरेखा के पार पहुँच गए हैं। यथा नाम तथा गुण के लिए वे जाने जाते हैं। लेकिन उनके कर्म-कौशल का विस्तार जितना ध्यान में आता है, उससे कहीं अधिक है। बचपन के कुछ वर्षों को छोड़कर जो भी उन्होंने जीवन जिया है, वह समाजमय है। उनकी निजी जिंदगी न के बराबर है। जीवन के जिस पड़ाव पर वे हैं, उसे अनेक ढंग से बताया जा सकता है। अब्राहम लिंकन के जीवन की एक घटना है। उनसे एक प्रतिनिधि मंडल मिलने आया। वह उन्हें अपने प्रश्नों से घायल करने के इरादे से आया था। विकट परिस्थिति थी। उनके प्रश्न लिंकन ने सुने, फिर कहा, "मेरे लिए इस बात का महत्त्व नहीं है कि ईश्वर हमारे पक्ष में है या नहीं, मेरे लिए अधिक महत्त्वपूर्ण बात यह है कि मैं ईश्वर के पक्ष रहूँ, क्योंकि ईश्वर सदैव सही होता है।" ऐसा ही भाव गोविंदाचार्य का होता है, जब उनके समक्ष मनुष्य निर्मित संकट आ खड़े होते हैं। उनसे वे चिंतित नहीं होते। अपने निश्चय पर अडिग रहते हैं। वह निश्चय भारत की पुनर्खोज है, जिसमें भारतीय अस्मिता से समाज को पुनः परिचित कराना शामिल है। इसका वे जब विवेचन करते हैं, तब उन्हें लोग मंत्रमुग्ध होकर सुनते हैं।

उन्होंने अपने जीवन का सत्य बहुत पहले पहचान लिया था। उसे कर्म का पर्याय बनाया। कर्म जारी रखा। कर्म को चलने दिया। कर्ता को विदा कर दिया। अपने अंतर से कर्ता को छोड़ा। यह भाव छोड़ा कि 'मैं कर रहा हूँ।' इसी नैतिक बल ने उन्हें अपने निश्चय पर बढ़ने के लिए ऊर्जा दी। अभय दिया। निर्भय बनाया। देश के राजनैतिक-सामाजिक ढाँचे को बदलने के ऐतिहासिक प्रयासों में उन्हें लगाया। आज जो बड़ी पीड़ा दिखाई देती है, उसके मूल में 'मैं' पर खड़ी सभ्यता है। गोविंदाचार्य का

जीवन इस सभ्यता से मुक्ति का एक आह्वान है। उनके जीवन की यह बड़ी उपलब्धि है कि उन्होंने भारतीय समाज के विकास में बाधा डालने वाली शक्तियों को किसी से भी अधिक पहचाना है। इन लोक-विरोधी शक्तियों से राष्ट्रीय मुक्ति के संग्राम के वे नियामक और नायक दोनों ही हैं।

इसे 'भारत वर्ष का वर्तमान एवं भविष्य' नामक उनके उस वक्तव्य में पढ़ सकते हैं, जिसे उन्होंने 22 अप्रैल, 2004 में लिखा और छपवाया। समाज नीति समीक्षण केंद्र की यह पुस्तक अत्यंत महत्त्वपूर्ण है, जो बार-बार पढ़ने की माँग करती है। भारतीय जनता पार्टी के महासचिव पद से हटने के बाद उन्होंने तीन वर्ष चिंतन-मनन में लगाए। इसके लिए कहीं किसी कुटिया में धूनी नहीं रमाई। श्रमण-परंपरा अपनाई। प्रत्यक्ष देखा। जो देखा, उसे इतिहास, धर्म, संस्कृति, राजनीति और पश्चिम के औपनिवेशिक संदर्भों से लोकतंत्रात्मक रूपांतरण की कसौटी पर समझा। 'अवकाश की इस अवधि में मैं भारतीय सभ्यता के मूलभूत पौराणिक साहित्य को पुन: पढ़ पाया हूँ।' यह उनका कथन है। गणित की गहराइयों को, जिसने विद्यार्थी जीवन में नापा हो, वह स्वस्वीकृत अवकाश का कैसे चिंतन-मनन में रूपांतरित कर सकता है, इसका उदाहरण बहुत खोजने पर भी नहीं मिलेगा। इसीलिए गोविंदाचार्य दुर्लभ राजनेता हैं।

उस मंथन से उन्होंने जो पाया, वह इस तरह बताया—"भारतवर्ष की आज की स्थिति दो परस्पर विरोधी आयामों से परिभाषित होती दिखती है। एक ओर भारतीय लोगों एवं भारतीय समाज में उभर रहा नया आत्मविश्वास, नई स्फूर्ति एवं विभिन्न क्षेत्रों में अपनी प्राथमिकताओं एवं क्षमताओं को सार्वजनिक जीवन में अभिव्यक्त करने के प्रति नया आग्रह है। दूसरी ओर लोगों की आकांक्षाओं, प्राथमिकताओं एवं क्षमताओं से नितांत अनभिज्ञ एवं उनके प्रति नितांत निरपेक्ष भारतीय राज्य है। लोग बदल रहे हैं, देश बदल रहा है, परंतु भारतीय राज्य अपने ढर्रे पर चलता चला जा रहा है।" यह उन्होंने 15 साल पहले कहा। आज इसमें वे थोड़ा संशोधन कर सकते हैं। राज्य-व्यवस्था में परिवर्तन की प्रक्रिया लंबी है। 2014 से उस दिशा में कदम उठते दिख रहे हैं।

इसका अर्थ यह नहीं है कि गोविंदाचार्य के विचार और कार्य की आवश्यकता समाप्त हो गई है। कहना चाहिए, वह अधिक सघन और व्यापक बनने की माँग कर रही है। आजादी के इन सात दशकों को पीछे मुड़कर देखने पर लोकनायक जयप्रकाश नारायण, अच्युत पटवर्धन, भाऊराव देवरस और बालासाहब देवरस के अधूरे कार्य दिखाई पड़ते हैं। उन्हें पूरा करने की एक विनम्र कोशिश गोविंदाचार्य कर

रहे हैं। आज आवश्यकता इस बात की है कि उनकी कभी की दलीय या वैचारिक सीमाओं को बिना चिह्नित किए हुए उनके उन प्रश्नों पर विचार किया जाए, जो सबके हैं। लगभग पाँच दशकों से गोविंद जी से मेरा परिचय है। उनकी सामाजिक-राजनीतिक सक्रियता का साक्षी हूँ। इस आधार पर मेरा मत है कि उनके व्यक्तित्व में समन्वय का एक अद्भुत गुण है, जो उनके बचपन से ही बना हुआ है और वह स्थायी भाव को प्राप्त हो गया है। इसे विडंबना ही कहेंगे कि समन्वय का सारथी ही निशाने पर ले लिया जाता रहा है।

यहाँ तीन घटनाएँ संक्षेप में बता रहा हूँ, जिससे गोविंद जी के समन्वय की सामर्थ्य को अनुभव किया जा सकता है। पहली घटना, 1988-89 के दिनों की है। भाजपा अलग-थलग पड़ी हुई थी। बोफोर्स में दलाली खाने का आरोप राजीव गांधी पर चर्चा में था। उन दिनों पूरे विपक्ष को एकजुट कर सकने में जो व्यक्ति जुटा और सफल हुआ, वह और कोई नहीं, गोविंदाचार्य थे। इसका परिणाम जो निकला, उसे बताने की जरूरत नहीं है। सभी जानते हैं। दूसरी घटना है, 12 मई, 2004 की। उस दिन शाम को गोविंदाचार्य का साठवाँ जन्म साल मनाया जा रहा था। मंच पर इतिहासकार धर्मपाल थे, जिन्हें गांधी का भाष्यकार होने का श्रेय प्राप्त था। श्रोताओं में सुंदर सिंह भंडारी थे। फोन पर बधाई देने वालों में पूर्व प्रधानमंत्री विश्वनाथ प्रताप सिंह थे। तीसरी घटना, 2013 की है। उन दिनों गोविंदाचार्य के जो बयान आ रहे थे, उन्हें कांग्रेसी अपने लिए तिनके का सहारा समझ रहे थे। उस समय उन्हें दो मित्रों ने सलाह दी कि वे कोई ऐसा बयान न दें, जिसका फायदा कांग्रेस उठाए। वे मान गए और अपना वचन निभाया। समन्वय और आत्मानुशासन के धनी गोविंदाचार्य को क्यों गलत समझा गया? क्या वे किसी षड्यंत्र के शिकार हुए? ऐसे प्रश्न अनेक हैं।

आज भी यह एक बड़ा प्रश्न है कि गोविंदाचार्य को भाजपा से बाहर क्यों किया गया? इसी से यह प्रश्न भी गहरे जुड़ा हुआ है कि भाजपा, जो एक वैचारिक राजनीतिक दल के रूप में देखी जाती है, उसमें क्या अब वे ही लोग टिक सकते हैं, जो सत्ता और शोषण के मजबूत उपकरण बनने की येन-केन प्रकारेण क्षमता अर्जित कर लें। गोविंदाचार्य इसलिए नहीं टिक सके, क्योंकि वे राजनीति में सेवा के साधन थे। राजनीति को विचार की पटरी पर चलाना चाहते थे। राजनीति को जनाभिमुख बनाना चाहते थे। भाजपा के महासचिव के रूप में यही उनकी छवि रही है। यही यथार्थ भी है। उन्हें किसी के साथ काम करने में अड़चन नहीं थी। वे कतार में कहीं भी खड़े हो जाने को राजी थे। यह वही कर सकता है, जिसे अपने पर भरोसा हो।

कतार तोड़कर आगे बढ़ जाने की आकुलता उनमें किसी ने नहीं देखी। हाँ, उनकी योग्यता अवश्य ईर्ष्या का कारण बनी। मैं कह सकता हूँ कि 1978 में नानाजी देशमुख ने जिस तरह दलीय राजनीति छोड़ी थी, वही इतिहास कुछ भिन्न प्रकार से दोहराया गया। गोविंदाचार्य के साथ जो घटा, उसका केवल समय और संदर्भ बदल गया था। नानाजी देशमुख ने अपने एक पत्र में इसका कुछ खुलासा भी किया है। उन्होंने उसमें बताया है—"1978 के अप्रैल में मैंने प्रधानमंत्री मोरारजी भाई से अनुरोध किया था कि वे अब प्रधानमंत्री का दायित्व अपनी पसंद के किसी योग्य युवा नेता को सौंप दें। इससे उनकी कीर्ति सदा-सर्वदा बनी रहेगी। इस प्रस्ताव पर मेरे पुराने जनसंघी साथी भी नाराज हुए। उन्होंने कंवरलाल गुप्ता को मेरे पास भेजा कि मैं अपना प्रस्ताव वापस लूँ। मैंने उनसे कहा कि आप लोगों को अपने पैरों तले से खिसकती जमीन दिखाई नहीं देती।" इसमें संदेह नहीं है कि नानाजी देशमुख अपना उदाहरण आप थे। वे राजनीतिक यथार्थ के अनोखे पारखी थे। जब भाजपा गर्त में थी, तब उन्होंने ही भाऊराव देवरस को सलाह दी कि गोविंदाचार्य को भाजपा में लाना चाहिए। इस तरह 1988 में गोविंदाचार्य भाजपा में पहुँचे। वे पणजी गए, यानी गोवा की राजधानी। वहाँ भाजपा की कार्यसमिति थी। लालकृष्ण आडवाणी अध्यक्ष थे।

वहाँ से गोविंदाचार्य के जीवन का नया अध्याय प्रारंभ हुआ। वह उनके लिए जहाँ विस्मयकारी है, वहीं दूसरों के लिए चकितकारी है। विस्मय का बोध व्यक्तिगत होता है। वह निजी होता है। अनुभवदायी होता है। चकित दूसरे होते हैं। सन् 1988 से 2000 तक का समय बारह साल का है। भारतीय इतिहास के ज्ञात और अज्ञात कालखंड में बारह साल का महत्त्व किसी से छिपा नहीं है। क्या वैसा ही समय गोविंदाचार्य का भी रहा। इसका उत्तर भाजपा का कोई इतिहासकार ही दे सकता है। जो ज्ञात है, वह तो इतना ही है कि सन् 2000 में प्रधानमंत्री अटल विहारी वाजपेयी के हस्तक्षेप से उन्हें महासचिव पद से हटाया गया। वाजपेयी जैसा चाहते थे, वैसा तो तत्काल नहीं हुआ, लेकिन महासचिव के बजाय गोविंदाचार्य को कार्यसमिति का सदस्य बनाया गया। इस राजनीतिक संकेत को गोविंदाचार्य ने समझने में देर नहीं की।

उन्होंने जो फैसला किया, उस पर चर्चा करने से पहले यह समझना जरूरी है कि आखिर क्यों गोविंदाचार्य से भाजपा नेतृत्व असहज हो उठा था। जो ज्ञात घटनाएँ हैं, वे पूरा स्पष्टीकरण नहीं देतीं। एक घटना 16 सितंबर, 1997 की है। उसके बाद की कुछ और घटनाएँ भी हैं। फिलहाल उस मूल घटना की बात कर रहा हूँ। उस दिन दो अंग्रेज उनसे मिलने भाजपा दफ्तर पहुँचे। विदेशी राजनयिक अपनी समझ बढ़ाने

के लिए महत्त्वपूर्ण राजनीतिक नेताओं से मिलते रहते हैं। वैसी ही वह मुलाकात थी, जो भाजपा की सत्ता-राजनीति में गोविंदाचार्य की बलि का कारण बन गई। क्या वह एक साजिश थी? जो भी हो, 7 अक्तूबर, 1997 को कुछ अखबारों में छपा कि उस मुलाकात में गोविंदाचार्य ने अटल बिहारी वाजपेयी को भाजपा का 'मुखौटा' कहा। गोविंदाचार्य सफाई देते रह गए कि मैंने मुखौटा नहीं, मुकुट कहा था। जब-जब यह विवाद उठा और उनसे पूछा गया तो उनका हमेशा यही कहना था कि "अगर अटल जी और भाजपा के संबंधों पर मुझे कहना ही होगा तो मैं उन्हें भाजपा का मुकुट कहूँगा।" फिर भी वाजपेयी को इस सफाई पर यकीन नहीं आया तो इसका कारण सत्ता-राजनीति से बना नजरिया है। वाजपेयी ने गोविंदाचार्य की अनेक अवसरों पर बहुत प्रशंसा भी की है। झिंझौली में जो वैचारिक प्रशिक्षण का क्रम चलाया गया, वह गोविंदाचार्य के ही प्रयास से हुआ। उस अवसर पर वाजपेयी ने गोविंदाचार्य को सराहा। फिर भी सत्ता में आने के बाद उन्हें गोविंदाचार्य से कोई परेशानी थी तो वह समझने लायक है। वह क्या हो सकती है? क्या यह कि वे अपने पद को खतरे में समझ रहे थे? क्या वे नहीं चाहते थे कि भाजपा के विचारों से राजग की सरकार चले। अनुभवी और सुलझे हुए नेता वाजपेयी ने पहली बार पार्टी के मामलों में हस्तक्षेप किया। इससे पहले वे असहमति ही जताते थे, पर पार्टी का फैसला मान लेते थे। ऐसा क्यों हुआ? क्या इस तरह का कोई उदाहरण पहले भी रहा है?

एक उदाहरण इसी तरह का है। आजादी के बाद जवाहरलाल नेहरू प्रधानमंत्री बने। उससे पहले वे कांग्रेस के अध्यक्ष थे। उन्हें अध्यक्ष पद छोड़ना पड़ा और मेरठ कांग्रेस में आचार्य जे.बी. कृपलानी अध्यक्ष बने। यह नवंबर 1946 की बात है। वह दौर उथल-पुथल का था। उस दौर में जवाहरलाल नेहरू और सरदार पटेल सरकार के स्तर पर बिना अध्यक्ष से परामर्श किए फैसले लेते जा रहे थे। आचार्य कृपलानी 1934 से 1946 तक कांग्रेस के महासचिव थे। उस दौरान कांग्रेस के ज्यादातर फैसले सामूहिक विचार-विमर्श से होते थे। जब उन्होंने देखा कि प्रधानमंत्री कांग्रेस अध्यक्ष की कोई परवाह नहीं कर रहे हैं तो उन्होंने महात्मा गांधी को इसकी सूचना दी और अपने महासचिवों सहित अध्यक्षता छोड़ दी। यह संक्षिप्त वर्णन हमें बताता है कि आजादी जब आ रही थी, तभी कांग्रेस ने एक पद्धति अपना ली। कांग्रेस को सरकार के अनुसार ढाला गया। यह एक राजनीतिक द्वंद्व था, जो कांग्रेस में लंबे समय तक चलता रहा। यही द्वंद्व 1998 में भाजपा के सामने आया। भाजपा के जयपुर अधिवेशन में लालकृष्ण आडवाणी ने अध्यक्षता कुशाभाऊ ठाकरे को सौंप दी। उस समय उन्होंने

जो भाषण दिया, वह इस द्वंद्व को स्पष्ट करता है। उस दौर के बारे में गोविंदाचार्य कम बोलते हैं। पर यह भी नहीं कहा जा सकता कि वे सभी बातें छिपाते हैं। उन्होंने भी अनेक बार तरह-तरह से यह बताया है कि सरकार तब प्रमुख थी और पार्टी उसका अनुसरण कर रही थी। गोविंदाचार्य और उन जैसे पार्टी के नेता अटल विहारी वाजपेयी की नजर में खटक रहे थे, क्योंकि ये लोग सरकार को स्वदेशी और ऐसी ही अनेक नीतिगत बातों की याद दिलाने और कह सकते हैं कि समय-समय पर टोकने के लिए सन्नद्ध रहते थे।

संभवत: गोविंदाचार्य को महासचिव पद से हटाने और भाजपा से बाहर करने का वाजपेयी का फैसला इस राजनीतिक तकाजे का तात्कालिक परिणाम था। लेकिन वह अचानक नहीं था। जब मुखौटा का विवाद उछला तो वह वाजपेयी को डरा गया। क्योंकि लालकृष्ण आडवाणी की स्वर्ण जयंती रथयात्रा से वे आशंकित हो उठे थे। हालाँकि आडवाणी ने दो साल पहले ही यह घोषणा कर दी थी कि भाजपा को सरकार बनाने का मौका मिलेगा तो अटल विहारी वाजपेयी प्रधानमंत्री बनेंगे। फिर भी स्वर्ण जयंती रथयात्रा ऐसी नहीं थी, जिसकी राजनीतिक रूप से उपेक्षा कर देते। वह यात्रा 21 राज्यों में हुई थी। 15 हजार किलोमीटर चली थी। उसमें 56 दिन लगे थे। जब वह 15 जुलाई, 1997 को दिल्ली पहुँची तो उसके अंतिम चरण के प्रभारी गोविंदाचार्य थे। उस यात्रा में लालकृष्ण आडवाणी को परशुराम बताकर कविवर दिनकर की यह पंक्ति दुहराई जाती थी—'मत डरो, संत यह मुकुट नहीं माँगेगा।' उसके दो महीने बाद ही मुखौटे का विवाद उछला। क्या वह राजनीतिक षड्यंत्र था? जो भी हो, उसका परिणाम 2000 में प्रकट हुआ। इस घटना की राजनीतिक प्रकृति उससे भिन्न थी, जो गोविंदाचार्य के साथ 1991 में घटित हुई थी। तब डॉ. मुरली मनोहर जोशी ने उन्हें चेन्नई 'वनवास' पर भेजा था।

गोविंदाचार्य की जगह कोई दूसरा होता तो उसके लिए सन् 2000 की घटना एक राजनीतिक दु:स्वप्न बन जाती। वह हताश होता और हिम्मत छोड़ देता। क्योंकि तब भाजपा और संघ ने गोविंदाचार्य का साथ नहीं दिया। वह तो गोविंदाचार्य ही थे, जिन्होंने खुद रास्ता दिखाया और भाजपा-संघ को उलझन से बचा लिया। उन्होंने अध्ययन अवकाश पर जाने का फैसला किया। यह उनके मूल निर्णय के अनुरूप ही था। बनारस के एक मित्र भावविभोर होकर वर्णन करते हैं कि किस प्रकार गोविंदाचार्य ने विदेश में मिली बढ़िया फेलोशिप को ठुकराकर संघ का प्रचारक होने का संकल्प किया था। समाज-कार्य में ही इस जीवन को होम कर देने का वह सोचा-समझा कदम

था। उसी आदमी को 35 साल बाद अपनी नई राह बनाने की उधेड़बुन में पड़ना पड़े तो मानना चाहिए कि कोई विचित्र घटना हुई होगी। उसका अनुमान लगाया जा सकता है कि गोविंदाचार्य को भाजपा से बाहर करने में उन ताकतों की बड़ी भूमिका थी, जो वाजपेयी सरकार को अपने इशारों पर नचाना चाहती थीं। हमने देखा है कि गोविंदाचार्य के निकलने के बाद भाजपा में बाजारवाद छा गया। कह सकते हैं कि वह मछली बाजार हो गई। उसमें स्वदेशी और स्वावलंबन का कोई नामलेवा नहीं रहा। सत्ता की ऐसी माया में ग्रस्त भाजपा को 2004 और 2009 की पराजय ने कुछ सिखाया है, ऐसा लगता नहीं है।

लेकिन गोविंदाचार्य ने जो राह चुनी थी, उससे विचलित नहीं हुए। इसे एक अत्यंत अचर्चित घटना से समझा जा सकता है। घटना 2009 की है। उनके मित्रों ने पूरा जोर लगाया और समझाया कि वे वाराणसी से लोकसभा का चुनाव लड़ें। लेकिन गोविंदाचार्य उस प्रलोभन में नहीं पड़े। अध्ययन अवकाश पूरा होने के बाद उन्होंने अपने बारे में कुछ मूलभूत निर्णय लिये और तय किया कि उनको आधार बनाकर आगे काम करेंगे। अप्रैल 2003 में जबलपुर में एक पत्रकार वार्त्ता के दौरान उन्होंने इन निर्णयों की घोषणा की, जो इस प्रकार हैं—

1. मैं राष्ट्रीय स्वयंसेवक संघ का स्वयंसेवक हूँ और आजीवन रहूँगा।
2. पंडित दीनदयाल उपाध्याय द्वारा प्रतिपादित एकात्म मानवदर्शन में मेरी आस्था है और हमेशा रहेगी।
3. मैं अब किसी राजनीतिक दल की सदस्यता नहीं ग्रहण करूँगा। किंतु एक जिम्मेदार नागरिक होने के नाते समाज और राष्ट्र के प्रति अपने दायित्व से कभी विमुख नहीं होऊँगा।
4. देश की संपूर्ण सज्जनशक्ति के बीच संवाद, सहमति एवं सहकार स्थापित करने का प्रयास करूँगा, ताकि व्यवस्था परिवर्तन की लड़ाई में सम्मिलित रूप से अपना योगदान कर सकें।

इस निर्णय के बाद 16 साल गुजर गए हैं। इस अवधि में वे सतत प्रयासरत हैं। उनके प्रयासों पर एक पुस्तक भी काफी पहले प्रकाशित हुई। उस पुस्तक का शीर्षक है—'व्यवस्था परिवर्तन की राह', जिसमें गोविंदाचार्य के इन गुजरे सालों की समझ को प्रस्तुत किया गया था। उसे व्यवस्था-परिवर्तन का 'गोविंदाचार्य सूत्र' भी कहा जा सकता है। इसमें उनके करीब पाँच दशक लंबे सामाजिक-राजनीतिक जीवन का अनुभव भी पिरोया हुआ है। उन्हें सामाजिक-राजनीतिक यथार्थ की गहरी समझ है।

जो लोग नए प्रश्नों और चुनौतियों का रटा-रटाया उत्तर चाहते हैं, वे इस उम्मीद में आज भी हैं कि भाजपा सुधरे और गोविंदाचार्य को अपनाए। यह उनको मानने वालों की इच्छा है। लेकिन जो यथार्थ है, उसे गोविंदाचार्य के अलावा दूसरा नहीं जानता। जो जानते हैं, वे सिर्फ अफसोस की एक ठंडी साँस लेकर रह जाते हैं। अफसोस वे इस बात का करते हैं कि गोविंदाचार्य की प्रतिभा का संस्था ने सार्थक उपयोग नहीं किया। याद करें कि करीब आठ साल पहले जब व्यवस्था परिवर्तन के नारे पर आंदोलन भी चले। वे आंदोलन प्रवाह पकड़ते और राजनीति को बदल डालते, उससे पहले ही वे व्यवस्था के अंग बन गए। गनीमत है कि गोविंदाचार्य उनसे अलग-थलग खड़े रहे। वे संयोजन कर सकते थे, अगर उन आंदोलनों का नेतृत्व अपनी निष्ठा में ईमानदार होता। यह एक पहेली बनी हुई है। गोविंदाचार्य इस बारे में साफ-साफ कह रहे थे और बाद की घटनाओं ने उन्हें सही भी साबित किया। वे कह रहे थे कि परिस्थितियाँ नई हैं, इसलिए समाधान भी लोगों को देश की तासीर के हिसाब से ढूँढ़ना होगा। उनका कथन सही है कि देश अपने अंतर्विरोधों में उलझ गया है। इस पुस्तक से उन अंतर्विरोधों को पहचानना सरल होगा। उन अंतर्विरोधों से निकलने का मार्ग खोजना भी पहले से अधिक आसान हो सकता है। इन अंतर्विरोधों के कई रूप हैं। गरीबी-अमीरी के अलग-अलग टापू। अपनी प्राकृतिक संपदा और उसके उपयोग का तरीका। आबादी को बोझ मानने का नजरिया। गाँव से शहरों में पलायन। ऐसे अनेक उदाहरण दिए जा सकते हैं। इन प्रश्नों पर गोविंदाचार्य ने एक नई अवधारणा दी है। वे लिखते हैं—"हमारे देश में आजकल उपलब्ध मानव संसाधन को एक बोझ, एक समस्या के रूप में प्रचारित किया जा रहा है। परंतु मेरा स्पष्ट मानना है कि यदि हम अपने मानव संसाधन को सही ढंग से नियोजित करें तो यह हमारी सबसे बड़ी संपत्ति बन सकती है।"

ऐसे गोविंद जी ने अपने सामाजिक कार्यों के हर चरण में वे दायित्व निभाए हैं, जो अत्यंत कठिन थे। भाऊराव देवरस ने उन्हें कठिन क्षेत्रों में ही लगाया। जहाँ-जहाँ वे गए, जो-जो दायित्व मिला, उसे सफलतापूर्वक निभाया। उस समय-खंड को इस पुस्तक में 'अपना विश्वविद्यालय' नाम दिया है। उसका एक विवरण इस अध्याय में आ गया है। इस अंश को ब्रजेश कुमार ने लिखा है। दूसरे अध्याय के लेखक हिमांशु शेखर हैं; जो संघर्ष और रचना के समय का है। तीसरा और चौथा अध्याय वह है, जिसका संबंध गोविंदाचार्य के दलीय राजनीति के प्रसंग से जुड़ा हुआ है। इसके लेखक मनोज के. झा हैं। पाँचवें अध्याय का संबंध गोविंदाचार्य के जीवन में,

जो सुंदर कांड है, उससे है। जो 'अध्ययन अवकाश' के नाम से विख्यात हो गया है। इसे राकेश सिंह ने लिखा है। छठे अध्याय में उस गोविंदाचार्य का रेखाचित्र है, जो सबके हो चुके हैं। इसके लेखक विमल कुमार सिंह हैं। इसमें देख सकते हैं कि गोविंदाचार्य को, जिन्हें प्रेरणा का स्रोत समझा जा रहा है, जिन्हें लोग मित्र, सहयोगी और मार्गदर्शक मानते हैं, जिन पर नीरज की ये पंक्तियाँ सटीक बैठती हैं : 'और गुनाह किया है कुछ तो, इतना सिर्फ गुनाह किया है, लोग चले जब राजभवन को, मुझको याद कुटी की आई।'

यह पुस्तक गोविंदाचार्य की राजनीतिक यात्रा का रेखाचित्र है। जो पहले खंड में पूरा हो जाता है। दूसरा खंड भी है। उसका शीर्षक है—'सवालों के सामने।' इस खंड में गोविंदाचार्य के वे इंटरव्यू हैं, जो समय-समय पर छपे हैं। उनमें से कुछ इस पुस्तक में दिए गए हैं। पुस्तक के परिशिष्ट में स्थायी महत्त्व की कुछ सामग्री है। फिर भी कोई यह न माने कि यह पुस्तक गोविंदाचार्य की जीवनी है। यह जीवनी बिल्कुल नहीं है। संस्मरण भी नहीं है। लेकिन इससे एक अभाव अवश्य दूर होगा। जो भी चाहे, वह इस पुस्तक को आधार बनाकर उनकी जीवनी लिख सकता है। ऐसे बहुत लोग हैं, जो इस मनोरथ के हैं। लेकिन उनकी सहायता के लिए यह पुस्तक नहीं लिखी गई है। यह तो बातों-बातों में बन गई है। इसमें अखबारों की रद्दी का भरपूर उपयोग हुआ है। रद्दी से आशय पत्र-पत्रिकाओं में छपी और संगृहीत सामग्री से है, जिसे मेरे पुस्तकालय और संदर्भ-संग्रह में दिनेश कोठारी ने वर्षों से सँभालकर फाइलों में रखा था। लेकिन मात्र उसी से यह पुस्तक बननी होती तो कब की बन जाती। यह सामूहिक प्रयास से बनी है। इस बारे में पहली बात मनोज के. झा से हुई। उन्होंने पूरी सामग्री देखी। उसे पढ़ा और बताया कि एक पुस्तक हो सकती है। उसके बाद सहयोगियों का निर्धारण हुआ। कई बार मिले, देर तक बातें हुईं। कौन क्या करेगा, इसका निर्णय हुआ। जिसके जिम्मे जो समय-खंड आया, उसके लिए पढ़ना और टूटी हुई कड़ियों को जोड़ना बड़ी चुनौती नहीं तो कठिन कार्य अवश्य था। जो इसके लेखक हैं, उन्होंने इसका बीड़ा उठाया। उसी दौरान सुरेश शर्मा मुंबई से दिल्ली आए। न जाने कितनी पुस्तकों के संपादन का कार्य उन्होंने संपन्न किया है। यह जानता ही था। उनके आने और इस पुस्तक का काम हाथ में लेने से विश्वास बना कि समय से यह कार्य पूरा हो सकेगा। इसमें भ्रमणशील गोविंदाचार्य ने भी हमारे अनुरोध पर लेखकों को समय दिया। उनसे बात की। इसी रूप में यह एक सम्मिलित प्रयास है। जो बात-बात में पूरा हो गया। तभी प्रभात प्रकाशन के प्रभात जी ने अपनी इच्छा प्रकट की कि वे इसे छापना चाहते

हैं। हमारे लिए इससे सुखद बात और क्या हो सकती थी। इस पर डॉ. सच्चिदानंद जोशी ने सहमति दी। यह है, इस पुस्तक की अपनी कहानी। लेखकगण, सुरेश शर्मा और प्रभात प्रकाशन का आभार। इस पुस्तक से जिस गोविंदाचार्य का दर्शन होगा, उसे कभी रवींद्रनाथ ठाकुर ने इन शब्दों में व्यक्त किया था—

'हो चित्त जहाँ भयशून्य, माथ हो उन्नत,
हो ज्ञान जहाँ पर मुक्त, खुला यह जग हो—
घर की दीवारें बनें, न कोई कारा,
हो जहाँ सत्य ही स्रोत सभी शब्दों का,
हो लगन ठीक से ही सबकुछ करने की,
हों नहीं रूढ़ियाँ रचतीं कोई मरुथल—
पाए न सूखने इस विवेक की धारा।
हो सदा विचारों-कर्मों की गति फलती,
बातें हों सारी सोची और विचारी,
हे पिता! मुक्त वह स्वर्ग रचाओ हममें,
बस, उसी स्वर्ग में जागे देश हमारा।'

18 अप्रैल, 2019

—रामबहादुर राय

अनुक्रम

खंड–1

समय और जीवन

खंड–2

सवालों के सामने

चर्चित मुद्दे और गोविंदाचार्य से बातचीत

साक्षात्कार

परिशिष्ट

खंड-1

समय और जीवन

अपना विश्वविद्यालय
(1964–1974)

○ ब्रजेश कुमार

गोविंद जी जब छोटे थे तो माँ को बड़ी चिंता थी कि बेटा रास्ते से कहीं भटक न जाए! माँ ने अभाव का जीवन देखा था और बेटे को वैसी गरीबी में देखना उन्हें कतई मंजूर नहीं था। इसलिए दुनियादारी से जो समझ उनकी बनी थी, उसी को आधार बनाकर एक निष्कर्ष तक पहुँची थीं। अब उसमें किसी बदलाव की गुंजाइश भी नहीं रह गई थी, जो स्वाभाविक बात थी। वे अकसर गोविंद को रोकती-टोकती रहतीं। कई बार चेताती और बोलतीं कि 'अगर पढ़ाई ठीक से पूरी नहीं करेगा तो कहाँ से कमाए-खाएगा।' दूसरी तरफ गोविंद का व्यक्तित्व वैचारिक भट्ठियों में तपकर निखर रहा था। उसने अपने लिए एक अलग राह चुन रखी थी और खुद को राष्ट्र-निर्माण में लगाने का संकल्प कर लिया था। काशी हिंदू विश्वविद्यालय से गणित में एम.एससी. की डिग्री प्राप्त करने के बाद वह होनहार नौजवान उचित अवसर की प्रतीक्षा कर रहा था। तभी एक दुर्घटना घटी। वर्ष 1964 में पिता की अचानक मृत्यु हो गई। वे 62 साल के थे। इस घटना से पूरा परिवार सदमे में डूब गया। तब परिवार के ऊपर कुल 35 हजार रुपए का कर्ज था, जिसे यथाशीघ्र चुकता करना था। वैसे बड़े भाइयों की नौकरी लग चुकी थी और कर्ज चुकाना परिवार के लिए कठिन काम नहीं था, लेकिन गोविंद ने अपनी भागीदारी सुनिश्चित की। यह निर्णय लिया कि परिवार पर आए कर्ज को चुकता करने में वे बड़े भाइयों का बराबर सहयोग करेंगे।

लेकिन पिताजी की मृत्यु को अभी छह महीने ही हुए थे कि एक रहस्य से परदा हटा। परिवार के लोगों को जानकारी मिली कि इलाहाबाद बैंक की वाराणसी शाखा

और ओरिएंटल बैंक की तिरुपति शाखा में कुल 70 हजार रुपए हैं। इससे कर्ज का बोझ उतर गया। वे सोचने लगे कि जिस कर्ज को चुकता कर वे घर के ऋण से उऋण होना चाहते थे, वह तो उनके बस में था ही नहीं। उसकी व्यवस्था तो पिता स्वयं कर गए थे। इसलिए जीवन में अपनी भूमिका सुनिश्चित करनी चाहिए और उसे ईमानदारी के साथ पूरा करने की भरपूर कोशिश करनी चाहिए। इस अहसास के साथ 1964 का साल गुजर गया।

संघ के शिक्षा वर्ग में प्रवेश

वर्ष 1965 बतौर शिक्षक वे संघ शिक्षा वर्ग में शामिल होने नागपुर पहुँचे। वहाँ उनका निर्णय दृढ़ हुआ, जिसके बाद काशी हिंदू विश्वविद्यालय के अपने विभागाध्यक्ष डॉ. ब्रजमोहन को पत्र लिखकर औपचारिक सूचना दी। उस पत्र में गोविंदाचार्य ने लिखा कि 'शोधकार्य में मेरी कोई रुचि नहीं रह गई है। मैंने अपने जीवन का लक्ष्य कुछ और निश्चित किया है, अब उस रास्ते पर चल पड़ा हूँ।' गणित के प्रोफेसर ब्रजमोहन का वाराणसी में काफी नाम था। वे गणित को भी सरल हिंदी में पढ़ाते थे। अवकाश–प्राप्ति के बाद भाषा के क्षेत्र में श्रेष्ठ काम किया और 'शब्द साधना' नाम की चर्चित पुस्तक लिखी। डॉ. ब्रजमोहन की पहचान यह भी थी कि वे पूस की ठंड में भी हाफ बाजू की कमीज पहनते थे। उनके व्यक्तित्व से विश्वविद्यालय के छात्र प्रभावित थे।

बहरहाल, संघ शिक्षा वर्ग की समाप्ति के बाद गोविंदाचार्य नागपुर से वाराणसी लौटे तो अपने गुरु मोहनलाल तिवारी से आशीर्वाद लेने गए। उन्हें अपने जीवन का उद्देश्य बताया। गुरु ने उनकी पूरी बात ध्यान से सुनी। उस पर मनन किया। फिर बोले, 'राष्ट्रीय स्वयंसेवक संघ की विचारधारा से मेरी असहमति रही है। फिर भी तुम सामाजिक कार्य करना चाहते हो तो अवश्य करो। मुझे विश्वास है कि तुम जहाँ कहीं रहोगे, कुछ अच्छा कार्य ही करोगे, लेकिन गरीबों के हक और हित का हमेशा खयाल रखना।' मोहनलाल तिवारी हिंदी साहित्य के शिक्षक थे और वामपंथी विचारधारा में उनकी रुचि–गति प्रबल थी। उन्हीं के प्रभाव में गोविंदाचार्य के मन में वामपंथ को लेकर रुचि पैदा हुई थी।

खैर, गोविंदाचार्य के प्रचारक बनकर निकलने की सूचना भी घर आ गई थी, जिससे माँ का हृदय बैठा जा रहा था। वे बेटे के निर्णय से विचलित थीं। जिस किसी से बात होती तो यही दोहरातीं कि गोविंद पागल हो गया है। उन दिनों वाराणसी में

नगर प्रचारक श्याम गुप्त थे। गोविंद से उनकी गहरी दोस्ती थी। दोनों एक ही कटोरे में भोजन करते और एक ही चटाई पर सोते थे। गोविंद के घर उनका रोज आना-जाना था। जब माँ के विचलित होने की खबर श्याम गुप्त को मिली तो वे ढाढस बँधाने आए और कहा, "अगर गोविंद जा रहे हैं तो क्या हुआ; मैं तो यहीं हूँ।" लेकिन माता का मन कुछ सुनने को तैयार नहीं था। अच्छा यह हुआ कि भाऊराव देवरस ने गोविंद को तत्काल प्रचारक निकलने की अनुमति नहीं दी। जून 1965 में भी वे बात टाल गए। लखनऊ में गोविंद से कहा, "अभी वाराणसी जाओ। प्रचारक बनकर निकलने का समय नहीं आया है।" तब उनके कहे का एक अर्थ निकाला गया कि वे गोविंद को विशेष भूमिका के लिए देख रहे हैं।

इस बात को कम लोग जानते हैं कि भाऊराव देवरस राष्ट्रीय स्वयंसेवक संघ के तृतीय सरसंघचालक बालासाहब देवरस के छोटे भाई थे। डॉ. केशव बलिराम हेडगेवार के राष्ट्रीय स्वयंसेवक संघ की नींव रखने के बाद देवरस परिवार के पाँच भाइयों में से दो भाई—मधुकर (बालासाहब) और मुरलीधर (भाऊराव) देवरस संघ के प्रचारक बने। बालासाहब देवरस तीसरे सरसंघचालक बने, वहीं उनके छोटे भाई भाऊराव देवरस ने देश के अलग-अलग इलाकों में संघ का प्रसार किया। भाऊराव देवरस ने 1937 में स्नातक परीक्षा उत्तीर्ण की, जिसके बाद डॉ. हेडगेवार ने उन्हें उत्तर प्रदेश भेजा। उन्होंने लखनऊ विश्वविद्यालय में आगे की पढ़ाई करते हुए दो विषयों में स्नातकोत्तर किया। संघ कार्य का विस्तार किया। स्व. भय्याजी दाणी के हाथों को मजबूत करते हुए भाऊराव देवरस ने प्रदेश के हर जिले में संघ शाखाओं का जाल फैला दिया था। अपने जीवन काल में उन्होंने उत्तर प्रदेश के अलावा पश्चिम बंगाल, बिहार तथा पूर्वोत्तर भारत में संघ कार्य का विस्तार कर दिया था।

बहरहाल, लखनऊ से गोविंद को वाराणसी जिले के शारीरिक प्रमुख का कार्य सौंपकर भेज दिया गया। वाराणसी आकर वे अपने कार्य में जुट गए। उसके ठीक महीने भर बाद जुलाई 1965 में भाऊराव देवरस वाराणसी आए और गोविंद से मन की बात कही। उसका लब्बोलुआब यह था कि सन् 1962 की लड़ाई के बाद राष्ट्रीय स्वयंसेवक संघ की पूरी कोशिश है कि बिहार में काम-काज का विस्तार हो। इस दिशा में गंभीर कोशिश हो रही है। यही वजह थी कि सन् 1963, 1964 और 1965 में चुन-चुनकर 13-14 प्रचारकों को बिहार भेजा गया था।

प्रचारक के रूप में बिहार भेजे गए

भाऊराव चाहते थे कि गोविंद की प्रतिभा का सही उपयोग हो। वह संयोग दिसंबर 1965 में आया। 4 दिसंबर, 1965 की तारीख थी, जिस दिन गोविंदाचार्य प्रचारक के रूप में बिहार भेजे गए। बड़ी संख्या में स्वयंसेवक रेलवे स्टेशन पर आए हुए थे। वे सभी गोविंदाचार्य को पंजाब मेल से विदा करने आए थे।

यह अवसर अचानक नहीं आया था, बल्कि इसके पीछे की एक दिलचस्प कहानी है, जिसके एक महत्त्वपूर्ण पात्र त्रिलोकीनाथ श्रीवास्तव थे। वे राष्ट्रीय स्वयंसेवक संघ के निष्ठावान कार्यकर्ता थे। शाखा के विस्तार के लिए प्रयासरत रहते थे। इसके लिए वे प्रतिभाशाली छात्रों की खोज में रहते थे, चूँकि गोविंद पढ़ाई-लिखाई में हमेशा अव्वल रहे, इसलिए त्रिलोकी जी की नजर उनपर टिकी हुई थी। वे अकसर गोविंद को ढूँढ़ते हुए उन स्थानों पर पहुँच जाया करते थे, जहाँ वे अपने संगी-साथियों के साथ खेल-कूद में व्यस्त रहते थे। उनका गोविंद के घर आना-जाना भी था। वैसे उस समय संघ की विचारधारा के संबंध में त्रिलोकी जी का प्रवचन लड़कों में अरुचि पैदा करनेवाला था। लड़के एक कान से त्रिलोकी जी की बात सुनते और दूसरे से निकाल देते थे। हनुमानगढ़ और आसपास के मोहल्ले में यह सिलसिला कई वर्षों से चला आ रहा था। त्रिलोकी जी की बातें सुनकर गोविंद के मन में भी एक धारण बन गई थी। चूँकि परिवार के किसी भी सदस्य का संघ की शाखा से दूर-दूर तक कोई संबंध नहीं था, इसलिए पत्र-पत्रिकाओं को पढ़कर ही गोविंद राष्ट्रीय स्वयंसेवक संघ के बारे में कुछ जान पाए थे। उसमें 'ब्लिट्ज' पत्रिका की भूमिका महत्त्वपूर्ण थी। सन् 1956 में मैट्रिक की परीक्षा में उत्तीर्ण होने के बाद गोविंद पत्र-पत्रिकाएँ खूब पढ़ने लगे थे। उनमें ब्लिट्ज उनकी प्रिय पत्रिका थी। हिंदी के प्राध्यापक पंडित मोहनलाल तिवारी ने मैक्सिम गोर्की की पुस्तक 'मदर' (माँ) और निराला की कविताओं का एक संग्रह पढ़ने के लिए दिया था। इन साहित्यिक रचनाओं से गोविंद का एक मानस बनने लगा था। ब्लिट्ज सरीखी पत्र-पत्रिकाओं को पढ़कर वे इस निष्कर्ष तक पहुँच चुके थे कि संघ एक अर्धसैन्य और गुप्त संगठन है, जो मुसलिम विरोधी है। इसकी कार्यशैली भी हिंसक है।

शारदाशरण सिंह का प्रेरक भाषण

गोविंदाचार्य को राष्ट्रीय स्वयंसेवक संघ की विचारधारा का संस्कार मिलने की शुरुआत बहुत नाटकीय तरीके से हुई थी। 1960 का जुलाई महीना था। गोविंद ने

बी.एससी. की पढ़ाई पूरी कर ली। अब वे एम.एससी. में दाखिला लेने की तैयारी कर रहे थे। इसी समय मोहल्ले में एक बैठक बुलाई गई। उस बैठक में ले जाने के लिए त्रिलोकी जी खुद गोविंद के घर पहुँच गए। पहले की तरह इस बार गोविंद बचकर नहीं निकल पाए। उन्हें बैठक में शामिल होने के लिए जाना पड़ा। उस बैठक को संबोधित करने के लिए प्रो. शारदाशरण सिंह आए थे। वे काशी हिंदू विश्वविद्यालय के प्रोफेसर थे। छात्रों के बीच उनकी बड़ी प्रतिष्ठा थी। बैठक में उन्होंने जो बात रखी, उससे सभी प्रभावित हुए। गोविंद को भी उनकी बात तर्कसंगत लगी। दरअसल, प्रो. शारदाशरण सिंह ने कहा था, "कोई भी देश अपने आम नागरिक की ताकत से बड़ा बनता है। नागरिक की ताकत का अर्थ उसकी गुणवत्ता से है, जो परिश्रमशीलता, अनुशासन, देशभक्ति, निर्भयता और सामाजिक दायित्व बोध से आता है।" इसी क्रम में आगे उनका जो भाषण हुआ, उसका सार यह था कि नागरिक में ऐसे संस्कार उस देश की शिक्षा से निर्मित होते हैं। दुर्भाग्य से हमारे देश में उपनिवेशकाल की शिक्षा पद्धति आज भी चली आ रही है। इसलिए एक बाह्य संगठन के नाते राष्ट्रीय स्वयंसेवक संघ यह कार्य कर रहा है, जो एक घंटे शारीरिक, मानसिक और बौद्धिक कवायद से देशभक्ति का पुट देता है। नागरिक को संस्कार देता है। शेष 23 घंटे उन गुणों के साथ जीवन जीने का संदेश देता है। यही संघ है। जिस काम को शिक्षा के जरिए होना चाहिए था, उसे संघ कर रहा है।

अपनी बात पूरी करने के बाद अंत में उन्होंने कहा, "जो लोग मेरी बात से सहमत हैं, वे कृपया हाथ उठाएँ।"

गोविंदाचार्य ने तत्काल अपना हाथ उठा दिया।

उन्होंने तत्क्षण फिर दूसरी बात कही कि यदि आप सहमत हैं कि उन बातों को आचरण में उतारें। संघ की शाखा में शामिल हों। इसके बाद गोविंद ने शाखा में जाने का मन बनाया। ठीक अगले दिन त्रिलोकी जी के साथ तिलभांडेश्वर की शाखा में पहुँचे। अब तक गोविंद को अपने संगी-साथियों के साथ क्रिकेट खेलना प्रिय था। वे कबड्डी भी खेलते थे। शारदाशरण सिंह के उद्बोधन को सुनने के बाद वे तिलभांडेश्वर शाखा के नियमित सदस्य हो गए। जुलाई, 1960 तक गोविंद ने एम.एससी. में दाखिला ले लिया था। कॉलेज की पढ़ाई के साथ-साथ वे शाखा के भी अभिन्न सदस्य बन गए थे। उसी दौरान संघ के अखिल भारतीय अधिकारी एकनाथ रानाडे का वाराणसी आना हुआ। उन्होंने छात्रों से कहा, "आपके मन में प्रश्न उठेंगे। उसे मन में रखिए, लेकिन शाखा आते रहें। उन प्रश्नों के उत्तर आपको मिलते

जाएँगे।" इस तरह शाखा में शामिल होना गोविंद की दिनचर्या से जुड़ गया। हालाँकि गोविंद के लिए यह सरल काम नहीं था। परिवार में इसका भारी विरोध हो रहा था। माँ नाराज होतीं और पढ़ाई पर ध्यान केंद्रित करने की बात करती रहती थीं। पिता संस्कृत के उद्‌भट विद्वान् थे। समाज में उनकी ऊँची प्रतिष्ठा थी। वैचारिक दृष्टि से वे राम-राज्य परिषद् के समर्थक थे। राष्ट्रीय स्वयंसेवक संघ से उनका कोई संबंध नहीं था। गोविंद को शाखा में जाते देखकर कई बार गुस्सा हो जाते। फिर बातचीत के क्रम में त्रिलोकी को घर न आने देने की बात कहते। मोहल्ले में भी स्थिति प्रतिकूल थी। वह वामपंथी पार्टियों का प्रभाव क्षेत्र था। उनके कार्यकर्ता अधिक सक्रिय दिखाई देते थे। बड़े भाई साहब का रुझान भी उनकी तरफ था। स्वयं गोविंद उनसे थोड़ा-बहुत प्रभावित थे। इन सबके बावजूद शाखा में आने-जाने का जो क्रम शुरू हुआ, तो वह बना रहा। उसमें कोई विघ्न गोविंद ने नहीं आने दिया।

शिवालय शाखा की शुरुआत

कुछ दिनों बाद ही नई शाखा की जिम्मेदारी गोविंद को सौंप दी गई। गोविंद ने शिवालय शाखा की शुरुआत की। वह केलानंद बाबा का स्थान है, जहाँ एक मैदान था। उस मैदान में शाखा लगती थी। तिलभांडेश्वर से आगे विस्तार हुआ। 1962 तक गोविंद वहाँ रहे। 1962 के ही अंत में एक अन्य शाखा खोलने के लिए उन्हें भेज दिया गया। वैसे शिवालय शाखा का अच्छा नाम था। उस शाखा में सदस्यों की संख्या 150 थी। शिवालय के बाद उन्हें मानसरोवर शाखा भेजा गया। वह एक मुश्किल शाखा थी। कम्युनिस्टों का मोहल्ला था, वहीं शाखा आरंभ करनी थी। गोविंद के प्रयास से संख्या 16-17 तक पहुँच पाई। एक बार उस शाखा में स्वयं भाऊराव देवरस आए थे। मानसरोवर में 16-17 की संख्या देखी तो कहा कि यहाँ 16-17 की संख्या 60 के बराबर है। धीरे-धीरे शाखा जम गई। उसके बाद गोविंद को तीन शाखाओं का काम सौंपा गया। गोविंद जी मंडल कार्यवाह हुए। फिर 1963 में सायं कार्यवाह।

एक वर्ष पूरा होते-होते मंडल कार्यवाह का उत्तरदायित्व गोविंद जी को सौंपा गया। इसके अंतर्गत तीन शाखाओं की जिम्मेदारी आ गई थी। अब शाखा के कार्यों में समय अधिक लगने लगा था। परिवार में प्रारंभ के दिनों से ही जो रोक-टोक का सिलसिला शुरू हुआ था, वह निरंतर बना रहा। माँ कहती थीं, 'अगर पढ़ाई ठीक नहीं करोगे तो क्या गोबर पाथोगे!' यह बोलकर वे अपने गुस्से का इजहार करती थीं, लेकिन गोविंद अपने कार्यों में रमे रहे। माँ, गुरु मोहनलाल तिवारी और संघ की शिक्षा

में भारी विरोधाभास था। गोविंद इन सबके बीच समन्वय स्थापित कर आगे बढ़ रहे थे। देखते-देखते दो वर्ष बीत गए थे। वह 1962 का साल था। अब तक गोविंद के मन-मस्तिष्क पर संघ का गहरा प्रभाव पड़ चुका था। संघ शिक्षा वर्ग के साथ-साथ इस कार्य में पूरा समय लगाने का निर्णय उन्होंने मन-ही-मन कर लिया था।

वाराणसी के डॉ. पी.के. बनर्जी उन्हें पुत्र का स्नेह देते थे। वे प्रांत संघचालक थे। जब भी संघ के कोई अखिल भारतीय अधिकारी वाराणसी आते थे तो वे उनके घर ही ठहरते थे। इस तरह गुरुजी, बाबा साहब आप्टे, एकनाथ रानाडे सरीखे लोगों से सत्संग का अवसर गोविंद को मिलता रहा। उन्हीं दिनों संघ शिक्षा वर्ग के दौरान भाऊराव देवरस वाराणसी आए। वहीं 15 दिनों तक ठहरे। इस दौरान उनसे सत्संग का लंबा अवसर मिला। इस तरह गोविंद की विचार-दृष्टि का फलक विस्तार पाता गया। दूसरी तरफ एम.एससी. की पढ़ाई पूरी हो चुकी थी। विश्वविद्यालय के प्रतिभाशाली छात्र के रूप में गोविंद की पहचान थी। आर्थिक कमी को पूरा करने के लिए वे उन दिनों विभाग में शोधकार्य से जुड़ गए थे। सुबह 10 बजे से लेकर शाम के चार बजे तक विश्वविद्यालय में रहते। पुस्तकालय में बैठकर विविध विषयों की पुस्तकें पढ़ते। फिर वहाँ से निकलकर सायंकालीन शाखा की जिम्मेदारी सँभालते थे। यही दिनचर्या बनी हुई थी। उसी दौरान 1963 में संघ शिक्षा वर्ग के द्वितीय वर्ष को पूरा किया। ठीक अगले साल 1964 में तृतीय वर्ष पूरा किया। इस तरह गोविंद ने राष्ट्रीय स्वयंसेवक संघ की औपचारिक पढ़ाई भी पूरी कर ली थी। 1964 की एक घटना तो दिलचस्प है। संघ शिक्षा वर्ग के तृतीय वर्ष के दौरान बाबा साहब आप्टे से उनकी निकटता बढ़ी। बाबा साहब आप्टे संघ के सर्वाधिक पुराने लोगों में थे। उम्र में गुरु जी से भी बड़े थे। वे अकसर कहते थे कि डॉक्टर साहब को हम सब में सर्वाधिक जानने-समझने वाले गुरु जी रहे। गुरु जी आध्यात्मिक पुरुष थे। उनका व्यक्तित्व सुदर्शन था। गुरु जी से गोविंद की पहली भेंट संघ शिक्षा वर्ग में ही हुई थी। हुआ यों था कि एक बार ध्वज उतारते समय गोविंद बिगुल बजा रहे थे। बीच में गुरु जी ने आवाज लगाई। "अरे, गोविंद···इधर आओ।" वे दौड़कर गुरु जी के निकट पहुँचे। गुरु जी ने कहा, "ठीक से बजाओ। अशुद्धि नहीं करो।" गोविंद को गुरु जी की बात याद रह गई और धीरे-धीरे उन्होंने बिगुल बजाने में महारत हासिल कर ली। खैर, विश्वविद्यालय की पढ़ाई तो गोविंद ने दो वर्ष पहले ही पूरी कर ली थी, अब वे संघ की नई जिम्मेदारी के लिए स्वयं को तैयार कर रहे थे। दूसरी तरफ देश का वातावरण प्रतिकूल था।

नए प्रदेशों में नई जिम्मेदारी

चीन से पराजित होने के बाद भारत का जनमानस निराश था। आजाद भारत की जैसी कल्पना लोगों ने की थी, वह दूर–दूर तक पूरी होती दिखाई नहीं दे रही थी। इससे शासन के प्रति गहरा क्षोभ था। नेहरू का आभामंडल दरक चुका था और जनता नई संभावनाएँ तलाशने लगी थी। आजाद भारत का वह नाजुक वक्त था, जिसमें संघ फूँक–फूँककर कदम बढ़ा रहा था। उसे ऐसे प्रचारकों की तलाश थी, जिससे बिहार के साथ–साथ पूर्वोत्तर भारत में उसकी पकड़ मजबूत बन सके। इस कार्य में जिन प्रचारकों को लगाया गया, उनमें एक नाम गोविंद का भी था।

संघ के प्रचारक बने

4 दिसंबर, 1965 की वह तारीख आ गई, जिस दिन गोविंद ने संघ के प्रचारक के तौर पर अपना जीवन शुरू किया। अब तक वे अभाव का जीवन जीते आए थे। अगर चाहते तो अच्छी नौकरी प्राप्त कर सुविधापूर्ण जीवन का चुनाव कर सकते थे, लेकिन उन्होंने अलग राह पकड़ी। तपस्या का व्रत लिया। वह असाधारण बात थी। उन्हें जानने–मानने वालों को सूचना मिली तो सभी चकित हुए, पर आगे बढ़ चुके गोविंद अब कहाँ लौटनेवाले थे! माँ बहुत नाराज थीं। हर पूछनेवाले से कहती थीं कि प्रचारक हो गया है। पागल हो गया है। आधा पागल है। पूरा पागल होता तो इलाज भी कराते। बड़े भैया ने भी इसका विरोध किया था। दूसरे बड़े भाई, जो उन दिनों बंबई में बैंक में काम करते थे, उन्होंने जरूर गोविंद का समर्थन किया। लेकिन तीसरे भाई तटस्थ ही रहे।

पंजाब–मेल वाराणसी रेलवे स्टेशन से खुलनेवाली थी। गोविंद राष्ट्रीय स्वयंसेवक संघ के प्रचारक बनकर उसी ट्रेन से बिहार के लिए रवाना हो रहे थे। बहुत सोच–विचार के बाद यह निर्णय स्वयं भाऊराव देवरस ने लिया था। उससे पहले नागपुर और लखनऊ में जब भी गोविंद ने प्रचारक निकलने का प्रस्ताव भाऊराव देवरस के सामने रखा था तो उन्होंने गोविंद की बात हवा में उड़ा दी थी। डपटा भी था, लेकिन तत्कालीन परिस्थिति को समझने पर उसका रहस्य सामने आता है। दरअसल भाऊराव स्वयं गोविंद की प्रतिभा से परिचित थे। उनके मन में यह बात थी कि गोविंद की प्रतिभा का पूरा सदुपयोग होना चाहिए। उन्होंने एक बार गोविंद से पूछा था कि क्या असम जाना चाहोगे? इस पर गोविंद का जवाब था, "जहाँ मेरी जरूरत होगी, वहाँ चला जाऊँगा।" भाऊराव ने अगला प्रश्न किया, "वहाँ यदि मछली खानी पड़े तो खा लोगे?" उत्तर मिला, "अगर खाए बगैर काम न चलेगा तो खा लेंगे।" इस तरह दोनों के

बीच बातचीत पूरी हुई। अब ऐसा लग रहा था कि गोविंद को संघ का विस्तार करने के लिए असम जाना है। लेकिन एक दिन भाऊराव का बुलावा आया और उन्होंने बिहार जाने का निर्णय सुनाया। इस तरह दस महीने इंतजार के बाद गोविंद प्रचारक बनकर बिहार जा रहे थे। वाराणसी से बिहार (पटना) की दूरी अधिक नहीं है, लेकिन वे कठोर व्रत लेकर चल पड़े थे। वह परिवार और संगी-साथियों के लिए असाधारण घटना थी।

प्रचारक जीवन और बिहार आंदोलन

पंजाब-मेल रात के दस बजे पटना स्टेशन पहुँचती थी। उस दिन भी ट्रेन समय से पहुँची। गोविंद अपने सामान के साथ पटना स्टेशन पर उतरे। वे ऐसे अनजान शहर में आ गए थे, जहाँ का राजनीतिक तापमान हमेशा ऊँचा रहता है। स्टेशन में दूर-दूर तक कोई पहचानवाला आदमी दिखाई नहीं दे रहा था। अब कहाँ जाना है? इसकी जानकारी भी गोविंद को नहीं थी। अचानक उनकी नजर अच्युतानंद मिश्र पर गई। मिश्रजी से उनका पुराना परिचय था। संघ शिक्षा वर्ग में मिश्रजी उनके शिक्षक थे। इस नाते परिचय गहरा था। हाल-समाचार के बाद मिश्रजी ने पटना आने का कारण पूछा तो गोविंद ने बताया कि वे 'प्रचारक' निकले हैं। इस पर मिश्रजी ने सवाल किया, "कहाँ के लिए निकले हो?" इस प्रश्न का कोई उत्तर गोविंद के पास नहीं था। वे इतनी ही जानकारी दे पाए कि "बिहार के लिए भाऊराव जी ने कहा है।" गोविंद के पास पटना का कोई पता भी नहीं था। वे भारी असमंजस में थे। उनकी परेशानी को मिश्रजी तत्काल भाँप गए।

संयोग की बात थी कि उन्हीं दिनों पटना के गांधी मैदान में जनसंघ का 'सुरक्षा अधिवेशन' चल रहा था। मिश्रजी उसी अधिवेशन में व्यस्त थे। संभवतः उसी सिलसिले में पटना स्टेशन किसी मेहमान को लिवाने आए थे और उनकी भेंट गोविंद से हो गई थी। मिश्रजी उन्हें लेकर गांधी मैदान आ गए। वहाँ पद्माकर मिश्र से गोविंद की भेंट हो गई। उन्हें देखकर गोविंद ने राहत की साँस ली। दरअसल संघ शिक्षा वर्ग के तृतीय वर्ष में पद्माकर मिश्र से गोविंद का पहला परिचय हुआ था। वहीं दोनों गहरे मित्र बन चुके थे। दोनों के बीच आत्मीय रिश्ता था। वे सभी अधिवेशन के प्रबंधन में जुटे थे। जनसंघ का अधिवेश समाप्त होने के बाद गोविंद पटना स्थित 'संघ कार्यालय' गए। वहाँ प्रांत प्रचारक से भेंट हुई। उन्हें अपना परिचय दिया। तब यह बात उनके मन में आई कि भाऊराव जी ने एक पत्र भेजा था। कार्यालय में पत्र पड़ा था। किसी की नजर उसपर नहीं गई थी। अब गोविंद के मन में एक आशा जगी कि उन्हें काम मिल जाएगा।

जनसंघ का अधिवेशन समाप्त होने पर लोग घर को लौट रहे थे। इसी क्रम में वे लोग भेंट-मुलाकात के लिए कार्यालय आ रहे थे। भागलपुर के मोहनलाल माहेश्वरी और शंकरलाल वाजोरिया भी आए थे। कद-काठी में दोनों लंबे-चौड़े थे। उनके सामने दुबला-पतला 21 साल का गोविंद अबोध नौजवान जान पड़ता था। प्रांत प्रचारक ने उन दोनों स्वयंसेवकों से गोविंद का परिचय कराया। वहीं गोविंद की भूमिका तथा दिशा तय हो गई। अब उसे भागलपुर में शाखा का विस्तार करना था। इस निर्णय के बाद तीनों अपर इंडिया (ट्रेन) में बैठकर भागलपुर आए। रात काफी हो चुकी थी। ठंड भी बढ़ चुकी थी। नगर कार्यवाह पूरणमल वाजोरिया तीनों को स्टेशन लेने आए थे। भागलपुर में संघ कार्यालय पहुँचना हुआ तो जिला प्रचारक (श्रीकृष्ण भारद्वाज) से भेंट हुई। वे पश्चिमी उत्तर प्रदेश के रहने वाले थे। उनसे औपचारिक बातचीत ही हुई थी कि सुबह मिलने की बात कहकर वे अपने कमरे में सोने चले गए। गोविंद को बरामदे में जगह मिली, जहाँ ठंड और मच्छरों ने उनका भरपूर स्वागत किया।

सुबह छह बजे शाखा में शामिल होना था, सो जिला प्रचारकजी ने सुबह 4.30 बजे उठा दिया। कार्यालय में सभी स्नान-ध्यान कर शाखा में चलने की तैयारी कर रहे थे। वहीं गोविंद को ठंड लग रही थी। वह स्वाभाविक बात थी। आखिर दक्षिण भारतीय को उत्तर भारत की ठंड का अंदाजा ही कहाँ होता है! खैर, किसी तरह स्नान करने की झूठी बात कहकर वे शाखा में जाने के लिए तैयार हो गए। बतौर प्रचारक शाखा में गोविंद का वह पहला दिन था। भागलपुर उनकी कर्मभूमि बनने जा रहा था, जहाँ शाखा का अब तक एक वर्ग और समाज में ही विस्तार हो पाया था। कम समय में वहाँ गोविंद ने नया अध्याय लिखा। दिसंबर 1965 से लेकर जून 1966 तक गोविंद भागलपुर में रहे। इस दौरान शाखा के विस्तार के लिए जी-तोड़ मेहनत की। तब एक बात खूब चल पड़ी थी कि गोविंद से मिलना हो तो संघ कार्यालय जाने की जरूरत नहीं है। वहाँ वे नहीं मिलेंगे, बल्कि नगर के किसी एक चौराहे पर दो घंटे खड़े हो जाएँ, वे साइकिल से आते दिखाई दे जाएँगे। अकसर होता भी वही था। किसी को भेंट करनी हो तो वह चौराहे पर उनका इंतजार करता रहता था। जल्द ही इस मेहनत का असर गोविंद के स्वास्थ्य पर दिखाई देने लगा था। मकर संक्रांति उत्सव में शामिल होने भाऊराव वहाँ आए तो लोगों ने कहा कि गोविंद काफी परिश्रम कर रहा है। इसका असर उसके स्वास्थ्य पर आ सकता है, इसलिए उसे यात्रा करने के लिए मोटरसाइकिल दिला दीजिए। आखिरकार भाऊराव की स्वीकृति पर स्थानीय लोगों ने एक राजदूत मोटरसाइकिल खरीदकर उन्हें दी।

इससे उनकी क्षमता बढ़ी और शाखा के विस्तार में तेजी आई।

शाखा के विस्तार के लिए गोविंद ने भागलपुर में कई प्रयोग किए। उसका परिणाम भी सामने आया। गैर-मारवाड़ी क्षेत्रों में भी शाखाओं की संख्या बढ़ी। स्थानीय लोगों की भागीदारी बढ़ने से नए-नए लोग शाखा में आने लगे। सरयू पासवान, जगदीश मंडल तथा जागेश्वर मंडल सरीखे लोग शाखा में आने लगे। अब संघ भागलपुर में मारवाड़ी टोला के दायरे तक सीमित नहीं रह गया था। कुछ ही दिनों में संघ का काम इतना फैल चुका था कि वहाँ संघ शिक्षा वर्ग भी आयोजित हुआ, जिसमें अच्छी संख्या जुटी।

छह महीने बाद गोविंद पटना बुला लिये गए। यह शहर राजनीतिक और सामाजिक दृष्टि से अधिक सक्रिय था। वहाँ उन्हें बाँकीपुर की जिम्मेदारी दी गई। वहीं संघ का काम करते हुए रवींद्र किशोर सिन्हा जी के पिता सूरज प्रसाद सिन्हा से गोविंद का परिचय हुआ था। उन दिनों वे बिहार सचिवालय में कार्यरत थे। बिहार की राजनीति में वे भारी उठा-पटकवाले दिन थे। लेकिन अकादमिक दुनिया उनका पीछा नहीं छोड़ रही थी। अभी गोविंदाचार्य को पटना आए पाँच महीने ही पूरे हुए थे कि जनवरी 1967 में एक दिन प्रोफेसर राजगोपालन उनसे मिलने आए। वे अमेरिका में शोधकार्य के लिए शोधार्थियों की एक टीम बना रहे थे, उसके लिए गोविंदाचार्य को चुना था। प्रोफेसर राजगोपालन उन्हें लेने अमेरिका से स्वयं आए थे। लेकिन राष्ट्र को समर्पित हो चुके गोविंद ने इस प्रस्ताव को ठुकरा दिया। प्रोफेसर राजगोपालन को निराश होकर अमेरिका लौटना पड़ा। लेकिन अमेरिका जाने से पहले वे वाराणसी गए। वहाँ गोविंदाचार्य की माँ से मुलाकात की और कहा, "जब कभी गोविंद का मन बदले तो आप मुझे पत्र लिख दीजिएगा।" गोविंद की सामाजिक दुनिया का विस्तार होता गया। वे कभी वापस नहीं लौटे। उन दिनों बिहार के मुख्यमंत्री के.बी. सहाय थे। उन्हें तीखे विरोध का सामना करना पड़ रहा था। इस तरह राजनीतिक परिस्थितियाँ तेजी से बदल रही थीं। 1967 में संविद सरकार बनी। जनसंघ के लिए वह एक प्रयोग ही था। उसी वर्ष बिहार में अकाल पड़ गया। 1969 में जनसंघ का बड़ा अधिवेशन पटना में हुआ था। उस समय प्रांत प्रचारक की शाखा के अतिरिक्त किसी कार्य में रुचि नहीं थी, लेकिन बदलाव की इस घड़ी में गोविंद ने खुद को सक्रिय रखा था। शाखा के विस्तार के साथ-साथ गोविंद राष्ट्र और समाज के परिवर्तनकारी गतिविधियों में शामिल रहते थे। उनके पास कर्मठ कार्यकर्ताओं की लंबी सूची होती थी। गोविंद का दायरा भी काफी बढ़ चुका था। जनसंघ के नेताओं

को किसी अच्छे कार्यकर्ता की जरूरत पड़ती तो वे गोविंदाचार्य से संपर्क करते थे। इस तरह तब तक गोविंद कर्मठ कार्यकर्ताओं और नेतृत्व के बीच मजबूत कड़ी बन चुके थे, लेकिन सामाजिक दायित्व को हमेशा प्राथमिकता देते रहे।

अकालपीड़ितों की सेवा, जे.पी. से भेंट

अकाल के दिनों में हालात से निपटने के लिए गोविंदाचार्य ने सब काम छोड़ सबसे पहले अपने सहयोगियों के साथ मिलकर 'अकाल पीड़ित सहायता समिति' बनाई। तीन प्रचारक और दो विस्तारक को जोड़कर समिति के जरिए अकाल पीड़ितों की सेवा में जुट गए। लगातार छह महीने तक अकाल पीड़ित क्षेत्रों में समिति का काम चलता रहा। उसी दौरान जे.पी. (जयप्रकाश नारायण) से गोविंदाचार्य की पहली भेंट हुई। वह भी एक संयोग था। जे.पी. के नेतृत्व में अकालपीड़ितों के बीच सेवा का कार्य चल रहा था। रिलीफ कमेटी का कार्यालय सदाकत आश्रम में था। नई पीढ़ी सदाकत आश्रम के इतिहास से परिचित नहीं है। लेकिन इस आश्रम का इतिहास गौरवशाली रहा है। आजादी की लड़ाई के दौरान सदाकत आश्रम देश के उन प्रमुख केंद्रों में एक था, जहाँ से लोगों को प्रेरणा मिलती थी। गांधीजी से प्रेरित होकर प्रसिद्ध स्वतंत्रता सेनानी मौलाना मजरूल हक ने असहयोग आंदोलन के दिनों में इसकी स्थापना की थी। सदाकत एक अरबी शब्द है, जिसका अर्थ होता है 'सत्य'। भारत के प्रथम राष्ट्रपति डॉ. राजेंद्र प्रसाद ने इसी आश्रम में अंतिम साँस ली थी।

एक दिन गोविंदाचार्य के मन में उत्सुकता जगी तो वे वहाँ पहुँच गए। जे.पी. को अपना परिचय दिया और राहत कार्य से जुड़ी व्यवस्था को देखने की जिज्ञासा जाहिर की। जे.पी. उस नवयुवक की उत्सुकता को देख प्रभावित हुए और एक सहयोगी को उनके साथ लगा दिया। गोविंद लौटकर जे.पी. के पास आए तो वहाँ हो रहे कार्यों की प्रशंसा की। साथ ही अपने सहायता कार्यों की पूरी जानकारी जे.पी. को दी। जे.पी. अकाल पीड़ितों के बीच संघ के कार्यों को देखने नवादा जिले के उन गाँवों तक गए। वहाँ हो रहे सहायता कार्य ने जे.पी. के मन–मस्तिष्क को प्रभावित किया। फिर उन्होंने एक बयान दिया, 'स्वयंसेवकों की देशभक्ति प्रधानमंत्री से कम नहीं है।'

जब 1969 के आसपास बिहार पर नक्सलवाद की छाया पड़ने लगी तो उसके प्रतिकार में 'भारतीय क्रांतिकारी नवयुवक संघ' बनाया गया था, जिसके केंद्र में स्वयं गोविंदाचार्य थे। एक तरफ शाखा के विस्तार का काम निरंतर चल रहा था, दूसरी ओर गोविंदाचार्य की प्रतिभा को देखकर उन्हें अन्य जरूरी गतिविधियों में भी शामिल

कर बड़ी जिम्मेदारी भी दी जाने लगी थी। इसका एक उदाहरण 1969 में जनसंघ का पटना अधिवेशन है। इसकी व्यवस्था में अश्विनी कुमार जुटे थे। उन्होंने गोविंदाचार्य को भी अपने साथ जोड़ रखा था। वह सम्मेलन सफल रहा। 1970 में गोविंदाचार्य विभाग प्रचारक बना दिए गए। वे शाखा के काम-काज के साथ बराबर की शक्ति उससे संबंधित कार्यों में भी लगाते थे। उसका मूल लक्ष्य यह होता था कि शाखा का विस्तार होता जाए। इससे उन्हें एक तरह का अनुभव तो प्राप्त हो ही रहा था, उनके संपर्क का दायरा भी बढ़ता जा रहा था। वे छात्र संघ के चुनाव में भी कार्यकर्ताओं की कमी पूरी करते थे। उसी तरह 1971 के लोकसभा चुनाव में कैलाशपति मिश्र का प्रचार करने से पीछे नहीं हटे। प्रचार के दौरान उनका दृष्टिकोण स्पष्ट था कि चुनाव बड़ा संपर्क अभियान है। इससे अच्छे-अच्छे लोग मिल सकते हैं। इसलिए चुनाव परिणाम कुछ भी हो, लेकिन उससे बूथ स्तर के कार्यकर्ता खड़े होने चाहिए। 1971 के चुनाव में उनका यह प्रयोग पूरी तरह सफल रहा। जिन स्थानों पर शाखा प्रारंभ करना एक चुनौती थी, उन जगहों पर प्रचार अभियान के बाद शाखाएँ लगने लगीं। एक खास बिरादरी के लोग, जो अब तक शाखा का विरोध कर रहे थे, चुनाव अभियान के दौरान उनसे निकटता बढ़ी और बाद में उन लोगों ने शाखा का स्वागत किया। इस तरह गोविंदाचार्य चुनावी प्रचार के साथ-साथ शाखा के विस्तार के लिए जमीन तैयार करते जाते थे। अपने प्रयोग में वे सफल रहे। इस तरह जो भी सरकार आई हो, संघ के कार्य का विस्तार होता गया। नए लोग आए, वातावरण में भी अनुकूलता बढ़ी और शाखा का विस्तार हुआ। सबसे बड़ी बात तो यह है कि तमाम मिथ्या आरोपों से घिरे संघ का लोगों के बीच सम्मान बढ़ा।

विद्यार्थी परिषद् का विस्तार

1971 में बांग्लादेश का युद्ध प्रारंभ हो गया था। तब गोविंदाचार्य और देवदास आप्टे स्थिति को भाँपने के लिए बांग्लादेश होकर आए। उस समय पटना-दानापुर कैंटोनमेंट में सक्रियता बढ़ गई थी। सेना के अस्त्र-शस्त्र वहीं से होकर आ-जा रहे थे। वहाँ सेना का मनोबल बढ़ाने में लोग जुटे रहते थे। वहीं अखिल भारतीय विद्यार्थी परिषद् का काम भी बढ़ चुका था और संगठन काफी सक्रिय दिखाई देने लगा था। गोविंदाचार्य विद्यार्थी परिषद् के कामों में अच्छी-खासी रुचि रखते थे। वे इस विचार के थे कि विद्यार्थी परिषद् भी एक माध्यम है, जिसके जरिए संघ का काम बढ़ सकता है। वे निरंतर इस प्रयास में जुटे रहे, जिसमें उन्हें सफलता भी मिली। विश्वविद्यालयों

में भी विद्यार्थी परिषद् का विस्तार होने लगा था। जनवरी 1972 में विद्यार्थी परिषद् का अखिल भारतीय अधिवेशन पटना में हुआ। तब उसके संगठन मंत्री रवींद्र केसरी थे। उस अधिवेशन को सफल बनाने में गोविंदाचार्य भी जुटे थे। आर्थिक स्थिति ठीक न होने के बावजूद अधिवेशन सफल रहा। उससे यह स्पष्ट हो गया था कि बिहार में परिषद् बढ़ाव की स्थिति में है, इसलिए शीर्ष स्तर पर उस दिशा में विमर्श का दौर चल पड़ा।

रामबहादुर राय पटना भेजे गए

जून 1972 में रामबहादुर राय को अखिल भारतीय मंत्री (बिहार प्रभारी) बनाकर पटना भेजा गया। फिर गोविंदाचार्य और रामबहादुर की सूझ-बूझ से परिषद् का काम विस्तार पाता गया। इसके साथ संघ के आधार को भी मजबूती मिली। उसकी शाखाएँ बढ़ती गईं और वातावरण में अनुकूलता बनी रही। 1973 के छात्र संघ चुनाव में विद्यार्थी परिषद् को बड़ी सफलता मिली। लेकिन ऐसा नहीं था कि सफलताएँ स्वत: मिल रही थीं, बल्कि उसके लिए विद्यार्थी परिषद् के कार्यकर्ता लगातार संघर्ष कर रहे थे। उन पर हमले भी हुए, लेकिन वे पीछे नहीं हटे। आगे बढ़ते ही गए। उन्हीं दिनों की एक दुखद घटना है। परिषद् के विस्तार को देखकर नक्सली परेशान हो रहे थे। वे परिषद् के फैलाव को रोकने के लिए इस हद तक जाने को तैयार हो गए कि परिषद् के कार्यकर्ताओं पर जानलेवा हमले करने लगे। उसी क्रम में गोपाल दत्त तिवारी पर हमला हुआ था। वह हमला इतना गंभीर था कि गोपाल दत्त का मानसिक संतुलन बिगड़ गया। बाद में उनका शरीर ही शांत हो गया। कुल मिलाकर राज्य में छात्र संघ चुनाव के दौरान भी जातिवाद का आधार मजबूत था, लेकिन इस जोड़ी ने उसे छिन्न-भिन्न कर दिया।

तब गोविंदाचार्य एक अगल अनुभव से भी गुजर रहे थे। सन् 1967 में संविद सरकार बनी तो उन्होंने इस बात का अनुभव किया कि सत्ता संचालन एक जटिल प्रक्रिया है। संगठन और सत्ता के व्याकरण में बहुत अंतर है। संगठन में प्रतिबद्धता के साथ काम करना पड़ता है, लेकिन सरकार को चलाने की जरूरतें अलग हैं। वे यह पहली बार समझ पाए कि ग्लैमर और पावर दोनों सत्ता के वैशिष्ट्य हैं। उसी दौरान वे तंत्र की विशालता और साधन की विपुलता को समझ पाए। सत्ता के वैशिष्ट्य की पहचान भी उन्हें हुई। गोविंदाचार्य संघ के प्रचारक थे। उन दिनों प्रचारक का जीवन जीना गहरी तपस्या थी। किसी तपस्वी को कुरसी की खींच-तान अटपटी लगनी थी तो उन्हें भी लगी। वे राजनीति के उस रूप को पचा नहीं पाए और अवसर आया

तो व्यवस्था परिवर्तन की आवाज को बुलंद कर दिया। इन व्यस्तताओं के बीच गोविंदाचार्य हर वर्ष वाराणसी जाते थे। वहाँ माँ से मिलते थे। यह सिलसिला 1966 से 1972 तक चलता रहा। जब माँ हैदराबाद चली गईं तो यह सिलसिला थम गया।

गोविंद की गुरु जी से बातचीत जरूर हुई थी, लेकिन सन् 1970 से पहले बाला साहब देवरस से उनका कोई परिचय नहीं था। 1973 में गुरु जी का निधन हो गया। उसके बाद बाला साहब देवरस सर संघचालक बनाए गए। उस अवसर पर नागपुर के महात्मा फुले बाजार में एक सभा हुई थी। वह सभा ऐतिहासिक थी, जिसमें बाला साहब ने घोषणा की थी, "सर संघचालक के नाते मैं यह कहना चाहता हूँ कि आगे से संघ के किसी भी कार्यक्रम में दो ही सर संघचालक की तसवीर लगेगी। तीसरे, चौथे, पाँचवें, छठे की परिपाटी नहीं रहेगी। दूसरी बात यह कि किसी भी तरह का कोई भी स्मारक मेरे नाम से नागपुर में नहीं बनेगा। और आखिरी बात है कि मुझे परम पूजनीय सर संघचालक कहना हो तो आप कहें, लेकिन परम पूजनीय बाला साहब देवरस न कहें। यह परम पूजनीय गुरु जी के लिए शोभा देता है, मेरे लिए नहीं। मुझे परम पूजनीय सर संघचालक अन्यथा माननीय बाला साहब देवरस कहना पर्याप्त है।" बाला साहब के उस भाषण से गोविंद बड़े प्रभावित हुए।

गोविंदाचार्य और रामबहादुर राय के लिए मीसा वारंट

दूसरी ओर बिहार आंदोलन की नींव तैयार हो चुकी थी। छात्र आंदोलन उभार ले रहा था। रामबहादुर राय के नेतृत्व में अखिल भारतीय विद्यार्थी परिषद् उस आंदोलन की अगुवाई कर रही थी। विद्यार्थी परिषद् के ऐसे ढेरों कार्यकर्ता आंदोलन की अग्रिम पंक्ति में खड़े थे, जिन्हें गोविंदाचार्य ने ही परिषद् के खाँचे में ढाला था। उन आंदोलनकारी छात्रों का गोविंदाचार्य से लगातार मिलना-जुलना था। आंदोलन की रणनीति के स्तर पर भी रामबहादुर राय से उनका संवाद चलता रहता था। धीरे-धीरे आंदोलन उग्र हो गया। पटना की सड़कों पर भारी हिंसा हुई। लाठियाँ चलीं। छात्रों पर गोलियाँ भी चलाई गईं। उसी बीच यह अफवाह फैल गई कि छात्र नेता लालू प्रसाद पुलिस की गोली से मारे गए। इससे छात्र और उग्र हो गए। अखबारों के दफ्तर जला दिए गए और वातावरण में चारों ओर तनाव फैल गया। प्रशासन ने गोविंदाचार्य और रामबहादुर राय के खिलाफ मीसा वारंट जारी कर पटना में कर्फ्यू लगा दिया। हालाँकि वारंट की सूचना पहले ही गोविंदाचार्य को मिल गई थी। उन्होंने स्वयं को सुरक्षित किया और रामबहादुर राय को वाराणसी जाने को कहा। वे वाराणसी के लिए रवाना

हो गए। घटना के अलगे दिन सुबह–सबेरे गोविंदाचार्य बचते–बचाते जे.पी. से मिलने पहुँचे और पूरी स्थिति से उन्हें अवगत कराया। जे.पी. के इस भ्रम को भी दूर किया कि आंदोलन से जुड़े छात्रों ने अखबार के दफ्तर में आग लगाई है। अपने सूत्रों से जानकारी इकट्ठा करने के बाद वे गोविंदाचार्य की बात से सहमत हुए। उसके बाद एक बयान दिया कि यदि कर्फ्यू नहीं हटाया गया तो वे स्वयं 29 तारीख को उसका विरोध करने सड़क पर आएँगे। खैर, तीसरे दिन प्रशासन ने कर्फ्यू हटा लिया।

गोविंदाचार्य की नागपुर में पेशी

इस घटना को लेकर संघ के अधिकारी भ्रमित थे, जबकि बड़ी संख्या में स्वयंसेवक आंदोलन से जुड़ते जा रहे थे। गोविंदाचार्य की गतिविधि को संघ की कार्यशैली में अनुशासन–हीनता माना गया। जुलाई में संघ की वार्षिक बैठक शुरू हुई तो गोविंदाचार्य नागपुर तलब किए गए। वहाँ वरिष्ठतम अधिकारियों के सामने पूरे घटनाक्रम को विस्तार से बताने के लिए कहा गया। उन अधिकारियों में स्वयं बाला साहब, रज्जू भैया, नानाजी देशमुख, भाऊराव देवरस आदि मौजूद थे। उस घटनाक्रम को सुनने के बाद बाला साहब ने कहा कि गोविंद की बात में यदि किसी को कुछ जोड़ना या घटाना हो तो वे बोलें। चूँकि विस्तार से क्रमवार बातें आ चुकी थीं तो किसी के लिए कुछ अधिक कहने को नहीं रह गया था। आखिर में बाला साहब ने कहा, "इसमें गोविंद का कोई दोष नहीं है। उसने अनुशासन को तनिक भी भंग नहीं किया है। हाँ, जो घटनाएँ हुई हैं, वे परिस्थितिजन्य हैं। वैसी परिस्थिति में जो होना चाहिए था, वही किया गया है।"

दरअसल, घटना के आसपास स्वयं बाला साहब बिहार गए थे, जहाँ उन्होंने पत्रकारों को भी संबोधित किया था। उसी क्रम में यह कहा था कि "एक सामान्य स्वयंसेवक भी समाज का नागरिक है। समाज के सुख और दुख का वह भी भोक्ता है। समाज के भीतर हो रहे परिवर्तन में स्वयंसेवक भी एक नागरिक या व्यक्ति के नाते हिस्सा लेंगे। जयप्रकाश नारायण जी के आंदोलन में स्वयंसेवक साथ हैं तो कोई हर्ज की बात नहीं है। लेकिन संघ एक संगठन के नाते इसमें शामिल नहीं होगा। हाँ, स्वयंसेवक एक नागरिक के नाते शामिल हो सकते हैं।" अपनी इस बात को बाला साहब ने नागपुर बैठक में भी दोहराया।

इस तरह गोविंदाचार्य को जो लोग कठघरे में लाना चाहते थे, वे हाथ मलते रह गए। बैठक समाप्त हो गई। उसके तत्काल बाद बाला साहब ने गोविंदाचार्य को

बुला भेजा। उन्हें इस बात के लिए सतर्क किया कि बाहर जाने पर गिरफ्तारी हो सकती है, क्योंकि खुफिया विभाग के लोग वहाँ सक्रिय हैं। उसी दौरान बाला साहब से गोविंदाचार्य की संक्षिप्त बातचीत हुई। उस बातचीत के क्रम में बाला साहब ने यह जानना चाहा कि वे इस आंदोलन से क्या निकालना चाहते हो? जवाब में जब गोविंदाचार्य ने कहा कि व्यवस्था परिवर्तन चाहते हैं और इस आंदोलन में उसकी संभावनाएँ देख रहे हैं। तब बाला साहब बोले, "इतना कुछ नहीं हो पाएगा। अगर 'सोशल डेटोरेंट' हो जाए तो पर्याप्त है।" गोविंदाचार्य का हौसला बढ़ाते हुए उन्होंने कहा, "बिना तैयारी के अखाड़े में निकल पड़े हो, लेकिन कोई बात नहीं। एक बात का ध्यान रखना कि गिरफ्तार न होना और आंदोलन में लगे रहना। अगर किसी कारण गिरफ्तार हो गए और मुझे कहना पड़ा कि एक व्यक्ति के नाते उसने काम किया है तो इस बात का बुरा मत मानना। तुम प्रचारक हो और रहोगे।" उस बातचीत के बाद बाला साहब ने गोविंदाचार्य के जाने का प्रबंध किया।

पटना में सन् 1970 से लेकर फरवरी 1975 तक गोविंदाचार्य पर विभाग प्रचारक का दायित्व था। वही छात्र आंदोलन का काल है। हाँ, छात्र आंदोलन का लाभ लेने के लिए वे बीच में कुछ महीने संघ के प्रांत कॉलेज विद्यार्थी प्रमुख बनाए गए थे। इस कार्य में दो–ढाई महीने लगाए। देश में राजनीतिक वातावरण में गरमी आ गई थी। इंदिरा गांधी पर कानूनी शिकंजा कसता जा रहा था। प्रधानमंत्री की उनकी कुरसी डाँवाँडोल हो रही थी। दरअसल, राजनारायण ने यह आरोप लगाया था कि इंदिरा गांधी ने सन् 1971 का चुनाव जीतने के लिए प्रधानमंत्री पद का भारी दुरुपयोग किया है। उन्होंने न्यायालय का दरवाजा खटखटाया था। सुनवाई पूरी हो चुकी थी और फैसले का वक्त नजदीक आ गया था। इंदिरा गांधी घबराई हुई थीं। दूसरी तरफ छात्र आंदोलन भी तीव्र होता जा रहा था। उसी वातावरण में गोविंदाचार्य मई 1975 में संघ शिक्षा वर्ग में शामिल होने नागपुर गए। वहाँ से सीधे प्रदेश शिक्षा वर्ग में शामिल होने हजारीबाग आ गए। उसके समाप्त होने के बाद बनारस पहुँचे। वहीं दिल्ली से एक फोन उनके पास आया, जिसमें यह सूचना दी गई कि आपातकाल लगने वाला है। वे तत्काल पटना के लिए रवाना हो गए। सूचना सही साबित हुई। देशभर में विपक्षी नेताओं की गिरफ्तारी शुरू हो चुकी थी। दिल्ली के गांधी शांति प्रतिष्ठान से देर रात जे.पी. को गिरफ्तार कर लिया गया। उसी रात मोरारजी हिरासत में लिये गए। चंद्रशेखर भी गिरफ्तार हुए। लेकिन तब तक गोविंदाचार्य ने पटना में गिरफ्तारी से बचने का रास्ता ढूँढ़ निकाला था।

□

संघर्ष और रचना
(1975–1988)

○ हिमांशु शेखर

छात्र राजनीति और आपातकाल

के.एन. गोविंदाचार्य 1960 के दशक में राष्ट्रीय स्वयंसेवक संघ से जुड़े। उत्तर प्रदेश के बनारस में वे रहते थे। प्रचारक बनने के बाद पहली बार उन्हें बनारस से बाहर बिहार में दायित्व मिला। गोविंदाचार्य बिहार में काम करते हुए बाद में बिहार आंदोलन में बेहद सक्रिय थे। बिहार आंदोलन के बाद देश ने इंदिरा गांधी का आपातकाल झेला। आपातकाल के दौरान देश में लोकतंत्र को बचाने और इंदिरा गांधी की तानाशाही के विरुद्ध जो संघर्ष जगह–जगह चल रहे थे, उनमें गोविंदाचार्य भी अहम भूमिका निभा रहे थे। आपातकाल के दौरान वे गिरफ्तार भी हुए और छूटे भी। आपातकाल में उन्होंने अनेक भूमिकाओं में काम किया। लेकिन बिहार आंदोलन और आपातकाल से काफी पहले वे जे.पी. से जुड़ गए थे।

जे.पी. से निकटता

1966–67 में बिहार में अकाल पड़ा। जयप्रकाश नारायण ने 'बिहार राहत समिति' बनाई थी। संघ के लोगों ने 'अकाल पीड़ित सहायता समिति' बनाई। इस कार्य में जयप्रकाश नारायण से गोविंदाचार्य की निकटता बढ़ी। बिहार आंदोलन में काम करने के दौरान जयप्रकाश नारायण से गोविंदाचार्य की यह घनिष्ठता और बढ़ी। इस घनिष्ठता ने उन्हें आपातकाल में सक्रिय भूमिका निभाने में मदद की। एक दौर ऐसा आया, जब गोविंदाचार्य की सक्रियता को देखते हुए पुलिस उनकी

तलाश में रहती थी। इसके बावजूद गोविंदाचार्य अकसर लोकनायक जयप्रकाश नारायण से मिलने जाते थे।

पुलिस की नजर से बचते हुए जयप्रकाश नारायण से मिलकर उनका मार्गदर्शन लेते रहने के लिए गोविंदाचार्य ने एक नुस्खा निकाला था। इस बारे में वे खुद ही बताते हैं, "जयप्रकाश नारायण जी से मिलने-जुलने का काम होता था, पुलिस से बचते-बचाते। छिपकर ही रहना होता था। पुलिस से बचने का एक नुस्खा यह था कि पुलिस के लोग भी शाम को साढ़े सात बजे बगल के एक रेस्टोरेंट में रेडियो पर समाचार सुनने चले जाते थे। पहले साढ़े सात में समाचार आता था और फिर पौने नौ बजे समाचार आता था। इसी बीच हम निकलकर चरखा समिति जयप्रकाश जी से मिलने आ जाते थे। साढ़े सात का समाचार सुनकर पुलिसवाले लौटकर आते थे और फिर दोबारा पौने नौ बजे का समाचार सुनने जाते थे। जब वे दोबारा जाते थे तो मैं उनके पीछे-पीछे जयप्रकाशजी से मिलकर निकल जाता था।"

आपातकाल के पहले गिरफ्तारी

ऐसा करके गोविंदाचार्य लगातार पुलिस को छकाते रहे। इस दौरान पुलिस-प्रशासन में उनके बारे में क्या चल रहा है, इसकी जानकारी के लिए उन्होंने खुफिया ब्यूरो से संपर्क बना रखा था। खुफिया ब्यूरो के जो लोग उन्हें सूचनाएँ देते थे, उन्हें भी यह लगा होगा कि छात्र राजनीति में सक्रिय गोविंदाचार्य लोकतांत्रिक आंदोलन के तहत काम कर रहे हैं। इन अधिकारियों से जो जानकारियाँ गोविंदाचार्य को मिलती थीं, उसकी वजह से वे लंबे समय तक पुलिस की नजर में आने से बचे रहे।

काफी समय तक पुलिस को चकमा देने में कामयाब रहे गोविंदाचार्य की गिरफ्तारी आखिर नवंबर, 1974 में हुई। तकरीबन तीन महीने तक वे जेल में रहे। इसके बाद उच्च न्यायालय के हस्तक्षेप से उन्हें जेल से छोड़ा गया। अपनी गिरफ्तारी के संदर्भ में वे बताते हैं, "मेरी गिरफ्तारी मुखबिरी से हुई थी। पटना में मैं रहता था। वहीं एक जगह जनसंघ के रामभाऊ गोडबोले आनेवाले थे। पूर्वी क्षेत्र के संगठन मंत्री होते थे वे। मैं उनसे वहीं मिलनेवाला था। जनसंघ कार्यालय से स्थानीय पुलिसकर्मियों को इसकी जानकारी मिली कि गोविंदाचार्य आनेवाले हैं। मैं साइकिल से जा रहा था। दूर से ही देखा कि कुछ लोग सादे कपड़े में खड़े हैं। लेकिन उनके जूतों को देखकर मैं पहचान गया कि वे पुलिसकर्मी हैं। उनको देखकर जब मैंने साइकिल दूसरी गली में ले जाने की कोशिश की तो दूसरी तरफ भी पुलिसकर्मी थे। इसके

बाद मुझे लग गया कि अब तो बचने का रास्ता नहीं है।"

वे आगे कहते हैं, "जब मुझे लग गया कि अब बचने का रास्ता नहीं है तो मैंने उन लोगों से कहा कि अब तो आपके हाथ में हूँ, सिर्फ एक काम करने दीजिए कि यह साइकिल जिनकी है, उनको मैं यहीं पर दे देता हूँ। उन लोगों ने कहा कि यह सब काम वे कर लेंगे और मुझे लेकर एस.पी. ऑफिस चले आए। वहाँ बहुत लोग मुझे देखने आए। इन लोगों में से कई लोगों ने मुझे देखकर हैरानी जताई और कहा कि यही है गोविंदाचार्य! इसे तो कई बार देखा है चरखा समिति के पास। मुझे गुमनामी का लाभ आपातकाल के दिनों में लोगों से मिलने-जुलने में मिलता था। मेरी फोटो भी किसी के पास नहीं थी। बाद में काशी हिंदू विश्वविद्यालय के प्रॉक्टर ऑफिस से मेरा फोटो मँगाया गया था।"

तकरीबन तीन महीने गोविंदाचार्य जेल में रहे। उनकी जमानत के लिए अर्जी उच्च न्यायालय तक पहुँची। उच्च न्यायालय के आदेश के बाद फरवरी, 1975 में गोविंदाचार्य जेल से बाहर निकले।

इस बीच बिहार आंदोलन को लेकर गरमी बढ़ रही थी। आंदोलन दूसरे राज्यों तक भी पहुँचने लगा था। जयप्रकाश नारायण के हाथों में नेतृत्व आ जाने के बाद प्रधानमंत्री इंदिरा गांधी पर दबाव बढ़ने लगा था। 19 नवंबर, 1974 को इंदिरा गांधी ने कहा था कि जयप्रकाश जी लोकतांत्रिक बनते हैं तो साल भर में चुनाव होनेवाले हैं, उसी में जनमत का परीक्षण क्यों नहीं कर लेते हैं। इसके जवाब में जयप्रकाश नारायण ने कहा कि हम इस चुनौती के लिए तैयार हैं। उन्होंने तय किया कि अब आंदोलन के स्वरूप को अखिल भारतीय बनाना है।

इस संदर्भ में इलाहाबाद में डॉ. मुरली मनोहर जोशी के घर पर एक बैठक आयोजित हुई। इस बैठक में नानाजी देशमुख, रामनाथ गोयनका के कुछ सहयोगी, सुब्रह्मण्यम स्वामी जैसे प्रमुख लोग शामिल हुए। आंदोलन का अखिल भारतीय स्वरूप बनाने को लेकर बातचीत हुई। फरवरी में जेल से बाहर निकले गोविंदाचार्य भी इस बैठक में शामिल हुए। गोविंदाचार्य को विद्यार्थियों के बीच काम करने की जिम्मेदारी दी गई।

1975 में उस वक्त गोविंदाचार्य बिहार में संघ के विद्यार्थी प्रमुख के नाते काम कर रहे थे। फरवरी, मार्च और अप्रैल में उन्होंने पूरे बिहार में विद्यार्थियों के बीच कई कार्यक्रम किए। इन कार्यक्रमों के जरिए उन्होंने विद्यार्थियों के बीच आंदोलन को लेकर जागरूकता फैलाने और उन्हें आंदोलन के साथ जोड़ने का काम किया।

मई, 1975 में नागपुर में प्रशिक्षण शिविर था। वहाँ भी बिहार आंदोलन को लेकर काफी चर्चा थी। देश के अलग–अलग हिस्सों से आए प्रतिनिधि बिहार आंदोलन के बारे में जानने के लिए उत्सुक थे। इस प्रशिक्षण शिविर में हिस्सा लेने गोविंदाचार्य भी वहाँ गए थे। बिहार आंदोलन के बारे में उत्सुकता की वजह से वहाँ आए लोगों ने गोविंदाचार्य से काफी सवाल–जवाब किए।

नागपुर के प्रशिक्षण शिविर के बाद उस वक्त के अविभाजित बिहार के हजारीबाग में संघ शिक्षा वर्ग लगा। उस शिक्षा वर्ग में भी गोविंदाचार्य शामिल हुए। 23 मई, 1975 तक वे हजारीबाग के संघ शिक्षा वर्ग में रहे। इसके बाद हजारीबाग से ही वे अपनी माँ से मिलने बनारस चले गए।

25 जून, 1975 को जब आपातकाल की घोषणा हुई तो उस वक्त गोविंदाचार्य बनारस में ही थे। आपातकाल की घोषणा के बारे में उन्हें कैसे जानकारी मिली, इसके जवाब में वे कहते हैं, "मैं हजारीबाग के संघ शिक्षा वर्ग से बनारस चला गया था माँ से मिलने। 25 जून, 1975 को मैं वहीं था। दिन में चार बजे का समय रहा होगा। दिल्ली से फोन आया। मुझे दूसरी तरफ से कहा गया कि आज का रेडियों अनाउंसमेंट आप गौर से सुनिएगा। आज आपातकाल की घोषणा होनेवाली है। यह कहकर फोन रख दिया गया। मुझे पता भी नहीं था कि दूसरी तरफ से कौन बोल रहा है। मैं कुछ पूछ पाता, इसके पहले ही फोन करनेवाले ने फोन रख दिया था।"

आपातकाल की आशंका तो थी ही, लेकिन इस फोन के बाद पक्का हो गया कि प्रधानमंत्री देश पर आपातकाल थोपनेवाली हैं। गोविंदाचार्य को भी इस स्थिति का अहसास हो गया। इसके बाद तुरंत उन्होंने अपने कार्यस्थल बिहार जाने का निर्णय लिया। थोड़ी ही देर में वे ट्रेन पकड़कर पटना के लिए रवाना हो गए।

जब आपातकाल की घोषणा हुई

दिल्ली से आपातकाल की घोषणा से संबंधित फोन के बाद गोविंदाचार्य ने उस दिन जो किया, उसके बारे में वे कहते हैं, "मैंने तुरंत ही निर्णय लिया कि मुझे पटना जाना चाहिए। इसके बाद मैं पंजाब मेल पकड़कर पटना निकल गया। रात में दस बजे के आसपास पटना पहुँच गया। तब तक आपातकाल की घोषणा हो गई थी। पहले के अनुभव की वजह से मैंने तय किया कि संघ कार्यालय नहीं जाना है। इसलिए मैं यूनिवर्सिटी के सामने प्रगतिशील प्रकाशन के पास के एक लॉज में चला गया। वहाँ एक विद्यार्थी अरुण कुमार सिन्हा रहते थे, मैं उनके कमरे में

चला गया। मैंने उनसे कहा कि आपातकाल लग गया है, इसलिए मैं बाहर नहीं जा सकता, तुम साइकिल से संघ कार्यालय चले जाओ और वहाँ से घूमघाम कर माहौल देखकर आओ। अंदर मत जाना। जब अरुण संघ कार्यालय पहुँचे तो उन्होंने देखा कि वहाँ पुलिस पहुँची हुई थी।"

'मैं ही हूँ गोविंदाचार्य'

आपातकाल की घोषणा वाले दिन पटना के संघ कार्यालय पर जो कुछ हुआ, उसके बारे में गोविंदाचार्य एक रोचक किस्सा सुनाते हैं, "पुलिस ने संघ कार्यालय से प्रांत संघचालक भोला बाबू को गिरफ्तार किया। दरअसल, पुलिसवालों ने उनसे पूछा था, गोविंदाचार्य कहाँ हैं? इस पर भोला बाबू ने जवाब दिया कि मैं ही हूँ गोविंदाचार्य। उनको पकड़कर पुलिस ले गई और मजिस्ट्रेट के सामने पेश किया। मजिस्ट्रेट ने उनसे पूछा, आपका नाम तो जवाब आया भोलानाथ झा। मजिस्ट्रेट ने कहा कि यहाँ फिर गोविंदाचार्य क्यों लिखा है? भोला बाबू ने जवाब दिया कि हमको क्या पता हुजूर। फिर मजिस्ट्रेट ने पूछा, आपके पिताजी का नाम? उन्होंने जवाब दिया, पंचानन झा। मजिस्ट्रेट ने कहा कि यहाँ तो नीलमेघाचार्य लिखा है। फिर भोला बाबू ने कहा कि हमको नहीं मालूम कि किसने क्या लिखा है, मेरा नाम भोलानाथ झा है और मेरे पिताजी का नाम पंचानन झा है। इसके बाद उन्हें गोविंदाचार्य उर्फ भोलानाथ झा के नाम से फुलवारी शरीफ जेल में भेज दिया गया।"

संघ कार्यालय में एक तरफ पुलिस की काररवाई चल रही थी तो दूसरी तरफ गोविंदाचार्य भूमिगत होकर इस जुगत में लग गए कि आपातकाल की आँच से संगठन के कार्यकर्ताओं को कैसे बचाया जाए और छात्र-आंदोलन कैसे जारी रखा जाए। उन्होंने इसके लिए विस्तृत रणनीति तैयार की और सात स्वयंसेवकों को अरुण सिन्हा के कमरे पर जमा करके उन्हें लिखित में पूरी रणनीति सौंपी कि अगले कुछ दिनों तक कैसे काम करना है।

इस बारे में गोविंदाचार्य बताते हैं, "जब अरुण सिन्हा संघ कार्यालय से स्थिति का जायजा लेकर लौटे तो मैंने एक काम किया। उसी रात को अरुण सिन्हा के कमरे पर सात स्वयंसेवकों को जमा किया। इन सभी को मैंने सात अलग-अलग विभागों में भेजा। मैंने कागज पर इन सभी का नकली नाम, संपर्क पता, कैसे किसी से संपर्क करें आदि लिख दिया। यह भी बताया कि बैंक से गुरु-दक्षिणा के सारे पैसे निकाल लीजिए। कार्यालय पर कोई सूची नहीं रखें। इसके अलावा भी कुछ और निर्देश कागज

पर लिखकर उनके जरिए भेज दिया। उन सभी को कहा कि तीन दिन में लौटकर आओगे। ये लोग 28 जून, 1975 की रात तक लौट आए। 29 जून, 1975 को नागपुर से एक कार्यकर्ता इन्हीं निर्देशों को लेकर आए। मैंने कहा कि यह तो हमने पहले ही तैयार कर लिया है और उन्हें दिखा दिया। हम लोग बिहार आंदोलन के अनुभव की वजह से रणनीति तैयार करने और उनके क्रियान्वयन के मामले में थोड़ा आगे थे।"

जब संघ पर पाबंदी लगी

आपातकाल लग जाने के बाद यह माना ही जा रहा था कि राष्ट्रीय स्वयंसेवक संघ पर प्रतिबंध लगाने की घोषणा किसी समय इंदिरा गांधी की सरकार कर सकती है। यही हुआ भी। आपातकाल की घोषणा के दस दिन भी नहीं हुए थे कि 4 जुलाई, 1975 को इंदिरा सरकार ने राष्ट्रीय स्वयंसेवक संघ पर प्रतिबंध की घोषणा कर दी। इस संदर्भ में अगर देखा जाए तो गोविंदाचार्य भूमिगत होकर जो काम कर रहे थे, वह संघ, समाज और लोकतंत्र के लिहाज से बेहद अहम था।

संघ पर प्रतिबंध की घोषणा के दस दिनों के भीतर सारे प्रमुख नेताओं को गिरफ्तार कर लिया गया। लेकिन सरकार पूरी ताकत लगाने के बावजूद संघ के प्रचारकों को गिरफ्तार नहीं कर पा रही थी। उस समय पूरे देश में संघ के तकरीबन 1500 प्रचारक काम कर रहे थे। साल भर तक सरकार द्वारा पूरा जोर लगाने के बावजूद इन प्रचारकों में से सिर्फ 110 को ही पुलिस गिरफ्तार कर पाई थी। संघ प्रचारक अगर गिरफ्तारी से बचे रहे तो इसमें गोविंदाचार्य जैसे प्रचारक भूमिगत होकर जो रणनीतियाँ बना रहे थे, उनकी बेहद महत्त्वपूर्ण भूमिका थी।

उस दौर को याद करते हुए आंदोलन की राह के बारे में गोविंदाचार्य कहते हैं, "जुलाई के पहले हफ्ते में कई तरह की अफवाहें फैल गई थीं। यह चर्चा चल रही थी कि रूस के जनरल दिल्ली आ रहे हैं और अब वही शासन चलाएँगे। इससे आंदोलन में इस तरह की सोच विकसित होने लगी कि हथियारबंद लड़ाई ही आगे का रास्ता है। अगस्त में शेषाद्रि जी ने देश भर का दौरा किया, ताकि कम्युनिकेशन का चैनल ठीक हो सके।"

लोकवाणी का प्रकाशन

इस बीच गोविंदाचार्य ने अपने साथियों के साथ मिलकर पटना से ही 'लोकवाणी' के नाम से बुलेटिन निकालना शुरू किया, ताकि आंदोलन के साथियों के साथ संवाद

कायम रहे। यह काम वे पटना में पुलिस की नाक के नीचे कर रहे थे, लेकिन पुलिस को इसकी भनक तक नहीं लगी।

इस बारे में गोविंदाचार्य बताते हैं, "हम लोगों ने पटना से हर सप्ताह 'लोकवाणी' निकालना शुरू किया। नया टोला के अशोक कुमार सिंह उसके प्रमुख थे। श्यामजी सहाय को इसका काम दिया गया। इसका भूमिगत प्रकाशन होता था। इसमें सबसे सफल जगह रहा आलमगंज का। यहाँ हमने पुलिस थाने के ठीक पीछेवाले घर को किराए पर लिया था। वहीं हम साइक्लोस्टाइल मशीन से 'लोकवाणी' छापते थे। लेकिन पुलिस को भनक नहीं लगी। दो-तीन महीने बाद फिर हम लोगों ने कंकड़बाग से छपाई का काम शुरू किया। शेषाद्रि जी हम लोगों को बता गए थे कि क्या-क्या करना है।"

यह सब चल ही रहा था कि इस बीच दत्तोपंत ठेंगड़ी पटना आए। वे अपने साथ 'ऑन रिवॉल्यूशन' बुकलेट लेकर आए थे। उन्होंने इस बुकलेट में यह लिखा हुआ था कि क्या हथियारबंद रक्तिम क्रांति के लिए समाज तैयार है, इसे पता लगाने के लिए क्या-क्या मानक होने चाहिए। इन मानकों के आधार पर उनका कहना था कि भारत अभी रक्तिम क्रांति के लिए तैयार नहीं है। इसलिए भारत में शांतिपूर्ण आंदोलन ही चलना चाहिए। गोविंदाचार्य और उनके साथियों ने मिलकर इस बुकलेट का पूरे बिहार में काफी प्रसार किया, ताकि रक्तिम क्रांति की जगह शांतिपूर्ण आंदोलन का संदेश आम लोगों तक पहुँच सके।

आपातकाल के दौरान बिहार में गोविंदाचार्य और संघ के दूसरे पदाधिकारियों ने मिलकर यह व्यवस्था बना रखी थी कि हर जिले में महीने में कम-से-कम एक बार प्रदेश स्तर से कोई-न-कोई पहुँच जाए। 2 अक्तूबर, 1975 को गांधीजी की जयंती के अवसर पर गोविंदाचार्य और उनके साथियों ने गांधीजी के नाम का पोस्टर निकाला। इस पोस्टर में लिखा था, 'अन्याय के सामने झुकना कायरता है'—महात्मा गांधी। गोविंदाचार्य ने अपने साथियों के साथ मिलकर इस पोस्टर का खूब प्रचार किया।

सरकार विरोधी पोस्टर, इप्टा के रंग में भंग

इस बारे में एक रोचक घटना का जिक्र करते हुए गोविंदाचार्य कहते हैं, "पटना से बख्तियारपुर, मोकामा और बाढ़ जाने के लिए पैसेंजर ट्रेन जाती है। हमारे कुछ साथी इसमें चढ़ गए। इन स्टेशनों के पास ही थाना होता था। जब ट्रेन रुके तो हम लोग थाने में जाते थे, पुलिस से कहते थे कि आज गांधी जयंती है और आज

आप लोगों ने कुछ नहीं किया। अरे! आप लोगों को पोस्टर नहीं मिला अभी तक। थाने में पोस्टर दिया और कहा कि इसको चिपकाइए। पुलिसवालों ने चिपकाया। यह सब करके फिर ट्रेन से आगे बढ़ गए और पहुँचे पंडारक, फिर मोकामा। कई जगह यही काम किया। ये पोस्टर थानों में लग गए। पुलिसकर्मियों को काफी समय बाद अहसास हुआ कि यह तो सरकार द्वारा आपातकाल के खिलाफ लगाए जानेवाला पोस्टर है और उन्हें संघर्ष कर रहे छात्रों ने विश्वास में लेकर उनसे थानों में ये पोस्टर लगवा दिए। बाद में पुलिसकर्मियों ने ये पोस्टर थानों में से हटाए।"

अगस्त, 1975 में इंडियन पीपुल्स थिएटर एसोसिएशन ने पटना में एक कार्यक्रम आयोजित किया। इन लोगों ने बैले नृत्य कराया। इनकी कोशिश यह थी कि लोगों को यह दिखाएँ कि देश में सबकुछ सामान्य चल रहा है। आपातकाल का कोई नकारात्मक असर नहीं है। इंदिरा गांधी सरकार की पहल पर इप्टा यह आयोजन कर रहा था और पूरी सरकारी मशीनरी इस कार्यक्रम को सफल बनाने में लगी हुई थी। सरकार को लग रहा था कि इस सफल कार्यक्रम के जरिए वह लोगों को यह संदेश देने में कामयाब हो जाएगी कि आपातकाल में पहले के मुकाबले ज्यादा अच्छा माहौल है।

लेकिन आपातकाल के खिलाफ संघर्ष कर रहे गोविंदाचार्य जैसे आंदोलनकारियों ने पूरी सरकारी मशीनरी के सहयोग से हो रहे इस आयोजन को नाकाम कर दिया। इस बारे में गोविंदाचार्य बताते हैं, "हम सब लोग इस कार्यक्रम में कई जगह से पहुँच गए। कार्यक्रम स्थल पर हम लोगों ने आपस में जगह बाँट ली। कार्यक्रम में रूस से आए हुए कलाकार बैले नृत्य की प्रस्तुति दे रहे थे। इस बीच हम लोगों ने पहले से बनाई हुई योजना के मुताबिक अपनी-अपनी जगह से कहना शुरू किया कि ये सब प्लास्टिक के हैं, अगर विश्वास न हो तो छूकर देख लो। इससे अगल-बगल के लोग भी यही बात करने लगे। कुछ ही समय में यह बात सबके पास पहुँच गई। इसके बाद वहाँ लोग मंच पर चढ़ गए। भगदड़ मंच गई। कार्यक्रम का पूरा आयोजन छिन्न-भिन्न हो गया। पुलिस असहाय हो गई। कुरसी, टेबल और जो भी सामान था, लोग सब उठाकर अपने घर ले गए। इससे वे लोग जो सब सामान्य दिखाने की कोशिश कर रहे थे, उनकी कोशिशों को धक्का लगा।"

आपातकाल के खिलाफ चल रहे संघर्ष में विभिन्न संगठन सक्रिय थे। इन सभी की पृष्ठभूमि अलग-अलग थी। इनमें शामिल लोगों की प्रकृति अलग-अलग थी। ऐसे में संघर्ष को सफल बनाने के लिए यह जरूरी था कि इनमें आपसी

सामंजस्य बना रहे। आपातकाल में विभिन्न लोगों से सामंजस्य बनाने के लिए कई स्तर पर काम चल रहा था। इसके लिए लोगों से मिलना-जुलना जरूरी होता था। गोविंदाचार्य भी इस काम में लगे हुए थे। इस दौरान विभिन्न पृष्ठभूमि के संगठनों और लोगों के बीच सामंजस्य बनाने में अपनी भूमिका के बारे में गोविंदाचार्य बताते हैं, "सामंजस्य के लिए यह जरूरी था कि लोगों से मिलते-जुलते रहा जाए, ताकि संवाद बना रहे। मिलने-जुलने के लिए सुबह साढ़े पाँच से साढ़े आठ का समय अनुकूल रहता था। इस वक्त पुलिसवाले भी सक्रिय नहीं रहते थे। इसलिए गिरफ्तारी का खतरा कम रहता था।"

आपातकाल के उस दौर में गोविंदाचार्य पटना को केंद्र बनाकर ही काम कर रहे थे। आपातकाल के खिलाफ चल रहे आंदोलन को सफल बनाने में विभिन्न तरह के लोगों से मिलने-जुलने की अपनी गतिविधियों के बारे में गोविंदाचार्य बताते हैं, "पटना में कई जगहें थीं, जहाँ लोगों से मिलने-जुलने का काम होता था। इस दौरान समाजवादी धारा के लोगों से भी तालमेल बनाने का काम किया। सोशलिस्ट पार्टी के लोगों से भी परिचय हुआ। विभिन्न धाराओं के लोगों के साथ तालमेल बिठाकर चलना होता था। इस प्रकिया में काफी कुछ सीखने को मिला।"

इस दौरान बिहार के गया में आपातकाल के खिलाफ काम कर रहे आंदोलनकारियों की एक बैठक हुई। इस बैठक के दौरान गोविंदाचार्य गिरफ्तारी से बाल-बाल बचे। इस बैठक में शामिल होने के लिए 35 आंदोलनकारी जमा हुए थे। गोविंदाचार्य ने अपनी सूझ-बूझ से न सिर्फ खुद को गिरफ्तार होने से बचाया, बल्कि 16 अन्य आंदोलनकारियों को भी गिरफ्तार नहीं होने दिया। अगर उस वक्त ये सभी लोग गिरफ्तार हो जाते तो आपातकाल के खिलाफ बिहार में चल रहे संघर्ष को बड़ा झटका लगता। आशंका तो इस बात की भी थी कि अगर ये सभी लोग गिरफ्तार हो जाते तो बिहार में आपातकाल के खिलाफ चल रहा आंदोलन पूरी तरह से बैठ जाता। बिहार में ऐसा होने का असर दूसरे राज्यों पर भी पड़ता। क्योंकि बिहार छात्र आंदोलन ने ही एक तरह से पूरे देश में व्यापक आंदोलन की पृष्ठभूमि तैयार की थी।

फल्गु नदी में लगाई छलाँग

गया की उस बैठक के बारे में गोविंदाचार्य बताते हैं, "संगठन कांग्रेस के अवध कुमार सिंह थे। उन्होंने समन्वय के लिए एक बैठक गया में खादी ग्रामोद्योग भवन में

रखी। उसमें 35 लोगों को बुलाया। मुझे लगा कि इतनी भारी संख्या में लोग जमा होंगे तो गिरफ्तारी हो जाएगी। लेकिन अवधेश सिंह ने मेरी शंका को यह कहते हुए खारिज कर दिया कि ऐसा कुछ नहीं होगा। बैठक तय हो गई।"

वे आगे कहते हैं, "मुझे पटना से सरयू राय के साथ गया जाना था। जब स्टेशन पहुँचे तो वहीं देख लिया कि सी.आई.डी. के लोग लगे हुए हैं। मैंने सरयू राय को कहा कि आप आगेवाले डिब्बे में जाइए और मैं पीछेवाले में बैठता हूँ, ताकि एक पकड़ा भी जाए तो एक बचा रहे। जब गया पहुँचे तो वहाँ भी मैंने देखा कि लोग पीछे लगे हुए हैं। हम और सरयू राय बचते-बचाते खादी ग्रामोद्योग भवन पहुँचे। वहाँ पहुँचते ही मैंने इस बात का जायजा लिया कि जरूरत पड़ने पर कहाँ से भागा जा सकता है। रसोईघर के पास जलावन की लकड़ी थी और भी कुछ सामान थे, जिस पर चढ़कर फल्गु नदी के बालू पर छलाँग लगाई जा सकती थी। थोड़ी देर बाद मैंने कहा कि जल्दी बैठक खत्म की जाए, पुलिस आ सकती है। लेकिन अवध कुमार सिंह बोले कि आप बेकार में डरते हैं, यह जगह बहुत सुरक्षित है। थोड़ी ही देर में पुलिस आ गई। दूर से ही हमने देख लिया। हमने शोर मचाया। उसके बाद भगदड़ मची। कुछ लोगों ने खुद को कमरे में बंद कर लिया। हमने कहा कि रास्ता पहले से देख रखा है, जिसको भागना है, वह हमारे पीछे आए। हम लोग फल्गु नदी में कूद गए। वहाँ बालू था, इसलिए हमें चोट नहीं आई।"

35 लोगों में से 17 लोग कूदे। इन लोगों में गोविंदाचार्य और सरयू राय के अलावा रामसुंदर दास और लालू यादव जैसे लोग भी थे। यहाँ से भागने के क्रम में क्या-क्या हुआ, उसका विवरण देते हुए गोविंदाचार्य कहते हैं, "भागने में लालू यादव की लुंगी छूट गई। गमछा पहनकर ही वे भागे। रामसुंदर दास कूदे। 17 लोग कूदकर भागे। हम लोग भागते-भागते मानपुर की ओर बढ़े। लोगों को लगा कि हम लोग जुआ खेलनेवाले हैं और पुलिस ने खदेड़ा है तो हम भाग रहे हैं। फिर हम लोगों ने उनसे कहा कि हम लोग आंदोलनकारी हैं। उस समय आंदोलन को लेकर समाज में जो सकारात्मक माहौल था, उसका असर उस वक्त हमें दिखा। स्थानीय लोगों ने हमारी खूब मदद की। जिसके पास कपड़े नहीं थे, उन्हें कपड़े दिए। जिनकी चप्पल छूट गई थी, उन्हें चप्पल दी।" इसके बाद गोविंदाचार्य ने सबसे कहा कि सारे लोग अपने-अपने हिसाब से भागें। स्टेशन के सामने संघ के एक कार्यकर्ता का होटल था। वहाँ शाम को मिलना तय हुआ। उस बैठक में जो 35 लोग थे, उनमें से 16 लोग पकड़े गए। इससे बिहार में आपातकाल के खिलाफ चल रहे संघर्ष को थोड़ा

झटका तो लगा, लेकिन अगर सभी गिरफ्तार हो जाते तो इससे और भी बुरी स्थिति बन गई होती।

इस बैठक में शामिल लोग भी अलग-अलग विचाराधाराओं से संबंधित थे। लेकिन लोकतंत्र को बचाने के लिए आपातकाल के खिलाफ संघर्ष में विभिन्न विचारधाराओं के लोग एक साथ काम कर रहे थे। इन सबका आपसी समन्वय एक चुनौतीपूर्ण कार्य था।

महिला साथियों का साहस

इन चुनौतियों और इससे मिले सबक के बारे में गोविंदाचार्य कहते हैं, "विभिन्न विचारधाराओं का समन्वय आसान नहीं था। मुझे लगा कि देशभक्ति और निस्स्वार्थ मनोभाव किसी एक विचारधारा की बपौती नहीं हैं। यह हमने उसी आंदोलन में सीखा। नूतन सिंह छात्र संघर्ष समिति के कार्यालय का काम देखती थी। रात दस बजे तक वह कार्यालय में बेखौफ काम करती थी। मैं तो इसकी कल्पना भी नहीं कर सकता था कि कोई लड़की इतनी रात तक उस दौर में अकेले काम कर सकती है। मैंने इससे काफी कुछ सीखा।"

ऐसे ही वे अपनी एक और सहयोगी लता कामथ की बहादुरी और समर्पण का उदाहरण देते हुए कहते हैं, "पटना के कदमकुआँ में कांग्रेस मैदान में एक तरफ पुलिस और दूसरी तरफ छात्र थे। पथराव हो रहा था और यह तय था कि आँसू गैस चलनेवाला है। मैं भीड़ में पीछे की ओर खड़ा था, क्योंकि गिरफ्तारी की आशंका थी। लेकिन लता कामथ भीड़ में से आगे गई और छात्रों को कहने लगी कि पत्थर मत चलाओ। 20 मिनट तक वह संघर्ष करती रही। इसके बाद जब जुलूस व्यवस्थित हो गया तो उसे लेकर वह स्टेशन तक गई। उस दिन काफी-खून खराबा हो जाता, लेकिन उसने आगे बढ़कर स्थिति को सँभाल लिया। अगले दिन मेरी मुलाकात उससे हुई तो मैंने पूछा कि तुमको इतनी हिम्मत कैसे आई? मैं तो हिम्मत नहीं कर सका, मुझे भी कूदना चाहिए था। लता कामथ ने मुझसे कहा कि कुछ नहीं गोविंद जी, सिर्फ मृत्यु का भय छोड़ना पड़ता है। इतनी बड़ी बात वह इतनी आसानी से कह गई कि अभी तक वह अंकित है। वह काका कालेलकर के परिवार से संबंधित थी।"

इसी तरह का एक और उदाहरण गोविंदाचार्य देते हैं, "बोध गया में महंथ के खिलाफ लड़ाई थी। उसमें मणिमाला, कनक और कुमुद जैसी लड़कियाँ काम कर रही थीं। वे मजदूरों के साथ ही रहती थीं। एक दिन अखबार में मैंने पढ़ा कि कारिंदों

ने हमला किया और ये लोग जंगल की ओर भागे हैं। इससे मुझे चिंता हुई। तीन दिन बाद ये आए। मेरे हाथ में फ्रैक्चर था। मैं उन लोगों पर बहुत नाराज हुआ और कहा कि यह कौन सा तरीका है काम करने का? कहाँ चली गई थीं तुम लोग? इस पर कनक ने कहा कि आपकी चिंता समझते हैं हम लोग, लेकिन एक बात बताइए कि आपका हाथ पूरा ठीक हो जाएगा क्या? मैंने कहा कि नहीं, थोड़ी कसर तो रह जाएगी। इसके बाद उसने कहा कि कसर रहने से आपकी सामाजिक प्रतिष्ठा पर तो आँच नहीं आएगी? उसने कहा कि आप जो हम लोगों को डाँट रहे थे, वो तो इसलिए न कि आप यह सोच रहे थे कि हमारा बलात्कार हो सकता था, इस वजह से आप चिंतित होकर हमें डाँट रहे थे। मैं आपसे पूछती हूँ कि वह तो दुर्घटना होती, हमारी अनैतिकता तो नहीं होती। जब आप पर सोशल स्टिगमा नहीं लग सकता तो आप हम लोगों को लेकर अपने अंदर इतनी घबराहट क्यों ला रहे थे। आप अपनी मानसिकता और दृष्टि में तो बदलाव लाइए। आप नहीं बदलाव लाएँगे तो समाज का सामान्य आदमी कैसे बदलेगा। यह उन लोगों ने सिखाया।"

गोविंदाचार्य कहते हैं, "अख्तर हुसैन और छोटन सिंह जैसे लोगों से मैंने काफी कुछ सीखा। ये लोग काफी निष्ठावान थे।" वे यह भी कहते हैं कि "विभिन्न संगठनों, अलग-अलग विचारधारा वाले सामाजिक कार्यकर्ताओं और विभिन्न पृष्ठभूमि के लोगों के बीच संयोजन में जयप्रकाश नारायण के व्यक्तित्व का भी बेहद सकारात्मक प्रभाव रहा।"

आपातकाल के दौरान गोविंदाचार्य एक जगह टिककर नहीं रहे। शुरुआती महीनों में तो वे बिहार में ही रहे। एक जगह से दूसरी जगह घूमते रहे। अक्तूबर 1975 तक बिहार में गरमी बढ़ गई कि किसी तरह से गोविंदाचार्य को गिरफ्तार करना है। खुफिया विभाग के अधिकारियों ने ही अनधिकृत तौर पर गोविंदाचार्य को कुछ समय के लिए पटना छोड़ने की सलाह दी।

इस बारे में गोविंदाचार्य बताते हैं, "खुफिया विभाग में ही मेरे कुछ शुभचिंतक अधिकारी थे। इन लोगों ने ही मुझे कहा कि आपकी गिरफ्तारी के लिए बहुत दबाव बनाया जा रहा है। इसलिए आप कुछ समय के लिए पटना छोड़ दीजिए। फिर भाऊराव देवरसजी पटना आए, उनसे मेरी इस बारे में बात हुई। बाद में उन्होंने मुझे कहा कि कोलकाता चले जाओ और वहाँ जाकर पश्चिम बंगाल, ओडिशा और असम में काम करो।"

पटना से कलकत्ता पहुँचे

इसके बाद गोविंदाचार्य कलकत्ता चले गए। कोलकाता को केंद्र बनाकर उन्होंने पश्चिम बंगाल, ओडिशा और असम में काम करना शुरू किया। इन तीनों राज्यों में गोविंदाचार्य ने काम करते हुए आंदोलन को लेकर जागरूकता फैलाने और नए कार्यकर्ताओं को आंदोलन के साथ जोड़ने का काम किया। इस बीच भी वे दस दिनों के अंतर से एक बार पटना आते थे। अक्तूबर 1975 से लेकर 26 जनवरी, 1976 तक गोविंदाचार्य इसी तरह से काम करते रहे।

आपातकाल के दौरान गोविंदाचार्य लगातार भूमिगत होकर काम कर रहे थे। इसके अनुभवों को साझा करते हुए वे कहते हैं, “भूमिगत होने की वजह से व्यक्ति बहुत सीमित हो जाता है। भूमिगत बुलेटिन कई निकलते थे, अपने-अपने कार्यकर्ताओं को संदेश देने के लिए। संघ का अखिल भारतीय फैलाव होने के कारण जिले के स्तर तक बातें पहुँचती थीं और बैठकें होती थीं। बाकी से भी समन्वय का काम संघ को करना होता था उस दौर में। इसके बाद देश भर में एक 'क्रियान्वयनॉर्थ' के नाम से एक परचे का प्रसार हुआ। इसमें बताया गया था कि क्या करना है। किसी को यह पता नहीं था कि आपातकाल कब हटेगा। इसके जरिए यह तय हुआ कि जो भूमिगत संगठन हैं, उनका तो पता नहीं, लेकिन जो संगठन सार्वजनिक तौर पर काम कर सकते हैं, उन्हें सक्रिय किया जाए, जनरोष संगठित किया जाए और अनुकूल स्थिति का इंतजार किया जाए। इस दृष्टि से संघ के कई लोगों के कई जगहों पर लगा दिया गया। यह काम अप्रैल, 1976 में हुआ।”

राष्ट्रीय स्वयंसेवक संघ में काम कर रहे गोविंदाचार्य को संघ ने अप्रैल, 1976 में अखिल भारतीय विद्यार्थी परिषद् के काम में लगा दिया। उस वक्त और भी कई प्रमुख लोग विद्यार्थी परिषद् में काम कर रहे थे। इनमें अशोक सिंघल और भानु प्रताप शुक्ल सरीखे लोग भी शामिल थे। नवंबर, 1976 में भाऊराव देवरस ने यह तय किया कि गोविंदाचार्य को बिहार के साथ-साथ उत्तर प्रदेश में भी विद्यार्थी परिषद् का काम करना है। अखिल भारतीय टीम में भी काम की जिम्मेदारी गोविंदाचार्य पर थी। इस तरह अनेक भूमिकाओं में गोविंदाचार्य काम कर रहे थे।

आपातकाल के बाद

दो महीने हुए होंगे कि 18 जनवरी, 1977 को लोकसभा चुनावों की घोषणा हो गई। इसके बाद फिर से गोविंदाचार्य का कार्यक्षेत्र पूरी तरह से बिहार कर दिया

गया। वे वहाँ चुनाव का काम करने लगे। इस बीच फरवरी 1977 में भागलपुर में वे गिरफ्तार हुए। अगले दिन ही छूट भी गए। उत्तर प्रदेश का दायित्व रामबहादुर राय और महेश शर्मा को मिला। मार्च 1977 में लोकसभा के चुनाव हो गए।

इस बीच जब 1977 में चुनावी नतीजे आए तो यह बात चली कि सभी फ्रंट संगठनों का विलय हो। इस संदर्भ में अप्रैल, 1977 में सारनाथ में एक बड़ी बैठक बुलाई गई। इसमें हर संगठन के पाँच-पाँच लोगों को बुलाया गया था। इस बैठक के बारे में गोविंदाचार्य बताते हैं, "भारतीय मजदूर संघ ने पहले ही कह दिया कि हम अलग रहेंगे। विद्यार्थी परिषद् पर बहुत दबाव पड़ा। विद्यार्थी परिषद् में मैं, रामबहादुर राय, महेश शर्मा, विंध्यवासिनी जी और मदन जी थे। युवा संघ के भी लोग थे। इसमें यह तय हुआ कि छात्र संगठन अलग रहेगा। युवा संगठन का विलय करना हो तो कर दें। समाजवादी युवजन सभा ने बाहर से काफी दबाव बनाया था। हम लोग एक तरह से अलग-थलग पड़ गए थे। लेकिन हम लोग अपनी बात पर डटे रहे।"

इसके बाद 1977 के अंत में अखिल भारतीय विद्यार्थी परिषद् का एक बड़ा आयोजन बनारस में हुआ। इसके संयोजक रामबहादुर राय थे। सह संयोजक के नाते गोविंदाचार्य इस आयोजन में लगे थे। जब यह आयोजन होना था तो बनारस में कर्फ्यू लग गया। इस वजह से विद्यार्थी परिषद् को शोभा यात्रा रद्द करनी पड़ी। इससे वहाँ तनाव की स्थिति पैदा होने लगी।

विद्यार्थियों में इसके लिए भारी उत्साह था। वे शोभा यात्रा निकालने पर अड़े हुए थे। वहीं प्रशासन की ओर से भी कार्रवाई की पूरी तैयारी थी। उस समय विद्यार्थियों को विश्वविद्यालय परिसर से नहीं जाने के लिए जिन लोगों ने उन्हें समझाया, उनमें गोविंदाचार्य की प्रमुख भूमिका थी। इस तरह से एक टकराव की स्थिति को रोकने में उन्होंने अहम भूमिका निभाई।

1977 के दिसंबर से अखिल भारतीय विद्यार्थी परिषद् में गोविंदाचार्य को मध्य प्रदेश का दायित्व भी मिल गया। अब उनका कार्यक्षेत्र भी बड़ा हो गया। बिहार, उत्तर प्रदेश और मध्य प्रदेश में गोविंदाचार्य अखिल भारतीय विद्यार्थी परिषद् का काम करने लगे। इन तीनों राज्यों के लिए पहले उनका केंद्र बनारस हुआ और बाद में लखनऊ। 1978 के जनवरी से उन्होंने बनारस से काम शुरू किया। इस दौरान प्रदेश में उनका सघन प्रवास होता था। 1976 के अंत से लखनऊ को केंद्र बनाकर उन्होंने विद्यार्थी परिषद् का काम तीनों प्रदेशों में जारी रखा।

जनता पार्टी की सरकार बनने के बाद विद्यार्थी परिषद् की गतिविधियों के बारे

में गोविंदाचार्य बताते हैं, "जब जनता पार्टी की सरकार बन गई तो उसके बाद बाल आप्टे ने 1976 में एक किताब तैयार की। इसका नाम था 'एजुकेशनल चेंज'। इस किताब के साथ एक मेमोरेंडम बनाकर चौधरी चरण सिंह, जगजीवन राम, अटल जी और आडवाणी जी से हम लोग मिले। तब जो अनुभव आया, उससे हम लोगों को संतोष नहीं हुआ। ये लोग गंभीर ही नहीं हैं हमारे विषयों को लेकर। बिग ब्रदर ट्रीटमेंट के शिकार थे हम लोग। ये लोग हमें बच्चा मान रहे हैं। नानाजी देशमुख ने खुद ही यह घोषणा कर दी कि अरुण जेटली जनता पार्टी की कार्यसमिति में रहेंगे। जेटली ने बयान दिया कि आपने मुझे इस लायक समझा, इसके लिए धन्यवाद, लेकिन मैं विद्यार्थी परिषद् में ही काम करूँगा।"

संगठन की सेहत के लिए 'उपवास'

इस बीच जून, 1978 में यह निर्णय हुआ कि विद्यार्थी परिषद् छात्र संघ का चुनाव नहीं लड़ेगी। गोविंदाचार्य इसे 'उपवास' कहते हैं। चुनाव नहीं लड़ने के उपवास के अनुष्ठान को तीन साल तक चलाने की योजना बनी। तय हुआ कि इसके बाद विद्यार्थी परिषद् फिर से छात्र संघों के चुनावों में उतरेगी। इस निर्णय में तीन लोगों गोविंदाचार्य, रामबहादुर राय और महेश शर्मा की मुख्य भूमिका थी।

चुनाव नहीं लड़ने का यह निर्णय क्यों लिया गया और इसके पीछे क्या सोच थी, इस बारे में गोविंदाचार्य कहते हैं, "हमारा सोचना था कि इसमें से भी चुनावी नेतृत्व उभरता है। जो चुनाव लड़ते हैं, वे जनसंघ की ओर मुखातिब हो जाते हैं। विद्यार्थियों के बीच जो रचनात्मक काम होनी चाहिए, वह रह जाता है। इस वजह से हम लोग छात्र राजनीति के चुनावों का विरोध कर रहे थे।"

इसे और विस्तार देते हुए वे कहते हैं, "उसी वक्त दिल्ली में देवेंद्र स्वरूप जी ने विद्यार्थियों के लिए एक 'साथी' संगठन बनाया था। यह सिर्फ रचनात्मक कार्य के लिए था। यह तेजी से बढ़ रहा था। इससे हमें लगा कि हम लोग भी रचनात्मक कार्यों में आगे बढ़ सकते हैं। हमारा कहना था कि ध्येयवाद और आदर्शवाद कायम रहे और हम चाहे-अनचाहे राजनीति का छात्र विंग बनकर न रह जाएँ, उसके लिए उपयोगी रहेगा कि कुछ समय तक हम लोग उपवास करें। छात्र संघ के ग्लैमर से दूर रहें।"

उस दौर की छात्र राजनीति की विकृतियों और इससे अखिल भारतीय विद्यार्थी परिषद् पर पड़ रहे असर को रेखांकित करते हुए वे बताते हैं, "दिल्ली का उदाहरण मुझे दिखता था। संगठन के मानकों पर मूल्यांकन करें तो सबसे अच्छा काम

महाराष्ट्र का था। इसके बाद कर्नाटक का। सातवें-आठवें स्थान पर बिहार का। उत्तर प्रदेश का स्थान 12वाँ या 13वाँ था। उस समय के 22 प्रांतों में से 14वें स्थान पर थी दिल्ली। लेकिन छात्र संघ की जीत होती थी दिल्ली में। उसकी धमक सबसे अधिक होती थी। लेकिन विडंबना यह थी कि जीत के बाद कोई गतिविधि नहीं होती थी। जो जीत होती थी, वह दिल्ली के राजनीतिक दिग्गजों के हाथ में चली जाती थी। उम्मीदवार तय करने में भी उनकी भूमिका होती थी। क्योंकि वे कहते थे कि पैसे हम खर्च करते हैं। इससे राष्ट्रीय पुनर्निर्माण में विद्यार्थियों की भूमिका पर असर पड़ रहा था। रचनात्मक और आंदोलनात्मक कार्यों में उनकी भूमिका का कोई स्कोप नहीं बचता था। राजस्थान का भी चुनाव ऐसे ही होने लगा था।"

उस दौर की एक रोचक घटना का उल्लेख करते हुए गोविंदाचार्य कहते हैं, 'जनता विद्यार्थी मोर्चा' सक्रिय था। हम गए मदन लाल खुराना जी के पास और कहा कि दो पद पर विद्यार्थी परिषद् के उम्मीदवार खड़े होंगे। कुल चार पद होते हैं दिल्ली विश्वविद्यालय छात्र संघ में। वे बोले कि जो दो पद होंगे, उसमें उम्मीदवार हमारा होगा। हमने कहा कि बाकी जो कार्यकर्ता हैं, उनका क्या होगा। वे बोले कि खर्चा तो हम ही देते हैं न! हम और राजकुमार भाटिया गए थे। तब हमने कहा कि इस बार तो हारेंगे चाहे जीतेंगे, लेकिन पैसा आपसे नहीं लेंगे। हम लड़ लेंगे चुनाव। यह हमारा अपमान है। चुनाव में उनसे पैसा नहीं लिया। दो पोस्ट लड़े और दोनों जीते। उनका एक हार गया और एक ही जीता। इसके बाद स्वाभाविक ही ठन गई उनसे। हम लोगों को वे बच्चा समझते थे। इसे झकझोरने की जरूरत थी और वह हम लोगों ने किया।"

गोविंदाचार्य मानते थे कि अगर छात्र राजनीति में आ रही इन बुराइयों से बचते हुए एक अलग तरह का छात्र संगठन तैयार करना है तो इसके लिए चुनावों से कुछ समय तक दूर रहना जरूरी है। वे इसे स्वास्थ्य लाभ के लिए किया जानावाला उपवास कहते हैं। चुनावी उपवास की इस अवधारणा को और स्पष्ट करते हुए वे कहते हैं, "चुनाव नहीं लड़ने का निर्णय तीन-चार साल का उपवास था, ताकि संगठन का स्वास्थ्य ठीक हो जाए। ऐसा इसलिए, क्योंकि कोई रचनात्मक काम नहीं होता था। जो रचनात्मक कार्य कर रहे थे, वे चुनाव से दूर थे। गुजरात का उदाहरण बिल्कुल अलग था। वहाँ के लोग सिर्फ बुक बैंक चलाते थे। स्वास्थ्य सेवा का कुछ काम करते थे। इस असंतुलन को दूर करने के लिए उपवास का निर्णय हुआ।"

इतने बड़े लक्ष्यों के साथ छात्र संघों के चुनावों से अखिल भारतीय विद्यार्थी परिषद् के उपवास का जो निर्णय हुआ था, वह चल नहीं पाया। गोविंदाचार्य की पहल

पर लिये गए इस निर्णय का विरोध कई जगहों से होने लगा। छात्र संघ की राजनीति को बाहर से प्रभावित करनेवाले लोग भी सक्रिय हो गए। अंततः विद्यार्थी परिषद् के उपवास का निर्णय नाकाम हो गया।

विद्यार्थी परिषद् की सेहत सुधारने और इसकी तैयारी दुरुस्त करने के लिए किया जानेवाला उपवास आखिर क्यों नाकाम हो गया? जवाब में गोविंदाचार्य बताते हैं, "दत्तोपंत ठेंगड़ी जी का भाषण हुआ था। उन्होंने कहा था कि व्यवस्था बदलाव के लिए मानस में बदलाव की जरूरत होती है। इसके बाद उपवास का निर्णय हुआ। यह निर्णय तो हुआ, लेकिन एक तरह से जबरदस्ती ही। सारे लोग उस वक्त भी सहमत नहीं थे। इसके बाद उत्तर प्रदेश और दिल्ली में प्रतिक्रिया काफी ज्यादा थी। लोग सवाल उठा रहे थे कि क्यों छोड़ रहे हैं। कई जगहों पर लोगों को यह लग रहा था कि उन्हें नेता बनने से रोकने के लिए यह सब हो रहा है। बनारस में यह अफवाह चली कि काशी हिंदू विश्वविद्यालय विद्यार्थी राजनीति का ट्रेंड सेटर है। गोविंदाचार्य तो कम्युनिस्ट रहा है, इसलिए अपना रंग दिखाकर संघ को खत्म कर रहा है; हालाँकि स्थानीय स्तर पर बनारस के लोगों ने चुनाव लड़ने का निर्णय लिया। विद्यार्थी परिषद् के उम्मीदवार जीते भी। महाराष्ट्र में छात्र नेतृत्व बढ़ने वाला था। सबसे अधिक घाटा उन्हें हुआ था। फिर भी वे लोग चुनाव नहीं लड़े। उन्होंने संगठन के निर्णय को स्वीकार किया।"

जाहिर है, इस स्थिति में राष्ट्रीय स्वयंसेवक संघ और विद्यार्थी परिषद् के बीच एक तरह का द्वंद्व पैदा हो गया। खुद विद्यार्थी परिषद् के ही कई लोग चुनाव लड़ने के पक्षधर थे। उस समय की स्थिति को और स्पष्ट करते हुए गोविंदाचार्य कहते हैं, "जुलाई, 1978 में विश्वविद्यालय खुल गए। सितंबर में दिल्ली में छात्र संघ चुनाव होते हैं। छात्र संघ चुनावों को बाहर से प्रभावित करनेवाले छात्र संघ के दिग्गजों का कहना था कि विद्यार्थी परिषद् चुनाव नहीं लड़ेगी तो क्या हुआ, हम लड़ेंगे। इन लोगों ने भाऊराव देवरस और संघ के कुछ अन्य पदाधिकारियों से बात करके उनकी सहमति ले ली। जबकि चुनाव से दूर रहने का निर्णय इन लोगों से बात करके ही हुआ था। इसमें संघ परिवार की पूरी सहमति थी।"

दिल्ली के दिग्गजों ने जब अलग से छात्र संघ चुनाव लड़ने के लिए सहमति ले ली तो इन लोगों ने एक नया संगठन 'जनता विद्यार्थी मोर्चा' बनाया। विद्यार्थी परिषद् के सामूहिक निर्णय को पलटे जाने और उसके बाद की गतिविधियों के संदर्भ में गोविंदाचार्य कहते हैं, "दिल्ली के लोगों ने भाऊराव देवरस से मिलकर यह निर्णय करा लिया कि

अलग से जनता विद्यार्थी मोर्चा बनाकर चुनाव लड़ेंगे। ऐसा लगा कि वे सब पैसे देते हैं, इसलिए वे चुनाव लड़ेंगे। मुझे ठगा हुआ सा लगा। क्योंकि निर्णय में सबसे आगे मैं ही था। फिर भी 1976 और 1979 में विद्यार्थी परिषद् चुनाव से दूर रही।"

इसमें संघ की भूमिका पर गोविंदाचार्य कहते हैं, "भाऊरावजी कहते थे कि टीम एक साथ निर्णय ले तो हम साथ देंगे। भाऊरावजी ने हमें स्वतंत्रता दी। हम स्वतंत्र तौर पर काम करते थे। तीन बातें तय हुई थीं। कुछ विषयों में स्वावलंबन और कुछ विषयों पर सहयोग। तीन विषयों नीति निर्धारण, निर्णय प्रकिया, सांगठनिक व्यवस्था में स्वावलंबन और कार्यकर्ताओं का दायित्व निर्धारण। वहीं राष्ट्रीय हित के विषयों पर सहयोग।"

इसके बाद विद्यार्थी परिषद् की वापसी छात्र संघ चुनावों में हुई। इसमें खुद संगठन के अंदर की खींचतान और जनता विद्यार्थी मोर्चा जैसे नए संगठन बनाकर चुनाव लड़ा जाना एक प्रमुख वजह थी। लेकिन चुनावी राजनीति में वापसी की एक और प्रमुख वजह थी।

दरअसल 1978 के दिसंबर में बेंगलुरु में विद्यार्थी परिषद् का एक अधिवेशन हुआ। वहाँ एक संगठन 'ग्रामोत्थान हेतु छात्र अभियान' बनाया गया। यह संगठन रचनात्मक कार्य करने के लिए बनाया गया था। लेकिन मीडिया में इसका जो विश्लेषण हुआ, उससे यह संदेश निकला कि अब विद्यार्थी परिषद् के छात्र सिर्फ ग्रामोत्थान का काम करेंगे। गोविंदाचार्य कहते हैं कि इससे और परेशानी बढ़ी और हमें यह लगा कि समग्रता से हमें न तो संगठन के अंदर के लोग ले रहे हैं और न ही मीडिया। इससे आम लोगों में भी विद्यार्थी परिषद् को लेकर भ्रम की स्थिति पैदा हुई।

इस पृष्ठभूमि में उस दौर में विद्यार्थी परिषद् की हलचल के बारे में गोविंदाचार्य बताते हैं, "1979 में समझ में आया कि यह निर्णय ठीक नहीं हुआ। 1978 का निर्णय अगर ठीक से नहीं लागू हुआ तो वह निर्णय गलत था। इसके बाद 1960 से 1966 तक इसके लिए अभियान चला कि एक क्षेत्र में एक ही संगठन रहे। दोनों संगठनों अखिल भारतीय विद्यार्थी परिषद् और जनता विद्यार्थी मोर्चा का मेल कैसे हो, इसके लिए काम चला। 1981 से हर जगह चुनाव लड़ने का निर्णय हुआ। शुरुआत में दोनों संगठनों में में टकराव रहा। 1966 में जनता विद्यार्थी मोर्चा भंग हो गया।"

दक्षिण भारत में संगठन की चुनौतियाँ

इस बीच अखिल भारतीय विद्यार्थी परिषद् में गोविंदाचार्य की जिम्मेदारियों में

भी बदलाव हुआ। वे अखिल भारतीय टीम के सदस्य के तौर पर काम कर रहे थे। क्षेत्रीय संगठन मंत्री के नाते वे उत्तर प्रदेश, बिहार और मध्य प्रदेश में 1981 तक काम करते रहे। इसके बाद उन्हें विद्यार्थी परिषद् का काम करने के लिए दक्षिण भारत भेज दिया गया।

जिम्मेदारियों में बदलाव के बारे में गोविंदाचार्य बताते हैं, "आपातकाल के दिनों में चंद्रशेखरन जी को दक्षिण भारत के काम में लगाया गया था। 1979 में उनकी इच्छा नहीं थी कि वहाँ काम करें। तो संघ के लोगों ने उन्हें वापस ले लिया। उसके बाद काम नीचे आने लगा। नक्सलियों से संघर्ष आध्र प्रदेश में बढ़ने लगा। कर्नाटक में कोई नहीं था। केरल में एस.एफ.आई. से संघर्ष शुरू हो गया। तमिलनाडु में काम पूरा बैठ गया। क्योंकि जो संगठन मंत्री गोपाल वहाँ थे, वे विवाह करके गृहस्थ जीवन में चले गए। इस स्थिति में मेरी ओर निगाह गई। संघ के लोगों को लगा कि इसकी पृष्ठभूमि तमिलनाडु की है तो इसको दक्षिण में भेज दिया जाए। 1981 में जुलाई महीने में मैं दक्षिण भारत चला गया। 1981 और 1982 में तमिलनाडु तथा केरल में काम करता रहा। 1982 से 1983 कर्नाटक पर ज्यादा जोर दिया। इसके बाद 1983 से 1986 तक चारों प्रांतों में काम किया।"

दक्षिण भारत में अखिल भारतीय विद्यार्थी परिषद् का कार्य विस्तार बेहद मुश्किल था। वहाँ अलग तरह की चुनौतियाँ थीं। दूसरे संगठनों का प्रभुत्व था। बाहुबल का इस्तेमाल छात्र राजनीति में भी चरम पर था। धनबल का प्रभाव भी काफी था। इन वजहों से उधर की छात्र राजनीति को हिंसक घटनाओं का सामना भी करना पड़ता था। संघ के कार्य का भी उतना विस्तार नहीं था, जितना उत्तर भारत में। ऐसे में अखिल भारतीय विद्यार्थी परिषद् का दक्षिण भारत में विस्तार करना बेहद चुनौतीपूर्ण कार्य हो गया।

दक्षिण भारत में उस दौर के संघर्ष को याद करते हुए गोविंदाचार्य कहते हैं, "तमिलनाडु में बहुत संघर्ष करना पड़ा। वहाँ के अभिजात वर्ग के शैक्षणिक संस्थानों के तौर पर ही कुछ प्रमुख शैक्षणिक संस्थानों की पहचान बनी थी। यहाँ विद्यार्थी परिषद् की उपस्थिति तो थी, लेकिन बहुत प्रभावी नहीं थी। छोटी-मोटी वाद-विवाद प्रतियोगिताएँ और ऐसे ही कुछ आयोजनों तक परिषद् का काम सीमित था। वहीं कुछ कॉलेज ऐसे थे, जहाँ बाहुबल का ज्यादा जोर था। इन कॉलेजों से तमिलनाडु की स्थानीय पार्टियों के नेता तैयार होते थे। ऐसे कॉलेजों में विद्यार्थी परिषद् का वजूद कुछ नहीं था। वहाँ मुझे समझ में आया कि जो ब्राह्मण विद्यार्थी हैं, उन्हें तो निर्देश है कि

शाम को दीया–बाती के वक्त घर आ जाना है और पढ़ाई पर ध्यान देना है। पढ़ने के बाद समाज का जो करना होगा, वह हो जाएगा, लेकिन अभी पढ़ाई करो।"

अब गोविंदाचार्य के सामने चुनौती यह थी कि इस स्थिति में विद्यार्थी परिषद् का विस्तार कैसे करें। इसके लिए उन्होंने जो रणनीति अपनाई, उसका उल्लेख करते हुए वे बताते हैं, "हमने एक व्यापक रणनीति तैयार की। सबसे पहले हम लोग दीवार लेखन करने लगे। अब यह काम तो रात में होगा। इसमें जिन लोगों का उल्लेख मैंने पहले किया था, वे सब आ ही नहीं पाएँगे। जो आएगा वह तो झुग्गी–झोंपड़ी में से आएगा। इनके साथ दीवार लेखन करके हमें कार्यकर्ता मिले। फिर कुछ प्रतियोगिताएँ भी रखीं। अगर सुब्रह्मण्यम भारती जिंदा होते तो युवाओं के लिए क्या संदेश होता, इस पर कविताओं की प्रतियोगिता भी कराई चेन्नई में। चेन्नई के एग्मोर में स्लम क्षेत्र में सस्ता सा कार्यालय लिया। वहीं के बच्चों को पढ़ाना शुरू किया। इससे संगठन आगे बढ़ा। वहाँ के लोग वॉलीबॉल खेलते थे। उन लोगों को अपने साथ जोड़ा। हमने वहाँ विद्यार्थी गतिविधि समूह बनाया। लोगों को दीवार लेखन से जोड़ा। हमारा काम बढ़ता गया। पहले केंद्र चेन्नई था और फिर वेल्लोर में काम बढ़ा।"

चेन्नई की छात्र राजनीति में हिंसा का दबदबा था। ऐसे में अखिल भारतीय विद्यार्थी परिषद् के लिए वहाँ जगह बना पाना और भी मुश्किल कार्य था। लेकिन गोविंदाचार्य ने इन चुनौतियों के बीच भी केरल में विद्यार्थी परिषद् के संगठन विस्तार की राह निकाली।

यह काम उन्होंने कैसे किया, इस बारे में वे बताते हैं, "केरल में एस.एफ. आई. से भारी लड़ाई थी। त्रिवेंद्रम के कार्यकर्ताओं के साथ मेरी बैठक हुई। मेरे मन पर गांधी साहित्य और जयप्रकाश आंदोलन का प्रभाव था। मैंने उन लोगों से कहा कि अगर वे लोग मारते हैं तो एक–दो बार मार खा लिया करो, क्योंकि प्रतिकार करोगे तो यह सिलसिला आगे बढ़ता ही जाएगा। इसके बाद एक कार्यकर्ता ने कहा कि गोविंद जी, आप जो कहते हैं, वो हम मान लेते हैं, लेकिन एक बात बताइए कि हम कितनी बार मार सहें। हमारा तो अनुभव है कि जब तक हम खत्म नहीं हो जाएँ, तब तक वे हमें मारेंगे। आपके कहने पर छह–सात बार मार खाने को हम तैयार हैं, लेकिन वे रुकेंगे नहीं, वे हमको तब तक मारेंगे, जब तक हम खत्म नहीं हो जाते।"

अब गोविंदाचार्य के सामने इस स्थिति में चुनौती यह थी कि इन मुश्किलों में काम कैसे आगे बढ़ाया जाए। इस दौरान उन्होंने जो कार्य केरल में किए, उसका उल्लेख करते हुए वे कहते हैं, "वहाँ एक कॉलेज ऐसा था, जहाँ के 2000 विद्यार्थियों

में से 1950 एस.एफ.आई. के सदस्य थे। 12–13 छात्र अखिल भारतीय विद्यार्थी परिषद् के होते थे। एस.एफ.आई. के लोगों ने ऐसा आतंक फैला दिया था कि जो भी छात्र विद्यार्थी परिषद् का सदस्य बनेगा, उसे वे पीटेंगे। वहाँ केरल स्टूडेंट यूनियन कांग्रेस की भी मौजूदगी नहीं थी। इस स्थिति से निपटने के लिए हम लोगों ने भी प्रतिकार करना शुरू किया। इस संघर्ष में हमारे भी दो लोग मरे। इसके बाद उस समय के मुख्यमंत्री ई.के. नयनार को आना पड़ा। फिर जिलाधिकारी के द्वारा शांति समिति बनाई गई। इसके बाद हमें सदस्य बनाने की अनुमति मिली। फिर ऐसी स्थिति बन गई कि 1400 उनके सदस्य थे तो 600 हमारे भी सदस्य थे। इससे यह पता चला कि लोकतांत्रिक व्यवस्था को बहाल करने का यह नया तरीका था।"

उस दौर को याद करते हुए गोविंदाचार्य कहते हैं, "तमिलनाडु में क्षेत्र प्रचारक उलाहना देते थे कि कुछ अच्छी लीडरशिप तो खड़ी करो। हम कहते थे, दो साल और लगेगा। हम कहते थे कि लड़ाकापन बढ़ने के लिए गैर–ब्राह्मण लोग भी जुड़ें, यह जरूरी है। फिर हम लोगों ने भी विभिन्न कॉलेजों में लोहा लिया। साइकिल चेन से, चिनचैक से। यह संदेश दिया कि सिर्फ वही लोग लड़ना नहीं जानते हैं। इसके बाद अखिल भारतीय विद्यार्थी परिषद् दक्षिण भारत में स्थापित हुई। नए–नए नेता उभरकर सामने आए।"

1985–86 के दौरान श्रीलंका का विषय आया। अखिल भारतीय विद्यार्थी परिषद् ने तमिलनाडु में श्रीलंका की समस्या के बारे में भी पहल की कि श्रीलंका में बसे तमिलभाषी क्षेत्र की समस्या समाधान में राजनैतिक समाधान ही उपाय है। गोविंदाचार्य उस वक्त विद्यार्थी परिषद् का काम देख रहे थे। वे लगातार इस बात के लिए माहौल बना रहे थे कि हथियार बंद लड़ाई से श्रीलंका की समस्या का समाधान नहीं निकलेगा।

दक्षिण भारत में अखिल भारतीय विद्यार्थी परिषद् को नक्सलियों की चुनौती का भी सामना करना पड़ रहा था। नक्सली विद्यार्थी परिषद् के कार्यकर्ताओं पर हमले कर रहे थे। छात्र राजनीति में जो संगठन वहाँ सक्रिय थे, वे भी लगातार विद्यार्थी परिषद् के कार्यकर्ताओं के खिलाफ हिंसक घटनाओं को अंजाम दे रहे थे। इनसे निपटने के लिए गोविंदाचार्य के नेतृत्व में विद्यार्थी परिषद् को काफी संघर्ष करना पड़ा।

उन घटनाओं के बारे में गोविंदाचार्य कहते हैं, "नक्सलियों ने हमारे कई लोगों को मारा। हमने तिरंगा फहराया तो उसे उतार दिया जाता था। हमारे एक कार्यकर्ता जगन मोहन रेड्डी ने तिरंगा फहराया। उसे उतारा गया तो फिर से उसने फहराया।

लौटकर आया तो कॉलेज कैंपस के बाहर उसकी हत्या कर दी गई। श्रीनिवास और गोपाल को ऐसे ही मारा गया। मुरलीधर राव को गोली लगी। हर कॉलेज में संघर्ष करने की क्षमता विकसित करनी पड़ी। कॉलेजों में दहशत का माहौल था। पी.यू.सी.एल. के लोग उनके पक्ष में थे, जबकि आपातकाल के दिनों में जस्टिस तारकुडे को साथ में लेकर पी.यू.सी.एल. की शुरुआत हुई थी रज्जू भइया की पहल पर। ये बातें सामने नहीं आईं। हमने मानवाधिकार सोसाइटी बनाई थी। उन्होंने 'एट्रोसिटी ऑन नक्सल' किताब निकाली थी। हमने 'एट्रोसिटी ऑफ नक्सल' किताब निकाली 1985 में। उस समय काफी साहित्य तैयार किया गया था। एक घटना में नक्सलियों ने भय पैदा करने के लिए जीते-जागते आदमी का हाथ काट दिया, मारा नहीं। ताकि जहाँ जाए, वहाँ यह खबर रहे कि मुखबिरी करोगे तो यही हाल होगा। उस दौर में डर के जरिए आतंक फैलाने का काम हुआ है। इसका विरोध पी.यू.सी.एल. वाले नहीं करते थे, लेकिन उनके लिए मुकदमा जरूर लड़ते थे। वरवर राव तथा बालगोपाल सब उनके पक्ष में थे। वे सिर्फ वर्ग शत्रु मानकर काम करते थे। अन्याय चरम पर था।"

इस बीच अखिल भारतीय विद्यार्थी परिषद् की स्थिति दिल्ली में मजबूत करने की योजना बनी। तय हुआ कि किसी एक आदमी को दिल्ली रखा जाए। यह निर्णय हुआ कि राजस्थान, दिल्ली और हरियाणा का काम लक्ष्मीनारायण भाला करेंगे। वहीं हिमाचल, पंजाब और जम्मू-कश्मीर काम सुनील उपाध्याय को दिया गया। लेकिन उस दौर में कई ऐसी घटनाएँ एक के बाद एक हो गईं कि गोविंदाचार्य को दक्षिण भारत से लाकर दिल्ली के काम में लगा दिया गया।

लौटकर आए दिल्ली

गोविंदाचार्य दिल्ली कैसे आए और इसके लिए कौन सी घटनाएँ जिम्मेदार थीं, इसके बारे में वे खुद ही बताते हैं, "भालाजी को बाला साहब देवरस के पत्राचार के लिए नागपुर बुला लिया गया। सुनील उपाध्याय किडनी की समस्या से जूझ रहे थे और उनका देहांत हो गया। इससे पूरी स्थिति बिगड़ गई। 1985 में स्वर्ण जयंती अधिवेशन दिल्ली में लाल किले के पीछे के मैदान में होना था। प्रभाष जोषी ने उसका उद्घाटन किया था। उस आयोजन की व्यवस्था के लिए दत्तात्रेय होसबोले को भेजा गया था। लेकिन उनको एलर्जी हो गई और कई तरह की स्वास्थ्य समस्याओं का सामना करना पड़ा। इसलिए यह तय हुआ कि उन्हें दक्षिण में ही रखा जाए। तो सवाल उठा कि अब आए कौन? दो ही विकल्प थे—या तो मैं आऊँ या सदाशिव देवधर

आएँ। सदाशिव देवधर का एरनोफिलिया काफी बढ़ा हुआ था। इसके बाद मुझे कहा गया कि आप दिल्ली जाकर काम कीजिए। 1985 में अधिवेशन की व्यवस्था में दिल्ली लग गए। 1966 से 1988 तक दिल्ली से ही काम कर रहे थे।"

दिल्ली की जिम्मेदारी मिलने के बाद विद्यार्थी परिषद् की प्रमुख गतिविधियों का उल्लेख करते हुए वे कहते हैं, "पंजाब और जम्मू-कश्मीर में उस दौर में आतंकवाद चरम पर था। 1987 की जनवरी में हम लोगों ने गुरु तेग बहादुर शहीदी संदेश ज्योति यात्रा निकाली। हम लोगों ने यह तय किया कि ठहरेंगे गुरुद्वारा में ही, मरेंगे तो मरें, हमले होंगे तो हों, सब झेल लेंगे। गुरुद्वारा केवल उनका है, ऐसा हम क्यों मान लें। वह यात्रा बहुत सफल रही। अकाल तख्त से यात्रा शुरू हुई थी और हम लोग रकाबगंज तक पहुँचे थे। यह यात्रा 27-28 दिनों की थी। 20-22 लोग इसमें थे। इसी तरह की कोशिश जम्मू-कश्मीर में भी की थी। 1987 में वहाँ का प्रयोग सफल नहीं हुआ। हमारी संख्या कम थी। हमारी ताकत कम थी। जम्मू-कश्मीर में रुझान नहीं था। एक अजब ढंग का माहौल था। हमारे विचारों को ही लोगों ने ठीक ढंग से नहीं स्वीकार किया। लेकिन फिर 1990-91 में कोशिश की। वह कोशिश सफल हो गई।"

1976 से लेकर 1988 तक गोविंदाचार्य ने अखिल भारतीय विद्यार्थी परिषद् में काम करते हुए छात्र राजनीति को बहुत नजदीक से देखा। ऐसे में यह जानना दिलचस्प होगा कि उस दौर की छात्र राजनीति के क्या मुद्दे थे और ये मुद्दे मुख्यधारा की राजनीति को कितना प्रभावित कर रहे थे।

इस बारे में गोविंदाचार्य बताते हैं, "1984 से हम लोग बहुराष्ट्रीय कंपनियों के खिलाफ अभियान चलाने लगे। कोका कोला और पेप्सी के खिलाफ संघर्ष में लग गए। 1964 के राजकोट अधिवेशन से इस दिशा में काम होने लगा था। असम की घुसपैठ को राष्ट्रीय मुद्दा बनाने और इसे एक राष्ट्रीय अभियान बनाने का श्रेय काफी हद तक विद्यार्थी परिषद् को जाता है। यह सिर्फ क्षेत्रीयता और भावनाओं पर आधारित नहीं था। 1984 में विद्यार्थी परिषद् ने सत्याग्रह किया था। यहाँ सत्याग्रह में तीन स्तर का घेरा बनाया गया। सबसे अंदर के घेरे में छात्राएँ। उसके बाद शिक्षकों का घेरा। सबसे बाहर छात्रों का घेरा। उन पर पुलिस ने बेरहम लाठियाँ बरसाईं। लेकिन वे वहीं रहकर झेलते रहे। आसपास खड़े लोग देख रहे थे। शर्म से फिर पुलिस को बस बुलानी पड़ी गिरफ्तारी के लिए। फिर उन्हें मेघालय की सीमा में छोड़ दिया। मैं दस दिन पहले वहाँ पहुँचा था। हर धर्मशाला में छापे पड़ रहे थे, ताकि लोग नहीं आ सकें। इसके बावजूद लोग आए और अपनी-अपनी स्थिति में रहे। 11 बजे 'जजेज

फील्ड' में कूदना था। मैदान में कोई नहीं था। चारों तरफ पुलिस थी। 11 बजे माइक से घोषणा हुई—'भारत माता की जय'। घोषणा होते ही पता नहीं कहाँ से 600 लोग आ गए। तब पुलिसवालों को लगा कि वे तो ठगे गए। इस खुन्नस में उन्होंने छात्रों को मारना शुरू कर दिया।"

इस बारे में वे आगे बताते हैं, "इसमें जनता का सहयोग बहुत था। हम बाहर खड़े होकर आयोजन की व्यवस्था देख रहे थे। मुझे गिरफ्तार नहीं होना था। मैं ही वकील के पास गया। जहाँ-जहाँ थाने में लोग थे, वहाँ-वहाँ मैं गया। थाने में सिपाही मोहल्ले से दरी मँगवाकर, पूड़ी छनवाकर सभी को खिला रहे थे। यह देखकर आश्चर्य लगा। इसके बाद विद्यार्थी परिषद् ने भृगु फुकन और प्रफुल्ल महंथ का देशव्यापी दौरा कराया। पूरे अभियान का अखिल भारतीय चरित्र विद्यार्थी परिषद् ने बनाया।

इस अभियान की कामयाबी के बारे में वे कहते हैं, "हमने घुसपैठिए और शरणार्थियों का भेद खड़ा किया। हमने देश भर में कहा कि जो हिंदू आए हैं, वे तो शरणार्थी हैं। घुसपैठिए जो आए हैं, वे तो आर्थिक और राजनीतिक कारणों से आए हैं। सुरक्षा कारणों से नहीं आए हैं। पहले जमीन पर कब्जा करते हैं, फिर खेती करते हैं। थोड़ी आबादी बढ़ जाए तो मसजिद बनाते हैं और आबादी बढ़े तो दूसरे को मारकर भगाने लगते हैं तथा जमीन पर कब्जा करते हैं। यह होता गया है। जनसंख्या में बदले के कारण ही हिंदुस्तान पाकिस्तान अलग हुआ था। यह अनुभव है कि क्षेत्र निर्दिष्ट करने में जनसंख्या ही मुख्य कारण बन जाता है। इसके कारण घुसपैठ बँटवारे के बाद से ही चल रही है। असमिया और बँगला भाषा का भी इस्तेमाल हो रहा है। लेकिन यहाँ भाषा से अधिक महत्त्वपूर्ण धर्म बन गया था। इससे लोग आपस में जुड़ते हैं। इस मनोविज्ञान को समझना पड़ेगा। नहीं तो आबादी का संतुलन नहीं रहेगा और इससे कई समस्याओं का सामना करना पड़ेगा।"

वी.पी. सिंह के साथ बोफोर्स का विरोध

1980 के दशक में बोफोर्स घोटाला बहुत बड़ा राजनीतिक मुद्दा बन गया। राजीव गांधी उस वक्त प्रधानमंत्री थे। उनकी सरकार में कैबिनेट मंत्री रहे विश्वनाथ प्रताप सिंह सरकार से इस्तीफा देकर बाहर आ गए और बोफोर्स के मसले पर विपक्ष के अभियान का नेतृत्व करने लगे।

उस दौर में विद्यार्थी परिषद् की गतिविधियों के बारे में गोविंदाचार्य बताते हैं,

"विश्वनाथ प्रताप सिंह जब सरकार से बाहर आए तो बोफोर्स के मसले पर उन्हें सबसे पहला मंच 1987 में अखिल भारतीय विद्यार्थी परिषद् का मिला। इसके बाद उन दिनों में हम लोगों ने रामबहादुर राय के साथ मिलकर 'राष्ट्रीय संघर्ष मोर्चा' बनाया था। कांस्टिट्यूशन क्लब में पहली बैठक हुई थी। इसमें सभी धाराओं के लोग थे। आई.पी.एफ. तथा इंडियन पीपुल्स फ्रंट के लोग भी थे। फिक्की में सम्मेलन हुआ। उसमें अरुण शौरी वक्ता थे। रामबहादुर राय ने उसके आयोजन में प्रमुख भूमिका निभाई थी।"

पूरे देश में भ्रष्टाचार के खिलाफ जो माहौल बना था, उसमें अखिल भारतीय विद्यार्थी परिषद् का भी अहम योगदान था। इस आधार पर यह कहा जा सकता है कि 1970 के दशक के अंत में छात्र चुनावी राजनीति में 'उपवास' की बात करनेवाला अखिल भारतीय विद्यार्थी परिषद् 1980 के दशक के अंत तक मुख्यधारा की राजनीति को प्रभावित करने लगा। विद्यार्थी परिषद् के मुद्दे मुख्यधारा की राजनीति के मुद्दे बनने लगे। मुख्यधारा की राजनीति के मुद्दों को तय करने में भी विद्यार्थी परिषद् की भूमिका बढ़ी। विद्यार्थी परिषद् को इस मुकाम तक लाने में गोविंदाचार्य की बेहद अहम भूमिका थी।

□

दलीय राजनीति के प्रसंग-1
(1988-1993)

○ **मनोज के. झा**

लोकतंत्र के लिए एक खतरनाक प्रवृत्ति जन्म ले रही है, जिसे देश ने अभी तक आधी आँखों से ही देखा और आधे दिल से ही महसूस किया, वह है राजनीतिक पार्टियों द्वारा अपने दायित्व का निर्वहन। अंग्रेजी के एक बड़े कवि डब्ल्यू. एच. आडेन ने कहा है, "मानव, शब्दों से सावधान रहो, क्योंकि हम शब्दों से ही असत्य बोलते हैं।" दलीय राजनीति की स्थिति ऐसी विपत्तिजनक होती जा रही है कि रुमाल उठाइए और आँसू पोंछिए। सवाल वाजपेयी, आडवाणी, मोदी या मनमोहन का नहीं, व्यवस्था का भी नहीं, बल्कि व्यवस्था-संचालन का है। सवाल आज का नहीं है, कल से आते क्रम का है। किसी के पास कोई नया संदेश या कार्यक्रम नहीं है, जो इस पतझड़ में वसंत की सूचना दे। इसलिए फकत एक ही समाधान—चुनाव, फिर चुनाव, फिर चुनाव-चुनाव। राजनीति की संकीर्णता तो व्यवस्था में विकृतियाँ पैदा करेगी ही, और वही हुआ है। फिर आज इस पर आश्चर्य क्या? गोविंदाचार्य के भा.ज.पा. में बिताए बारह वर्ष दलीय राजनीति की ऐसी ही कार्यपद्धति का गवाह हैं। गोविंदाचार्य 1988 में भा.ज.पा. में आए, या यों कहें कि लाए गए। और वर्ष 2000 में उन्होंने भा.ज.पा. को अलविदा कह दिया। कहते हैं, साम्राज्य चाहे जैसा भी हो, निरंकुश या लोकतांत्रिक, सभी के पतन की लगभग एक ही कहानी है। इसे गोविंदाचार्य के दलीय राजनीति के सफर के जरिए समझना इसलिए जरूरी हो जाता है, क्योंकि वे एक ऐसे शख्स हैं, जिन्होंने राजनीति में रहते हुए कभी पद की लालसा नहीं रखी, निजी महत्त्वाकांक्षा को तरजीह नहीं दी। गोविंदाचार्य के जरिए

संघ में चल रहे राजनीति और सेवा के द्वंद्व को भी समझा जा सकता है।

1984 में इंदिरा गांधी की हत्या के बाद जो आम चुनाव हुए थे, उसके परिणाम भा.ज.पा. के लिए बहुत ही हतोत्साहित करनेवाले रहे थे। 31 अक्तूबर, 1984 को इंदिरा गांधी की हत्या और 2 नवंबर को हुए दुर्भाग्यपूर्ण सिख विरोधी दंगों के बाद दिसंबर महीने में लोकसभा के आम चुनाव हुए थे। इसमें राजीव गांधी के नेतृत्व में कांग्रेस को लोकसभा की 400 से अधिक सीटों पर जीत हासिल हुई थी। भा.ज.पा. मात्र दो सीटों पर सिमटकर रह गई थी। हालाँकि वह चुनाव भावनात्मक आधार पर हुआ था और इसमें किसी की स्वीकृति या अस्वीकृति का कोई मामला नहीं था। फिर भी भा.ज.पा. में हताशा तो थी ही।

अटल विहारी वाजपेयी को लगता था कि इतने प्रयासों के बावजूद वे कुछ नहीं कर पाए, इसलिए उन्हें अपना पद छोड़ देना चाहिए। लालकृष्ण आडवाणी भी उसी मानसिकता में थे। इसी हताशा के हालात में राष्ट्रीय स्वयंसेवक संघ से बात की गई। संघ की ओर से कहा गया कि हम आपकी सहायता तभी कर पाएँगे, जब आप विचारधारा को पुनर्स्थापित करेंगे। इसी के बाद 1986 की राष्ट्रीय परिषद् में एकात्म मानवदृष्टि की ओर लौटने का संकल्प लिया गया। हालाँकि संघ पहले भी अपने प्रचारकों को भा.ज.पा. के काम में लगा चुका था। 1983 में बंडारु दत्तात्रेय को भा.ज.पा. में भेजा गया था। लेकिन 1986 के बाद संघ के प्रचारकों को भा.ज.पा. के काम में लगाने के सिलसिले ने जोर पकड़ा। आडवाणी ने गोविंदाचार्य को भा.ज.पा. में लाने का आग्रह 1986 में ही किया था। लेकिन जब अखिल भारतीय विद्यार्थी परिषद् से बात की गई तो यह कहते हुए मना कर दिया गया कि अभी उनके पास लोगों का अभाव है, ऐसे में गोविंदाचार्य को खाली करना संभव नहीं है। लेकिन उसके बाद देश के राजनीतिक हालात में बहुत सारे परिवर्तन आए। संघ के कई प्रचारक भा.ज.पा. में लाए गए। गोविंदाचार्य से लेकर नरेंद्र मोदी तक इसी क्रम में भा.ज.पा. में लाए गए थे।

वर्ष 1988 में बोफोर्स का मामला जोर पकड़ चुका था। रामनाथ गोयनका और अंबानी का चर्चित विवाद सामने आ गया था, जिसमें गोयनका लड़ाई की मुद्रा में थे और राजीव गांधी ने उनका विरोध किया था। या यों कहें तो बेहतर होगा कि इंडियन एक्सप्रेस राजीव गांधी के विरोध में था। इसी क्रम में बोफोर्स का मुद्दा चल पड़ा और तभी वी.पी. सिंह ने भी कांग्रेस छोड़ दी। उस समय विद्यार्थी परिषद् के नरेंद्र टंडन डुसु के अध्यक्ष थे, जिन्होंने डुसु के कार्यालय के सामने ही वी.पी.

सिंह की एक सभा आयोजित करवाई। राजीव गांधी के मत्रिमंडल से बाहर आने के बाद यह वी.पी. सिंह की पहली सार्वजनिक सभा थी। बोफोर्स मामले पर राष्ट्रीय संघर्ष मोर्चा अपने काम पर लगा था। बहुराष्ट्रीय कंपनियों के खिलाफ आंदोलन जोरों पर था और विद्यार्थी परिषद् के साथ सभी वर्गों को जोड़ने के लिए सर्वस्पर्शी कार्यक्रम जारी था। ऐसे में देश में यह माहौल बन चुका था कि राजीव गांधी की सरकार को जाना चाहिए। राजीव गांधी जितनी ऊँचाई पर कभी थे, उतनी ही तेजी से अब वे आम जनता की नजरों में नीचे उतर रहे थे।

नानाजी देशमुख, तत्कालीन राष्ट्रीय महामंत्री और कोषाध्यक्ष मुरली मनोहर जोशी, अश्विनी कुमार, गुरुमूर्ति, भाऊराव देवरस ने आपस में बात की कि गोविंदाचार्य को भा.ज.पा. में लाया जाए। भाऊराव ने संघ के और लोगों से भी बात की। उन दिनों गोविंदाचार्य अमृतसर में थे। 25 सितंबर, 1988 को गोविंदाचार्य को भाऊराव की तरफ से ट्रंककाल करके फौरन दिल्ली आने को कहा गया। यह वह दौर था, जब पंजाब में आतंकवाद अपने चरम पर था। रात में बसें नहीं चलती थीं, ट्रेन भी बंद थीं। गोविंदाचार्य ने सुबह की बस पकड़ी और शाम को दिल्ली पहुँचने के बाद संघ के झंडेवालान कार्यालय गए। भाऊराव देवरस ने कहा, "थके होंगे, अभी आराम करो, सुबह जलपान पर मिलते हैं।"

गोविंदाचार्य अगले दिन आठ बजे झंडेवालान कार्यालय पहुँच गए। तब भाऊराव देवरस ने उन्हें बताया, "सब लोगों ने यह सोचा है कि आपको भा.ज.पा. के लिए काम करना है।" गोविंदाचार्य ने कहा, "प्रचारक हूँ, जो काम कहा जाएगा करूँगा, लेकिन मैं अपने बारे में, संघ के बारे में और विद्यार्थी परिषद् के बारे में थोड़ा-बहुत जानता हूँ, लेकिन राजनीति के क्षेत्र की जानकारी नहीं है, इसलिए आप लोग सोच लें।"

भाऊराव देवरस ने उन्हें 29 सितंबर, 1988 को बुलाया और कहा कि निर्णय हो गया है, आपको भा.ज.पा. में काम करना है। इस पर गोविंदाचार्य ने पूछा कि उन्हें क्या करना होगा। भाऊराव ने कहा कि क्या करना है, इस पर बाद में सोचेंगे, आप दिल्ली में ही रहिए। आपको बुलाया जाएगा। 4 अक्तूबर को उन्हें फिर बुलाया गया, जहाँ भाऊराव देवरस, रज्जू भय्या, गुरुमूर्ति, आडवाणी अशोक सिंघल और अटल जी आदि मौजूद थे। उनके भा.ज.पा. में जाने के सवाल पर बहस होने लगी, जो कि गोविंदाचार्य को असहज कर देनेवाले थे। जो भी हो रहा था, वह उन्हें अच्छा नहीं लग रहा था, लेकिन चुपचाप उन बातों को सुनने के अलावा उनके

पास दूसरा कोई विकल्प था भी नहीं। भाऊराव देवरस का कहना था कि अगर गोविंदाचार्य को भा.ज.पा. का महासचिव नहीं बनाया जाएगा तो उन्हें भा.ज.पा. को नहीं देंगे, जबकि लालकृष्ण आडवाणी का तर्क था कि पार्टी संविधान के अनुसार चार ही महासचिव बनाए जा सकते हैं। ऐसे में कार्यकाल के मध्य में किसी से इस्तीफा दिलवाना ठीक नहीं होगा। वे सभी वरिष्ठ नेता हैं। फिर पार्टी अध्यक्ष के सलाहकार का पद दिए जाने का प्रस्ताव आया, लेकिन सहमति कायम हुई विशेष सहायक का पद दिए जाने के गुरुमूर्ति के प्रस्ताव पर। तय हुआ कि कोई महामंत्री अपने कार्यकाल के मध्य में इस्तीफा नहीं देगा। गोविंदाचार्य राष्ट्रीय कार्यकारिणी के सदस्य के साथ-साथ पार्टी अध्यक्ष के विशेष सहायक बनाए गए और उनके पद को महामंत्री के समकक्ष का दर्जा दिया गया।

पहला अधिवेशन

अगले दिन आश्रम एक्सप्रेस से अहमदाबाद अधिवेशन जाने की बात कही गई। भा.ज.पा. में आने के बाद की यह पहली यात्रा गोविंदाचार्य के लिए कई दिलचस्प संस्मरणों से भरी थी। गोविंदाचार्य इंतजार कर रहे थे कि उन्हें उनके लिए आरक्षित सीट का नंबर बताया जाएगा, लेकिन ऐसा कुछ नहीं हुआ और उनसे जिस कोच में जाने को कहा गया, वह ए.सी. कोच था। ए.सी. कोच में यह उनकी पहली यात्रा थी। कोच में कुछ कूपों से गुजरने के बाद उन्हें बिहार भा.ज.पा. के नेता कैलाशपति मिश्र नजर आए, गोविंदाचार्य उनके पास जाकर बैठ गए। कैलाशपति मिश्र ने उनसे पूछा कि आप अहमदाबाद क्या करने जा रहे हैं, तो उन्होंने बताया कि मुझे भा.ज.पा. का काम करना है। जब कैलाशपति मिश्र ने यह पूछा कि क्या काम दिया गया है तो गोविंदाचार्य का जवाब था, 'पता नहीं'। आश्रम एक्सप्रेस अब तक दिल्ली से काफी आगे निकल चुकी थी। तभी आगरा में भोजन आया। अधिकतर नेता डायबिटीज वगैरह की वजह से कम खा रहे थे, लेकिन गोविंदाचार्य ने भरपूर भोजन का आनंद लिया। भोजन के बाद जब वे जूठन फेंकने के लिए खिड़की ऊपर करने का प्रयास करने लगे, तब लोगों ने बताया कि वाश बेसिन के नीचे डस्टबिन में जूठन डाल आइए। गोविंदाचार्य की ए.सी. डिब्बे में यह पहली यात्रा थी, लिहाजा उन्हें यह नहीं पता था कि ए.सी. डिब्बे की खिड़कियाँ नहीं खुलती हैं।

अहमदाबाद पहुँचने के बाद वे कैलाशपति मिश्र के साथ होटल में उनके ही कमरे में रुके। बाथरूम जाते हुए कैलाशपति मिश्र ने उनसे कहा कि चाय का ऑर्डर

दे देना। उनके पास अहमदाबाद के पालड़ी में स्थित अखिल भारतीय विद्यार्थी परिषद् कार्यालय का नंबर था। उन्होंने वहाँ संपर्क करने के लिए कमरे से रखे फोन का चोंगा उठाया ही था कि उधर से हैलो की आवाज आई। गोविंदाचार्य यह सोचकर घबरा गए कि नंबर तो लगाया ही नहीं तो फिर हैलो कौन कर रहा है। उन्होंने रिसीवर रख दिया। दरअसल वह इंटरकॉम था, जिसके विषय में तब गोविंदाचार्य को जानकारी नहीं थी। उन्होंने ए.सी. कमरे के परदे को हटाया तो दूर सड़क पार चाय की एक दुकान नजर आई। उन्होंने सोचा कि ऑर्डर क्या देना है, दुकान पर जाकर ही चाय पी लेंगे। जब कैलाशपति मिश्र बाथरूम से बाहर आए तो फिर उन्होंने ही इटरकॉम पर चाय का ऑर्डर दिया। बाथरूम में जाने पर भी गोविंदाचार्य को कमोड का सामना करना पड़ा, जिसकी उन्हें आदत नहीं थी। बाल्टी और मग भी नहीं मिला तो टब में खड़े होकर स्नान किया। फिर ए.सी. कमरे में गीले कपड़ों को सुखाने की समस्या। गोविंदाचार्य काफी असहज महसूस कर रहे थे।

इन तमाम अनुभवों से गुजरते हुए गोविंदाचार्य ने अहमदाबाद के अधिवेशन में हिस्सा लिया, जहाँ उपस्थित कार्यकर्ताओं और नेताओं से भा.ज.पा. अध्यक्ष के विशेष सहायक के तौर पर उनका परिचय कराया गया। राजनीतिक प्रस्ताव पर तो उन्होंने उस बैठक में कुछ नहीं कहा, लेकिन आर्थिक प्रस्ताव पर बोलते हुए कहा कि "हमें लघु उद्योग में आरक्षण का समर्थन करना चाहिए, जिसे हटाने की कोशिश की जा रही है, जो कि गरीब विरोधी कदम है।" दरअसल एक बार दत्तोपंत ठेंगड़ी ने उन्हें अपना एक संस्मरण सुनाया था, जब वे राज्यसभा सदस्य बनाए गए थे। सांसद बनने के बाद दत्तोपंत ठेंगड़ी ने गुरु जी से पूछा था कि उन्हें राज्यसभा में क्या करना है? गुरु जी का जवाब था कि राजनीति पर कुछ नहीं बोलना, बस श्रम और अर्थव्यवस्था तक ही अपने भाषणों को सीमित रखना और जो समय बचे, उसमें दूसरे दलों के नेताओं के साथ संपर्क बढ़ाने का प्रयास करना। गोविंदाचार्य ने दत्तोपंत ठेंगड़ी के उस संस्मरण को याद रखा। अहमदाबाद के लिए ट्रेन पकड़ने से पहले भी उन्होंने अकेले में भाऊराव देवरस से मुलाकात की थी। गोविंदाचार्य भाऊराव से उस मुलाकात को याद करते हुए कहते हैं, "भाऊराव जी ने मुझसे कहा कि तुम अभी जैसे हो, हमेशा ऐसे ही रहना। अपने रहन-सहन में किसी भी तरह का परिवर्तन नहीं करना।" भाऊराव देवरस की यह सलाह गोविंदाचार्य के लिए एक ऋषि वाक्य था और गोविंदाचार्य ने इसको जिया।

विचारधारा की राजनीति

गोविंदाचार्य की दलीय राजनीतिक यात्रा को समझने के लिए हमें सत्तर के दशक का रुख करना होगा। एक अंग्रेजी अखबार में 'बाइ ए स्वयंसेवक' नाम से एक आलेख प्रकाशित हुआ था। उस आलेख में राष्ट्रीय स्वयंसेवक संघ के उन कार्यकर्ताओं के सामने खड़े उस यक्ष प्रश्न का वर्णन था, जो राजनीति में सक्रिय थे। वाजपेयी ने लिखा था, चूँकि भारत एक अनेकतावादी समाज है, इसलिए कोई भी विचारधारावाला राजनीतिक दल कभी भी सत्ता में नहीं आ सकता, वह बस एक दबाव समूह के तौर पर अपनी उपस्थिति दर्ज कराता रह सकता है। ऐसे में संघ से राजनीति में आए स्वयंसेवक के समक्ष दो यक्ष प्रश्न हैं—एक तो यह कि वह सत्ता में आने का सपना न देखे और दबाव समूह के तौर पर काम करता रहे। दूसरा, वह अपनी विचारधारा से समझौता कर ले, सत्ता में आए और अपने दायित्वों का निर्वाह करे। गोविंदाचार्य को ऐसा लगता है कि 'यह आलेख आडवाणी जी ने अटल जी को लिखकर दिया होगा।'

इस आलेख के प्रकाशित होने के बाद नागपुर में संघ की एक बैठक हुई, जिसमें जनसंघ के लोग भी शामिल हुए। दत्तोपंत ठेंगड़ी भी उपस्थित थे। आडवाणी और सुंदर सिंह भंडारी भी थे। तब गुरु जी सरसंघचालक हुआ करते थे। गुरु जी ने बैठक में कहा कि "अटलजी ने अपने आलेख में जो स्थापना रखी है, उसके बारे में विस्तार से बताए, क्योंकि एक आलेख में सारी बातें आ पाना संभव नहीं हैं।" फिर वाजपेयी ने अपनी स्थापना अच्छी तरह से रखी। बैठक के अंत में सरसंघ चालक गुरु जी ने अपनी बात रखते हुए कहा कि "मैं ऐसा नहीं मानता कि विचारधारावाला कोई राजनीतिक दल कभी भी सत्ता में नहीं आ सकता। उन्होंने कहा कि हमने भारत में ब्रिटेन की वेस्टमिनिस्टर प्रणाली को अपनाया है। ब्रिटेन में एक विचारधारावाली लेबर पार्टी का 1900 में गठन हुआ था, जिसे वहाँ की एक गठबंधन सरकार का हिस्सा बनने में 29 साल लगे थे। फिर 1939 में लेबर पार्टी ने अपने बूते सरकार बनाई। भारत में भी ऐसा हो सकता है। हाँ, इसमें कितना समय लगेगा, यह नहीं कहा जा सकता, क्योंकि परिस्थितियाँ परिश्रम और कौशल पर निर्भर हुआ करती हैं।" फिर वाजपेयी ने कहा कि हमें दोनों में किस विकल्प को अपनाना है, इस बारे में बता दिया जाए। इस पर गुरु जी ने कहा, "मैं अपनी बात रख चुका हूँ। आप सब अनुभवी और वरिष्ठ लोग हैं, विचार-विमर्श करके निर्णय कर लीजिए।"

1980 में जब भा.ज.पा. की स्थापना हुई, तब दीनानाथ मिश्र ने इससे संबंधित

एक दस्तावेज प्रस्तुत किया, जिसे 'वृंदावन दस्तावेज' कहा जाता है। इसी अवसर पर लालकृष्ण आडवाणी ने 'पार्टी विद ए डिफरेंस' और 'नेशन फर्स्ट' जैसे नारे दिए। दीनानाथ मिश्र का पक्ष यह था कि भारत में व्यक्ति आधारित राजनीति ही सफल होती है, इस बारे में संदेह नहीं किया जा सकता। इंदिरा गांधी के इर्द-गिर्द इसी कारण से राजनीति चल रही थी और हमारी तरफ से इंदिरा गांधी के मुकाबले अगर किसी को खड़ा किया जा सकता है तो निस्संदेह वे वाजपेयी ही हैं। ऐसे में वाजपेयी के इर्द-गिर्द ही राजनीति को बुनने की आवश्यकता है, क्योंकि वाजपेयी में जो सर्वग्राह्यता है, वह उनका बहुत बड़ा गुण है। इसी क्रम में 'अँधेरे में एक चिनगारी, अटल बिहारी, अटल बिहारी' जैसा नारा गढ़ा गया। बहुत से लोगों को यह बात पसंद आ रही थी। गोविंदाचार्य कहते हैं कि "अटल-आडवाणी का मूल पिंड भी इसके अनुकूल था, इसलिए वे चाहते थे कि आगे की राजनीति को इसी दिशा में ले जाया जाए।" लेकिन संघ से जुड़े कई लोग ऐसे भी थे, जो विचारधारा में हुए इस तरह के बदलाव से सहमत नहीं थे। ऐसे लोगों में प्रमुख थे दत्तोपंत ठेंगड़ी। 1980 से 1983 के बीच राजमाता विजयाराजे सिंधिया ने इस पर अपना मुखर विरोध प्रकट किया था। गोविंदाचार्य का मानना है कि "राजमाता को इस संबंध में दत्तोपंत ठेंगड़ी ही इनपुट दिया करते थे। 1982 में राष्ट्रीय कार्यकारिणी में एकात्म मानववाद की ओर वापस लौटने पर चर्चा भी हुई, लेकिन राष्ट्रीय परिषद् में अटल जी ने जो तर्क दिए, उसके बाद मूल विचारधारा की ओर लौटने के विचार का परित्याग कर दिया गया।

यह सबकुछ 1980 से 1984 तक जारी रहा, लेकिन 1984 के लोकसभा चुनावों में मिली भारी पराजय के बाद भा.ज.पा. में पुनर्विचार का दौर प्रारंभ हुआ। हालाँकि, गोविंदाचार्य यह मानते हैं कि 1984 के चुनाव में विचारधारा की लड़ाई तो हुई ही नहीं थी। वह चुनाव इंदिरा गांधी की हत्या के बाद उपजी सहानुभूति के माहौल में हुए थे, जिसमें राजीव गांधी के नेतृत्व में कांग्रेस को 400 से अधिक लोकसभा सीटों पर जीत हासिल हुई थी। उसमें न तो किसी को स्वीकृति मिली थी, न ही किसी को अस्वीकार किया गया था। दिसंबर 1984 के चुनाव में जो हुआ, उसे अटल विहारी वाजपेयी के मत की विफलता नहीं कहा जा सकता, फिर भी उस पराजय की वजह से भा.ज.पा. में शीर्ष से नीचे तक हताशा तो थी ही। इस क्रम में संघ के लोगों से बात की गई, तब कहा गया कि संघ भा.ज.पा. को हर तरह की सहायता देने को तैयार है, लेकिन भा.ज.पा. को अपनी विचारधारा को फिर से स्थापित करना होगा। इसी की परिणति के तौर पर 1986 में राष्ट्रीय परिषद् की

बैठक में एकात्म मानववाद की विचारधारा की ओर वापस लौटने का निर्णय लिया गया। उसके बाद का घटनाक्रम इस बात का गवाह है कि गुरु जी ने वर्षों पहले जो कहा था कि विचारधारावाला राजनीतिक दल भी सत्ता में आ सकता है, वह बात भा.ज.पा. की दृष्टि से पूरी तरह सही साबित हो रही थी।

बहरहाल लौटते हैं वर्ष 1988 में, जब गोविंदाचार्य भा.ज.पा. में लाए गए थे। यह 1988 के अंत और 1989 के आरंभिक महीनों की बात है, जब बोफोर्स का मुद्दा अपने चरम पर था। उसके साथ ही रामजन्मभूमि-विवाद भी सारे देश में आंदोलन का रूप ले रहा था। तब राम मंदिर का शिलान्यास और राजीव गांधी के खिलाफ गठबंधन सर्वाधिक महत्त्वपूर्ण विषय थे, जिनका सामना गोविंदाचार्य को करना पड़ रहा था। गोविंदाचार्य कहते हैं कि "विश्व हिंदू परिषद् के अशोक सिंघल, गिरिराज किशोर जैसे नेता यह चाहते थे कि गैर-कांग्रेसी सरकार के लिए गठबंधन हो या नहीं हो, शिलान्यास जरूर होना चाहिए। दूसरी तरफ के.एल. शर्मा, जे.पी. माथुर, के.आर. मलकानी जैसे नेता थे, जो यह चाहते थे कि शिलान्यास हो, न हो, गठबंधन जरूर होना चाहिए। वाजपेयी भी ऐसा ही सोचते थे और संभवत: आडवाणी भी ऐसा ही सोचते होंगे।"

इसके इतर गोविंदाचार्य और गुरुमूर्ति का मानना था कि गठबंधन और शिलान्यास दोनों ही हो सकते हैं, और यही हुआ भी। अब तक गोविंदाचार्य चुनाव से संबंधित तमाम आँकड़ों का अध्ययन कर चुके थे। गोविंदाचार्य कहते हैं कि "उन्हें तब यह बात मालूम नहीं थी कि केवल अरुण नेहरू को ही आँकड़ों की समझ है, बाकी लोग तो बस 'अंदाजी टक्कर' लगाते रहते हैं।" इस तरह गोविंदाचार्य ने आँकड़ों से संबंधित जो अध्ययन किए थे, वे उनके लिए बाद में एक बहुत बड़ी पूँजी साबित हुए। इससे आपसी भरोसा कायम हुआ। वे भा.ज.पा. नेताओं को यह बताने लग गए कि जिस चुनाव क्षेत्र से आप नहीं जीत सकते तो वहाँ से टिकट लेकर क्या कीजिएगा?

वी.पी. सिंह से मुलाकात

बोफोर्स सौदे का हंगामा तो जारी था ही, इस बीच विश्वनाथ प्रताप सिंह आगामी राजनीति के लिए जोड़-तोड़ करने में व्यस्त थे। 4 मई, 1988 को जयपुर में एक कार्यक्रम के दौरान देवीलाल ने कहा था कि विपक्षी दलों के पास नेता पद के लिए विश्वनाथ प्रताप सिंह का कोई विकल्प नहीं है। देवीलाल ने कहा कि सभी

विपक्षी दलों के अध्यक्ष ही विपक्षी एकता में बाधक हैं। देवीलाल ने फिर दोहराया कि विपक्षी दल के लिए विश्वनाथ प्रताप एक विवशता है। 7 मई को पश्चिम बंगाल के वरिष्ठ कांग्रेस नेता तथा पूर्व केंद्रीय मंत्री अशोक सेन ने भी घोषणा कर दी थी कि वे विश्वनाथ प्रताप सिंह के 'जनमोर्चा' में शामिल हो रहे हैं। जाहिर है, विश्वनाथ प्रताप के इर्द-गिर्द गैर-कांग्रेसी दलों के नेताओं से लेकर पुराने कांग्रेसियों की भीड़ जुटने लगी थी।

हालाँकि लोकदल के अध्यक्ष हेमवती नंदन बहुगुणा तथा जनता पार्टी अध्यक्ष चंद्रशेखर को विश्वनाथ प्रताप सिंह का नाम गले से नीचे उतर नहीं पा रहा था। 27 मई, 1988 को जनता पार्टी में नेतृत्व को लेकर पिछले तीन मास से चला आ रहा विवाद तब समाप्त हो गया था, जब अजीत सिंह जनता पार्टी के अंतरिम अध्यक्ष घोषित हो गए। इंदुभाई पटेल को जनता पार्टी का उपाध्यक्ष तथा मधु दंडवते को पार्टी के संसदीय बोर्ड का अध्यक्ष बनाया गया था। इसके साथ पार्टी महासचिव पद पर मेनका गांधी, बापू कालदाते, राम नरेश यादव, रामविलास पासवान तथा हरिकेश बहादुर की नियुक्ति हुई थी। पर जैसे राजनीतिक आसार बन रहे थे, देवीलाल की बात सच होती लगने लगी थी। अमिताभ बच्चन के त्याग-पत्र से रिक्त इलाहाबाद संसदीय क्षेत्र के लिए उपचुनाव होने जा रहा था। विश्वनाथ प्रताप ने शुरू में कहा था कि अगर इस संसदीय उपचुनाव में अमिताभ खड़े होंगे तो वे अवश्य उनका मुकाबला करेंगे। पर अंतिम क्षण में जब कांग्रेस ने स्व. लाल बहादुर शास्त्री के पुत्र सुनील शास्त्री को इस संसदीय उपचुनाव के लिए अपना उम्मीदवार घोषित कर दिया, तो अटकलें लगने लगीं कि क्या विश्वनाथ प्रताप अब लड़ेंगे? पर विश्वनाथ प्रताप फिलहाल खुद को लगातार सुर्खियों में रखने को व्यग्र थे। इसलिए उन्होंने कहा था कि विपक्षी दलों के अनुरोध पर अमिताभ के न खड़े होने के बावजूद इलाहाबाद का उपचुनाव लड़ेंगे। विपक्ष ने विश्वनाथ प्रताप को अपना संयुक्त प्रत्याशी घोषित कर दिया था। वही कांग्रेस के सुनील शास्त्री तथा बहुजन समाज पार्टी (ब.स.पा.) के कांशीराम इलाहाबाद उपचुनाव के मैदान में थे। इलाहाबाद उपचुनाव को कांग्रेस ने प्रतिष्ठा का प्रश्न बना लिया था, उधर हरियाणा के मुख्यमंत्री देवीलाल पूरे लाव-लश्कर के साथ अपने 'ग्रीन ब्रिगेड' को लेकर इलाहाबाद में विश्वनाथ प्रताप की मदद में आ डटे थे। इलाहाबाद का यह संसदीय उपचुनाव भारतीय राजनीति के लिए सचमुच ऐतिहासिक साबित हुआ था। 18 जून, 1988 को जब इलाहाबाद उपचुनाव का परिणाम आया था, तो यह स्पष्ट हो गया था कि राजीव गांधी शायद

ही आगामी चुनाव में अब अपने को सँभाल पाएँगे। दरअसल, इलाहाबाद में संयुक्त विपक्षी प्रत्याशी विश्वनाथ प्रताप सिंह एक लाख से अधिक मतों से सुनील शास्त्री को पराजित कर जीत गए थे। चुनाव में अपनी जीत पर टिप्पणी करते हुए विश्वनाथ प्रताप सिंह ने कहा था, "भ्रष्टाचार के खिलाफ यह जनता का फैसला है।"

26 जुलाई, 1988 को चार विपक्षी दलों लोकदल, जनता पार्टी, कांग्रेस (स) तथा जनमोर्चा ने संसद् के मानसून सत्र की पूर्व संध्या में घोषणा की थी कि विपक्षी एकता हेतु प्रयास के तहत 'एकीकृत समाजवादी जनतादल' का गठन किया जा रहा है, हालाँकि उस बैठक में चंद्रशेखर तथा हेमवती नंदन बहुगुणा मौजूद नहीं थे। देवीलाल ने इस बैठक का आयोजन किया था। इस बैठक के मुख्य आकर्षण स्वाभाविक रूप से विश्वनाथ प्रताप सिंह थे। बैठक में विश्वनाथ प्रताप तथा देवीलाल के अलावा रामधन, अरुण नेहरू, विद्याचरण शुक्ल (जनमोर्चा), शरद यादव (लोकदल), अजीत सिह, रामकृष्ण हेगडे, बीजू पटनायक, मधु दंडवते, चिमन भाई पटेल (जनता पार्टी) और के.पी. उन्नीकृष्णन (कांग्रेस–स) मौजूद थे। के.पी. उन्नीकृष्णन ने बैठक की समाप्ति के बाद कहा था कि 'एकीकृत समाजवादी जनता दल' की यह घोषणा मात्र एक 'प्रस्ताव' है, जिसे सभी दलों के पास पुष्टि हेतु भेजा जाएगा। इस तरह जनता दल के जन्म की नींव उसी दिन पड़ गई थी।

इसके बाद 1989 के लोकसभा चुनावों के लिए गठबंधन बनाने के क्रम में गोविंदाचार्य की एक महत्त्वपूर्ण मुलाकात हुई विश्वनाथ प्रताप सिंह के साथ। गोविंदाचार्य इस मुलाकात को याद करते हुए कहते हैं, "वी.पी. सिंह ने कहा कि गोविंद जी राजीव गांधी पहले चुनाव हारेंगे, उसके बाद ही न यह झगड़ा होगा कि आप बड़े या हम बड़े। ऐसे में पहले इस बारे में सोचा और प्रयास किया जाना चाहिए कि राजीव गांधी को हराया कैसे जाए।" गोविंदाचार्य ने जब कहा कि इस दिशा में प्रयास चल रहे हैं तो वी.पी. ने कहा कि ऐसे प्रयासों से कुछ नहीं होगा। पहले हमें कांग्रेस के वोट बैंक को देखना होगा, जो कि अगड़ी जातियों, मुसलमानों तथा दलितों के समर्थन पर आधारित है। अगड़ों में से आधे हमारे साथ आ सकते हैं। पृथ्वीराज चौहान के बाद कोई ठाकुर पहली बार दिल्ली के सिंहासन पर बैठेगा, इस सोच के कारण ठाकुरों का समर्थन हमें मिल सकता है। आप लोगों के कारण ब्राह्मण मतदाता भी हमारे साथ आ सकते हैं। पिछड़े वर्गों का समर्थन हमारे साथ रहेगा, जो कि चरण सिंह के समय से ही कांग्रेस के खिलाफ रहे हैं, क्योंकि कांग्रेस राज में उनकी हमेशा से ही उपेक्षा होती रही है। दलित बहुत ऑब्लाइज्ड हैं, उन्हें

अपने साथ लाना बहुत मुश्किल होगा। लेकिन मुसलमानों को तोड़ा जा सकता है। मुसलमान पहले भी टूट चुके हैं, जब 1977 में उन्होंने कांग्रेस के खिलाफ जनता पार्टी का समर्थन किया था। लेकिन मुसलमान आपके कहने पर नहीं टूटेंगे, इसलिए आप लोग हिंदुओं की ओर ध्यान दीजिए। हम मुसलमानों का समर्थन हासिल करने के लिए उनकी तरफ ध्यान लगाते हैं।"

आर.के. धवन से मिले

उन दिनों की राजनीति को समझने के लिए एक और घटना महत्त्वपूर्ण है। दरअसल 1984 के लोकसभा चुनावों में कांग्रेस की भारी जीत के बाद कांग्रेसियों का एक वर्ग मानने लगा था कि राष्ट्रीय स्वयंसेवक संघ ने इंदिरा गांधी की हत्या के बाद हुए चुनावों में कांग्रेस का साथ दिया था। गोविंदाचार्य ऐसा नहीं मानते और उनका कहना है कि संघ कभी भी भा.ज.पा. के अलावा किसी और राजनीतिक दल को अपना समर्थन नहीं दे सकता। नानाजी देशमुख के महाराष्ट्र में दिए गए एक बयान को आधार बनाकर कांग्रेस ने 'जात पर न पात पर नानाजी की बात पर मुहर लगेगी हाथ पर' का नारा दिया था। लेकिन गोविंदाचार्य इसे कांग्रेस की गलतफहमी ही मानते हैं। गोविंदाचार्य का कहना है कि वे चुनाव भावनात्मक आधार पर लड़े गए थे, जिस कारण से कांग्रेस को एक बड़ा जन–समर्थन हासिल हुआ, लेकिन संघ का कैडर उस चुनाव में भी भा.ज.पा. के ही साथ था। आम मतदाता कांग्रेस के पास चले गए थे और भा.ज.पा. के पास बस कैडर रह गया था। गोविंदाचार्य 1989 के चुनाव संदर्भ में एक महत्त्वपूर्ण घटना का जिक्र करते हैं, जब इंदिरा गांधी के प्रधान सचिव रहे आर.के. धवन के साथ उनकी मुलाकात हुई थी। इस बैठक का आयोजन भारत सरकार के खुफिया विभाग के अधिकारी एम.के. धर ने करवाया था। वह बैठक राजनीतिक दलों में पुलिस अधिकारियों से संपर्क रखनेवाले एक शख्स कौशिक के माध्यम से आयोजित करवाई गई थी। कौशिक दिल्ली के राजेंद्र नगर में स्थित सुशील मुनि के अहिंसा मिशन कार्यालय में रहा करता था। उस दिन काफी बारिश हो रही थी। गोविंदाचार्य को पिछले दरवाजे से आर.के. धवन के घर ले जाया गया। मेज पर सूखे मेवे रखे हुए थे। गोविंदाचार्य ने सबसे पहले उस पर ध्यान लगाया। फिर आर.के. धवन से बात होने लगी। धवन ने कहा कि आप संघ से भा.ज.पा. में आए हैं, इसलिए आपसे बात करके मैं यह कहना चाहता था कि संघ ने 1984 के चुनावों में जो रणनीति अपनाई थी, उसे 1989 के लोकसभा चुनावों में

भी जारी रखना चाहिए। इस पर गोविंदाचार्य ने पूछा कि क्या थी वह रणनीति? धवन ने जवाब दिया कि कांग्रेस को समर्थन देने की रणनीति थी। इस पर गोविंदाचार्य ने अपनी प्रतिक्रिया देते हुए कहा कि "वे संघ का अंग हैं और संघ ने उन्हें भा.ज.पा. में भेजा है। मैं यह नहीं मान सकता कि संघ भा.ज.पा. के अलावा किसी और दल को समर्थन दे सकता है और उसकी सारी योजना व संपूर्ण कैडर भा.ज.पा. के लिए ही है। जहाँ तक मुझे मालूम है, संघ ने भा.ज.पा. के अलावा किसी और राजनीतिक दल को कभी समर्थन नहीं दिया और न ही भविष्य में ऐसा कभी संभव हो सकता है। दोनों साथ ही रहेंगे, चाहे हार मिले या जीत।" गोविंदाचार्य की इस बात को सुनने के बाद धवन उठकर चले गए। गोविंदाचार्य को पता नहीं चला कि धवन वहाँ से नाराज होकर गए हैं। फिर उन्हें पिछले गेट से कार तक छोड़ने के लिए एम.के. धर खुद आए और चुपके से गोविंदाचार्य को यह कहते हुए कागज का एक पुर्जा थमा दिया कि 'वी शैल मीट'। उस कागज के टुकड़े पर धर का फोन नंबर लिखा था। गोविंदाचार्य ने उस नंबर पर फोन करके एम.के. धर के साथ बात की। धर से गोविंदाचार्य की मुलाकात हुई, जिसके बाद पता चला कि धर एक प्रखर हिंदूनिष्ठ हैं और नेताजी सुभाष चंद्र बोस के समर्थक हैं। विभाजन के दौरान उनके परिवार को बहुत सारी परेशानियों से गुजरना पड़ा था और गोविंदाचार्य ने जिस तरह से आर.के. धवन के साथ बातचीत में बिना किसी मिलावट के अपनी बात रखी थी, उससे धर को लगा कि इस व्यक्ति के साथ बातों को साझा किया जा सकता है। इस पर भरोसा किया जा सकता है। धर के साथ संबंधों के विकास का लाभ गोविंदाचार्य को भी हुआ, क्योंकि कांग्रेस के चुनाव अभियान से वे भलीभाँति अवगत रहा करते थे। इसके अलावा गोविंदाचार्य को बूटा सिंह की भी सहायता मिली, जो कि अनुसूचित जाति से आते थे और देवरहा बाबा के भक्त हुआ करते थे।

1989 के लोकसभा चुनावों में वी.पी. सिंह के साथ सीटों के तालमेल को लेकर भी गोविंदाचार्य को बहुत सारी चुनौतियों का सामना करना पड़ा। वे कहते हैं कि "शरद यादव रघु ठाकुर को भिंड क्षेत्र से टिकट दिलवाना चाहते थे, जो कि एक सही माँग भी थी। लेकिन भा.ज.पा. के लोग भिंड से एक भी सीट देने को तैयार नहीं थे। मैंने आडवाणी जी से कहा भी कि दूसरों को कम-से-कम दो सीट तो दे दीजिए। आडवाणी जी से कहा कि छिंदवाड़ा हम नहीं जीत सकते तो वह दे दीजिए। इसके अलावा भिंड क्षेत्र से भी कोई एक सीट। आडवाणी ने इस सिलसिले में बात भी की, लेकिन भा.ज.पा. के स्थानीय नेता नहीं माने। प्रह्लाद पटेल को

स्वतंत्र उम्मीदवार के तौर पर खड़ा किया गया, जिन्हें जीत मिली भी। उत्तर प्रदेश के नेताओं को समझाने में भी बहुत परिश्रम करना पड़ा। भा.ज.पा. को सीटों के तालमेल के लिए हुए समझौते के बाद नौ सीटों पर लड़ना था। जमीन पर वहाँ यही स्थिति थी और आँकड़े भी यही बोल रहे थे, लेकिन इसे लेकर नाराजगी बहुत थी। पदाधिकारियों की बैठक में आडवाणी जी ने कहा कि यह तो 'सेल आऊट' है। कार्यकर्ताओं को इसका औचित्य कैसे समझाया जा सकता है।" गोविंदाचार्य ने जवाब दिया कि "आडवाणी जी, आपको इस समझौते को रद्द करने और नए सिरे से बातचीत आरंभ करने का पूरा-पूरा हक है। लेकिन किसी को यह बात नहीं भूलनी चाहिए कि इस तरह के समझौतों का यह नियम होता है कि जो व्यक्ति मौके पर होता है, वही सबसे बेहतर जज होता है। चूँकि मैं उस बातचीत में था, इसलिए या तो इस समझौते को स्वीकार कीजिए या फिर मुझे बातचीत से बाहर करके नए सिरे से वार्त्ता आरंभ कीजिए। मैं इस बात को अपने सम्मान से नहीं जोड़ूँगा और दूसरे दलों के नेताओं से कह दूँगा कि समझौता रद्द हो गया। ऐसे हालात में इससे अधिक और कुछ नहीं किया जा सकता।" गोविंदाचार्य चूँकि नए-नए थे, इसलिए उन्हें पता नहीं था कि ऐसे बोलने की परंपरा नहीं होती। बैठक में अचानक शांति छा गई। आडवाणी भी चुप हो गए।

वी.पी. सिंह का मानना था कि मुसलमान ऐसे किसी राजनीतिक गठबंधन को समर्थन नहीं दे सकता, जिसमें भा.ज.पा. की भागीदारी हो। उन्होंने गोविंदाचार्य से कहा कि हमारे बीच सीटों का तालमेल होगा, किसी तरह का गठबंधन नहीं। आप लोग हमारे मंच पर नजर नहीं आएँगे। आपका कोई नेता भी हमारे मंच के ऊपर नहीं दिखेगा, न ही आपके झंडे या पोस्टर। हमारे झंडे-पोस्टर कहीं भी साथ-साथ नहीं होंगे। चुनाव अभियान आप हम पर छोड़ दीजिए। इसी दौरान 1989 के लोकसभा चुनाव के लिए हो रहे प्रचार के दौरान मथुरा की एक घटना उल्लेखनीय है। वी.पी. सिंह मथुरा में चुनाव प्रचार करने गए थे। वहाँ उनके मंच पर उनकी पार्टी और भा.ज.पा. दोनों के ही झंडे-बैनर साथ-साथ लगे हुए थे। यह देख वी.पी. सिंह ने मंच पर चढ़ने से मना कर दिया। उन्होंने कहा कि भा.ज.पा. के साथ कोई मंच साझा नहीं कर सकते। अंत में भा.ज.पा. को उस चुनावी मंच से अपने बैनर-पोस्टर हटाने पड़े। इस बात पर भा.ज.पा. के लोग बहुत नाराज हुए। वी.पी. सिंह ने उनकी परवाह नहीं की और उनके मंच खाली करने के बाद ही जनता को संबोधित किया। लेकिन भाषण के बाद उन्होंने गोविंदाचार्य को फोन किया और

कहा कि "अपने लोगों को समझाएँ, नहीं तो मथुरा की सीट हाथ से निकल जाएगी और मथुरा के आसपास के भी बहुत से चुनाव क्षेत्र प्रभावित होंगे।"

इस दौरान बहुत से झगड़े भी हुए, जिसमें एक बार राम जेठमलानी के साथ मारपीट तक हुई। प्रधानमंत्री पद पर चंद्रशेखर का अपना दावा था। राम जेठमलानी उनके घर के सामने इस माँग के साथ धरने पर बैठ गए कि चंद्रशेखर खुद ही वी.पी. सिंह के समर्थन में प्रधानमंत्री पद पर अपनी दावेदारी छोड़ने की घोषणा करें। चंद्रशेखर का अपना अंदाज था। मारपीट करके जेठमलानी को भगाया गया और उनके कपड़े फड़वा दिए गए। इस घटना के बाद इंडियन एक्सप्रेस के सुंदर नगर स्थित गेस्ट हाउस में गोविंदाचार्य की जेठमलानी से मुलाकात हुई। गोविंदाचार्य और राम जेठमलानी से जुड़ा एक और वाकया तब का है, जब राम जेठमलानी इंडियन एक्सप्रेस में राजीव गांधी से प्रतिदिन पाँच सवाल पूछा करते थे। सच्चाई यह थी कि जेठमलानी का बस नाम ही था। लेकिन चूँकि इस बात को लेकर इंडियन एक्सप्रेस अपने अस्तित्व की लड़ाई लड़ रहा था, उसकी साख दाव पर थी और रोज पाँच प्रश्न पूछने को लेकर उसकी प्रतिबद्धता थी, इसलिए सुंदर नगर के एक्सप्रेस गेस्ट हाउस में बैठकर कुछ लोग प्रश्न बनाते थे, उनमें गोविंदाचार्य भी थे। हाँ, इस बात का खयाल अवश्य रखा जाता था कि छपने से पहले उन प्रश्नों को राम जेठमलानी को दिखा दिया जाए। नैतिकता की माँग भी यही थी। भूरे लाल, विनोद चंद्र पांडेय जैसे बहुत से लोग बोफोर्स के उस संघर्ष में साथ थे।

2 दिसंबर, 1989 को वी.पी. सिंह की सरकार बनने के बाद सरकार के कामकाज या समर्थन से संबंधित मामलों में वाजपेयी और आडवाणी की भूमिका बढ़ गई थी और गोविंदाचार्य जैसे नेताओं की भूमिका कम हो गई थी। क्योंकि उसके बाद जो कुछ होना था, वह तो जमीनी स्तर पर ही होना था। अब गोविंदाचार्य संगठन के कामों में लग गए। चूँकि वे संसद् सदस्य नहीं थे, इसलिए भा.ज.पा. संसदीय दल में भी नहीं थे और संसदीय दल की बैठकों में नहीं जाते थे। उन्होंने अपना सारा ध्यान संगठन पर लगाया और पुराने वरिष्ठ नेताओं से मिलकर पूछा कि वे इस तरह की जिम्मेदारियों के मामले में नए हैं, ऐसे में उन्हें कैसे, क्या करना चाहिए। इस सिलसिले में जिन नेताओं से उनकी मुलाकात हुई, उनमें प्रमुख थे, नानाजी देशमुख, दत्तोपंत ठेंगड़ी और केदारनाथ साहनी। नानाजी देशमुख ने अपने बहुत से अनुभव उनके साथ साझा किए। बहुत से पत्र दिखाए। नानाजी का कहना था कि "भा.ज.पा. में किसे आगे रखना है, किस बात का ध्यान रखना है,

इससे संबंधित संघ का मापदंड शुद्ध नहीं है।"

इसी बीच एक दिन गोविंदाचार्य की दत्तोपंत ठेंगड़ी के साथ एक लंबी बातचीत हुई। गोविंदाचार्य दत्तोपंत के साथ हुए संवाद को विस्तार से बताते है, "दत्तोपंत जी ने मुझसे कहा कि तुमने भा.ज.पा. में आने का फैसला कर बड़ा दुस्साहस किया है। मैंने जवाब दिया कि संघ ने मुझसे भा.ज.पा. के लिए काम करने को कहा, तो करना ही था। दत्तोपंत जी ने कहा कि हाँ, करना तो था, फिर भी तुमने बड़ा ही दुस्साहस का काम किया है। उन्होंने बताया कि 1986 में संघ के लोगों ने कहा कि भा.ज.पा. नीचे आ गई है। ऐसे में नानाजी भा.ज.पा. के लिए काम करें। नानाजी ने कहा कि अब वे पूरी तरह से सामाजिक कार्यों में लग गए हैं और अब उनकी मानसिकता राजनीतिक मामलों से जुड़ने लायक नहीं रह गई है। फिर दत्तोपंत जी को बुलाया गया। उस समय वे मजदूर संघ के साथ जुड़े थे और अखिल भारतीय किसान संघ के लिए भी काम कर रहे थे। उन्हें बुलाकर भा.ज.पा. के लिए काम करने को कहा गया। तब दत्तोपंत जी ने संघ के वरिष्ठ लोगों से कहा कि संघ परिवार और भा.ज.पा. के भी वरिष्ठ नेताओं से बात करके उन्हें दो बातें समझा दीजिए। जब यह पूछा गया कि वे दो बातें क्या हैं तो उन्होंने कहा कि पहली, अभी भा.ज.पा. में अटल–आडवाणी की जो स्थिति है, वही स्थिति मेरी भी होनी चाहिए और दूसरी कि यह व्यवस्था दस वर्षों के लिए होगी। दस वर्षों में मैं एक स्वस्थ विधारधारा से युक्त राजनीतिक दल तैयार कर दूँगा और मैं किसान संघ में वापस चला जाऊँगा। इसके बाद किसी ने भी उनसे भा.ज.पा. में जाने को नहीं कहा और उनकी जान उस झंझट से छूट गई। अपना यह अनुभव साझा करने के बाद दत्तोपंत जी ने फिर दुहराया कि तुम निश्चित तौर पर दुस्साहस कर रहे हो। उन्होंने मुझसे पूछा कि तुम करना क्या चाहते हो, तो मेरा जवाब था कि मैं वैज्ञानिक कार्यशैली वाला कैडर आधारित एक जन संगठन खड़ा करना चाहता हूँ। पार्टी को फिल्टर की जरूरत है अर्थात् जो कुछ भी सही है, उसमें बढ़ोतरी हो और जो गलत है, उसमें कमी आए। मैंने दत्तोपंत जी से कहा कि सैद्धांतिक, राजनीतिक, चुनावी और संगठनात्मक चारों का संतुलित विकास होना चाहिए, क्योंकि उन्हें लगता है कि अभी चुनावी राजनीति पर अधिक बोझ है। किसी कुरसी के चार पायों में से एक पर अधिक बोझ होगा तो वह टूट जाएगा और फिर कुरसी बैठने लायक नहीं रह जाएगी। मेरी बात सुनने के बाद दत्तोपंत जी ने कहा कि तुम अच्छा सोच रहे हो, लेकिन एक काम करो, अपने लिए कोई जवाबदेही ले लो, जिससे तुम्हारा सही

तरह से मूल्यांकन हो सके, नहीं तो फेंक दिए जाओगे, मतलब हाशिए पर डाल दिए जाओगे।" एक बार केदारनाथ साहनी से भी अच्छी और लंबी बातचीत हुई। उन्होंने गोविंदाचार्य से कहा कि "तुम अखिल भारतीय विद्यार्थी परिषद् के लिए काम करते रहे हो। वहाँ तुम अपने हमउम्र और अपने से कम उम्रवालों के साथ काम करते थे, जिन्हें तुम्हारी बातों को सहसा स्वीकार करने में आपत्ति नहीं होती होगी। लेकिन भा.ज.पा. में तुम्हें अपने हमउम्र के साथ-साथ अधिक आयुवालों के साथ भी काम करना होगा, जो कि बहुत ही अनुभवी होंगे। ऐसे में अगर वे तुम्हारी बात न मानें तो क्षुब्ध या दुखी नहीं होना।"

वी.पी. सिंह का रामजन्मभूमि अध्यादेश

बहरहाल, वी.पी. सिंह के नेतृत्व में गठबंधन की सरकार किसी तरह से खिंच रही थी। इसी बीच रामजन्मभूमि मामले में समझौते की कोशिशें भी चल रही थीं। गोविंदाचार्य का कहना है कि तब सरकार समझौते के बहुत करीब पहुँच गई थी। तय हुआ था कि सर्वोच्च न्यायालय से सिर्फ इस बात से संबंधित सिंगल प्वॉइंट रेफरेंस लिया जाए कि नीचे कोई संरचना थी या नहीं। संघ के लोग भी मध्यस्थता कर रहे थे। मुसलिम समुदाय से भी वी.पी. सिंह की बात हो गई थी। हालाँकि मुसलिम समुदाय के प्रतिनिधियों को लगता था कि अभी तो ये लोग एक की बात कर रहे हैं, फिर तीन की बात करेंगे और फिर तीस की बात करेंगे, तब क्या होगा? तब उन्हें कौन रोकेगा, कौन गारंटी लेगा। अंत में विश्व हिंदू परिषद् का भी यह मानस बन गया था कि अभी एक का फैसला हो जाए, फिर अगली पीढ़ी तक कोई भी आंदोलन नहीं होगा। इस बात से मुसलिम समुदाय भी सहमत हो गया था, लेकिन फिर अचानक वी.पी. सिंह ने अध्यादेश वापस ले लिया।

दरअसल इस अध्यादेश के जारी होने, भा.ज.पा. की सीमित सहमति और अंत में वी.पी. सिंह के अचानक घबराकर मुकर जाने के पीछे एक दिलचस्प कहानी थी, जो परदे के पीछे चलनेवाली कूटनीतिक चालों, जनता दल के भीतर चल रहे षड्यंत्रों की बहुआयामी व्यूह-रचना थी। रथयात्रा के दिल्ली-प्रवेश के समय से ही प्रधानमंत्री वी.पी. सिंह ने आडवाणी और भा.ज.पा. के दूसरे नेताओं से संपर्क स्थापित किया। चौदह से उन्नीस अक्तूबर 1990 के बीच कई बार टेलीफोन और विशेष दूतों और मध्यस्थों से लगातार बातचीत चलती रही। गृह राज्यमंत्री, जो उन दिनों गृहमंत्री से भी ज्यादा सक्रिय थे, लगभग हर घंटे प्रधानमंत्री को हालात की

जानकारी देते रहे। सुबोधकांत सहाय की गाड़ी में ही वायरलेस सेट लगा था। इसी भागदौड़ का एक नतीजा था वह अध्यादेश। अध्यादेश बनाने में सुबोधकांत सहाय और प्रधानमंत्री के कुछ और विश्वासपात्र शामिल थे, जिनमें ओ.एस.डी. राम जन्म-भूमि बाबरी मसजिद, किशोर कुणाल भी थे। किशोर कुणाल से गोविंदाचार्य की मुलाकात होती रहती थी। भा.ज.पा. की ओर से गुरुमूर्ति से सलाह ली गई। अरुण जेटली तब अतिरिक्त सोलिसीटर जनरल थे। फिर भी वे भा.ज.पा. के ही प्रतिनिधि माने जाते थे। अध्यादेश की शर्तें तय हुईं। इसलिए जब लालकृष्ण आडवाणी धनबाद के लिए गाड़ी में बैठे तो उन्हें अंदाजा था कि ऐसा अध्यादेश आनेवाला है। अगर वी.पी. अपनी बात पर डटे रहते तो समझौता हो जाता।

इधर अध्यादेश पर हस्ताक्षर हुए, उधर जनता दल के भीतर और बाहर अनेक तरह की शक्तियाँ सक्रिय हो उठीं। कांग्रेस कार्यसमिति ने तीखी आलोचना वाला प्रस्ताव पास किया। राजीव गांधी के निर्देश में इसमें आरोप लगाया गया था कि वी.पी. ने सांप्रदायिक सहमति को समाप्त कर दिया। अध्यादेश की धारा छह पर विशेष प्रहार किया गया कि इससे लगता है कि सरकार विश्व हिंदू परिषद् को ढाँचे समेत सारा इलाका सौंपना चाहती है। जामा मसजिद से मुसलिम नेताओं का प्रतिनिधिमंडल प्रधानमंत्री से मिला और साफ-साफ धमकी दी कि हम इस अध्यादेश के खिलाफ बगावत करेंगे और मुसलमान 'हिदू कट्टरपंथियों' का खुद ही मुकाबला करेंगे।

जनता दल के भीतर भी कुछ खैरख्वाहों ने वी.पी. को समझाया कि इस अध्यादेश से मुसलमान पूरी तरह जनता दल के खिलाफ खड़े होंगे, जबकि हिंदुओं पर भा.ज.पा. का असर पक्का हो जाएगा। भा.ज.पा. इसे हिंदुओं की जीत के तौर पर प्रचारित करेगी। कांग्रेस को फिर से मुसलमानों का समर्थन पाने में सफलता मिलेगी। लेकिन वी.पी. सिंह को सबसे ज्यादा खतरा अपनी ही पार्टी के नेता मुलायम सिंह यादव से था, जो अब खुलेआम वी.पी. के खिलाफ बगावत करने पर आमादा थे। ऐसे कई साथियों ने भी वी.पी. सिंह को पीछे हटने की सलाह दी, जो अध्यादेश बनाते समय उनकी शर्तों से सहमत थे या उन्होंने उनका विरोध नहीं किया था। चारों ओर से घिरे वी.पी. सिंह अपना संयम खो बैठे और उन्हें उनके खिलाफ हो रहे त्रिकोणात्मक षड्यंत्र का अहसास नहीं रहा। अभी आडवाणी पटना से आगे भी नहीं निकले थे कि अध्यादेश को वापस ले लिया गया।

अगर वी.पी. सिंह ने विभिन्न क्षेत्रों से आनेवाले बयानों पर ही ध्यान दिया होता

तो उन्हें इस षड्यंत्र की भनक पड़ गई होती। आडवाणी ने दिल्ली में रहते ही यह साफ कर दिया था कि यात्रा रोकने पर भा.ज.पा. समर्थन वापस लेगी। इस आशय का एक पत्र अटल विहारी वाजपेयी को सौंप दिया गया था। इसकी प्रतिक्रिया में जनता दल नेता चंद्रशेखर का बयान दिलचस्प था। उन्होंने कहा कि भा.ज.पा. के समर्थन वापस लेने पर राष्ट्रीय मोर्चा सरकार अल्पमत में आ जाएगी और ऐसी स्थिति में मध्यावधि चुनाव होगा। लेकिन राष्ट्रपति को यह अधिकार है कि वे चुनाव टालने के लिए वैकल्पिक सरकार की सँभावनाएँ तलाशें। जाहिर है कि वैकल्पिक सरकार या तो कांग्रेस बना सकती थी या कांग्रेस की मदद से जनता दल का ही कोई बागी गुट। कांग्रेस कार्यसमिति की बैठक के बाद 22 अक्तूबर, 1990 को पार्टी प्रवक्ता विट्ठल गाडगिल ने कहा कि कांग्रेस भा.ज.पा. को छोड़कर इस सरकार के बदले किसी गुट की सरकार का समर्थन करेगी। यह समर्थन राष्ट्रीय मोर्चा सरकार को भी मिल सकता है, बशर्ते कि उसके मुखिया वी.पी. सिंह न हों। गाडगिल ने प्रस्ताव की जो प्रति प्रेस को दी, उसमें जानबूझकर यह आरोप जोड दिया गया था कि अब राष्ट्रीय मोर्चा और भा.ज.पा. में मिलीभगत है। चंद्रशेखर और गाडगिल के बयानों को मिलाकर जो संभावना बनती थी, उसको न समझना वी.पी. सिंह की सबसे बड़ी भूल थी, जो बाद में उनकी राजनीति के लिए घातक बन गई। साफ था कि मुलायम सिंह यादव और राजीव गांधी राष्ट्रीय मोर्चे को दो फाड़ करने की योजना बना चुके थे और चंद्रशेखर एक गुट के नेता के रूप में मान्यता प्राप्त कर चुके थे। औपचारिक तौर पर विभाजन के लिए भा.ज.पा. द्वारा समर्थन वापस लेने की जरूरत थी। भा.ज.पा. तब समर्थन वापस लेती, जब आडवाणी को गिरफ्तार किया जाता। इसलिए जरूरी था कि वी.पी. सिंह को किसी भी तरह से अध्यादेश के बल पर भा.ज.पा. से समझौता न करने दिया जाए।

राष्ट्रीय मोर्चा में घमासान मचा हुआ था। अब ऐसा समय भी आ गया था, जब देवीलाल और वी.पी. सिंह एक-दूसरे को फूटी नजर नहीं सुहाते। 1990 में देवीलाल दिल्ली में एक किसान रैली करनेवाले थे, लेकिन उसके दो दिन पहले ही वी.पी. सिंह ने पिछड़े वर्गों के लिए 27 प्रतिशत आरक्षण से संबंधित मंडल आयोग की सिफारिशों को लागू करने की घोषणा कर डाली। गोविंदाचार्य कहते हैं, "वी.पी. सिंह ने आरक्षण लागू करने से पहले भा.ज.पा. को नहीं बताया था। उनका मानना है कि दो पक्षों में बातचीत तभी जारी रह सकती है, जब परस्पर सुगम्यता कायम हो। आडवाणी जी वी.पी. सिंह सरीखे लोगों से बात करने में अपने को मनोवैज्ञानिक तौर पर सहज नहीं मानते थे। उनकी जॉर्ज फर्नांडिस, अरुण नेहरू, अजित सिंह से

बात होती थी। देवीलाल के साथ भी वे असहज महसूस करते थे, लेकिन तटस्थता की स्थिति रहती थी। शरद यादव के साथ बात नहीं कर सकते थे और लालू यादव के साथ तो बिल्कुल भी नहीं। अटल जी सबसे अधिक सुगम्य थे, लेकिन 1984 में चुनावी पराजय के बाद वे अपनी ओर से पहल कर के किसी से कोई बात करने या काम करने की मानसिकता में नहीं रह गए थे।" विश्व हिंदू परिषद् के लोग वी.पी. सिंह से दूरी रखते थे, क्योंकि वे उन्हें मुसलिमपरस्त मानते थे। अरुण जेटली सहायक एडवोकेट जनरल बनने की वजह से वी.पी. के करीब हो गए थे। ऐसे में गुरुमूर्ति, गोविंदाचार्य और अरुण जेटली ही रह गए थे। इस कारण से वी.पी. सिंह और भा.ज.पा. नेतृत्व के बीच अंतराल उत्पन्न हो गया, जो कभी भर नहीं पाया। हालाँकि वी.पी. सिंह की सरकार बनने के बाद प्रत्येक मंगलवार को प्रधानमंत्री निवास पर समन्वय के लिए एक बैठक होती थी, जिसमें भा.ज.पा. की ओर से वाजपेयी और आडवाणी जाते थे।

रथयात्रा की कहानी

देश में यह अवधारणा निरंतरता के साथ प्रचलित हो रही थी कि मंडल के जवाब में कमंडल लाया गया था। अर्थात् रथयात्रा और कारसेवा की गई थी। लेकिन गोविंदाचार्य इस बात से सहमत नहीं हैं। वे स्मरण दिलाते हैं कि 30 अक्तूबर, 1990 को कारसेवा होगी, इस बात का फैसला धर्म संसद् ने मंडल मामले से पहले ही कर लिया था। उसी तरह 29 जून, 1989 को ही पालमपुर में मंदिर निर्माण के समर्थन में प्रस्ताव पारित हुआ। अब भा.ज.पा. के लिए मंदिर एक औपचारिक मुद्दा हो गया था। रथयात्रा की पृष्ठभूमि के संदर्भ में गोविंदाचार्य का कहना है कि विश्व हिंदू परिषद् ने गंगा को लेकर एकात्मता यात्रा की थी, जिसका आरंभ चार दिशाओं से हुआ था और नागपुर में सब एक जगह इकट्ठे हुए थे। इसी तर्ज पर गोविंदाचार्य का ही यह आइडिया था कि रामजन्मभूमि रथयात्रा भी चार स्थानों से शुरू की जाए और फिर अयोध्या में कारसेवा के साथ यात्रा का अंत हो। सोचा गया था कि कन्याकुमारी से आडवाणी रथयात्रा पर चलेंगे। श्यामा प्रसाद मुखर्जी के वारिस होने की वजह से वाजपेयी जम्मू एवं कश्मीर से चले, महिला होने के कारण राजमाता कामाख्या से यात्रा आरंभ करें और बंबई से सिकंदर बख्त। ऐसा माना गया था कि भा.ज.पा. चूँकि एक राजनीतिक दल है, इसलिए भीड़ को बेहतर तरीके से जमा कर पाएगी। आडवाणी ने इन तीन नेताओं से बात करने का दायित्व गोविंदाचार्य को सौंपा। जब गोविंदाचार्य ने

सिकंदर बख्त से बात की तो उनका जवाब था कि मुझे सुनने भला कौन आएगा और मेरा स्वास्थ्य भी ठीक नहीं रहता। कहीं-कहीं यात्रा में शामिल हो जाऊँगा, लेकिन पूरी यात्रा नहीं कर सकता। राजमाता ने भी अपने स्वास्थ्य की बात करते हुए असमर्थता जताई। वाजपेयी ने इस तरह के प्रचार माध्यमों को लेकर अपनी गहरी अरुचि दिखाई। जो बात हुई थी, उसकी रिपोर्ट गोविंदाचार्य ने आडवाणी के समक्ष प्रस्तुत कर दी। आडवाणी ने गोविंदाचार्य से कहा, "कोई बात नहीं, मैं अकेले ही रथयात्रा पर जाऊँगा।" उन्होंने कहा कि इस यात्रा को धार्मिक नहीं, राजनीतिक स्वरूप प्रदान किया जाए और रथयात्रा सोमनाथ से आरंभ होगी। लेकिन अभी इस संबंध में किसी भी तरह की घोषणा नहीं की जाए। यह भी तय हुआ कि रथयात्रा से संबंधित लॉजिस्टिक्स तैयार करने का दायित्व प्रमोद महाजन का होगा और कंटेट तैयार करने की जिम्मेदारी गोविंदाचार्य तथा अरुण जेटली की होगी। कोयंबटूर और मुंबई में रथ तैयार किया गया। फिर 16-17 सितंबर को जब भोपाल में जन प्रतिनिधियों का प्रशिक्षण शिविर आयोजित हुआ, तब उसमें रथयात्रा की घोषणा की गई। तय किया गया कि रथयात्रा के दौरान गोविंदाचार्य और अरुण जेटली दिल्ली में रहेंगे। आडवाणी को रोज प्रेस से क्या कहना है, इस बारे में सोचने का दायित्व गोविंदाचार्य का था और अरुण जेटली को उसे ड्राफ्ट करना था। उस समय फैक्स मशीन नई-नई आई थी। आडवाणी के साथ फैक्स मशीन थी। आडवाणी को प्रेस में जो बोलना होता था, उसे सुबह-सुबह उन तक फैक्स करके पहुँचा दिया जाता था। 9 बजे प्रेस से बात करने के बाद ही उस दिन की यात्रा आरंभ होती थी। शाम को जेटली संवाददाता सम्मेलन में यह बताते थे कि रथयात्रा के दौरान दिन भर क्या-क्या हुआ। प्रमोद महाजन आडवाणी के साथ थे और उन्होंने सारी व्यवस्था बहुत अच्छी तरह से सँभाली थी। दिल्ली में गोविंदाचार्य अरुण जेटली और पीयूष गोयल थे। एक सप्ताह बाद रथयात्रा को जहाँ पहुँचना होता था, उससे संबंधित फॉलोअप और अगले दिन जहाँ रथ को पहुँचना होता था, वहाँ की जानकारी लेने का दायित्व गोविंदाचार्य को ही सौंपा गया था। फिर प्रदेश प्रमुखों और अन्य संगठन मंत्रियों से बातचीत का दायित्व भी गोविंदाचार्य का ही था, जो कि दिन-रात पार्टी कार्यालय में उपलब्ध होते थे।

अध्यादेश वापस लेने के बाद यह तय था कि समझौते के सारे रास्ते बंद हो गए हैं और एकमात्र खुला रास्ता भयंकर टकराव का ही बचा था। 22 अक्तूबर, 1990 को कुछ मुख्यमंत्रियों की बैठक आयोजित करने की कोशिश सिर्फ लीपापोती थी, जो गुजरात के मुख्यमंत्री चिमन भाई पटेल की पहल पर हुई थी। पटेल ने शुरू

में कहा कि बातचीत के दौरान रथयात्रा को रोकने की आवश्यकता नहीं। लेकिन इस बैठक में कांग्रेस मुख्यमंत्री तो आए ही नहीं, ज्योति बसु थोड़ी देर के लिए आए और वापस कलकत्ता लौट गए। अखबारवालों से कहा जाता रहा कि आडवाणी से संपर्क साधा जा रहा है। लेकिन जल्द ही साफ हो गया कि इस बैठक से कुछ नहीं निकलनेवाला। चिमन भाई पटेल ने भी कहना शुरू किया कि रथयात्रा रोकी जानी चाहिए।

17 अक्तूबर, 1990 को रथयात्रा दिल्ली में थी। आडवाणी जब दिल्ली से बिना समझौते के ही आगे बढ़ गए, तब वी.पी. सिंह निराश हो गए। ऊपर से विश्व हिंदू परिषद् का दबाव था। ऐसे में वी.पी. सिंह को लग गया कि अगर अभी कुछ नहीं किया तो इधर से भी जाएँगे और उधर से भी। इसके बाद आडवाणी की गिरफ्तारी की बात शुरू हो गई। पहले मुलायम सिंह को उन्हें गिरफ्तार करना था, लेकिन उन्होंने छोड़ दिया। फिर कहा गया कि धनबाद में गिरफ्तार होंगे, लेकिन नहीं हुआ और अंत में लालू यादव ने यह काम किया और उन्हें 23 अक्तूबर, 1990 को समस्तीपुर में गिरफ्तार कर लिया गया। दरअसल 22 अक्तूबर, 1990 को ही वी.पी. सिंह ने लालू यादव को फोन कर आडवाणी को गिरफ्तार करने का निर्देश दिया था। क्योंकि वी.पी. सिंह मुलायम सिंह यादव को इस बात का श्रेय नहीं लेने देना चाहते थे। आडवाणी की गिरफ्तारी के बाद तसवीर अचानक बदल गई। भा.ज.पा. ने वी.पी. सिंह सरकार से समर्थन वापस ले लिया। फिर चंद्रशेखर की सरकार बनते ही जहाँ दिल्ली में समीकरण तेजी से बनने लगे, वहीं अयोध्या फिर जन-राजनीति के केंद्र में आ गई। दस नवंबर 1990 को लालकृष्ण आडवाणी ने समस्तीपुर में रुकी अयोध्या-यात्रा फिर शुरू कर दी। इस बार रथ तो नहीं था, लेकिन भा.ज.पा. नेता ने उन क्षेत्रों की यात्रा करने का भी फैसला किया, जहाँ से रथ नहीं गुजरा था। सबसे महत्त्वपूर्ण पड़ाव था अयोध्या।

इस बार अयोध्या-फैजाबाद बदल चुका था। अवध ने वध भी देखा था और दमन भी। लेकिन बदलाव का सबसे महत्त्वपूर्ण कारण था कि अयोध्या क्षेत्र के हिंदुओं को पहली बार जीत का अहसास हुआ था। एक मायने में 30 अक्तूबर और 2 नवंबर, 1990 की घटनाओं के बाद यह इलाका जैसे भय की भावना को काबू कर चुका था। इसलिए लखनऊ में सरकार भी मुलायम सिंह की ही थी, पुलिस भी वही थी, प्रशासन भी वही, लेकिन कोई जन-सैलाब के मार्ग में नहीं आना चाहता था, जो उन्नीस नवंबर यानी हत्याकाड के बीस दिन बाद, यहाँ लालकृष्ण आडवाणी

के स्वागत के लिए उमड़ पड़ा था। योजना के अनुसार आडवाणी को फैजाबाद से अयोध्या की पैदल-यात्रा करनी थी, लेकिन भीड़ पास आने के लिए इतनी आतुर थी कि यह इरादा छोड़ देना पड़ा, फिर भी फैजाबाद से आठ किलोमीटर दूर अयोध्या पहुँचने में उन्हें पाँच घंटे लगे।

यह सब देश को एक बार फिर से लोकसभा चुनाव की तरफ ले गया। 1991 का लोकसभा चुनाव सामने आ चुका था। गोविंदाचार्य ने पार्टी के वरिष्ठ नेताओं से आग्रह किया कि इस बार के चुनावों में भा.ज.पा. को अकेले ही जाना चाहिए, क्योंकि साथ रहे तो दूसरों को फायदा होगा। पार्टी में बहुत से लोग ऐसे थे, जिनका कहना था कि अकेले लड़ने के लिए संगठनात्मक ढाँचा कहाँ है भा.ज.पा. के पास, विशेष तौर पर दक्षिण में। लेकिन गोविंदाचार्य का कहना था कि चाहे जो भी हो, हमें अकेले ही चुनाव लड़ना चाहिए। उनका मानना था कि रथयात्रा से आधार तो मिल ही गया है, हिंदुत्व का मुद्‌दा भी। हालाँकि खतरा तो था ही, क्योंकि पार्टी में आधे लोग इस मन के नहीं थे। फरवरी 1991 के चुनावी समर में अकेले उतरने का फैसला ले लिया गया। चुनाव नतीजे बहुत ही उत्साहवर्धक आए।

चुनाव में कामयाबी के बाद गोविंदाचार्य को महसूस हुआ कि पार्टी सत्ता की तरफ अधिक मुखापेक्षी हो रही थी। वे चाहते थे कि राम मंदिर से अब रामराज्य की ओर बढ़ना चाहिए। रामराज्य को व्याख्यायित करना आरंभ किया जाना चाहिए। गोविंदाचार्य और संघ के एक बड़े वर्ग का मानना था कि रामराज्य जल, जमीन, जंगल, जानवर अर्थात् प्रकृति के साथ जन का अनुकूल जीवन है। सब नर करहिं परस्पर प्रीति अर्थात् एकात्म समाज। गोविंदाचार्य ने वैचारिक तौर पर अपनी इस सोच को आगे बढ़ाने का प्रयास किया। भाऊराव देवरस भी इसके समर्थन में थे, क्योंकि संघ की सोच भी आधारभूत तौर पर यही है।

लोकसभा चुनावों में भा.ज.पा. को जोरदार जन-समर्थन हासिल हुआ। पार्टी आगे की तरफ बढ़ी। इसी दौरान गोविंदाचार्य की 'लार्जर दैन लाईफ' छवि बनने लगी थी, जो वे नहीं चाहते थे। उन्होंने कभी भी इसके लिए प्रयास भी नहीं किया था। गोविंदाचार्य कहते हैं कि चुनाव पूरा होने के बाद एक तरफ पार्टी का विकास हो रहा था और दूसरी तरफ उनकी परेशानियाँ शुरू हो गई थीं। संसदीय दल का नेता कौन हो, इसे लेकर तनाव की स्थिति बन गई थी। संघ का आग्रह था कि आडवाणी संसदीय दल के नेता का कार्यभार सँभालें। आडवाणी का आग्रह था कि वाजपेयी इस पद को सँभालें। वाजपेयी अपनी नजर से चीजों को देखते

थे। लालकृष्ण आडवाणी को आगे बढ़ाया, फिर मुरली मनोहर जोशी को उनके मुकाबले में आगे बढ़ाया। पार्टी में अंदर-ही-अंदर यह सब चल रहा था। गोविंदाचार्य अपने काम में लगे हुए थे। उन्होंने कार्यकर्ताओं का प्रशिक्षण शिविर आरंभ किया। केवड़िया कॉलोनी में पहला सत्र गोविंदाचार्य ने किया। अगला सत्र गुजरात प्रदेश के कार्यकर्ताओं के साथ वाजपेयी को करना था। अपने संबोधन की शुरुआत ही वाजपेयी ने इस बात से की कि उन्हें पता नहीं मुझे क्यों बुलाया गया है। फिर कहा कि दो साल काम करनेवाले कार्यकर्ता को 'थिंक टैंक' कहा जा रहा है और मुझे तो इतने लंबे राजनीतिक जीवन के बाद भी 'थिंक ट्रैक्टर' भी नहीं कहा जाता। इस बात पर सभी हँस पड़े। गोविंदाचार्य को ऐसा महसूस ही नहीं हुआ कि वाजपेयी उनके बारे में बोल रहे थे। उन्हें इस बात की कल्पना भी नहीं थी, क्योंकि उनके लिए तो वे 'गार्जियन' की तरह ही थे।

अब मुरली मनोहर जोशी भा.ज.पा. के अध्यक्ष थे। भा.ज.पा. अध्यक्ष के तौर पर जोशीजी अपने ढंग से चल रहे थे। सुंदर सिंह भंडारीजी उनके साथ थे। वाजपेयी के उनके साथ संबंध खट्टे-मीठे थे। प्रतिद्वंद्वी भी बन रहे थे और हैंडल करने के लिए बेहतर अस्त्र भी हो सकते थे। महाराष्ट्र, मध्य प्रदेश, उत्तर प्रदेश, हर तरफ गुटबाजी का आलम था। गोविंदाचार्य कुछ कहने की स्थिति में नहीं थे और न ही प्रवास करने की स्थिति में थे। गोविंदाचार्य अपना काम कर रहे थे। इंटैलेक्चुअल सेल अच्छी तरह काम कर रहा था। एक्स मिलिट्रीमेन सेल शुरू किया गया था, जो अच्छा चल रहा था। देश भर के कार्यकर्ताओं से मिलने का दायित्व भी गोविंदाचार्य के पास ही था। इसी बीच मुरली मनोहर जोशी की एकता यात्रा भी समाप्त हुई, जिसकी बहुत ही बुरी पब्लिसिटी हुई। 25 जनवरी को वे जम्मू से ऊधमपुर के लिए निकले थे। 26 जनवरी को उन्हें श्रीनगर के लाल चौक पर झंडा फहराना था। मलकानी और जे.पी. माथुर जम्मू में थे और गोविंदाचार्य देवदास आप्टे के साथ दिल्ली में ही रह गए, क्योंकि उन्हें कोई पूछने को तैयार नहीं था। देवदास आप्टे के पास कोई जानकारी नहीं थी। प्रेसवाले विस्तार से सबकुछ जानने के लिए गोविंदाचार्य को परेशान कर रहे थे। अश्विनी कुमार को हार्ट अटैक आया था और वे अस्पताल में थे। गोविंदाचार्य दिल्ली से जितना संभव हो पा रहा था, मैनेज कर रहे थे। 24 तारीख को पता चला कि मुरली मनोहर जोशी का काफिला बिना झंडा लिये ही चला गया था। गोविंदाचार्य कहते हैं, "ऐसे में उन्होंने इंद्रेश जी जो जम्मू में थे, उनसे बात की और फिर जम्मू के संघ कार्यालय से भा.ज.पा.

और संघ का झंडा व तिरंगा झंडा, फोल्डिंग ध्वज दंड के साथ भिजवाया।" जे.पी. माथुर और मलकानी जम्मू में पड़े थे। एक को लूज मोशन हो गया था। मलकानी प्रेस को कोई जवाब देने को तैयार नहीं थे। पत्रकारों की समझ में नहीं आ रहा था कि क्या चल रहा है, क्या होनेवाला है। कुशाभाऊ ठाकरे मध्य प्रदेश से लोगों को बस में बिठाकर चल पड़े थे। उधर ऊधमपुर से यात्रा के आगे बढ़ने के बाद, बी.एस.एफ. और सेना के लोगों ने हेलीकॉप्टर भेजा, जिस पर सवार होकर मुरली मनोहर जोशी श्रीनगर चले गए। गोविंदाचार्य ने बी.एस.एफ. मुख्यालय में बात की तो कहा गया कि सात हजार लोगों को हम सुरक्षित श्रीनगर ले जा सकते हैं। उस वक्त केदारनाथ साहनी प्रभारी थे। उन्होंने कहा कि सीमित लोग ही जाने चाहिए, क्योंकि रिस्क बहुत है। तय हुआ कि चार्टर्ड प्लेन जाएगा। चार्टर्ड प्लेन से 80–85 लोग ही जा सकते थे। जानेवाले लोगों की सूची मनमाने तरीके से तैयार की गई। उस सूची में कोई प्रदेश अध्यक्ष नहीं था। किसी प्रमुख सांसद का नाम भी नहीं था। मीडिया के लोगों को भी जाना था। कृष्णलाल शर्मा ने पी.टी.आई. और यू.एन. आई. के संवाददाताओं को साथ ले लिया। बाकी पत्रकारों को खबर भी नहीं थी कि कब जाना है, कैसे जाना है। ऊधमपुर में मौजूद एक पत्रकार ने रिस्क लिया। कहीं से सेना की जोंगा जीप का जुगाड़ किया और सड़क के रास्ते चलते हुए सुबह 6:30 बजे श्रीनगर पहुँच गया। इधर इस कदर अव्यवस्था की स्थिति थी कि जम्मू में मौजूद जे.पी. माथुर ने यह बयान दे दिया कि जोशी जी को ऊधमपुर से आगे बढ़ने पर गिरफ्तार करके हेलीकॉप्टर में बिठाकर श्रीनगर ले जाया गया है। ऊधमपुर में मौजूद कुछ पत्रकारों ने गिरफ्तारी की खबर चला दी, जबकि कुछ ने दिल्ली के लोगों को फोन किया। खबर चल रही थी कि रास्ते में आतंकवाद का खतरा था, इसलिए यात्रा आगे नहीं जाएगी और सब लोग प्लेन से जाएँगे। इस बीच मिलिट्री की जोंगा से यात्रा करनेवाले पत्रकार प्लेन से दिल्ली वापस आ गए और बताया कि हम तो सड़क मार्ग से गए थे, आतंकवाद का कोई खतरा नहीं था। सब झूठ है। अगले दिन पत्रकारों ने अपनी–अपनी खबरों के माध्यम से जोशी की एकता यात्रा की जमकर खबर ली और अपना गुस्सा आलोचनाओं के माध्यम से उतारा। मलकानी और माथुर प्लेन से वापस दिल्ली आ गए थे, लेकिन पत्रकारों से उन्होंने कोई बात नहीं की। मुरली मनोहर जोशी दिल्ली न आकर चडीगढ़ में ही रुक गए थे। इसी दौरान हिंदुस्तान टाइम्स में एकता यात्रा को लेकर काफी आलोचनात्मक लेख प्रकाशित हुआ। इसके बाद मुरली मनोहर जोशी की टीम के

कुछ पदाधिकारियों ने आरोप लगाया कि यह लेख गोविंदाचार्य के इशारे पर छपा है। काफी बवाल के बाद अरुण जेटली ने शोभना भरतिया से बात की और पार्टी को बताया कि यह लेख हिंदुस्तान टाइम्स के डेस्क पर लिखी गई थी और उससे गोविंदाचार्य का कोई लेना-देना नहीं था।

गोविंदाचार्य का मानना है कि 1991 के लोकसभा चुनावों में मिली अच्छी सफलता के बाद भी संगठन पर ध्येयवाद ही हावी था। संसद् में आडवाणी और उनकी टीम छद्म धर्मनिरपेक्षता और रामजन्मभूमि की बात कर रहे थे। हाँ, गोविंदाचार्य ने यह अवश्य अनुभव किया कि आदर्शवाद के साथ समझौते किए जा रहे हैं। ऐसे में चुनौती यह थी कि कार्यकर्ता प्रशिक्षण शिविरों की शृंखला को सुव्यवस्थित किया जाए और ऐसे प्रयास किए जाएँ कि पार्टी धन कुबेरों के हाथों में न चली जाए। संघ में भी इसको लेकर चिंता थी और कई मौकों पर संघ के वरिष्ठ लोगों ने भा.ज.पा. के शीर्ष नेतृत्व को चेताया भी।

अचानक भेजे गए तमिलनाडु

तभी गोविंदाचार्य को तमिलनाडु भेजे जाने का निर्णय हो गया। मुरली मनोहर जोशी पार्टी अध्यक्ष थे। लेकिन तमिलनाडु भेजे जाने के पीछे एक कहानी थी।

राजनीतिक गलियारों में तेजी से चल रही एक खुसफुसाहट गोविंदाचार्य के कानों तक भी पहुँची। गोविंदाचार्य कहते हैं, "मैंने भाऊराव देवरस को फोन किया और कहा कि मुझे आपसे मिलना है। जवाब में उन्होंने उदास होकर कहा कि क्या मिलना है, कोई जरूरत नहीं है मिलने की। जैन ने मुझे सबकुछ बता दिया है। हमको तब भी नहीं मालूम था कि क्या बताया है। हमने कहा कि भाऊराव जी आपके और हमारे संबंधों के बीच डॉ. जे.के. जैन कहाँ से आ गए? भाऊराव जी ने कहा, सुबह मिलो।" अगले दिन गोविंदाचार्य ने भाऊराव देवरस को कुछ पेपर दिखाए और अपनी बात रख दी। गोविंदाचार्य कहते हैं कि "भाऊराव जी को पूरा भरोसा नहीं हो रहा था। वे पूरी तरह से आश्वस्त नहीं दिख रहे थे। भाऊराव जी मेरे बारे में क्या सोचेंगे, यह सोचकर बहुत बुरा लग रहा था।"

लौटकर आने के बाद गोविंदाचार्य ने भाऊराव देवरस को एक लंबी चिट्ठी लिखी। उन्होंने उस पत्र की 6 कॉपियाँ बनाईं। दत्तोपंत, आडवाणी, रज्जू भय्या समेत भाऊराव देवरस को भेज दीं। गोविंदाचार्य गुस्से में थे। उनके साथ ऐसा पहली बार हो रहा था, जब संघ के शीर्षस्थ लोग उन पर विश्वास नहीं कर पा रहे थे। पार्टी

में कुछ लोग काफी खुश थे। वे पहले से ही ऐसे किसी मौके की तलाश में थे। वे लोग चाहते थे कि गोविंदाचार्य दिल्ली में न रहे। एकता यात्रा की प्रेस कवरेज के बाद मुरली मनोहर जोशी पहले ही नाराज चल रहे थे। ऐसे में 26 फरवरी, 1992 को संघ परिवार की एक छोटी बैठक हुई, जिसमें मुरली मनोहर जोशी और आडवाणी भी थे। समाधान के तौर पर तय किया गया कि गोविंदाचार्य को दिल्ली में नहीं रहना चाहिए। उनको पूर्वोत्तर राज्यों के काम में लगाया जाए। वह बात गोविंदाचार्य को तब नहीं बताई गई, क्योंकि यह तय हुआ था कि 15 मार्च को वाराणसी में कार्यसमिति की बैठक होनेवाली है, जिसमें यह घोषणा होगी।

इसी बीच दो पत्रिकाओं की एडवांस कॉपी छपी। इसमें एक लेख था, जिसमें लिखा गया कि गोविंदाचार्य के महिलाओं से संबंध हैं और पैसा लेकर लोगों के काम करवाते हैं। ये पत्रिकाएँ 12 मार्च को ही बनारस भिजवा दी गईं। 15 मार्च को वाराणसी में होनेवाली कार्यसमिति की बैठक से ठीक पहले इन पत्रिकाओं को कार्यकर्ताओं के बीच में बँटवाने की योजना थी। संयोग देखिए, बनारस में जिनके यहाँ कॉपियाँ रखवाई गई थीं, वे गोविंदाचार्य के परिचित थे। उन्होंने एक कॉपी रख ली और बाकी कॉपियों को जला दिया।

इससे पहले 6 मार्च, 1992 को अरुण जेटली ने फोन करके पूछा कि "गोविंद जी आप नॉर्थ-ईस्ट जा रहे हैं? मैंने कहा, मुझे नहीं मालूम। क्या बात है? उन्होंने कहा, यही तय हुआ है। मैंने कहा, अच्छा हुआ है। मुझे नहीं पता यार, पर तुमको किसने बताया। उन्होंने कहा कि हमको मदन भाटिया ने बताया। हमने फिर मदन भाटिया से पूछा तो उसने कहा कि मुझे राजकुमार शर्मा ने बताया।" गोविंदाचार्य समझ गए कि खबर पक्की है, क्योंकि राजकुमार शर्मा कभी पाञ्चजन्य से जुड़े थे।

9 मार्च को पूर्व निर्धारित कार्यक्रम में हिस्सा लेने गोविंदाचार्य लखनऊ पहुँच गए। एक बैठक थी। बैठक के बाद सभी भोजन करने गए। भोजन के बाद सुंदर सिंह भंडारी ने कहा, "रज्जू भय्या को तुमसे मिलना है।" तभी रज्जू भय्या आ गए। गोविंदाचार्य उस बातचीत को स्मरण करते हुए कहते हैं कि "रज्जू भय्या ने कहा, चलो ऊपर चलकर बैठते हैं। शांत कमरा था। लोग बैठक के बाद जा रहे थे। रज्जू भय्या ने कहा, अरे भाई, देखो तुम नॉर्थ-ईस्ट चले जाओ तो अच्छा रहेगा। मैंने उत्तर दिया, ठीक है, हम तो प्रचारक है, जहाँ कहेंगे वहाँ जाएँगे, लेकिन मैं अभी नहीं जाऊँगा। रज्जू भय्या ने कहा, तुम प्रचारक हो, क्यों नहीं जाओगे? मैंने कहा, ठीक है, हम प्रचारक नहीं रहेंगे। पहले आप बताइए कि मुझे नॉर्थ-ईस्ट भेजा

क्यों जा रहा है? रज्जू भय्या ने कहा, तुम्हारे बारे में कई तरह की बातें हो रही हैं। मैंने पूछा, आप मानते हैं क्या इस बात को? रज्जू भय्या ने कहा, मेरे मानने या न मानने से क्या होता है, लोग मानते हैं। तभी भाऊराव देवरस भी कमरे में आ गए। आते ही पूछा, अरे, क्या बहस लगा रखी है? गोविंदाचार्य ने कहा, मैं आप लोगों को इसका समाधान बताता हूँ। ऐसा कहा जाता है कि 'ट्रांसफर इज नो रेमेडी।' अगर मैंने यहाँ गड़बड़ की है तो वहाँ जाकर भी यही करूँगा। इससे अच्छा है, आप मुझे घर भेज दीजिए। गोविंदाचार्य दो पत्रिकाओं में छपे लेख भाऊराव देवरस और रज्जू भय्या को दिखाए और कहा कि कार्यसमिति की बैठक से पहले इसे कार्यकर्ताओं के बीच बाँटने की योजना है और फिर पत्रकारों से सवाल करवाया जाना है। पत्रकारों के सवालों के जवाब में कहा जाएगा कि व्यक्तियों में कमजोरी आती है, उन्हें सुधरने का मौका दिया जाना चाहिए, इसलिए पार्टी ने तय किया है कि गोविंदाचार्य उत्तर-पूर्व में काम करें। उन्हें यह मौका दिया जा रहा है। इसके बाद मैं किसी लायक नहीं रह जाऊँगा। इसलिए मैं कह रहा हूँ कि मुझे वापस भेज दें। भाऊराव देवरस ने अपनी तरफ से छानबीन शुरू की। सच्चाई वह नहीं थी, जो सुर्खियाँ बन रही थीं। पार्टी के कुछ लोग इसे हवा देने में लगे थे। गोविंदाचार्य ने अपनी तरफ से प्रस्ताव रखा कि अब वे दिल्ली में नहीं रहना चाहते हैं और मुझे गुवाहाटी से भी दूर मद्रास भेज दिया जाए। संघ ने भा.ज.पा. के नेतृत्व से बात की और यह तय किया गया कि गोविंदाचार्य मद्रास ही जाएँगे।

फिर एक बार 26 मार्च, 1992 को उनकी मुलाकात भाऊराव देवरस से हुई। दोनों के बीच काफी देर तक चर्चा हुई। भाऊराव देवरस की जानकारी में कई तथ्य पहले ही आ चुके थे। गोविंदाचार्य बताते हैं कि "भाऊराव जी उस बातचीत के बाद रोने लगे और उन्होंने कहा कि यह तो बहुत अन्याय हुआ तुम्हारे साथ। मैंने उनसे कहा कि यह सब दो साल तक और चलेगा। भाऊराव जी समझ गए कि मैं किसके बारे में बात कर रहा हूँ। उन्होंने कहा, "तुम अभी मद्रास जाओ, बाद में बात करूँगा।"

19 अप्रैल, 1992 को गोविंदाचार्य का रिजर्वेशन हो गया, वे नई दिल्ली रेलवे स्टेशन पहुँच गए। वहीं उनकी मुलाकात वरिष्ठ पत्रकार प्रभाष जोशी से हो गई। दोनों एक-दूसरे को काफी पहले से जानते थे। प्रभाष जोशी ने गोविंदाचार्य से बात की और अगले दिन जनसत्ता अखबार के अपने कॉलम 'कागद कारे' में लिखा—"छोड़ने तो किसी और को गया था, दिख गए गोविंदाचार्य। नई दिल्ली रेलवे स्टेशन के अजमेरी

गेट खुलाव पर वे चार–पाँच लड़कों से घिरे खड़े थे। उन्हें देखते ही समझ पड़ा कि दक्षिण जा रहे हैं। पूछने की जरूरत नहीं थी कि क्या हुआ और क्यों जा रहे हैं। अपनी बातें खोल–खोलकर बताने और रोना रोनेवाले आदमी वे नहीं हैं।

बिहार आंदोलन में आए एक विद्यार्थी की तरह उन्हें देखा था। अपने को आगे करने और जे.पी. के आसपास मँडरानेवाले लड़कों में वे नहीं थे। दिखने–करने में कोई प्रभावित नहीं करते, न ज्यादा बोलते। लेकिन दिखते तो मन को लगता कि यह सात्त्विक समर्पित और विचारशील युवक है। मातृभाषा तमिल लेकिन पुरबिया ऐसी बोलते कि मेरी पत्नी बरसों तक उन्हें बिहारी समझे रही, सिर्फ बोली से नहीं बाकी की बातों से भी। चार साल पहले जब वे विपक्ष की एकता वाले महीनों में दिल्ली आए और भा.ज.पा. की तरफ से सक्रिय हुए तो एक बुजुर्ग मित्र ने बहुत आग्रह किया कि उनकी माइनस पर्सनैलिटी की प्रभावहीनता कम करने के लिए उन्हें कम–से–कम खादी के कुछ अच्छे कपड़े दिए जाएँ। बहुत कोशिश की, गोविंदाचार्य नहीं माने।

फटी चप्पलें, जैसा–तैसा कुरता, पाजामा और झोला लटकाए घूमते रहे। लेकिन उनकी तेज बुद्धि, प्रतिबद्धता, चारित्रिक और अपार धैर्य का कुछ ऐसा असर पड़ा कि विश्वनाथ प्रताप सिंह जैसे भा.ज.पा. विरोधी नेता और देवीलाल जैसे घुड़कनेवाले तक भी भा.ज.पा. में किसी से बात करना चाहते तो गोविंदाचार्य से। ये दोनों भा.ज.पा. को गरियाते रहते और गोविंदाचार्य चुपचाप, बल्कि मुसकराते हुए सुनते रहते, आखिर में वे चुप हो जाते और बोलते गोविंदाचार्य। तरतीब और मेहनत में जुटाए गए तथ्यों पर तथ्य और बोलने में न आक्रमण, न समर्पण, न जवाब देने का सुर। मझले कद के भा.ज.पा. नेता नहीं, गांधी या विनोबा के जमाने के रचनात्मक कार्यकर्ता लगते थे। 1989 में सत्ता परिवर्तन के बाद भी गोविंदाचार्य वैसे ही रहे। भा.ज.पा. में उनका कद और कार्यभार बढ़ गया। अखबारवालों ने उन्हें भा.ज.पा. का रणनीतिकार और भविष्य में नजर रखनेलायक नेता बना दिया। पत्रकारों की मेहरबानी से गोविंदाचार्य ऐसे लाइम लाइट में आए कि पार्टी में ही कई लोग जलने–भुनने लगे। ताज्जुब नहीं कि गोविंदाचार्य अब निर्वासन में दक्षिण चले गए हैं।

गोविंदाचार्य के साथ जो हुआ, वह बताता है कि भा.ज.पा. में भी अंदर वही सब चलता है, जो किसी और पार्टी में। बल्कि कुछ ज्यादा, क्योंकि नैतिकता की ताता–थैया किसी और पार्टी में उतनी नहीं है।”

□

दलीय राजनीति के प्रसंग-2
(1994-2000)

○ मनोज के. झा

'दरे हरकस की जदम, बेखबर व गाफिल'—जिनके दरवाजे पर दस्तक दीजिए, वही बेखबर और गाफिल नजर आता है। राजनीति में जैसी बेचैनी होनी चाहिए, नहीं है। गोविंदाचार्य कहते हैं कि जरूरत इस बात की है कि गंभीर चिंतन हो और चिंतन संकल्प में बदले।

एक बार फिर आडवाणी की टीम में

1993 में आडवाणी फिर से पार्टी अध्यक्ष बने। उनके सामने विभिन्न राज्यों में होनेवाली विधानसभा चुनावों की चुनौती थी। 1996 की लोकसभा के चुनाव की तैयारियाँ भी करनी थीं। लिहाजा आडवाणी को अपने भरोसे की टीम चाहिए थी। ऐसे में गोविंदाचार्य को तमिलनाडु से वापस बुलाना मौके की जरूरत भी थी। गोविंदाचार्य अपनी संगठनात्मक क्षमता के लिए जाने जाते थे। आडवाणी इससे पूरी तरह वाकिफ थे। 1988 से 1991 तक का सफर इस बात का गवाह है।

दरअसल 1988 में जब गोविंदाचार्य स्कूटर से अपनी अटैची और कुछ सामान लेकर भा.ज.पा. कार्यालय पहुँचे थे, उस समय वहाँ 6-7 लोग ही रहते थे। कृष्णलाल शर्मा महामंत्री के तौर पर वहाँ मौजूद थे। गेस्ट हाउस, जहाँ बाहर से आए कार्यकर्ता ठहरते थे, वहीं गोविंदाचार्य के लिए भी एक खाट लगा दी गई। कह दिया गया कि भोजन करना है तो 10 राजेंद्र प्रसाद मार्ग पर प्रचारकों के भोजन की व्यवस्था है। गाड़ियाँ भी कुल मिलाकर दो ही थीं, जो पहुँचाने के काम में तो आती थीं, लेकिन पदाधिकारियों के साथ गाड़ी रह जाए, तब ऐसी स्थिति नहीं थी। अपनी खुद की गाड़ी

हो तो बात अलग थी। दिल्ली आने के बाद गोविंदाचार्य को एक बात विचित्र लगी, जो कि उनके लिए नई और अनपेक्षित थी। वाजपेयी और आडवाणी कार्यालय नहीं आते थे। सुंदर सिंह भंडारी भी कभी-कभी ही आते थे। कार्यालय में कृष्णलाल शर्मा सबसे ज्यादा समय देते थे। यज्ञदत्त शर्मा वी.पी. हाउस से काम करते थे। केदारनाथ साहनी दिल्ली के प्रभारी थे और वे कभी-कभी कार्यालय जरूर आते थे। ऐसे में अध्यक्ष के विशेष सहायक के तौर पर गोविंदाचार्य को अपना पहला दायित्व यही समझ में आया कि आडवाणी से प्रार्थना की जाए कि पार्टी का काम घरों से नहीं चलना चाहिए। कार्यकर्ताओं की पार्टी है, उसे कार्यालय से संचालित होना चाहिए। आडवाणी ने उनकी बात धैर्य से सुनी और तय कर लिया कि वे दफ्तर आया करेंगे। इसके बाद दफ्तर में तीन लोग बैठने लगे। आडवाणी, कृष्णलाल शर्मा और केदारनाथ साहनी। आडवाणी और साहनी आठ बजे रात तक दफ्तर में रहते थे और फिर घर चले जाते थे। कार्यकर्ताओं और दूसरे मिलनेवालों को समय दिया जाने लगा। इसके बाद ही भा.ज.पा. कार्यालय उन्मुख पार्टी बनी। पार्टी में थोड़े विचार-विमर्श और कार्यक्रम भी होने चाहिए, यह बात भी सामने आई। उसी में से यह बात भी निकलकर आई कि अगर पार्टी को 'पार्टी विद अ डिफरेंस' का नाम दिया गया है तो उसकी विकास प्रक्रिया भी अलग तरह की होनी चाहिए। केवल चुनावी पहलू ही महत्त्वपूर्ण नहीं हो सकता। पार्टी के संतुलित विकास के लिए, कुरसी के चार पायों की तरह चारों पहलुओं वैचारिक, संगठनात्मक, राजनीतिक और चुनावों पर ही संतुलित विकास होना चाहिए। तभी तो कुरसी बैठने लायक हो पाएगी।

गोविंदाचार्य 1989 के लोकसभा चुनावों के दौरान की एक घटना सुनाते हैं—"1989 के लोकसभा चुनाव में आडवाणी जी नई दिल्ली से खड़े थे, उनके मुकाबले मोहिनी गिरी जी खड़ी थीं। नामांकन हो गया था। आडवाणी जी का एक पोस्टर भी नहीं चिपका था, जबकि मोहिनी जी के पोस्टर, बैनर हर ओर छाए हुए थे। मैं आडवाणी जी का असिस्टेंट हुआ करता था। इसलिए कोई भी पैसा आता तो आडवाणी जी मुझे फोन कर देते थे और मैं उनके घर स्कूटर से लेने चला जाता था। तब वे पंडारा पार्क में रहते थे। वहाँ से स्कूटर पर अटैची ले आता था और कृष्णलाल शर्मा जी को या वेद प्रकाश गोयल जी को दे देता था। अपने पास रखना जोखिम की बात थी। अब मैं देख रहा था कि नामांकन भी कर लिया है, दो दिन बीत भी चुके हैं, एक भी पोस्टर नहीं लगा है। मुझे चिंता हो रही थी कि क्या होगा। मैं आडवाणी जी के घर गया और उनसे कहा कि अभी तक आपका पोस्टर नहीं लगा है। उन्होंने कहा,

हाँ, नहीं लगा है, मुझे भी चिंता हो रही है। क्या करें, पैसा नहीं है। हमने कहा कि अरे, आपने तो कल ही मुझे अटैची दी थी, जिसे हम ले गए थे यहाँ से। उन्होंने कहा कि वह तो ठीक है भाई, लेकिन वह पैसा केंद्रीय कोष के लिए आया है। हमारे चुनाव क्षेत्र के लिए नहीं, तो फिर मैं कैसे उपयोग करूँ? इसी कारण से मैं उसे तुरंत कोषाध्यक्ष के पास भेज देता हूँ या कार्यालय प्रभारी कृष्णलाल शर्मा जी को दे देता हूँ। मुझे बहुत चिंता हुई। मैंने आते ही अरुण जेटली को फोन किया। जेटली जी ने कई लोगों से बात की, तो कुछ पैसे हो गए। दिल्ली में तो ऐसा होता ही है कि तुरंत ऑर्डर दीजिए, अगले दिन सुबह पोस्टर चिपक जाएँगे और ठीक वैसा ही हुआ। अगले दिन से सब जगह आडवाणी जी के पोस्टर दिखने लगे। तब मुझे लगा कि आडवाणी जी ने एक अच्छा उदाहरण प्रस्तुत किया है।"

खैर, जून 1994 में आडवाणी ने गोविंदाचार्य को तमिलनाडु से वापस बुलाकर बिहार और ओडिशा के काम पर लगाया। बिहार भा.ज.पा. में गुटबाजी बहुत बढ़ गई थी। गोविंदाचार्य का यह मानना था कि अगर हम चारा घोटाले को उठाएँगे, तभी पार्टी का प्रोफाइल बनेगा। समस्या यह थी कि अधिकांश पार्टियों के नेता अनेक कारणों से चाहते थे कि यह विषय न उठे। लेकिन गोविंदाचार्य ने बिहार के प्रभारी के तौर पर बुलडोजर चलाया। राजनीतिक मॉबिलाइजेशन की जिम्मेदारी सुशील मोदी को दी, कानूनी पक्ष के लिए रविशंकर प्रसाद और मीडिया पक्ष के लिए सरयू राय को लगाया। उन्होंने साथ चुनाव लड़ने के लिए नीतीश कुमार से बात की। लेकिन नीतीश कुमार ने उनसे कहा कि "आपका बिहार में बचा ही क्या है, जो आपके साथ चुनाव लड़ा जाए। और जो कुछ है भी, वह आनेवाले चुनावों में खत्म हो जाएगा।" लेकिन भा.ज.पा. को तो विधानसभा चुनावों में 39 सीटें मिलीं, जबकि नीतीश कुमार की पार्टी महज 6 सीटों पर ही सिमट गई। विधानसभा सत्र आरंभ होने के अगले ही दिन वह संख्या 3 तक आ गई और सत्र की समाप्ति होते-होते वह संख्या बस एक की रह गई। 1996 के चुनावों में समता पार्टी ने खुद से भा.ज.पा. के समक्ष चुनावी गठबंधन का प्रस्ताव किया और फिर भा.ज.पा. और नीतीश कुमार की पार्टी ने साथ मिलकर चुनाव लड़ा था।

लोकसभा में सबसे बड़ा दल बनी भा.ज.पा.

1995 आते-आते गोविंदाचार्य ने एक और बात कही थी, जो नहीं हो पाई। उन्होंने शीर्ष नेतृत्व से कहा कि कांग्रेस नीचे जा रही है और सत्ता भा.ज.पा. के हाथों

में आनेवाली है। सत्ता संचालन की जिम्मेदारी दरवाजे पर खड़ी है, लेकिन क्या हम उसके लिए तैयार है ? हम तैयार नहीं हैं। ऐसे में उसकी तैयारी में हम तीन-चार काम तो कर लें। इटलेक्चुअल सेल भी बन गया है। ऐसे में एक काम किया जाए कि डेटा बैंक, पॉलिसी बैंक, बायोडेटा बैंक तो बना लें। सरकार में लगभग पचास हजार से ज्यादा पद ऐसे होते हैं, जिन्हें राजनीतिक नियुक्ति कहा जा सकता है। इन पदों के लिए अपने अच्छे एव प्रतिभाशाली लोगों के पैनल तो तैयार कर लिये जाएँ। कम-से-कम तैयारी तो हो जाए। लेकिन गोविंद जी को यह देखकर गहरा विषाद हुआ कि उनकी इस सोच को महत्त्व नहीं दिया गया। उनकी बात को हलके में लिया गया, हालाँकि उस समय वे एक बड़े नाम थे, इसलिए उनका विरोध भी नहीं किया गया।

वर्ष 1996 में एक और लोकसभा चुनाव की तैयारी शुरू हो गई थी। लोकसभा चुनाव के लिए भा.ज.पा. पाँच विषयों—सुरक्षा, स्वदेशी, समरसता, सांस्कृतिक राष्ट्रवाद और शुचिता पर चुनाव अभियान को केंद्रित किया। इसके अलावा प्रशिक्षण शिविरों की श्रृंखला को आगे बढ़ाया गया और पार्टी को धन-कुबेरों के हाथों में जाने से बचाने के लिए आजीवन सदस्य निधि के तौर पर कार्यकर्ताओं और समर्थकों से प्रति वर्ष 1000 रुपए लेने का प्रावधान किया गया। इसके पीछे की मंशा यह थी कि संगठन का काम इसी निधि से किया जाए। दोनों प्रयासों को गति मिली और राष्ट्रवाद विषय की वजह से भा.ज.पा. को लोकसभा चुनावों में 160 सीटें हासिल हुईं। भा.ज.पा. लोकसभा में सबसे बड़े दल के रूप में उभरी थी।

चुनाव के नतीजों की घोषणा के बाद पार्टी की एक बैठक हुई, जिसमें यह तय किया गया कि अगर राष्ट्रपति सरकार बनाने का न्योता देते हैं तो उसे फौरन स्वीकार न किया जाए और समर्थन जुटाने के लिए 15 दिनों की मोहलत माँगी जाए। लेकिन अगले ही दिन गोविंदाचार्य के पास फोन आया कि वाजपेयी के निवास पर बैठक है, जिसमें उन्हें शामिल होना है। बैठक में आडवाणी ने कहा कि आज दिन में अटल जी की राष्ट्रपति के साथ बैठक हुई, जिसमें सरकार बनाने का न्योता दिया गया और अटल जी ने उस न्योते को स्वीकार कर लिया है। बहुमत साबित करने के लिए 13 दिनों का समय दिया गया है। अब आप सभी बहुमत जुटाने के काम में लग जाइए। गोविंदाचार्य ने खड़े होकर कहा कि मुझे कुछ कहना है। निर्णय हो गया है, तब बहुमत जुटाने का प्रयास तो किया जाएगा, लेकिन मुझे बस यह पूछना है कि कल ही यह निर्णय हुआ था कि न्योते को स्वीकार नहीं किया जाएगा तो फिर केवल 24 घंटे के अंदर ऐसा क्या हो गया कि उस निर्णय को बदलना पड़ गया ? आडवाणी ने फौरन

कहा कि "अभी इन बातों का समय नहीं है। आप यह सब क्या लेकर बैठ गए। गोविंद जी, आपके पास सांसदों की सूची होगी। गोविंद जी, जसवंत जी, प्रमोद जी और भैरों जी बगल के कमरे में जाइए और काम शुरू कीजिए।" गोविंदाचार्य को दक्षिण के सांसदों के बीच समर्थन जुटाने का जिम्मा दिया गया था। उन्होंने डी.एम.के. और कुछ अन्य पार्टियों के सांसदों को समझाया, मगर संसद् में बहस के दौरान कुछ भी काम नहीं आया। 13 दिन बाद ही वाजपेयी की सरकार को इस्तीफा देना पड़ा।

भा.ज.पा. में रहते हुए गोविंदाचार्य को ऐसे कई अनुभव हुए, जिनसे अहसास हुआ कि राजनीति क्या होती है और राजनीति में जो कही जाती है, कोई जरूरी नहीं कि उसके मायने वही हों, जो हम समझते हैं। 1992 की एक घटना को याद करते हुए गोविंदाचार्य कहते हैं—"मद्रास पहुँचने के एक सप्ताह बाद ही अहमदाबाद में कार्यसमिति की बैठक थी, जिसमें शामिल होने मैं भी पहुँचा। तत्कालीन पार्टी अध्यक्ष मुरली मनोहर जोशी के संबोधन के बाद राम नाइक ने कहा कि हमारे राष्ट्रीय महामंत्री के बारे में अखबारों में बहुत कुछ छप रहा है। पार्टी कार्यसमिति को यह समझने की जरूरत है कि यह सब क्या हो रहा है। आडवाणी जी ने फौरन माइक लेकर कहा कि इस विषय पर किसी चर्चा की जरूरत नहीं है। तय हो गया है। संघ के लोगों से भी बात हो गई है कि गोविंद जी का केंद्र मद्रास रहेगा। इसके बाद अटल जी ने कहा कि मुझे कुछ कहना है। उन्होंने कहा, आडवाणी जी यह तो ठीक है कि मद्रास स्थानांतरण हो गया है, लेकिन इससे क्या होगा। जो व्यक्ति संगठन के काम के लिए आए थे, वे किसी के कद को नीचा करने और किसी के कद को ऊँचा करने की राजनीति में लग गए। संगठन की कीमत पर अपने प्रचार-प्रसार में लग गए। इसका क्या होगा? मैंने भी खड़े होकर कहा कि मुझे भी कुछ कहना है। इस पर आडवाणी जी ने कहा कि आप बैठ जाइए, इस विषय पर कोई चर्चा नहीं होगी। मैंने कहा, आप लोग बड़े हैं, इसलिए आपकी बात पर बैठ जाता हूँ, लेकिन बैठते-बैठते इतना जरूर कहूँगा कि अटल जी ने जो कहा वह गलत है।"

1996 में भा.ज.पा. की सरकार बनने के बाद गोविंदाचार्य को यह लगने लगा था कि विदेशी आर्थिक शक्तियाँ, एफ.डी.आई., डब्ल्यू.टी.ओ. हावी होने लगी हैं। गोविंदाचार्य ने 1990 में डंकल ड्राफ्ट का विरोध किया था। फिर पेटेंट कानून का विरोध किया। 1991 में स्वदेशी जागरण मंच की स्थापना के समय से ही वे उसकी संचालन समिति से जुड़े रहे। पहले महामंत्री और फिर संचालन समिति के सदस्य के तौर पर वे हमेशा से ही स्वदेशी के पक्षधर रहे हैं। नब्बे के दशक में ही एनरॉन

आंदोलन की वजह से महाराष्ट्र में उबाल आ गया था और संघ परिवार पूरी तरह से इस आंदोलन के साथ जुड़ा हुआ था। प्रदेश में शिव सेना और भा.ज.पा. युति सरकार के आते ही रिबेका मार्क को फोन गया था जो एनरॉन प्रमुख थीं। रिबेका मार्क फिर से बातचीत के लिए फौरन भारत आई थीं और 13 दिन की भा.ज.पा. सरकार के कार्यकाल में एनरॉन को काउंटर गारंटी प्रदान की गई थी। 13वें दिन राष्ट्रपति को अपना त्याग–पत्र सौंपने के लिए रवाना होने से पहले भारत सरकार की एक महत्त्वपूर्ण बैठक हुई थी, जिसमें एनरॉन को काउंटर गारंटी प्रदान की गई थी। उस सरकार का यह एकमात्र महत्त्वपूर्ण फैसला था। यह गोविंदाचार्य और संघ से जुड़े कई लोगों के लिए एक बहुत बड़ा सदमा था। जाहिर तौर पर यह सब देखकर गोविंदाचार्य हताश होंगे। नर्मदा आंदोलन और बस्तर जिले के ब्रह्मदेव शर्मा के प्रति गोविंदाचार्य का आदरभाव लोगों को जँच नहीं रहा था।

विचारधारा और भा.ज.पा. की भीतरी कलह

अब तक भा.ज.पा. में भी अन्य राजनीतिक दलों की प्रवृत्तियाँ प्रवेश कर चुकी थीं। 1998 में जब दुबारा भा.ज.पा. की सरकार बनी तो वित्त मंत्री के तौर पर जसवंत सिंह का नाम आया, जिसका के.एस. सुदर्शन ने जोरदार विरोध किया। फिर यशवंत सिन्हा का नाम आया। बाद में संघ और भा.ज.पा. में बातचीत के बाद यशवंत सिन्हा को वित्तमंत्री बनाया गया। सरकार बनने के बाद संघ परिवार के सभी संगठनों की समन्वय बैठक समय–समय पर होती रहती थी। ऐसी ही एक बैठक सुमित्रा महाजन के निवास पर हुई थी, जब वे सांसद हुआ करती थीं। उस बैठक में बीमा पर कैप, स्वदेशी वस्तुओं, एफ.डी.आई. जैसे विषयों पर जमकर माथा–पच्ची की गई। गोविंदाचार्य भी उस बैठक में शामिल थे। बैठक में चाय–नाश्ते के बाद वे भा.ज.पा. कार्यालय लौट आए। उस समय भा.ज.पा. कार्यालय में एक ही टी.वी. हुआ करता था, जिस पर समाचार आ रहा था। उस समाचार में यह बताया जा रहा था कि सरकार ने बीमा क्षेत्र में खुलेपन के लिए कई प्रावधान किए हैं। उस समाचार को देख हक्के–बक्के रह गए गोविंदाचार्य ने तत्कालीन वित्त मंत्री यशवंत सिन्हा को फोन करके पूछा कि "अगर यही करना था तो पहले ही बता देते। उस बैठक में माथा–पच्ची नहीं करते और चाय–समोसा लेकर वापस आ जाते। यशवंत सिन्हा ने कहा कि आपकी बात सही है, लेकिन मेरे पास कोई उपाय नहीं था। मैं भ्रमित हो गया था कि कब तक रोकें, कब न रोकें और कुछ हो ही नहीं पाया।" 1998 के

चुनावों में प्रभावशाली प्रदर्शन के बाद जब भा.ज.पा. के नेतृत्व में सरकार बनी, तब के.एस. सुदर्शन समन्वय प्रभारी थे। वे पेटेंट कानून के खिलाफ थे। उन्होंने सांसद मलकानी से कहा कि आप पेटेंट कानून के खिलाफ सांसदों के हस्ताक्षर करवाइए। मलकानी कई दिनों तक उस कागज को जेब में लेकर घूमते रहे, फिर उन्होंने के.एस. सुदर्शन को रिपोर्ट दी कि इस संदर्भ में उनका अनुभव बहुत ही बुरा रहा। एक सांसद ने उनसे कहा कि अगर अटल जी और आडवाणी जी हस्ताक्षर कर दें तो वे भी फौरन कर देंगे। मलकानी ने कहा कि अटल जी और आडवाणी जी हस्ताक्षर करने को राजी नहीं हैं।

हालाँकि संगठन के स्तर पर दो अच्छे संकेत आए। एक तो प्रशिक्षण शिविरों की श्रृंखला आगे बढ़ी और दूसरा आजीवन सहयोग निधि का काम आरंभ किया गया। 1997 में विरार में एक बैठक हुई, जिसमें पार्टी और संघ के तीस से ज्यादा बड़े लोग शामिल हुए थे। पहला संबोधन गोविंदाचार्य ने ही किया था। उन्होंने कहा कि बैठक में न तो राजनीति पर चर्चा होगी, न विचारधारा पर और न ही चुनाव पर चर्चा होगी। चर्चा इस बात पर होगी कि विचारधारा और सिद्धात को बढ़ावा देने और उन्हें सुरक्षा प्रदान करने के लिए कार्य करने की शैली में क्या-क्या प्रावधान होने चाहिए। तीन दिनों तक माथा-पच्ची चलती रही। चालीस प्रस्ताव आए, जिन्हें गोविंदाचार्य ने पढ़कर सुनाया और उनपर हलकी चर्चा भी हुई। अंत में के.एस. सुदर्शन और एच.वी. शेषाद्रि के संबोधन भी हुए। लेकिन एक साल गुजर जाने के बाद भी उन प्रस्तावों के संदर्भ में कुछ नहीं हुआ। इस बीच 1998 में सरकार बन गई थी, आडवाणी उसके गृहमंत्री बन गए थे और उधर कुशाभाऊ ठाकरे पार्टी अध्यक्ष की कुरसी सँभाल रहे थे।

ठाकरे के अध्यक्ष बनने के बाद गोविंदाचार्य उनसे मिलने गए और कहा कि विरार बैठक में पारित प्रस्तावों को लागू करवा दीजिए। कुशाभाऊ ठाकरे का जवाब था—"गोविंद जी, ये संघ नहीं है, न ही अखिल भारतीय विद्यार्थी परिषद् है। भा.ज.पा. एक राजनीतिक दल है, जिसमें यह सब नहीं हो सकता। तब गोविंदजी ने कहा कि यह बात आपको पहले से ही पता थी तो बता देना चाहिए था। उतनी मेहनत का क्या फायदा हुआ। ठाकरे जी का जवाब था कि राजनीति में सबकुछ कहा नहीं जाता।" कुशाभाऊ की यह बात संगठन को सदमा देनेवाली थी। इस तरह की घटनाओं का सामना करने के बाद गोविंदाचार्य की समझ में यह बात आ गई थी कि भा.ज.पा. में एकात्म मानव दर्शन पर अधिष्ठित कार्यकर्ता आधारित स्वरूप प्रदान करने से संबंधित इच्छाशक्ति नहीं है। संघ भी इस बात को भलीभाँति भाँप चुका थी। कई मौकों पर अब

संघ और भा.ज.पा. के बीच का मनमुटाव सामने आने लगा था।

राजनीति का खेल देखिए कि गोविंदाचार्य को 16 जनवरी, 1999 को अखबारों से पता चला कि वे अब बिहार भा.ज.पा. के प्रभारी नहीं रह गए हैं। उन्हें पार्टी ने उत्तर प्रदेश और राजस्थान का प्रभार दे दिया है। भा.ज.पा. में गुटबाजी अपने चरम पर थी और इसके केंद्र में अब उत्तर प्रदेश था। कल्याण सिंह के खिलाफ जमकर बयानबाजियाँ की जा रही थीं। देवेंद्र भोले, सक्सेना जैसे लोग बयान दे रहे थे। गोविंदाचार्य जब उत्तर प्रदेश घूमकर आए तो उनकी समझ में आया कि जो बोल रहा है, वह तो कठपुतली मात्र है। कोई उनके मुँह से बोलवा रहा है। मामले के तह में जाने पर पता चला कि ये सब तो पहले से ही हो रहा है। साफ तौर पर जो हो रहा था, वह पार्टी में महत्त्वाकांक्षाओं का टकराव था। बहुत वैमनस्य था। वाजपेयी और कल्याण सिंह ने खुलेआम एक-दूसरे की आलोचना की थी। इधर-उधर से लगानेवाले भी बहुत सारे थे। गोविंदाचार्य ने उत्तर प्रदेश जाने पर कहा कि कोई भी किसी दूसरे के खिलाफ बयान नहीं देगा। अगर किसी ने कोई बयान दिया तो उसके खिलाफ काररवाई वे खुद करेंगे। फिर एक महीने बाद ही यानी फरवरी 1999 में गोविंदाचार्य ने आडवाणी से मुलाकात की। मुलाकात का विषय कल्याण सिंह को पार्टी से निकाले जाने को लेकर था। गोविंदाचार्य ने आडवाणी को बता दिया कि चुनाव तक कल्याण सिंह को हटा नहीं सकते, यह मानकर चलें। अगर ऐसा हुआ तो बहुत नुकसान करेंगे वे। इसी तरह चुनाव बाद उन्हें मुख्यमंत्री पद पर नहीं रख सकते, क्योंकि तब तक वे बहुत नुकसान कर चुके होंगे। इसलिए चुनाव तक उन्हें ढोना सबसे कम नुकसान का रास्ता है। लेकिन चुनाव के बाद उन्हें एक क्षण भी सहन नहीं किया जा सकेगा और विकल्प के बारे में अभी से सोच लीजिए। लगाने-बुझानेवाले बहुत से लोग थे। कुछ लोगों ने समझ लिया कि गोविंदाचार्य कल्याण सिंह के पक्षधर हैं। उधर कल्याण सिंह के खेमे ने यह मान लिया कि ब्राह्मण होने की वजह से गोविंदाचार्य वाजपेयी के पक्ष में हैं। वाजपेयी बहुत मुश्किल से लोकसभा चुनाव जीत पाए थे। कल्याण सिंह का कहना था कि हम सी.एम. नहीं तो वे पी.एम. कैसे बन पाएँगे। पहले एम.पी. तो बन लें।

हालाँकि उत्तर प्रदेश में विधानसभा चुनाव हारने के बाद भारतीय जनता पार्टी को सबसे पहले उन्हीं कल्याण सिंह की याद आई, जिन्हें याद न करने से ही वह सबसे ज्यादा प्रेम करने लगी थी। कल्याण सिंह दिल्ली के लिहाज से भले मात्र सूबे के एक ऐसे नेता रहे हो, जिन्हें दरकिनार करने में पार्टी को नाखून काटने जितनी भी पीड़ा न हुई हो। पर वास्तव में वह पार्टी के ऐसे नाखून थे, जिनके जरिए अनेक बड़े शिकार

किए गए थे। उत्तर प्रदेश के मुख्यमंत्री और अयोध्या कांड के हीरो रहे कल्याण सिंह को पार्टी का अध्यक्ष भी बनाया गया था। एक दौर ऐसा भी था, जिसमें कल्याण सिंह को भविष्य के राष्ट्रीय अध्यक्ष के रूप में देखा जाने लगा। राजनीति चाहे जैसे भी चली हो, वास्तव में जब से दिल्ली की सरकार ने स्वयं को कांग्रेस अंदाज में चलाना शुरू किया था, कल्याण सिंह उसमें पिछड़ गए थे। उनके पहले उत्तर प्रदेश का कोई ऐसा मुख्यमंत्री नहीं हुआ था, जो दिल्ली से खौफ न खाता हो, वहाँ नियमित उपस्थिति न रखता हो। वास्तव में दिल्ली में चलनेवाली राजनीति में कल्याण सिंह का पिछड़ना ही वह मूल घटना थी, जिसके बाद कल्याण सिंह में केंद्र को हर बुराई नजर आने लगी, जिसकी अब तक वह अनदेखी करता आ रहा था। धैर्य दिखाने की बजाय कल्याण सिंह ने आँखें दिखाने का रास्ता चुना और यह रास्ता उन्हें भा.ज.पा. के बाहर ले गया।

सुंदर सिंह भंडारी भा.ज.पा. के वे दूसरे स्तंभ थे, जो दिल्ली की राजनीति और राजनैतिक अहं के प्रश्नों पर वास्तव में राजनीति से बाहर हो गए। वरिष्ठता के लिहाज से भंडारी किसी से कम नहीं थे। वैचारिक स्पष्टता और संगठन पर पकड़ दोनों दृष्टियों से वह शीर्ष नेताओं में गिने जाते थे। समस्या तब हुई, जब कुशाभाऊ ठाकरे को भा.ज.पा. ने अपने अगले अध्यक्ष के रूप में चुना। प्रश्न यह उठा कि अध्यक्ष ठाकरे अपने समकक्ष भंडारी को किस रूप में स्वीकार करें? दोनों के लिए सम्मानजनक रास्ता यह माना गया कि ठाकरे अध्यक्ष बनें और भंडारी राज्यपाल। इस रास्ते से भंडारी भी सक्रिय राजनीति से बाहर हो गए।

महत्त्वपूर्ण यह नहीं था कि भंडारी को राजनीति के गलियारे क्यों छोड़ने पड़े। जो लोग इस प्रकरण को भंडारी के प्रति सहानुभूति रखते हुए याद करते हैं, वे यह कहने से नहीं चूकते कि वाजपेयी–आडवाणी के प्रति ठाकरे की अतिशय निकटता ही उनके अध्यक्ष बनने की सबसे बड़ी वजह थी। चाहे जो हो, इसने भंडारी जैसे कुशल संगठनकर्ता को पार्टी से दूर कर दिया। ठाकरे कोई कम कुशल संगठनकर्ता नहीं थे। इसके बावजूद इसमें कोई संदेह नहीं कि भा.ज.पा. का विस्तार सिर्फ तभी तय हुआ, जब लालकृष्ण आडवाणी ने अध्यक्ष रहते हुए नए सेनापतियों की भर्ती कर उन्हें नए–नए इलाकों में पार्टी का झंडा फहराने के लिए रवाना कर दिया। इन सेनापतियों में एक के.एन. गोविंदाचार्य का नाम महत्त्वपूर्ण है।

गोविंदाचार्य बार–बार अपने विवादस्पद बयानों से संकट निमंत्रित करते गए और बड़ी तेजी से अपने शत्रु जुटाते गए। लेकिन शायद यह नए चेहरे जोड़ने की प्रक्रिया की अंतर्निहित पीड़ा थी, जिसे भा.ज.पा. नेतृत्व ने सहन करने से इनकार

कर दिया। यह गोविंदाचार्य का अपना करिश्मा ही था कि भाऊराव देवरस के देहांत और अध्यक्ष पद पर लालकृष्ण आडवाणी की अवधि समाप्त हो जाने के बाद भी भा.ज.पा. कार्यालय में उनका स्थान वर्षों तक बरकार बना रहा।

विचारधारा से बड़ी सत्ता

गोविंदाचार्य को अब इस बात का अहसास भलीभाँति हो चला था कि भा.ज.पा. में विचारधारा केंद्रित राजनीति को आगे बढ़ाने की इच्छाशक्ति नहीं रह गई है। ऐसे में उन्होंने संघ के लोगों से बात करने का निर्णय लिया। वे 1999 से इस काम में लग गए। बिहार से उनकी छुट्टी पहले हो चुकी थी। संयोग से बिहार में अच्छी जीत हासिल हुई थी और एक पूरी पीढ़ी बदल गई थी। उत्तर प्रदेश के हालात भी थोड़े-थोड़े काबू में आ गए थे। गोविंदाचार्य ने संघ के लोगों के साथ बैठक रखी। दत्तोपंत और स्वदेशी जागरण मंच तथा रवींद्र महाजन जैसे लोगों के सहयोग से विचारार्थ एक मसौदा तैयार किया गया। मसौदे का कंटेंट यह था कि पार्टी अगर ऐसे ही चलती रही तो पूरे परिवार की साख गिर जाएगी, इसलिए इसका कुछ उपाय करना होगा। उपाय के तीन आयाम या तरीके हो सकते हैं—रिपेयर वर्क, स्प्लिट और नया इंस्ट्रूमेंट। लंबी चर्चा हुई। संघ के भी शीर्षस्थ लोग उस बैठक में शामिल हुए थे। तीन दिनों की चर्चा के बाद एक ही बात निकलकर आई कि अगर ऐसे ही चलता रहा तो साख गिर जाएगी। या तो रिपेयर या फिर नए उपकरणों के माध्यम से इसे ठीक करने के उपाय हो सकते हैं। वर्ष 2000 की बात है यह। तीन दिनों की चर्चा के बाद भी सबकुछ अपूर्ण ही रहा। दरअसल जिस 'रिपेयरवर्क' की कोशिश हो रही थी, वह तो होना ही नहीं था। क्योंकि भा.ज.पा. का शीर्ष नेतृत्व सत्ता को विचारधारा से ऊपर मानने लगा था। सार्वजनिक तौर पर वे चाहे जो भी कहते रहे हों, लेकिन उनके निर्णयों में ऐसा ही दिखता था। इसे समझने के लिए 2004 के बाद की कुछ बातों पर गौर करना होगा।

2005 में भा.ज.पा. की रजत जयंती से कुछ दिन पहले गोविंदाचार्य ने लालकृष्ण आडवाणी को फोन किया था और भा.ज.पा. के बारे में उन्होंने बात की। गोविंदाचार्य ने कहा, "मैंने उनसे कहा कि भा.ज.पा. के नेतृत्व, कार्यकर्ता और समर्थकों के बीच में विचार-व्यवहार मानकों के बारे में बहुत ज्यादा बेमेलपन है। ऐसी स्थिति में उचित यही होगा कि 1977 के समान कदम उठाने का आप फैसला करें। इसलिए भा.ज.पा. के 25 वर्ष पूरे होने पर उसे विसर्जित कर नए प्रयोग के लिए अवसर बनाएँ। ऐसे नए प्रयोगों में संघ के साथ संवाद भी हों। इस विषय में अटल विहारी

वाजपेयी और आपको अपना दायित्व निभाना चाहिए। मुझे सुनने के बाद उन्होंने पूछा कि यह आपकी निजी या समझी-बूझी राय है? मैंने कहा कि समझी-बूझी राय होने का तो कोई कारण ही नहीं है, क्योंकि संघ के लोगों से आपका संवाद होता ही रहता है, यह मेरी निजी राय है। इस पर वे बोले कि मैं आपकी निजी राय नहीं मानूँगा। मैंने उनसे कहा कि झटपट फैसला मत करिए, विचार कर लीजिए, तब जैसा उचित लगे वैसा करिएगा।"

गोविंदाचार्य आगे कहते हैं—"मैंने जब विसर्जन की बात कही तो उसका संबंध गांधी के संदर्भों में ज्यादा था। गांधी ने लोकसेवक संघ की कल्पना रखी थी। वह पुनर्रचना का मंच हो सकता था। मेरे मन में भी वैसी ही बातें थीं। जो परिस्थितियाँ हैं और उसके राजनीतिक तकाजे हैं, उसमें समाज को अधिक प्रतिबद्ध और परिपक्व औजार की जरूरत है। धारदार औजार हो तो आज की चुनौतियों का सामना किया जा सकता है। पुराने बैनर और पुराने चेहरे एक हद तक ही उपयोगी होते हैं। जब थे तब और ज्यादा उपयोगी रहे होंगे। दाढ़ी बनाने के लिए ब्लेड का उपयोग तभी तक करते हैं, जब तक गाल न कटने लगे। लक्ष्य की ओर बढ़ने के लिए समय-समय पर नए उपकरणों की आवश्यकता होती है।"

भा.ज.पा. में आने से पहले जब गोविंदाचार्य भाऊराव देवरस से मिलने गए थे, तब उन्होंने कहा था—"मनुष्य राजनीतिक क्षेत्र में पहले सुविधाओं का उपयोग करता है, फिर उपभोग करता है। उसके पश्चात् उसका आदी जो जाता है और बाद में उसका शिकार बन जाता है। बाद में उसकी स्थिति शहद में गिरी हुई मक्खी की तरह हो जाती है। उसके पंख शहद में डूब जाते हैं और फिर उसकी उड़ने की क्षमता समाप्त हो जाती है। और फिर उसमें ही उसका अंत हो जाता है।"

यह पूछने पर कि गड़बड़ी प्रबंधन की है या विचार दोष है? गोविंदाचार्य कहते है—"मैंने तो दोनों ही पहलुओं का उल्लेख किया है। अच्छे-बुरे के भेद पर जब सवाल उठता है तो देखना पड़ेगा कि संघ के संस्थापकों ने क्या मानक बनाए। उन्होंने सार्वजनिक जीवन और निजी जीवन को अलग-अलग करके नहीं देखा। जीवन-मूल्यों के बारे में ईमानदारी, सच्चाई, निस्स्वार्थ, मनोभाव और परिश्रमशीलता को ही मानक बनाया। साधना पर जोर दिया गया, साधन पर जोर कम दिया गया। ये मूल्य और मानक सामान्य स्वयंसेवक के स्तर पर तो आज भी जिंदा है। संघ के लोग कितने ईमानदार, विनम्र और प्रतिबद्ध हैं, इसका एक उदाहरण मैं बताता हूँ। जून 1973 में गुरु जी का स्वर्गवास हुआ, उसके एक महीने बाद जुलाई में मासिक श्राद्ध था।

नागपुर में महात्मा फुले सभागार में कार्यक्रम हुआ, जिसमें परमपूजनीय सरसंघचालक बालासाहब देवरस ने जिम्मेदारी ग्रहण की। उनके प्रथम उद्बोधन में कुछ बातें ऐतिहासिक महत्त्व की थीं। उन्होंने कहा कि पहले के दो सरसंघचालक विलक्षण थे, मैं सामान्य आदमी हूँ। उन्होंने कुछ निर्देश दिए। जैसे आगे से कार्यक्रमों में केवल दो सरसंघचालकों के ही चित्र लगाए जाएँगे। तीसरे, चौथे, पाँचवें सरसंघचालकों के चित्र लगाने की बिल्कुल जरूरत नहीं है। यह उनका स्पष्ट निर्देश था। उन्होंने अपने नाम के आगे परमपूज्य शब्द के इस्तेमाल पर रोक लगा दी।"

दरअसल 1949 में संघ से प्रतिबंध हटाने के बाद तीन वर्षों तक लगातार इस बात पर मंथन चलता रहा कि अंग्रेज चले गए हैं, ऐसे में संघ का क्या हो? दो विचार स्पष्ट रूप से आमने-सामने थे। एक का मानना था कि संघ को रचनात्मक कामों में लगना चाहिए। ऐसे विचारवालों में मधु देवल प्रमुख थे। दूसरा समूह यह चाहता था संघ राजनीति में उतरे। गुरु जी की उपस्थिति में कई सत्र हुए, जिसमें चर्चा का केंद्र बिंदु यही था। गुरु जी ने स्पष्ट कर दिया था कि संघ राजनीति और सेवा दोनों में नहीं लगेगा, बल्कि संघ अपने मुख्य उद्द्देश्य पर चलेगा, यानी शाखा और स्वयंसेवक को तैयार करना। स्वयंसेवक अलग-अलग कामों में लगेंगे। संघ राजनीति से दूर रहकर अपना काम करेगा। लेकिन 1973 में गुरु जी के देहांत के बाद विचारधारा की कसावट ढीली होती गई। और फिर 1992 में भाऊराव देवरस के देहांत के बाद तो तसवीर बहुत हद तक बदल गई।

खैर, लोटते हैं अप्रैल 2000 में। गोविंदाचार्य ने तत्कालीन भा.ज.पा. अध्यक्ष कुशाभाई ठाकरे को पत्र लिखकर आग्रह किया कि उन्हें विदेशी आर्थिक ताकतों के संदर्भ में अध्ययन करना है। विरार बैठक के विफल होने के बाद उनके मन में यह बात आई थी, जब दत्तोपंत ने कहा था कि भा.ज.पा. पार्टी ऑफ वर्कर्स विद ए मिशन की बजाय पार्टी ऑफ कैंडिडेट्स फॉर पावर हो गई थी। दत्तोपंत ने यह भी कहा था कि भा.ज.पा. पार्टी ऑफ वर्कर्स विद ए मिशन की बजाय चुनावी मशीन बन गई है। ऐसी स्थिति बन जाने की वजह से गोविंदाचार्य की पार्टी में रुचि कम रह गई थी। इस बीच ग्लोबलाइजेशन की बहस जोरों पर थी। उनके मन में आया कि उन्हें भी इस पर अध्ययन करना चाहिए। उनके पत्र को ठाकरे ने रख लिया, लेकिन कहा कुछ नहीं।

गोविंदाचार्य मानते हैं कि आज राजनैतिक भूमंडलीकरण के कई और चेहरे सामने आए हैं। उदाहरण के लिए एक चेहरा आर्थिक भूमंडलीकरण का है, जिसमें

व्यापार और वाणिज्य आता है। दूसरा चेहरा तकनीकी भूमंडलीकरण का है। इन चेहरों में असंतुलन और असंगति है। साफ है कि ऐसा बेडौलपन असंगत विकास से ही हुआ है। बीते लगभग तीस वर्षों में व्यापार और वाणिज्य ने आर्थिक महाशक्तियों की मदद से सुरसा की तरह अपना आकार बढ़ाया। सबसे अधिक चिंता की बात यह है कि व्यापार और वाणिज्य को बढ़ावा देने के लिए बौद्धिक, राजनीतिक, तकनीकी और आर्थिक संसाधनों को झोंक दिया गया है। दरअसल भूमंडलीकरण राजनीतिक, आर्थिक प्रोजेक्ट है। इसके विपरीत भारत में बीते तीन दशकों में इसकी छवि अराजनीतिक बनी हुई है। यहाँ भूमंडलीकरण को 'वसुधैव कुटुम्बकम्' का पर्याय बताया जा रहा है। ऐसे थोड़े ही लोग हैं। आर्थिक समानता, पर्यावरण संतुलन, अस्मिता, राष्ट्रवाद और दलितों के लिए भूमंडलीकरण को भारी खतरा माना जाता है। हालाँकि अब यह दिखने लगा है कि एक समूह ऐसा भी है, जो हमें समझाता है कि यह भारतीय संस्कृति के लिए खतरा है। वे इसे सभ्यतामूलक टकराव के रूप में देखते हैं।

बहरहाल, गोविंदाचार्य ने कुछ महीने बाद फिर कुशाभाऊ ठाकरे से बात की और कहा कि उन्हें अध्ययन अवकाश पर जाना है, तो उनका जवाब था—ठीक है, काम भी करते रहो और पढ़ते भी रहो। गोविंदाचार्य ने जवाब दिया कि यह गंभीरतावाली पढ़ाई है। संगठन के लिए काम करते हुए लोगों से मिलने की कीमत पर पढ़ाई नहीं हो सकती, ऐसा मेरा मानना है, इसलिए छुट्टी ही चाहिए। ठाकरे जी ने कहा कि मेरा अध्यक्षीय कार्यकाल अब कुछ महीने का ही बचा है। फिर जब नया अध्यक्ष आएगा तो छुट्टी पर चले जाना।

'मुखौटा' की गढ़ी हुई कहानी

दरअसल गोविंदाचार्य के पार्टी में इस असहज स्थिति के पीछे एक विवाद था। 16 सितंबर, 1997 में ब्रिटिश उच्चायोग के दो अधिकारी अशोक रोड स्थिति पार्टी कार्यालय में गोविंदाचार्य से मिलने आए। गोविंदाचार्य से पूछा कि संगठनात्मक चुनावों के बाद पार्टी का अगला अध्यक्ष कौन होगा? गोविंदाचार्य ने जगदीश माथुर, कृष्णलाल शर्मा, भंडारी, ठाकरे जैसे कई नाम गिना दिए। फिर सवाल पूछा गया कि आपने अटल जी का नाम क्यों नहीं लिया। गोविंदाचार्य ने जवाब दिया, "कारण जाहिर है, क्योंकि वे दो-दो बार प्रधानमंत्री पद के हमारे उम्मीदवार रहे हैं। 'ही इज द मोस्ट पॉपुलर ऐंड मोस्ट रेस्पेक्टेबल लीडर ऑफ द पार्टी। बाई प्रोजेक्टिंग हिम वी एक्सपेक्ट टू गार्नर दोज एक्स्ट्रा वोट्स टू गेट मेजॉरिटी'।"

फिर 6 अक्तूबर को कई हिंदी समाचार–पत्रों में एक लेख छपा। उस विवादास्पद लेख का शीर्षक था—'अटल बिहारी वाजेपयी मुखौटा हैं— गोविंदाचार्य'। यह लेख भानुप्रताप शुक्ल ने लिखा था। भा.ज.पा. के अंदर मुखौटा विवाद के नाम से मशहूर इस कांड की असलीयत को समझने के लिए भानुप्रताप शुक्ल का वह लेख पूरी तरह से पढ़ना होगा। उन्होंने अपने लेख में लिखा था—

"ब्रिटेन दूतावास के दोनों अफसर भा.ज.पा. कार्यालय आए। उन दोनों ने भा.ज.पा. के राष्ट्रीय महासचिव के.एन. गोविंदाचार्य से मुलाकात की। दूतावास के तृतीय राजनैतिक सचिव पाल बूटे ने बातचीत शुरू की। उनका पहला वाक्य बहुत ही प्रशंसात्मक और गुदगुदानेवाला था—हमने भा.ज.पा. को बहुत टटोला कि किससे मिला जाए, किससे बातचीत की जाए, जो व्यावहारिक भी हो और दार्शनिक भी। हमें पता चला कि भा.ज.पा. के एक मात्र ऐसे व्यक्ति आप ही हो सकते हैं। ये हैं हमारे प्रथम सचिव लेस्टन पिगात।"

अब पिगात ने मोरचा सँभाला। बोले, "आप जैसे व्यावहारिक और दूरदर्शी राजनेता से बिना किसी भूमिका के सीधी और साफ बात करना उचित और लाभकारी होगा। मैं यह जानना चाहता हूँ कि भारतीय जनता पार्टी का नया अध्यक्ष कौन होगा? उसके नाम की घोषणा कब की जाएगी? औपचारिकताओं की बात मैं नहीं कर रहा हूँ, निर्णय की जानकारी चाहता हूँ।"

गोविंदाचार्य बोले, "इसमें छिपाने और औपचारिकता जैसी कोई बात नहीं है।

भा.ज.पा. के नए राष्ट्रीय अध्यक्ष वर्तमान महामंत्री कुशाभाऊ ठाकरे होंगे और वे अब वरिष्ठ एवं परिपक्व सहयोगियों की सलाह से दल के संगठन का संचालन करेंगे।"

पिगाट ने पूछा, "क्या राष्ट्रीय स्वयंसेवक संघ ने इसकी स्वीकृति दे दी है, उनके सलाहकार दल के पदाधिकारी होंगे या दल के बाहर के लोग होंगे?"

"दल के अंदर और बाहर, अर्थात् दोनों होंगे। उनके नाम भी निश्चित हो गए हैं, किंतु अध्यक्ष का विधिवत् चुनाव होने के बाद ही घोषणा की जाएगी।"

"सुनते हैं कि अटल विहारी वाजपेयी और मुरली मनोहर जोशी जैसे पार्टी के वरिष्ठ नेता श्री ठाकरे को अध्यक्ष बनाए जाने पर सहमत हैं?"

"डॉक्टर जोशी तो अध्यक्ष पद का उम्मीदवार न होने की सार्वजनिक घोषणा कर चुके हैं। रही श्री वाजपेयी की बात, तो उनकी सहमति–असहमति का प्रश्न बहुत अधिक महत्त्वपूर्ण इसलिए नहीं है, क्योंकि वे पार्टी की आंतरिक शक्ति नहीं हैं। श्री

ठाकरे के नाम पर राष्ट्रीय स्वयंसेवक संघ की सहमति एवं स्वीकृति संबंधी प्रश्न का समाधान मैं स्वयं हूँ। भा.ज.पा. और संघ के बीच मान्य संपर्क सूत्र केवल मैं ही हूँ। श्री ठाकरे और सुंदर सिंह भंडारी अपनी आयु, स्वास्थ्य और समयाभाव के कारण अब यह कार्य नहीं कर पाते।"

"नए अध्यक्ष का चयन करते समय भारत की चुनावी राजनीति के चरित्र पर भी विचार किया गया होगा और यदि किया गया है, तो क्या श्री ठाकरे भा.ज.पा. के केंद्र में सत्तारूढ़ होने की शर्तें पूरी करते हैं, मेरा यह प्रश्न इस संदर्भ से जुड़ा है कि भा.ज.पा. की राजनीति अब सांप्रदायिकता के गलियारे से गुजरती हुई जातिवादी राजनीति के जंगल में जा चुकी है। मतदाताओं और समर्थकों को या तो उनकी जाति से जुड़ा व्यक्ति आकृष्ट करता है अथवा वह एक बहुत बड़े हिस्से का प्रतिनिधि होता है, तो उसके कारण दूसरे वर्गों और हिस्सों में यह भावना और विश्वास पैदा होता है कि बीस प्रतिशत मतदाता उसको अपना नेता मानते हैं, तो छोटे–छोटे प्रतिशत वाले मतदाता वर्ग भी उसकी बातों और दल की विजय पर विश्वास कर लेंगे। क्या श्री ठाकरे के साथ मतदाताओं का कोई ऐसा वर्ग है या जुड़ सकता है कि यह विजय के लिए आवश्यक शेष समर्थन आकृष्ट कर सके?"

"भा.ज.पा. का जातिवादी और सांप्रदायिक नहीं, अपितु राष्ट्रीय आधार पर दृष्टिकोण है। उसके समर्थकों और कार्यकर्ताओं पर इस प्रकार की सोच और समीकरण का कोई प्रभाव नहीं पड़ता।"

"एक व्यावहारिक राजनेता होते हुए भी आप यह कह रहे हैं?"

"मैंने जो कहा, वह भी सच है और आप जो कह रहे हैं, वह भी गलत नहीं है। कहीं–न–कहीं दोनों के बीच तालमेल बैठा लिया जाएगा।"

"भा.ज.पा. और देश में भी स्वदेशी, शुचिता, स्वावलंबन, भय, भूख और भ्रष्टाचार के संबंध में भ्रम की स्थिति है। दल के अंदर ऐसे विरोधाभास क्यों दिखाई देते हैं?"

"भ्रम और विरोधाभास दल के अंदर के लोगों में नहीं, आप जैसे दल के बाहर के लोगों में हैं। स्वदेशी का नारा हम अपनी घरेलू राजनीतिक आवश्यकताओं की पूर्ति और उपयोग के लिए लगाते हैं और आर्थिक वैश्वीकरण तथा उदारीकरण की आवश्यकता का अनुभव एवं कुछ सीमा तक उसका समर्थन अंतरराष्ट्रीय संदर्भ में करते हैं। यदि देश के अंदर हम स्वदेशी की बात नहीं करेंगे, तो हमारा जनाधार घटेगा और अंतरराष्ट्रीय स्तर पर उदारीकरण, बहुराष्ट्रीय नियमों, विदेशी मुद्रा के विनियोग

की बात करके उन्हें बढ़ावा नहीं देंगे तो भा.ज.पा. वैश्विक संदर्भ से कट जाएगी।"

"इसका मतलब यह हुआ कि भा.ज.पा. अपने दल और देशवासियों के साथ समझौता करने की नीति पर चल रही है।"

"यह हमारी राजनीतिक रणनीति है। इससे अधिक इसका खुलासा मैं नहीं करूँगा। आपको स्मरण होगा कि एनरॉन के दाभोल प्रकल्प को लेकर बहुत बड़ा आंदोलन चला था। उस आंदोलन का भा.ज.पा. ने भी समर्थन किया था, लेकिन हमारी तेरह दिवसीय सरकार ने उस प्रकल्प की शर्तों को स्वीकृति दे दी थी। मंत्रिमंडल की उस बैठक में, जिसमें यह निर्णय किया गया था, हमारे दल के स्वदेशी के प्रवक्ता भी शामिल थे। स्वदेशी आंदोलन हमारी वोट राजनीति की विवशता है, उदारीकरण और बहुराष्ट्रीय निगम हमारी आर्थिक आवश्यकता। आवश्यकता और विवशता का यह अंतर समझे बिना भा.ज.पा. की रणनीति समझ पाना आपके लिए असंभव की सीमा तक कठिन होगा।"

"भा.ज.पा. का आंतरिक बल उसकी सैद्धांतिकता है या कोई ऐसा व्यक्ति, जिसके संकेत-निदेश की धुरी पर वह घूमती है? सिद्धांतों के विषय में हमें पता है, किंतु व्यक्ति के विषय में हम जानना चाहते हैं।"

"वे व्यक्ति हैं लालकृष्ण आडवाणी। दल का अध्यक्ष चाहे जो भी होगा या रहेगा, उसका संचालन श्री आडवाणी ही करेंगे। उनका निर्णय की अंतिम निर्णय होगा। डॉक्टर जोशी द्वारा दल के अध्यक्ष पद की उम्मीदवारी से इनकार करने के पीछे शायद यह भी एक कारण रहा होगा।"

"हमारा आकलन यह है कि पार्टी अध्यक्ष के इस परिवर्तन के कारण कार्यकर्ताओं और संगठन के बल पर भा.ज.पा. का दस-बारह प्रतिशत मूल समर्थन बचाकर तो रखा जा सकता है, लेकिन शेष 18-20 प्रतिशत समर्थन जुटा पाना कठिन होगा। अंतरराष्ट्रीय राजनयिक, बौद्धिक और दार्शनिक स्तर पर भी पार्टी की हानि होगी।"

"यह आपका आकलन हो सकता है, हमारा या मेरा आकलन नहीं।"

"धन्यवाद, महोदय।"

इस लेख के छपने के बाद गोविंदाचार्य और ब्रिटिश उच्चायुक्त की ओर से तत्काल खंडन भेजा गया, जो अगले दिन अर्थात् 7 अक्तूबर, 1997 के अखबारों में प्रकाशित हुआ। फिर 10 तारीख को यही समाचार टाइम्स ऑफ इंडिया में अंग्रेजी में अनुवाद करते हुए लिखा गया था—'गोविंदाचार्य कॉल्स अटल ए मास्क'। इसी दिन

वाजपेयी विदेश से आए थे। उन्होंने गोविंदाचार्य से बात नहीं की। के.एस. सुदर्शन से सीधे बात की। के.एस. सुदर्शन ने कहा कि मैं गोविंदाचार्य से बात करता हूँ। के.एस. सुदर्शन ने गोविंदाचार्य से बात की तो गोविंद जी ने कहा कि यह पुराना समाचार है, जिसे अंग्रेजी में अनुवाद करके छापा गया है। मैंने पहले दिन ही खंडन दे दिया था। सुदर्शन जी ने कहा कि अरे भाई, राजनीति में तो लोग बयान देकर भी खंडन कर देते हैं। मुझे तुमसे यह पूछना है कि तुमने ऐसा कहा है कि नहीं ? गोविंदाचार्य ने जवाब दिया कि हमारे आपके रिश्ते राजनीतिक तो हैं नहीं, प्रचारक के रिश्ते हैं। मैंने ऐसा कुछ नहीं कहा है। इस पर के.एस. सुदर्शन ने कहा कि अटल जी के पास टेप है। उत्तर में गोविंदाचार्य का कहना था कि यह तो मेरे बचाव में एक बहुत बड़ा सबूत है। हाथ कंगन को आरसी क्या। आप उस टेप को सुन लीजिए। मेरा दावा है कि अटल जी ही नहीं, किसी भी केंद्रीय नेता के बारे में मैंने मुखौटा या किसी भी निरादर सूचक शब्द का प्रयोग किया होगा तो आप मुझे फोन पर बता दीजिएगा। मैं सार्वजनिक जीवन छोड़ दूँगा।

दरअसल 6 अक्तूबर को उस लेख के छपने के बाद कई अन्य अखबारों ने इस खबर को अपने-अपने ढंग से आगे बढ़ाया। ब्रिटिश उच्चायोग द्वारा जारी खंडन को भी अनदेखा कर दिया गया। खंडन भेजे जाने के बाद भी इंडियन एक्सप्रेस ने 15 अक्तूबर, 1997 को एक संपादकीय लिखा, जिसका शीर्षक था—'वाजपेयीज यूटीलिटी'। 16 अक्तूबर,1997 को हिंदुस्तान टाइम्स के संपादकीय का शीर्ष था—'ऑड मैन इन'। 15 अक्तूबर को ही टाइम्स ऑफ इंडिया ने एक खबर प्रकाशित की। उसका शीर्षक था—'कंट्रोवर्सी ओवर गोविंदाचार्याज रिमार्क्स टेक्स न्यू टर्न'। गोविंदाचार्य और वाजपेयी को लेकर सिलसिलेवार ढंग से खबरों को आगे बढ़ाया जा रहा था। यहाँ कुछ प्रश्न उठना लाजमी है। क्या भानुप्रताप शुक्ल ने अपने लेख में यह लिखा था कि गोविंदाचार्य ने वाजपेयी को मुखौटा कहा है ? 10 अक्तूबर को टाइम्स ऑफ इंडिया में इसी खबर को अंग्रेजी में छापा गया था, जबकि 6 अक्तूबर को ही गोविंदाचार्य और ब्रिटिश दूतावास की तरफ से एक खंडन तमाम अखबारों को भेज दिया गया था। और 7 अक्तूबर को कई अखबारों में छपे इस खंडन में स्पष्ट रूप से ब्रिटिश दूतावास ने लिखा था कि गोविंदाचार्य से मुखौटे जैसी कोई बात नहीं हुई थी।

गौरतलब है कि ब्रिटिश दूतावास के दोनों अफसरों से गोविंदाचार्य की मुलाकात 16 सितंबर को हुई थी। जबकि भानुप्रताप शुक्त ने 6 अक्तूबर को संपादकीय लिखा था। 6 अक्तूबर को ही सुबह 8 बजे आडवाणी की बातचीत गोविंदाचार्य से हुई थी।

उसी दिन दोपहर तक सभी अखबारों को खंडन भेजे जा चुके थे। ब्रिटिश दूतावास भी शाम तक अपनी तरफ से उस खबर का खंडन भेज चुका था। उसके बाद छपे कई अखबारों के संपादकीय इस बात की तरफ इशारा करते हैं कि वह अभियान सुनियोजित तरीके से चलाया जा रहा था।

इसके बाद वाजपेयी ने एक चिट्ठी लिखी, जिसका सार यह था कि जो हुआ, वह ठीक नहीं है और गोविंदाचार्य पर काररवाई होनी चाहिए। आडवाणी ने गोविंदाचार्य को बुलाकर इस्तीफा माँगा, जो उन्होंने 25 अक्तूबर, 1999 को ही सौंप दिया। कुछ देर बाद ही भैरों सिंह आए और आडवाणी से पूछा कि आपके पास इस्तीफा आया होगा, आप उसे स्वीकार क्यों नहीं करते? आडवाणी ने जवाब दिया कि स्वीकार कर लिया तो और बवंडर मचेगा। बहुत से लोग बहुत सारे सवाल पूछेंगे। उत्तर नहीं मिलेगा देने को। इसलिए अभी चुप रहिए। आडवाणी इस्तीफा अपने पास रखे रहे, लेकिन गुरुमूर्ति से कहा कि 'पोटैटो इज वेरी हॉट ऐंड आई एम नॉट एबल तो होल्ड इट'। गुरुमूर्ति नागपुर गए, जहाँ संघ की एक बैठक होनेवाली थी। गुरुमूर्ति ने एच.वी. शेषाद्रि से कहा कि आप अटल जी से कहिए कि बैठक खत्म हो जाए तो फिर निर्णय करते हैं। तब तक आप धैर्य क्यों नहीं रखते? शेषाद्रि जी ने उसी अंदाज में वाजपेयी से बात की तो फिर सब चुप हो गए। गोविंदाचार्य से कहा गया कि आपकी उच्चायुक्त के साथ जो भी बात हुई थी, 30 अक्तूबर तक उसे लिखकर दीजिए। गोविंदाचार्य ने 27 अक्तूबर को ही जवाब भेज दिया, जो 17 पेज का था। 28 अक्तूबर को वाजपेयी सरकार ने ब्रिटिश उच्चायोग को समन करके कहा कि मुझे टेप चाहिए। उच्चायुक्त ने कहा कि हम लोग टेप करते ही नहीं, मिनट्स रखते हैं। वाजपेयी ने कहा कि ठीक है, उसे ही भेज दीजिए। फिर 30 अक्तूबर को वाजपेयी ने गोविंदाचार्य को अपने घर बुलाया। दोनों साथ बैठे। वाजपेयी ने कहा कि तुम्हारा जवाब तो 17 पेज का है, लेकिन उनका केवल डेढ़ पेज का। गोविंदाचार्य ने कहा कि "ऐसा होना स्वाभाविक है। वे लोग रोज 5-6 लोगों से मिलते हैं और उनके साथ हुई बातचीत के मिनट्स नोट करते हैं। मगर मेरी तो गरदन फँसी हुई है, इसलिए विस्तार से ही लिखूँगा। मेरा आपसे सवाल है कि क्या उसमें मुखौटा लिखा है? मैं आपसे कहता हूँ कि ऐसी हरकतें करने की बजाय समाज में ऐसे बहुत से काम हैं, जो मैं कर सकता हूँ। मुझसे भा.ज.पा. में संगठन के लिए काम करने को कहा गया था, इसलिए कर रहा हूँ। मैं आपके बच्चे के समान हूँ और मेरी कोई भी व्यक्तिगत महत्त्वाकांक्षा नहीं है। यह सब करने से तो बेहतर है कि मैं कुछ और करूँ। अटल

जी ने कहा कि लोग राजनीति छोड़ने की बात तो करते हैं, लेकिन छोड़ता कोई नहीं है। गोविंदाचार्य का जवाब था, "मैं अभी इस पर क्या कह सकता हूँ।" अटल जी ने कहा, "चलो छोड़ो, अपना काम करो और सब भूल जाओ।" 1998 में कुशाभाऊ ठाकरे पार्टी अध्यक्ष बने और गोविंदाचार्य एक बार फिर महामंत्री। वाजपेयी से उनकी सुलह हो गई थी।

अक्तूबर में ही एक और खबर छपी थी। 'दैनिक हिंदुस्तान' में 19 अक्तूबर, 1997 को गोविंदाचार्य के राइटिंग पैड के तीन पेज छपे थे। उससे ठीक पहले 6 अक्तूबर को वह मुखौटा विवाद चला था, जिसका टाइम्स ऑफ इंडिया में 10 अक्तूबर को अंग्रेजी अनुवाद छापा गया था। मुखौटा मामला जब समाप्त होने लगा था तो उसमें ईंधन डालने के लिए दैनिक हिंदुस्तान में तीन पन्ने प्रकाशित किए गए थे। संपादकीय में लिखा था कि गोविंद जी ने यह तो कह दिया था कि मैंने मुखौटा नहीं कहा, लेकिन क्या वे यह कहने का साहस करेंगे कि ये हस्ताक्षर उनके नहीं हैं? जिस दिन यह खबर छपी उस दिन गोविंदाचार्य कटनी में थे, जहाँ उन्हें विद्यार्थी परिषद् के महाकौशल के अधिवेशन समारोह में रहना था। सुबह-सुबह कुशाभाऊ ठाकरे का गोविंदाचार्य के पास फोन आया और उन्होंने पूछा कि यह क्या कर दिया तुमने? गोविंदाचार्य ने पूछा, क्या कर दिया? कुशाभाऊ ने कहा, देखा है क्या छपा है? क्या यह सब लिखना जरूरी था? जब गोविंदाचार्य ने बताया कि उन्हें कुछ भी नहीं मालूम तो उन्होंने पूछा कि कहाँ हो, जल्दी आओ, यहाँ पत्रकार तंग कर रहे हैं। गोविंदाचार्य ने कहा कि "जो छपा है, उसे मेरे पास फैक्स कर दीजिए और पत्रकारों से कहिए कि गोविंदाचार्य कल आ रहे हैं, उनसे ही पूछ लेना आप लोग। लगभग 12 बजे फैक्स आ गया। तब समारोह चल रहा था। समारोह में ठीक से भाषण दिया और दिल्ली की ट्रेन में बैठ गए। भोजन का पैकेट ट्रेन में ही आ गया। भोजन करने के बाद मैंने फैक्स देखा तो पाया कि उन कागजों पर मेरे ही हस्ताक्षर थे। मैं यह सोचने लगा कि ये पन्ने कब के हैं। फिर उन्हें याद आया कि 1992 में उन्हें तमिलनाडु भेजे जाने के पूर्व लखनऊ बुलाया गया था। निराला नगर, शिशु मंदिर में संघ की अखिल भारतीय प्रतिनिधि सभा की समाप्ति के बाद अगले ही दिन उन्हें रज्जू भय्या और भाऊराव जी से मिलने के लिए सुंदर सिंह भंडारी ने उनके पास संदेश भेजा था। उसमें ही बहुत सी बातें हुई थीं। वह मेरे जीवन का एक कठिन समय था। मैंने तीन दिन एकांतवास में बिताए। और उसी दौरान मैंने व्यक्तिपरक मूल्यांकन किया। इस दौरान मैंने अपने विचार कुछ पन्नों पर लिख डाले थे। 1992 में ही जहाँ रुका था, वहाँ से

मेरा झोला और राइटिंग पैड गायब हो गया था। मेरे व्यक्तिपरक मूल्यांकन को 1997 में मेरी ही पार्टी के कुछ पदाधिकारियों ने, जिनके साथ मैं 1992 में वाराणसी में रुका था, उन्होंने वे कागज रख लिए। बाद में मेरे खिलाफ उपयोग किया और पत्रकारों को दे दिया।" गौरतलब है कि पार्टी के भीतर ही एक अभियान चल रहा था। वरना 1992 में लिखी गई डायरी के कुछ पन्ने 19 अक्तूबर, 1997 को कैसे छप गई? खबर छापने से पहले क्या पत्रकार आलोक मेहता ने गोविंदाचार्य से कोई बात की थी?

गोविंदाचार्य कहते हैं कि दैनिक हिंदुस्तान में छपे कागज पर उन्हें कुछ बोलने का मौका ही नहीं मिला था, क्योंकि दिल्ली पहुँचने के अगले ही दिन उत्तर प्रदेश में जगदंबिका पाल ने कमाल कर दिया था। उसके बाद भा.ज.पा. के तमाम विधायकों को दिल्ली ले आया गया। वाजपेयी सहित सारे बड़े नेता धरने पर बैठ गए। एक प्रतिनिधि मंडल ने राष्ट्रपति से मुलाकात की। पूरे एक सप्ताह तक यही मामला छाया रहा। गोविंदाचार्य का पक्ष केवल एक ही अखबार में छपा था। गोविंदाचार्य मानते हैं कि वह मुखौटा विवाद से कई गुना अधिक विस्फोटक था।

खैर, एक बार फिर लौटते हैं वर्ष 2000 में, जब गोविंदाचार्य ने कुशाभाऊ ठाकरे से अध्ययन अवकाश पर जाने की छुट्टी माँगी थी। 31 जुलाई, 2000 को वाजपेयी ने मदनदास देवी को फोन किया, जो कुछ दिन पहले ही प्रभारी बने थे। वाजपेयी ने उनसे कहा कि गोविंद जी को संघ में वापस ले लिया जाए। मदनदास ने कहा कि गोविंद जी अच्छा काम कर रहे हैं। उनके आचरण से संबंधित कोई बात हो तो कहिए, मैं गारंटी लेता हूँ। वाजपेयी ने फोन रख दिया। एक महीने बाद मदनदास देवी के पास वाजपेयी का फिर फोन आया। वाजपेयी ने फिर दोहराया कि गोविंद जी को आप लोग संघ में वापस लीजिए। मैं 6 तारीख (सितंबर 2000) को बाहर जा रहा हूँ। अगर आप लोगों ने निर्णय नहीं किया तो मैं अपना निर्णय सुनाऊँगा।" कुछ देर बाद कुशाभाऊ ठाकरे, बंगारू लक्ष्मण और प्यारेलाल खंडेलवाल संघ के झंडेवालान कार्यालय पहुँचे और मदनदास देवी से पूछा कि क्या आपके पास अटल जी का फोन आया था। उन्होंने जवाब दिया कि हाँ फोन आया था। फिर उन सभी ने मदनदास से कहा कि यह बहुत जरूरी और गंभीर विषय है। अगर आप इस विषय में कुछ नहीं करेंगे तो अटल जी बाहर जाने से पहले इस्तीफा दे देंगे।

अलविदा भा.ज.पा.

वाजपेयी की मदनदास से बातचीत के बाद गोविंदाचार्य की खोज होने लगी। वे

बंगलौर में विशेष मंडल स्तर के प्रशिक्षण शिविर के लिए गए थे। फोन पर मदनदास देवी की उनसे बात हुई। गोविंदाचार्य ने उनसे कहा कि "मैं आज रात में ही चल रहा हूँ। कल पहुँचकर आप से बात करता हूँ। यह बात 3 सितंबर, 2000 को हुई थी। चार तारीख को गोविंदाचार्य मदनदास से मिलने आ गए और कहा कि हम तो प्रचारक हैं, जो कहिएगा करेंगे। हमारे बारे में चिंता नहीं कीजिए, लेकिन पार्टी का क्या होगा, यह मेरी चिंता का विषय नहीं रह जाएगा। मदनदास ने कहा कि आखिर करें तो क्या करें। गोविंदाचार्य का जवाब था कि हमने अध्ययन अवकाश के लिए पार्टी अध्यक्ष को चिट्ठी लिख रखी है। इससे मेरा काम भी हो जाएगा। बिल्ली के भाग्य छीका टूटने वाली बात हो गई है। उदास क्यों हो रहे हैं। हम अध्ययन अवकाश पर जाएँगे। आप लोग बीच में से हट जाइए। यह सब आपके द्वारा हो रहा है, ऐसा मत कहिए। मैंने ठाकरे जी को पत्र लिखा है, अध्ययन अवकाश पर जाने के लिए, और अब मैं जा रहा हूँ। आप भूल जाइए कि अटल जी का फोन आपके पास आया था। ठाकरे जी मेरे अवकाश पर जाने की बात से सहमत हैं। मदनदास ने कहा कि आप सुदर्शन जी से बात कर लीजिए। गोविंदाचार्य उसी दिन उड़कर नागपुर पहुँच गए और सुदर्शन जी से मिले। उन्होंने भी पूछा कि क्या करें तो गोविंद जी ने उनसे कहा कि आप कुछ न करें, मैं सबको एक फैक्स करता हूँ कि मैं अध्ययन अवकाश पर जाना चाहता हूँ। और गोविंदाचार्य ने के.एस. सुदर्शन को चार विकल्प सुझाए—

1. महामंत्री रहते हुए अध्ययन अवकाश,
2. कार्यसमिति सदस्य रहते हुए अध्ययन अवकाश,
3. सक्रिय सदस्य रहते हुए अध्ययन अवकाश,
4. बिना सदस्यता के अध्ययन अवकाश।

इनमें से जिस पर भी सब की सहमति बने, मुझे बता दीजिएगा। मैं प्रेस में वही स्टैंड लूँगा।" फैक्स भेज दिया गया। मदनदास, बंगारू और ठाकरे के साथ आडवाणी के घर पर थे। तभी आडवाणी के पास भी फैक्स पहुँचा। मदनदास ने आडवाणी से फैक्स के विषय में बताया। आडवाणी ने कहा कि "इस विषय से हम लोगों का कोई सरोकार नहीं है। यह मामला आपके, अटल जी और गोविंद जी के बीच का है। आप इस कागज के साथ अटल जी से मिलिए।" मदनदास जब वाजपेयी से मिलने पहुँचे तो वाजपेयी ने पूछा कि यह तो गोविंद जी का कहना है। आपका क्या कहना है। मदनदास ने कहा कि हम चाहते हैं कि वे महामंत्री रहते हुए अवकाश पर जाएँ। वाजपेयी ने पूछा—क्यों? और कोई पदाधिकारी रहते हुए क्यों नहीं। मदनदास

ने कहा कि फिर से पूछना पड़ेगा उनसे। तो जवाब मिला कि पूछ आइए। मदनदास ने 'पोर्टिको' में आकर गोविंदाचार्य से बात की। गोविंदाचार्य ने कहा, "आप कहिए कि गोविंद बिना सदस्य रहे जाना चाहते हैं।" जब मदन जी ने अटल जी को यह बात बताई तो उनका जवाब था, मुझे कुछ नहीं कहना है। आप लोग फैसला कर लीजिए। दरअसल गोविंदाचार्य संघ और वाजपेयी के बीच पिस रहे थे और वाजपेयी ने गोविंदाचार्य के मामले में अपने 'वीटो' का इस्तेमाल किया।

गोविंदाचार्य ने मदनदास को फिर फोन किया और कहा कि मैं रात को चलकर कल सुबह दिल्ली आ रहा हूँ। आप सुबह अहमदाबाद जा रहे हैं। गुरुमूर्ति दिल्ली में हैं और वे भी कल ही चेन्नई जा रहे हैं। हम तीनों कल हवाई अड्डे पर मिलकर इस बात पर एकमत हो जाएँ कि क्या कहना है। सुबह 6 बजे तीनों की मुलाकात हुई और नौ तारीख को यह घोषित करने का निर्णय हुआ कि गोविंदाचार्य अध्ययन अवकाश पर जा रहे हैं। नौ तारीख को घोषणा होने से पहले ही पी.एम. हाउस से पत्रकारों को खबर मिल गई थी। नौ को जब गोविंदाचार्य ने पत्रकारों से कहा कि मैं अध्ययन अवकाश पर जा रहा हूँ तो दो लोग हँस पड़े और कहा कि हमें मालूम है कि कैसे क्या हुआ है? तब गोविंदाचार्य ने अपनी बात पर जोर देते हुए कहा, "मैंने अध्ययन अवकाश लिया है। मैंने इस संबंध में ठाकरे जी से बहुत पहले ही इजाजत ले ली थी। अगर चिट्ठी की तारीख पहले होगी तो इसका मतलब है कि मैंने खुद अवकाश लिया है। अगर ऐसी कोई चिट्ठी न हो, तब वह सही है, जो छपा है। ठाकरे जी से मिल लीजिए। जब वे कुशाभाऊ ठाकरे से मिले तो उन्होंने कहा कि मुझसे कुछ मत पूछिए। पत्रकारों ने ठाकरे के जवाब से गोविंदाचार्य को अवगत कराया। गोविंदाचार्य ने कहा कि आप लोग कल फिर ठाकरे जी से मिलिए। अगर कल भी वे ऐसा ही कहते हैं तो जो लिखना है, लिखिए। उसी दिन रात आठ बजे गोविंदाचार्य कुशाभाऊ से मिलने पहुँचे और उस पत्र की फोटोकॉपी उन्हें देते हुए कहा कि ऐसे ही किसी अवसर के लिए मैंने इस चिट्ठी की कॉपी अपने पास रखी थी। कल 11 बजे पत्रकार आपके पास आएँगे। अगर आप कह देंगे फिर तो ठीक, नहीं तो हम उन्हें यह पत्र दे देंगे। आप पार्टी अध्यक्ष हैं। इसलिए ऐसा कुछ होना ठीक नहीं होगा। अगले दिन पत्रकार जब कुशाभाऊ से मिले तो उन्होंने वैसा ही कहा। इसके बाद गोविंदाचार्य अध्ययन अवकाश पर चले गए।

दरअसल संघ और वाजपेयी के बीच कुछ मुद्दों पर अहं का टकराव होता रहा था। संघ और भा.ज.पा. के शीर्ष नेतृत्व को ऐसे कई मौकों की जानकारी भलीभाँति

थी। 1980 में जब भा.ज.पा. बनी और वाजपेयी के इर्द-गिर्द राजनीति बुनने की बात से संघ खुश नहीं था। संघ ऐसी राजनैतिक पार्टी नहीं चाहता था, जो व्यक्ति केंद्रित हो। इसलिए 1984 की हार के बाद जब भा.ज.पा. को संघ की जरूरत महसूस हुई तो संघ ने विचारधारा के पुनर्स्थापना की शर्त रखी थी। 1988 में गोविंदाचार्य को महामंत्री बनाने के बाद ही भा.ज.पा. को सौंपेगी, इस पर भी संघ अड़ा था। 1990 में मंदिर आंदोलन जोर पकड़ने लगा और आडवाणी का कद बड़ा होता गया। संगठन पर उनकी पकड़ भी मजबूत होती गई। संघ उनके पीछे डटकर खड़ा था। 1991 में मुरली मनोहर जोशी भा.ज.पा. के अध्यक्ष हो गए थे, और आडवाणी लोकसभा में विपक्ष के नेता। संगठन काफी तेजी से आगे बढ़ रहा था। विभिन्न राज्यों में भा.ज.पा. जमीनी स्तर पर संगठन को जमाने में लगी थी। वाजपेयी रथयात्रा के पक्ष में नहीं थे। इससे संघ भलीभाँति परिचित था। इसी समय का एक प्रसिद्ध वाकया है, जब वाजपेयी की मुलाकात नरसिंह राव से हुई थी। नरसिंह राव ने वाजपेयी से कहा था कि संघवालों का क्या भरोसा। ये तो धोखा करते ही रहते हैं। आपको मुख्यधारा की राजनीति से बाहर करने के लिए राजीव गांधी के साथ बात कर ली गई थी। आपको सर्वसम्मति से उपराष्ट्रपति पद का उम्मीदवार बनाना चाहते थे।

हालाँकि 1996 के बाद तसवीरें बदलने लगीं। वाजपेयी की पकड़ पार्टी में मजबूत हो रही थी। संघ और भा.ज.पा. का सफर इस बात का गवाह रहा है कि जब-जब भा.ज.पा. का नेतृत्व मजबूत हुआ है तो वह संघ से छिटकने की कोशिश करता रहा है। वाजपेयी को भी लगता था कि संघ राजनीति को कम समझते हैं और हावी ज्यादा होते हैं। इसी का नतीजा था, जब भाई महावीर, कंवरलाल गुप्ता, नानाजी देशमुख तथा भंडारी जैसे कई कार्यकर्ताओं को किनारे लगा दिया गया। गोविंदाचार्य इसी कड़ी में एक नाम मात्र थे। शतरंज की बिसात बिछी थी, मगर खेल कोई और खेल रहा था।

इसके बाद एक स्वाभाविक प्रश्न है कि क्या कभी गोविंदाचार्य को ऐसा लगा कि भा.ज.पा. में आने का उनका निर्णय गलत हो गया और अगर पार्टी से दूर रहते तो बेहतर होता। इस पर गोविंदाचार्य का कहना है कि "वे हमेशा ही सुविधाजनक स्थिति में थे। गोविंदाचार्य के अनुसार, वे मन से निश्चित थे, इसलिए भा.ज.पा. में जाना उनके लिए आशा-निराशा की बात नहीं थी। सफलता-असफलता से संबंधित कोई बंधन भी नहीं था। ऐसे में दो ही काम हो सकते थे, जो विद्यार्थी परिषद् में सीखे थे 'प्योरिटी ऑफ मोटिवेशन' और 'एक्सीलेंस इन कंपिटेंस।' परिणाम हमेशा आपके

अनुकूल हो, यह जरूरी नहीं। आप और क्या कर सकते हैं, यह महत्त्वपूर्ण है। दत्तोपंत जी कहा करते थे, 'इन सक्सेस डोट लूज योर हेड ऐंड इन डिफीट डोंट लूज योर हार्ट'। इन दोनों में मन को मत फँसाओ।" गोविंदाचार्य कहते हैं कि सामान्य कार्यकर्ता जब पार्टी के संपर्क में आए तो उनमें से 'सही बढ़े और गलत छँटे' इसके मापदंड क्या हो ? कार्यकर्ताओं के आकलन का मापदंड समान तौर पर निर्णयकर्ताओं के मन-मस्तिष्क पर अंकित हो, तभी तो कोई स्वस्थ संगठन चल पाएगा, जिसमें व्यक्तिगत पसंदगी और मनमर्जी का आलम नहीं रहेगा। किसी कैडर आधारित संगठन के लिए कार्य पद्धति में जो फिल्टर चाहिए और जो मापदंड चाहिए, उसके अभाव में तदर्थवाद रहेगा और अध्यक्ष केंद्रित दल होने के कारण अध्यक्ष के विचारों की प्राथमिकताएँ, अध्यक्ष के विचारों की छटा रहेगी तथा कार्य-पद्धति में भी उनका अंतिम निर्णय होगा, जिस कारण से पार्टी व्यक्ति केंद्रित हो जाएगी। संघ के विचार-विमर्श में यह मूल प्रश्न था। दीनदयाल उपाध्याय की 1967 की राजनीतिक डायरी पढ़ने से यह बात समझ में आती है कि वे इस समस्या को महसूस कर रहे थे। लेकिन उन्हें इसे एड्रेस करने का समय नहीं मिल पाया, क्योंकि 1968 के फरवरी में ही वे चल बसे। उसके बाद तो पार्टी की प्राथमिकताएँ ही बदल गईं और 1973 में गुरु जी के देहांत के बाद तसवीर बदलने लगी।

गोविंदाचार्य का जैसा स्वभाव था वे अपनी बात ठोंककर रखते हैं। लेकिन जो भी निर्णय होता है, उसे मानते भी हैं। यशवंत राव केलकर के अभिभावकत्व में उन्होंने 'मत अनेक निर्णय एक' के जिस वाक्य को सीखा था, उसका हमेशा ही पालन करते रहे। इस कारण से वे मन से निश्चिंत रहते हैं। वे मानते रहे हैं कि उनका दिमाग संचालक का नहीं है, बल्कि सहायक के मानस वाला है, इसलिए परिणामों से निश्चिंत रहते हैं।

15 जनवरी, 2003 को अपना अध्ययन अवकाश पूरा करके गोविंदाचार्य दिल्ली आए और मदनदास से मुलाकात की। उन्होंने कहा कि 3 दिसंबर, 1965 को मैंने अपने जीवन के बारे में निर्णय लेने का अधिकार संघ को दिया था, लेकिन अब मैं यह कहने आया हूँ कि अब मैं प्रचारक नहीं हूँ। अब न आपसे कार्यकर्ता माँगूँगा और न ही पैसा। अब जो कुछ भी करूँगा, मैं करूँगा। मदनदास ने कहा कि मिलने तो आओगे न! तो गोविंद जी ने कहा कि हाँ, मिलता रहूँगा। इसके बाद नवंबर 2003 में ही गोविंदाचार्य की वाजपेयी से मुलाकात हुई। गोविंदाचार्य कहते हैं, "अटल जी के साथ वह एक अच्छी मुलाकात थी।" उन्होंने अपनी उपलब्धियों के बारे में बात की।

गोविंदाचार्य ने वाजपेयी से कहा कि मैं आपको 30 अक्तूबर, 1997 की एक बात याद दिलाना चाहता हूँ, जब आपने कहा था कि राजनीति छोड़ने की बात तो बहुत लोग करते हैं, लेकिन छोड़ता कोई नहीं। मैं राजनीति छोड़कर आपके सामने खड़ा हूँ। आपसे आग्रह है कि आप अब कभी ऐसी बात नहीं बोलिएगा, क्योंकि जीवन में करने के लिए बहुत कुछ होता है। विदा लेते वक्त गोविंदाचार्य ने कहा कि मैं नया काम शुरू कर रहा हूँ। आपका आशीर्वाद चाहिए। वाजपेयी ने कहा कि मैं खुद को आशीर्वाद देने योग्य नहीं पाता। इस पर गोविंदाचार्य ने कहा कि फिर शुभकामना ही दे दीजिए। वाजपेयी बोले, हाँ, शुभकामना है। फिर उनके चरण स्पर्श करके गोविंदाचार्य ने उनसे विदा ली और दलीय राजनीति से भी।

□

अध्ययन अवकाश की उपलब्धियाँ

(2000–2003)

❍ राकेश सिंह

राजनीति के केंद्र में हो विचार

कोड़िपाक्कम नीलमेघाचार्य गोविंदाचार्य विचार और रीति-नीति के अनुसार भारतीय जनता पार्टी को चलाना चाहते थे। लेकिन सियासत की अपनी शैली होती है। खासकर सत्ता की सियासत। गोविंदाचार्य भारतीय जनता पार्टी को लगातार राष्ट्रीय स्वयंसेवक संघ के रास्ते पर लाने की कोशिश करते रहे। उनकी यह लगन उस समय के अध्यक्ष और राष्ट्रीय नेताओं को असहज करती थी। वे उनसे छुटकारा पाना चाहते थे। लेकिन राष्ट्रीय स्वयंसेवक संघ, खासतौर पर भाऊराव देवरस की वजह से गोविंदाचार्य अडिग रहे। उनकी संघनिष्ठ कार्यशैली से भा.ज.पा. नेता परेशान हो रहे हैं, इसका अहसास गोविंदाचार्य को धीरे-धीरे होने लगा। यह मामला साल 2000 आते-आते काफी बढ़ चुका था। यही कारण था कि गोविंदाचार्य ने 25 मई, 2000 को उस समय के राष्ट्रीय अध्यक्ष कुशाभाऊ ठाकरे को अध्ययन अवकाश के लिए पत्र लिखा। लेकिन कुशाभाऊ ने उन्हें काम के साथ अध्ययन करने की बात कही।

कुशाभाऊ ठाकरे के बाद 16 जुलाई, 2000 को बंगारू लक्ष्मण भारतीय जनता पार्टी के राष्ट्रीय अध्यक्ष बने। बंगारू लक्ष्मण अटल विहारी वाजपेयी की पसंद थे। पसंद के कई कारण थे। उनका दलित और दक्षिण भारत से होना उनमें से एक था। लेकिन प्रमुख कारण था वाजपेयी का उन पर भरोसा। भरोसा ऐसा कि वाजपेयी जैसे चाहेंगे वैसे पार्टी चलेगी। कुशाभाऊ ठाकरे संगठननिष्ठ और अनुशासन में

काम करनेवाले नेता थे। उनका मानना था कि सरकार संगठन के हिसाब से चले। पार्टी सरकार से बड़ी है। इसी वजह से ठाकरे सरकार की रीति-नीति पर समय-समय पर सवाल भी खड़े करते थे। उनके ये सवाल वाजपेयी को असहज करते थे। यही कारण था कि जना कृष्णमूर्ति की बजाय वाजपेयी ने अपनी ही सरकार के रेल राज्यमंत्री बंगारू लक्ष्मण को पार्टी का राष्ट्रीय अध्यक्ष बनवाया।

आजादी के बाद की यह दूसरी घटना थी। जवाहरलाल नेहरू के समय में भी यह सवाल आया था कि पार्टी के अनुसार सरकार चले या सरकार के हिसाब से पार्टी। उस समय नेहरू ने भी यही किया कि सरकार के हिसाब से पार्टी चलेगी। आगे चलकर कांग्रेस पार्टी सरकार के पीछे ही चलती दिखी। बंगारू लक्ष्मण के भारतीय जनता पार्टी के राष्ट्रीय अध्यक्ष बनने के बाद अब भारतीय जनता पार्टी ने भी रास्ता तय कर लिया है। बंगारू लक्ष्मण ने जो अपनी टीम बनाई, उससे यह साबित हो गया।

अध्यक्ष बनने के बाद बंगारू लक्ष्मण ने अपनी नई कार्यसमिति बनाने के लिए संघ और भा.ज.पा. नेताओं से चर्चा शुरू की। महामंत्री संगठन होने की वजह से कार्यसमिति बनाने का मुख्य काम गोविंदाचार्य के पास था। चर्चा के बाद जो कार्यसमिति गोविंदाचार्य ने बनाई, उसे लेकर कुशाभाऊ ठाकरे और बंगारू लक्ष्मण अंतिम स्वीकृति के लिए प्रधानमंत्री अटल विहारी वाजपेयी के पास 7 रेसकोर्स पहुँचे। वाजपेयी ने नई कार्यसमिति की सूची देखने के बाद कुशाभाऊ ठाकरे से कहा, वे आडवाणी से बात करें। क्या बात करनी है, वह भी ठाकरे को वाजपेयी ने बताया। बात गोविंदाचार्य को लेकर करनी है। बात यह करनी है कि आडवाणी संघ से बात करें कि गोविंदाचार्य को संघ वापस ले। इस बारे में कुशाभाऊ ठाकरे, प्यारेलाल खंडेलवाल और बंगारू लक्ष्मण ने राष्ट्रीय स्वयंसेवक संघ के झंडेवालान कार्यालय में संघ और भा.ज.पा. के समन्वय का काम देख रहे मदनदास देवी से बात की। बातचीत से कुछ निष्कर्ष नहीं निकला तो 31 जुलाई, 2000 को खुद इस बारे में अटल विहारी वाजपेयी ने मदनदास देवी से बात की। मदनदास देवी ने अटल विहारी वाजपेयी को कहा कि इस बारे में संघ के अन्य लोगों से बात करते हैं, फिर बताते हैं। लेकिन 3 सितंबर, 2000 को बंगारू लक्ष्मण ने मदनदास को फोन पर कहा कि गोविंदाचार्य को संघ वापस नहीं लेगा तो अटल जी इस्तीफा दे देंगे। उसी दिन यानी 3 सितंबर, 2000 को मदनदास ने गोविंदाचार्य से बात की। उस दिन वे बंगलुरु में थे। 4 सितंबर को गोविंदाचार्य दिल्ली आ गए। दिल्ली आने के बाद वे सीधे राष्ट्रीय स्वयंसेवक संघ के दिल्ली कार्यालय झंडेवालान पहुँचे।

मदनदास और गोविंदाचार्य में करीब दो घंटे बात हुई। इसके बाद गोविंदाचार्य शाम को नागपुर पहुँच गए। नागपुर में उनकी मुलाकात सर संघचालक सुदर्शन से हुई। गोविंदाचार्य ने सर संघचालक सुदर्शन के सामने तीन फॉर्मूले रखे। पहला फॉर्मूला भारतीय जनता पार्टी महासचिव रहते हुए अध्ययन अवकाश। दूसरा फॉर्मूला भा.ज.पा. कार्यसमिति में रहते हुए अध्ययन अवकाश। तीसरा फॉर्मूला भा.ज.पा. से छुट्टी लेकर अध्ययन अवकाश। उसी रात को इस बातचीत पर आधारित एक पत्र दिल्ली भा.ज.पा. कार्यालय में फैक्स कर दिया गया।

भा.ज.पा. महासचिव से गोविंदाचार्य की छुट्टी

गोविंदाचार्य नागपुर से अध्ययन अवकाश का मन बनाकर दिल्ली वापस लौट आए। भारतीय जनता पार्टी और संघ नेताओं की मैराथन बैठकों के बाद यह तय हुआ कि गोविंदाचार्य महासचिव नहीं रहेंगे। उन्हें कार्यसमिति के सदस्य के रूप में रखा गया। 11 सितंबर, 2000 को बंगारू लक्ष्मण ने नई कार्यसमिति घोषित कर दी। गोविंदाचार्य का नाम पदाधिकारियों की सूची में नहीं था। कार्यसमिति के सदस्य के रूप में था। इस टीम में महासचिव के रूप में सुनील शास्त्री का नया नाम था। उस समय दिल्ली के दो असंतुष्ट नेताओं को शामिल किया गया था। मदनलाल खुराना को उपाध्यक्ष तो साहिब सिंह वर्मा को महामंत्री बनाया गया।

बंगारू लक्ष्मण की नई टीम घोषित होने के 12 दिन बाद कोड़िपाक्कम नीलमेघाचार्य गोविंदाचार्य ने 23 अक्तूबर, 2000 को एक पत्र लिखा। यह पत्र भारतीय जनता पार्टी के लेटर हेड पर था। पत्र में गोविंदाचार्य ने 'राष्ट्रीय जीवन प्रवाह पर वैश्वीकरण का प्रभाव एवं उपाय योजना' विषय पर अध्ययन अवकाश पर जाने की बात कही। गोविंदाचार्य ने पत्र में लिखा कि भूमंडलीकरण, उदारीकरण एवं बाजारवाद ने हमारे आर्थिक, सामाजिक और सांस्कृतिक ताने-बाने को गुणात्मक रूप से प्रभावित किया है। इस प्रभाव की समीक्षा, विवेचना, संभावित परिणाम एवं परिमार्जक उपाय के लिए मैंने दो वर्ष तक वस्तुपरक अध्ययन करने का निश्चय किया है। अध्ययन का विषय है, 'राष्ट्रीय जीवन प्रवाह पर वैश्वीकरण का प्रभाव एवं उपाय योजना।'

पत्र में गोविंदाचार्य ने आगे लिखा, वैश्वीकरण 1985 से तेज हुआ, अविचारित ढंग से हुआ। उसका प्रभाव समाज, संस्कृति, राजनीति एवं अर्थव्यवस्था पर पड़ा है। पिछले वर्षों में ग्रामीण क्षेत्रों में गरीबी बढ़ी, ऐसा कई विशेषज्ञों का मत है।

अंतरराष्ट्रीय मुद्राकोष, विश्व बैंक, विश्व व्यापार संगठन आदि की गतिविधियों के बारे में और जानकारी हासिल करने की जरूरत है। किसान, कारीगर, लघु उद्योग के क्षेत्र विशेष तौर पर प्रभावित हैं, ऐसा भी सुनने में आता है।...पत्र के अंत में गोविंदाचार्य ने शुभकामना और सहयोग भी माँगा। सहयोग करने के इच्छुक सहयोगियों के नाम और पते भी देने की बात कही। यह पत्र लिखने के बाद गोविंदाचार्य देश-भ्रमण के लिए निकल गए।

बहरहाल 23 अक्तूबर, 2000 को पत्र लिखने के करीब पाँच महीने बाद गोविंदाचार्य वापस दिल्ली लौटे। अपने देश भ्रमण के दौरान गोविंदाचार्य ने अलग-अलग क्षेत्रों में काम कर रहे 250 व्यक्तियों सेविचार-विमर्श किया। ये वे लोग थे, जो उदारीकरण, निजीकरण और भूमंडलीकरण के अंतर्संबंधों और इनके दुष्प्रभावों पर सोचने-समझने के अलावा सक्रिय गतिविधियों में लगे थे। जो बातचीत हुई, उससे गोविंदाचार्य को समझ आया कि दो महत्त्वपूर्ण बातों पर ध्यान दिया जाना चाहिए, तभी देश की प्रगति सही दिशा में हो सकती है। पहला यह कि अपनी सामाजिक-सांस्कृतिक धरोहर की समझ हो और इतिहास की दृष्टि सही हो। समाज की परंपराओं से सामाजिक पूँजी बनती है। इसका प्रयोग राष्ट्र-निर्माण में किया जाना चाहिए। दूसरी बात जो गोविंदाचार्य को देश भ्रमण के बाद समझ आई, वह यह थी कि अपना रास्ता चुनने से पहले किसी देश को अपनी जमीन, जल, जंगल और जानवर की चिंता करनी चाहिए। इसका लेखा-जोखा रखना चाहिए। इन दोनों बातों को साम्राज्यवादी ताकतों ने उखाड़ फेंकने के हर प्रयास किए।

रास्ते की तलाश में

करीब पाँच महीने के इस देशव्यापी भ्रमण के बाद गोविंदाचार्य ने फिर एक पत्र कुछ विशेष लोगों को लिखा। उनका यह पत्र उन्होंने 24 मार्च, 2001 को लिखा। उनका यह पत्र भी भारतीय जनता पार्टी के लेटर हेड पर था। इस पर 11, अशोक रोड, नई दिल्ली का पता था। पत्र में गोविंदाचार्य ने कुछ सवालों पर सोचने की जरूरत बताई थी। वे सवाल इस प्रकार हैं—

1. हम अपनी प्राकृतिक संपदा और संसाधनों, मुख्यतः जल, जंगल, जमीन, जानवर, समाजिक पूँजी (परिवार और बचत आदि) का किस प्रकार आर्थिक आकलन आँक सकते हैं?
2. इनको किस प्रकार जन की न्यूनतम आवश्यकताएँ, जैसे भोजन, कपड़ा,

मकान, पीने का पानी स्वास्थ्य, शिक्षा, ऊर्जा आदि में प्रयोग कर सकते हैं?

3. कृषि को बाजार पूँजी और कर्ज पर निर्भर रखकर हम अपने किसानों में असुरक्षा की भावना पैदा कर रहे हैं। इसके कारण कुछ किसान आत्महत्या की ओर बढ़े और महिलाओं के कष्ट विशेष रूप से बढ़े। ग्रामीण युवक बेरोजगारी और गरीबी की तरफ अग्रसर हैं। कृषि मुख्यतः पर्यावरण और प्रकृति पर आधारित होती है। ग्रामीण समाज में गौमाता की महत्त्वपूर्ण भूमिका है और जिसका उपयोग कृषि में भी अधिक है। हरित क्रांति के नाम पर उत्पादकता बढ़ाने के लिए यांत्रिक कृषि की ओर बढ़े, जिसमें रासायनिक खाद और जेनेटिक इंजीनियरिंग का प्रयोग बढ़ा। इसने कृषि में तात्कालिक लाभ तो मिला, लेकिन जैविक नियम टूटे। अन्न, चारा, खाद और ऊर्जा के पारिस्थितिक संतुलन बिगड़े। भूगर्भ जल का ट्यूबवेल के माध्यम से अत्यधिक दोहन हुआ। कम समय की फसलों की बहुतायत हुई, जिसके कारण चारे का अकाल हुआ। ऊर्जा की निर्भरता कैरोसिन, डीजल और गैस पर बढ़ी। क्या हमारे पास कोई वैकल्पिक और बेहतर नीति है? इस नीति के दिशादर्शन बिंदु क्या हों?
4. क्या खेती का निगमीकरण उद्योग की तरह लाभदायक है? इसका दीर्घ और अल्पकाल में उत्पादकता, खाद्य सुरक्षा, पर्यावरण पर क्या प्रभाव पड़ेगा?
5. कृषि आधारित वस्तुओं के दामों का नियमन और नापने का मापक क्या हों? दाम आँकने, खरीदने या लाभदायक दाम देने की नीति क्या हो? कृषि पर आधारित व्यापार उद्योगों से किस प्रकार मेल हो?
6. उद्योगों में दी जाने वाली सब्सिडी और कृषि सब्सिडी का स्वरूप क्या हो? कामचलाऊ उद्योगों और बीमार उद्योगों की परिसंपत्तियों की क्या स्थिति है?
7. हम 75000 करोड़ रुपए के तेल आयात के बोझ को कैसे कम करें? इसके विकल्प क्या हो सकते हैं?
8. बदली और खराब आर्थिक स्थिति की हालत में कौन से कदम उठाए जाएँ, ताकि लोगों को रोजगार मिल सके?
9. सूचना और प्रौद्योगिकी के क्षेत्र में हमारी कोशिशें क्या हों? इसकी

अड़चने क्या हैं? विकास में इसके योगदान को बढ़ाने के लिए क्या किया जाना चाहिए?

10. बहुराष्ट्रीय कंपनियों का पूँजी-निर्माण, रोजगार और विदेशी मुद्रा को अर्जित करने में हुए योगदान का वस्तुपरक मूल्यांकन हो। पिछले दस सालों का लेखा-जोखा तैयार होना चाहिए।
11. भारत में विदेशी पूँजी का निवेश कितना हुआ है? किस तरह हुआ है? इसका कितना उपयोग हुआ है? विदशी पूँजी की आवश्यकता किस क्षेत्र में है? इनका विश्लेषण हो।
12. देश पर विदेशी कर्ज कितना है? क्या विदेशी कर्ज उपयोगी है? क्या उससे विकास में मदद मिलती है? विदेशी पूँजी किन-किन शर्तों पर मिली है? उन्हें चुकाने का उपाय क्या है?
13. पेटेंट व्यवस्था के प्रभाव-दुष्प्रभाव का आकलन।
14. विश्व व्यापार संगठन में शरीक होने से देश को क्या लाभ मिला है? अगर उससे बाहर आ जाएँ तो उससे क्या नुकसान हो सकते हैं? उसकी भरपाई कैसे हो सकती है?
15. बजट की नई प्रणाली कैसी बने? ऐसा बजट, जो गाँव से केंद्र तक हो।
16. कानूनों में कहाँ-कहाँ परिवर्तन हो, जिससे राजनीति और अर्थव्यवस्था का भारतीय स्वरूप उभरे और वह आम आदमी की जरूरतों को पूरा कर सके।
17. भारतीय परंपरा की नींव पर आधुनिकता का निर्माण कैसे हो? किस प्रकार व्यवस्था परिवर्तन के प्रयास हो?
18. केंद्रीकृत समाज के बदले स्वतःस्फूर्त समाज के निर्माण की दिशा में नीतिगत बदलाव के इस तरह के प्रयास करने की जरूरत है।

इन विषयों पर गोविंदाचार्य ने सुझाव माँगा। साथ ही इन क्षेत्रों में काम करनेवाले विशेषज्ञों के नाम सुझाने का भी अनुरोध किया। इन सभी से मिलने की बात गोविंदाचार्य ने कही।

गोविंदाचार्य : बिना पते के पोस्टकार्ड

उधर तहलका कांड के बाद बंगारू लक्ष्मण को भारतीय जनता पार्टी के अध्यक्ष पद से इस्तीफा देना पड़ा। 14 मार्च, 2001 को जना कृष्णमूर्ति भारतीय

जनता पार्टी के राष्ट्रीय अध्यक्ष बने। गोविंदाचार्य के इस पत्र के बाद पार्टी में एक बार फिर हलचल तेज हो गई। पत्र में जो सवाल गोविंदाचार्य ने उठाए थे, उन सवालों के घेरे में अटल विहारी वाजपेयी की पूरी सरकार थी। उसकी रीति–नीति थी। वैचारिक आधार पर जुड़े देश भर के कार्यकर्ता उन सवालों को दोहराने लगे। ऐसे में भा.ज.पा. नेता गोविंदाचार्य को धकेलकर पूरी तरह बाहर कर देने पर उतारू हो गए। भारतीय जनता पार्टी के राष्ट्रीय अध्यक्ष जना कृष्णमूर्ति का फरमान आ गया। गोविंदाचार्य को पार्टी का लैटर हेड इस्तेमाल करने से मना कर दिया।

इस पत्र के बाद गोविंदाचार्य 24 जून, 2001 में एकांतवास पर चले गए। बिना किसी को बताए। अपने करीबियों को भी उन्होंने नहीं बताया। अपने गंतव्य काशी से 20 किलोमीटर दूर एक पुरातन शिव मंदिर शूल टंकेश्वर पर पहुँचने के बाद उन्होंने 27 जून को जना कृष्णमूर्ति को एक पत्र लिखा। गोविंदाचार्य ने पत्र के शुरू में लिखा—'आदरणीय जना जी, नमस्कारम्। मदनदास जी से सलाह के बाद मैं आपसे कुछ महीनों के लिए अलग हो रहा हूँ।...' पत्र में गोविंदाचार्य ने जना कृष्णमूर्ति को सूचित किया कि अध्ययन अवकाश में तीन काम करेंगे : चित्तशुद्धि, ध्यान और स्वाध्याय। इन कामों को पार्टी की अगली कार्यकारिणी से अधिक महत्त्व देने के कारण वे उसकी बैठक में शामिल नहीं हो सकेंगे।

उनके इस तरह भूमिगत होने से सत्ता के गलियारों से लेकर भा.ज.पा. के कार्यालय 11, अशोक रोड और संघ कार्यालय झंडेवालान में एक अजीब सी चुप्पी का माहौल था। उस समय किसी को कुछ पता नहीं था। गोविंदाचार्य के सचिव रहे सुंदर को भी कुछ जानकारी नहीं थी। वे तो सिर्फ इतना जानते थे कि गोविंदाचार्य अध्ययन के सिलसिले में एक निश्चित अवधि के लिए एकांतवास में गए हैं। दूसरी तरफ भा.ज.पा. के नेता उस पूरे प्रकरण पर चुप्पी साधे हुए थे। संघ के पदाधिकारी सिर्फ इतना जानते हैं कि संघ की कानपुर की बैठक में वे नहीं पहुँचे। उस समय कई तरह की चर्चाएँ सत्ता और संगठन के गलियारे में हो रही थीं। जैसे गोविंदाचार्य की कोई चिट्ठी किसी को मिली हो, जिसमें गोविंदाचार्य के एकांतवास का जानकारी हो। लेकिन उनके अध्ययन अवकाश पर जाने की जानकारी किसी के पास थी तो वह उमा भारती को थी। लेकिन उमा भारती इस बात की पुष्टि नहीं करतीं।

उनके सहयोगी चाहते थे कि गोविंदाचार्य काशी विश्वनाथ से यात्रा करें। टिकट भी मँगवा लिया गया था। 14–डी, फिरोजशाह रोड आवास से वे यही आभास देकर

निकले थे कि नई दिल्ली रेलवे स्टेशन जा रहे हैं। लेकिन किसी को बताए बिना गोविंदाचार्य ट्रेन की जगह हवाई जहाज से बनारस चले गए। तीनों लोकों से न्यारी काशी के पास शूलटंकेश्वर में वे अपने आपको माँजने में लग गए। यह एकांतवास उनके अध्ययन अवकाश का हिस्सा था। आत्मशोधन की यह प्रक्रिया सियासत में हाशिए पर किए जाने के बाद शुरू हुई। इसमें उन्हें कुछ आगे-पीछे देखने की जरूरत नहीं थी। शूल टंकेश्वर के जिस चार कमरे के मकान में गोविंदाचार्य ने डेरा डाला था, वह गंगा के किनारे था। मकान के बीच का कमरा चिंतन-पूजन कक्ष था। छोटी सी एक चौकी के किनारे खिड़की पर पूजा के पंचपात्र के साथ राम दरबार का विलक्षण चित्र रखा था। राम दरबार का चित्र अयोध्या के किसी संत ने गोविंदाचार्य को दिया था। एक मेज पर विनय पत्रिका, श्रीमद्भागवत, 'कल्याण' का साधना अंक तथा स्वामी रामदास की दासबोध जैसी पुस्तकें होती थीं। साथ में कुछ नोट पैड भी। इस मकान के छोटे से कमरे में बैठकर गंगा का प्रवाह देखा जा सकता था।

सुबह गंगा स्नान, फिर शूल टंकेश्वर मंदिर में दर्शन। उसके बाद जप, योगासन। फिर रामचरित मानस और भागवत का पारायण। यह गोविंदाचार्य की दिनचर्या थी। इस दौरान अकसर मौन रहते थे। गोविंदाचार्य का मानना था कि इस उपकरण से व्यक्तित्व धारदार होता है। हजाम कितना भी व्यस्त हो, लेकिन चमड़े की पट्टी पर उस्तरे की धार बढ़ाता ही रहता है। यह अपने व्यक्तित्व को बेहतर और पारदर्शी बनाने के लिए है। उस दौरान गोविंदाचार्य मिलने वालों को कहते थे कि विवेकानंद की एक बात याद रखता हूँ—'आत्मनो मोक्षार्थन् जग हिताय च'। अपने मोक्ष और लोकहित के लिए। गोविंदाचार्य का अध्ययन अवकाश 26 नवंबर, 2003 देवोत्थान एकादशी को समाप्त हुआ। दो वर्षों के अपने अध्ययन के निष्कर्ष लेकर वे फिर समाज में लौटे। अध्ययन अवकाश से वापस आने के बाद गोविंदाचार्य का पहला भाषण प्रज्ञा संस्थान के संवाद कार्यक्रम में हुआ। उनके अध्ययन के निष्कर्ष का एक खाका यहाँ समझने को मिला। उनके विचार को कुछ इस तरह हम समझ सकते हैं।

मनुष्य भी एक वस्तु है

आज की बाजार-आधारित व्यवस्था में मनुष्य भी एक वस्तु है। वर्तमान परिस्थिति में जब कि मात्रात्मक प्रतिबंध के खत्म होने की बात थी। यह होने से

पहले ही चिंता सताने लगी कि छोटे उद्योगों का क्या होगा? किसान खेती कर भी पाएँगे या नहीं? विदेशी कंपनियाँ आएँगी। इन कंपनियों का मूल सिद्धांत मुनाफा होता है। इसमें बाजार तो है, लेकिन उसमें मनुष्य और उसकी गरिमा नहीं है। इस बाजार में मनुष्य भी एक वस्तु होगा, जिसमें मानवीय संवेदनाओं की कोई जगह नहीं होगी। संवेदना, दया, करुणा आदि के लिए जगह नहीं होगी। विदेशी कंपनियाँ जहाँ-जहाँ जाती हैं, पहले बड़ी-बड़ी बातें करती हैं। सब्जबाग दिखाती हैं। सपनों की दुनिया में ले जाती हैं। उस सपने को साकार करने में योगदान करने की बात करती हैं। एक भ्रम का मायाजाल बनाया जाता है। इसी बीच वे अपने मुनाफे को गति देती हैं। इसी तरह बड़े-बड़े देश बरबाद होते चले गए। पूँजी कुछ लोगों के हाथों में सिमटती चली गई। करीब 70 फीसदी दुनिया की संपत्ति 350 परिवारों तक सिमट गई। इतनी असमानता साफ-साफ दिखने लगी है। इस वास्तविकता को हमें समझने की जरूरत है। इस भ्रम के मायाजाल से निकलने के लिए हमें विचार करना चाहिए। गोविंदाचार्य इस परिस्थिति में विचार करने से पहले कुछ बातों पर ध्यान देने की जरूरत बताते हैं।

विचार का अहंकार

गोविंदाचार्य के अध्ययन का निष्कर्ष कहता है कि बाजारवाद का जो सिद्धांत है, वह आज का नहीं है। बहुत पहले से रहा है। इस सोच का ही एक अंग है। 'एक्सक्लूसिव जूडाइक थिंकिंग' मतलब अपने विचार का अहंकार। यह अहंकार ही इस सोच को जन्म देता है कि मैं ही ठीक हूँ। मेरा ही रास्ता ठीक है। मेरे रास्ते पर ही सबको चलना चाहिए। मैं सबके भले के लिए हूँ। गोविंदाचार्य मानते हैं कि यही आगे चलकर दबाव बनाता है कि तुम भी चलो मेरे रास्ते। नहीं चले तो ठीक नहीं होगा। चलना ही पड़ेगा। यह सोच यहाँ तक जाती है कि न चले तो तुमको जीने की कोई आवश्यकता नहीं है। इसी तरह विचार अहंकार, यानी 'एक्सक्लूसिव जूडाइक थिंकिंग' की लहर दुनिया में समय-समय पर आती रही है। इसी के जवाब में एक समय कहा गया, 'यूनान, मिस्र, रोमां सब मिट गए जहाँ से, कुछ बात है कि हस्ती मिटती नहीं हमारी।'

गोविंदाचार्य इस निष्कर्ष पर पहुँचते हैं कि यह टकराव संस्कृतियों का टकराव है। दुनिया भर में हो रहे आक्रमण संस्कृतियों के टकराव का परिणाम हैं। इस वैचारिक संघर्ष में भारत का चिंतन भी है। इसे हम अपनी संस्कृति कहते हैं। जिस

संस्कृति में मैं ही ठीक नहीं, मैं भी ठीक तुम भी ठीक का मंत्र है। इस भारतीय चिंतन के मूल में है 'तुम्हारा रास्ता तुम्हारे लिए ठीक, मेरा रास्ता मेरे लिए ठीक।' हाँ, मिलकर आदान-प्रदान करें तो हम सब मिलकर इस दुनिया को बेहतर बना सकते हैं। उसके लिए मैं तुम्हारे यहाँ आऊँ, तुम पर राज करूँ, तुमको काबू में लाऊँ, यह जरूरी नहीं है।

गोविंदाचार्य इस निष्कर्ष पर पहुँचते हैं कि दबाव की नहीं, मानवीय पहल होनी चाहिए। संस्कृतियों के टकराव में दबाव, जबरदस्ती और लालच के आधार पर आगे बढ़ना मानवता और प्रकृति के विरुद्ध है। इसलिए देखने में आता है कि कभी एक साम्राज्य में 40 फीसदी लोग दास थे। किसी में 50 फीसदी दास थे। किसी सभ्यता में तो धर्म और पंथ में भी गुलामों की परंपरा वैधानिक रूप से स्पष्टत: स्वीकृत है। गोविंदाचार्य इस सबको विशेष संस्कृति का लक्षण मानते हैं। इसी को आज बाजारवाद कहते हैं। इसमें डॉलर ही पूज्य देवता है। इस संदर्भ में ही आज दुनिया में एक नया मोड़ आया है। गोविंदाचार्य का मानना है कि 2000 वर्षों का इतिहास संस्कृतियों के संघर्ष का एक रंगमंच रहा है।

हम छठी शताब्दी तक सभी आक्रमणों को बेअसर करते गए। छठी शताब्दी के बाद कठिनाइयाँ बढ़ती गईं। जो आए, वे यहाँ रहते भी गए। लेकिन राष्ट्रीय जीवन प्रवाह पर कोई विशेष प्रभाव नहीं पड़ा। पर धीरे-धीरे ध्यान में आता है कि सत्रहवीं-अठारहवीं शताब्दी में यूरोप अधिक हावी हुआ। पहले थोड़े प्रतिरोध की कोशिश हुई। पिछली शताब्दी के अंत तक दो महायुद्ध हो चुके थे। उन सबके बाद गुणात्मक परिवर्तन विश्व के समूहों में राजनीतिक और अन्य प्रकार से होता चला गया। लेकिन उसी के साथ-साथ जो हावी होने की कोशिश थी, उसने नया रूप लिया। इस नए रूप को आप आई.एम.एफ. के रूप में देख सकते हैं। वर्ल्ड बैंक भी उसका एक चेहरा है।

गोविंदाचार्य अपने निष्कर्ष में आगे कहते हैं कि पूरी दुनिया में धीरे-धीरे और बदलाव आता गया है। 1994 से 2000 तक की ही बात लें। 1900 में कभी दुनिया में सोचा नहीं गया था कि 1994 के अंत में विश्व का समाज इस प्रकार गठित होगा—एक ग्लोबल विलेज के रूप में। जो यूफोरिया था वर्ल्ड गवर्नमेंट का, उससे एक ही करेंसी की भी बात चलने लगी थी। आज दुनिया में 728 प्रकार की करेंसियाँ है। ये सब बातें 1990 से 1994 तक ही हो रही थीं। वहीं धीरे-धीरे यह ध्यान में आ गया कि शॉर्ट टर्म कैपिटल बहुत उपयोगी नहीं रहा।

इस दुनिया के 150 साल के समय को अगर देखें तो भारत के संदर्भ में शायद राष्ट्रीय जीवन-प्रवाह और जीवनीशक्ति 1750 से 1850 के बीच बहुत कमजोर रही। यह वह कालखंड था, जब यूरोप में नए-नए भगीरथ प्रयासों के परिणाम आने लगे थे, इसे औद्योगिक क्रांति कहिए या फ्रेंच रेवॉल्यूशन जैसे नाम दीजिए। नई-नई व्यवस्थाएँ भी बनीं। 1840 से 1940 तक अपने लोगों को उत्पीड़न सहन करना पड़ा। समाज की संस्थाओं को कमजोर किया गया। समाज के मानस पर आत्मनिंदा का माहौल पैदा करने की कोशिश की गई। समाज के आत्मविश्वास को तोड़ने की कोशिश हुई।

कई ऐसे शोध और अध्ययन हैं जो कि हमारे गौरव का भान कराते हैं। गोविंदाचार्य आँकड़ों की बात न करते हुए मानते हैं कि पंडित सुंदरलाल की किताब हमारे गौरवशाली अतीत और संघर्ष की जानकारियाँ देती है। धर्मपाल की किताब 'ब्यूटीफुल ट्री' महत्त्वपूर्ण है। गांधी जी के मार्गदर्शन में उन्होंने अध्ययन किया। बाद में 'साइंस ऐंड टेक्नोलॉजी इन एटींथ सेंचुरी इंडिया' लिखी। इन सबसे उस समय के भारत के ऊपर हुए हमले और उसके प्रतिकार की कोशिशों को समझ सकते हैं। जैसे-तैसे 1947 में कई कारणों से अंग्रेज गए। भारत की जनता का प्रतिरोध उसमें बहुत बड़ा कारण अवश्य था। ज्यादातर पहलू पूरक रहे होंगे, लेकिन त्रासदी यह रह गई कि जो मन पर आघात हुआ था, उसके कारण चेहरे बदल गए थे। चाल वही रह गई। गांधीजी भारत के परिदृश्य से अस्त कर दिए गए।

वही औपनिवेशिक ढाँचा

गोविंदाचार्य अपने अध्ययन में इस निष्कर्ष पर पहुँचते हैं कि जब अंग्रेज देश से चले गए तो हमको अपने देश को, अपने घर को साफ-सुथरा करना था। सँवारना था। नई-नई सोच, नई बयार जो बहनी थी—आइडियाज, इमेजीनेटिवनेस, इनीशिएटिव, कलेक्टिविटी की। समाज को उसमें लगाने का काम करना था, 'प्राइड टुवर्ड्स वंस आइडेंटिटी, प्राइड टुवर्ड्स वंस हिस्टरी, टेकिंग केअर ऑफ दी ज्योग्राफी'। दुनिया के दूसरे देशों ने अपनी उन्नति के लिए इन्हीं बातों पर ज्यादा ध्यान दिया। पूरे समाज को कैसे इमसें जुटा सकें, इसकी कोशिश करनी थी। मगर वही उपनिवेशवादी ढाँचा, वही उपनिवेशवादी तरीका, कुछ मुलम्मेबाजी के साथ लागू रखा गया। हम एक कॉलोनियल हैंगओवर से मुक्त नहीं हो सके। अपनी निजी सोच के साथ, स्वाभिमान के साथ, अपने तरीके ईजाद करते हुए, प्रयोग करते हुए

आगे बढ़ने की हिम्मत हम नहीं कर सके। उसी के साथ-साथ एक और हैंगओवर यहाँ के मनोविज्ञान में आया, विभाजन का हैंगओवर।

गोविंदाचार्य कहते हैं कि दूसरे देशों में भी यह हुआ है। लेकिन दूसरे देशों की पृष्ठभूमि तो अपनी-अपनी रही है। रवींद्रनाथ ठाकुर ने कहा कि भगवान् ने हरेक देश को अपना-अपना प्रश्न-पत्र दिया है। सबको अपनी बुद्धि से, अपने परिश्रम से दिए हुए प्रश्न-पत्र का हल ढूँढ़ना पड़ेगा। हमने केवल 10 प्रतिशत लोगों को ही देश मान लिया। हम सोचें कि अब हम क्या करें, सब तरफ मूल्यवृद्धि दिखती है। गरीबी, बेरोजगारी वैसी ही है। अचानक हमें फिर अहसास हुआ कि हमने जो रास्ता पकड़ा था, वह गलत हो गया। इसके बाद 1980 में बिना कुछ विचार किए हुए हमने गाड़ी की पटरी बदलने की कोशिश की। फिर तो टिड्डी दल की तरह वे भी हमारे बाजार की ओर लपकते आए। लेकिन जिनके लिए वह बाजार था, उतने भर के लिए ही उनकी जरूरत थी। उनको देश के बाकी 70-80 फीसदी लोगों से क्या मतलब होता? उनके कष्ट, दुख, दीनता, असहायपन आदि के प्रति उनके मन में करुणा, दया, क्षमा, सहानुभूति, संवेदना आखिर होती ही क्यों?

1980 के बाद हमने दूसरी राह पकड़ी, बिना विचार किए हुए। कॉलोनिअल हैंगओवर, उसके बाद पार्टीशन का हैंगओवर, सोशलिज्म का हैंगओवर लिये-लिये हमने एक 'कार्ट बिफोर दी होर्स' की स्थिति उत्पन्न कर डाली। इसमें आंतरिक व्यवस्था, आंतरिक बातों में कोई बदलाव हमने नहीं किया। निर्णय प्रक्रिया वैसी की वैसी रही। वैसे ही 'फार द चोजन फ्यू' हुई। इसके अलावा स्टेगनेंसी और स्टेटस का माइंड सेट।

गोविंदाचार्य मानते हैं कि आंतरिक उदारीकरण पर काम होना था। आंतरिक उदारीकरण पर काम नहीं किया गया। उधर चीन ने पहले ही वह प्रयोग कर लिया। अपनी शर्तों पर किया। वियतनाम तो अमरीका से क्षत-विक्षत हो चुका था। उसने भी अपनी ही चिंता की। जापान ने विश्वयुद्ध में मार खाने के बाद भी रिसोर्सेस को चेनलाइज अपने ढंग से किया। कोरिया ने भी अपने तरीके से परंपरागत सामाजिक संपदा का प्रयोग किया। उसके लिए उसने सरकार की ओर से भी अगर मदद होनी है तो सोचा कि चलो हम मिट्टी का नया प्रयोग करेंगे। हमने तो अपने बिजनेसमैन, अपने इंडस्ट्रियलिस्ट्स, इनको भी नफरत की निगाह से ही देखा।

गोविंदाचार्य सोशलिस्ट हैंगओवर की भी बात करते हैं। सामान्य मनुष्य के लिए हमें क्या करना चाहिए, इस पर हमने ध्यान नहीं रखा। वेलफेयर के नाते कुछ करते

रहे। इकोनॉमी स्टेगनेंट होती चली गई। 1980 के बाद हम बदलते चले गए। हमने रास्ता खोलना शुरू किया तो किसके लिए? हमें क्या करना है? अपनी खेती कैसे करें, इसके लिए हमको स्ट्रक्चरल एडजस्टमेंट क्या करना पड़ेगा? हमारे कारीगर अधिक काम कर पाएँ, इसके लिए उनके पास एक सुनिश्चित स्किल होना चाहिए। हमें सोचना होगा कि उनकी ही फैक्टरी के द्वारा क्या हम उनको डिप्लोमा-होल्डर बना सकते हैं। उनको हैसियतमंद कर सकते हैं? वे अपने काम की मार्केटिंग कैसे बेहतर करें? क्या उसके लिए आधारभूत परिवर्तन हम ला सकते हैं? हमें अपने देश के लिए इंटरनल स्ट्रक्चरल चेंजेज क्या करने चाहिए? इस पर विचार नहीं किया गया। दूसरों ने जो कहा, वैसे ही मान लिया।

गोविंदाचार्य कहते हैं कि पिछले 20 वर्षों में हम जिन स्थितियों में जा पहुँचे, उन स्थितियों के बारे में मैं फिर कहूँगा कि ग्रामीण क्षेत्रों में गरीबी बढ़ी, जीवन अधिक परेशानी भरा हो गया। बेराजगारी बढ़ी, विषमता, गैर-बराबरी बढ़ी है। छोटे उद्योग बहुत आहत, क्षत-विक्षत हैं। कितने बचेंगे, कितने मरेंगे, इसका हिसाब रखनेवाला भी मानो कोई नहीं है।

हम फिर भ्रमित

गोविंदाचार्य का निष्कर्ष है कि हम आज भी भ्रमित हैं। जैसे बिल्ली के आँख मूँद लेने से सूर्य नहीं छिप जाता। वैसे ही गरीबी की रेखा की परिभाषा में कुछ मानकों के बदल से सोच लें कि गरीबी दूर हो गई, ऐसा नहीं हुआ करता।

ग्रोथ रेट के साथ-साथ ऐंड पॉइंट पर भी देखें। मुद्रा स्फीति अगर स्टेबल है तो मूल्य वृद्धि क्यों हो रही है? एक तरफ मंदी भी है, दूसरी तरफ निवेश भी है। निवेश उत्पादक है क्या? तो निवेश भी आ रहा है, उसका उपयोग हम उत्पादन क्षमता के लिए कर रहे हैं या फॉरेन एक्सचेंज रिजर्व को बनाए रखने के लिए। डॉलर सिक्यूरिटीज के अदंर कुछ हिस्सा उसका भर रहे हैं। इन सबका भुगतान भी तो हमें करना पड़ेगा कभी, उसकी उपाय योजना बनाई है क्या? हम एफ.डी. आई. को आमंत्रण तो दे रहे हैं। ठीक है। आवश्यकता होगी कुछ, मगर उसके परिणाम क्या-क्या होंगे, उससे बचत का भी कोई रास्ता हमने सोच रखा है क्या? टेक्सटाइल्स में हमने विदेशी पूँजी को आमंत्रित किया, ठीक है, उसमें कुछ लोग अपनी स्थिति ठीक कर लेंगे, कुछ लोग मुकाबला कर लेंगे, मगर कितने ऐसे हाउस होल्ड्स हैं, जो यह कर पाएँगे।

आज चर्चा में है कॉण्ट्रेक्ट फॉरमिंग या कारपोटाइजेशन ऑफ फारमिंग। इससे आज से 10 साल बाद हमारे छोटे और सीमांत किसानों की हालात क्या होगी? दुनिया में कहीं भारत सरीखी बड़ी आबादी खेती में लगी है? उन्होंने कुछ कर दिखाया हो, ऐसा हुआ है क्या? फ्रांस, अमेरिका का ज्ञान हमें कैसे काम आएगा?

इसलिए हम एक दिशा में बढ़ रहे हैं। बाकी पश्चिम के लोग अब पुनः चिंतन कर रहे हैं। उन्हें लग रहा है, ठीक रास्ते पर नहीं हैं। पिछले 7-8 वर्षों में आई.एफ.एफ. और वर्ल्ड बैंक भी अपने नुस्खों के प्रति खुद ही सशंकित हो गए हैं। वे लोग अपनी प्रगति के मानक बदल रहे हैं। अधिक-से-अधिक कैलोरी कंजम्शन, ड्रग्स कंजम्शन या एनर्जी कंजम्शन—यह प्रगति का मानदंड नहीं है। क्वालिटी ऑफ लाइफ इंडेक्स भी कुछ होता है। यह वे सोचने लगे हैं। गोविंदाचार्य मानते हैं कि वे सोचने लगे हैं कि उनकी अंधी दौड़ मैजिकल मंकीज सिद्ध हो रही है कि खोया ज्यादा, पाया कम।

दूसरी जगह स्टेटससेंट्रिक सोसाइटीज हैं, समाज बहुत कमजोर है, राज्य न रहा तो समाज बिखर जाएगा। यह उनका अपना डायलमा रहा। इसीलिए सोसाइटीज कब कितना स्टेबल रहेंगी—उन्हें ठीक-ठीक पता नहीं। वे भ्रम के बीच में जीने के अभ्यासी हैं। हमारे यहाँ समाज में स्थायित्व है। हमारे यहाँ परपंरा पर आधारित समाज है। समाज के काम करने का अपना तरीका है। उन सबको पुनर्स्थापित करने की बजाय अनावश्यक करार देकर उन्हें किनारे कर देंगे तो अपने समाज को कैसे चलाएँगे। 10-15 साल बाद का कोई खाका हमारे सामने है क्या? ये प्रश्न आज वैश्वीकरण के संदर्भ में खड़े हो गए हैं।

अनुभव ऐसा आता है कि इसमें हितों का टकराव भी है। गोविंदाचार्य इसे नारियल उत्पादकों की बातचीत से समझाते हैं। गोविंदाचार्य से नारियल के एक व्यापारी ने कहा कि हमको तो पामोलिन लाने की छूट है, हम क्यों न लाएँ। दूसरे ने कहा, मैं उपभोक्ता हूँ, नारियल तो हमारे लिए दुगुना महँगा है। तो हम गरीब आदमी पामोलीन से पापड़ तलकर क्यों न खाएँ। यह हितों का टकराव है। इसमें इंडोनेशिया, श्रीलंका, वियतनाम ने नारियल और जिंजर आदि के क्षेत्र में जितना सुधार किया, हम 15 साल में नहीं कर पाए। हमने एकाधिकारवादियों को फायदा पहुँचाया। हमारी कृषि का क्षेत्र यहाँ की जरूरतों के हिसाब से बहुत कम प्रगति कर सका। उसका परिणाम अब हम भुगत रहे हैं।

गोविंदाचार्य कहते हैं कि इस हालात में हम केवल तटस्थ न्यायाधीश बनकर

नहीं रह सकते। इसके लिए देश की सरकार को पहले ही तैयार हो जाना चाहिए था। कुछ भी हो, देश अपना है। हम यहाँ पर हैं। हमको भुगतना है। हमको जीना है, केवल सरकार की गलती निकालने से काम नहीं चलेगा। पिछली सरकार हो या आज की सरकार, हाथ झाड़ देने से भी नहीं चलेगा। लोगों की जिंदगियाँ कैसे बदल पाएँगे हम, कैसे बेहतर बना पाएँगे? चिंता तो यह है, हम सबको जीना है यहाँ पर। चंद लोगों को शायद यहाँ जीना नहीं होगा, जिनको यहाँ से कंसर्न नहीं होगा, जिनकी आगे की पीढ़ी भी शायद बाहर विदेशों में जाकर सैटल होने की स्थिति में होगी। हम सबको को तो जीना-मरना यहीं है। इसलिए हम सोचते हैं कि देश बचेगा तो मिटेगा कौन, देश मिटेगा तो बचेगा कौन?

हमारा रास्ता क्या हो?

इस सरोकार के साथ सोचना जब शुरू करें तो इन शिकायतों से तो काम नहीं चलेगा। यहाँ टेक्नोलॉजी अपग्रेडेशन पहले होना चाहिए था। क्यों नहीं किया? सारी बीमार मिल्स थीं, उन सबको हम सैलरी देते जा रहे थे। प्रोडक्शन जीरो था। अब हम क्या करें, बीमार मिल्स को बेचें तो भी क्या फायदा। बाहर से लोग आकर माल यहाँ बेचेंगे। इसके बजाय वे यहाँ आकर माल बनाएँ और बेचें तो शायद कम नुकसान होगा। मगर हमको सोचना तो होगा ही। हम निरपेक्ष जज बनकर तो नहीं रह सकते।

लोग कहते हैं कि हमने 50 साल तैयारी ही नहीं की। ठीक है नहीं की, अब सोचें। अब हमको तैरना भी है, तैरना सीखना भी है। ऐसी स्थिति में हम अपने देश के संदर्भ में सोचें। ठीक है, हमको क्लीन स्लेट नहीं मिली। हम जैसे तैसे चलाएँगे। कुछ पीढ़ियों में देश बनेगा। एक पीढ़ी में देश नहीं बनता। अगर चीन में भी लोग इतनी बड़ी रेलवे लाइन और बहुत बड़े-बड़े खतरनाक नदियों पर भी पुल अगर बनाने में सक्षम हो गए हैं तो यह मेहनत का ही फल है। जापान में अगर छोटी जमीन को भी उन्होंने हरा-भरा बनाने और जंगलों को भी बेहतर बनाने की कोशिश की तो मेहनत लगी होगी। बिना मेहनत के नहीं होता। बिना खून, पसीना, आँसू बहाए देश बड़े नहीं बनते। केवल सत्ता के आधार पर देश बड़े नहीं बनते। हम तो मानते ही हैं—व्यक्ति से बड़ा दल, दल से बड़ा देश। अब इन सारी स्थितियों के तहत हम विचार करें। विचार करना है इसके बाद क्या? ततः किम्? विचार करने से पहले हम अपने देश को समझें। हमारे पास है क्या? विचार निम्नलिखित

बिंदुओं के आधार पर किया जाना चाहिए—

- जन, जमीन, जल, जंगल, जानवर, हमारी विशेषता है। हमने इन विशेषताओं का पूरा समाकलन कर समायोजन करने की कोई कोशिश नहीं की। वह हम करें।
- महा नदी को कावेरी से हम जोड़ें तो लोग कहते हैं कि लाखों हैक्टेयर भूमि का सिंचन हो पाएगा। गंगा नदी को और गहरा, और ठीक बना दें तो वाटरवेज को बहुत कम लागत से ही हम बहुत बड़ा बना पाएँगे।
- अनुपजाऊ जमीन के बारे में स्थानीय भागीदारी की बात सोचें। जल प्रबंधन के इतने प्रयोग अपने देश में चल पड़े हैं, हम उन सबका समायोजन केंद्रीकृत ढंग से या विकेंद्रित ढंग से कैसे करें।
- हम टेंपरेट फॉरेस्ट, ट्रॉपीकल फॉरेस्ट के बारे में, अलग-अलग प्रकार की विद्या को समझते हुए कौन सी विधि काम में ला सकते हैं?
- विदेशी नस्ल की गाय तीन बच्चे देती है, हमारी गाय 7 देती है। उनके कूबड़ नहीं। हमारे यहाँ कूबड़ होता है बछड़े का। हम गाय को और प्रमुख स्थान कैसे, कहाँ दिला सकते हैं, उसके लिए हमको नीतियों और कानून में क्या बदल करना पड़ेगा?
- 20 किलोमीटर रेडियस में हम सामान बैलगाड़ी पर ही ढोएँ तो बैलों को प्रोत्साहन मिले। पश्चिम में तो बैल किसी काम लायक ही नहीं, इसलिए खा जाते हैं। उनके यहाँ ऐसा है तो यहाँ भी हो, यह उचित तो नहीं होगा।
- चीन में 2/5 जमीन खेती के लायक है, 3/5 वहाँ पर मवेशियों के चरागाह के लायक है, उन्होंने उसका उपयोग किया। जापान में जमीन ही कम है, तो इसका उपयोग वे कैसे करें, इस पर सोचने लगे। अमेरिका में शायद जमीन इफरात थी तो उन्होंने सोचा, जमीन बरबाद हो तो क्या हो गया, कुछ वर्षों के बाद फिर चला लेंगे। इसलिए उन्होंने बड़े-बड़े फार्म्स बनाए। उनको वह सुविधा थी। हमारे पास वह सुविधा नहीं। 4 फीसदी आबादी दुनिया की अमेरिकी है। 40 फीसदी संसाधन वह उपयोग करने की स्थिति में है। 14-15 फीसदी आबादी दुनिया की हमारी है, लेकिन हम हैं 4 फीसदी संसाधन के मालिक। इन सबको बेहतर हम कैसे करें?
- अपनी जमीन, अपनी नदियाँ, अपने पानी, अपने जल संरक्षण इसका हम अपना इनोवेटिक प्रबंधन खुद खोजें, जिसके केंद्र में आदमी हो। आदमी

के हित को केंद्रबिंदु बनाकर आगे बढ़ें। उसमें भी जो सबसे गरीब हैं, सबसे पीछे हैं, अंतिम आदमी को सर्वाधिक महत्त्व हो। यहाँ तक कि उसके लिए वीटो पावर का प्रोविजन करना पड़े तो करें।

कैसे तय करें अपनी प्राथमिकताएँ

इस परिस्थिति में हमारी प्राथमिकताएँ क्या हों? पश्चिम में शब्द चल पड़ा है 'सोशल कैपीटल'। पहले तो संसाधन खनिज, बिजली वगैरह को कहते थे, बाद में कहने लगे 'मैन पावर' वगैरह। सामाजिक पूँजी के बारे में उनको तो कुछ ज्यादा मालूम ही नहीं है। ऐसे में हमें अपने समाज को ध्यान में रखना चाहिए।

- हमारा समाज परंपरागत है। उनके यहाँ सामाजिक सुरक्षा राज्य पर निर्भर है। क्योंकि व्यक्ति और राज्य के बीच रिश्ते ज्यादा नहीं है। उनके यहाँ परिवार की अवधारणा उतनी मजबूत नहीं रही। कम्युनिटी का कांसेप्ट ज्यादा नहीं रहा।
- हमारे यहाँ सामाजिक पूँजी है परिवार। अगर सामाजिक सुरक्षा राज्य पर डाल देते तो अमेरिका की तरह हमारा बाजा बज गया होता। 40 लाख करोड़ रुपए की हमको जरूरत पड़ जाती। होता कैसे? इसलिए परिवार, समुदाय में हम विदेशी ढाँचा अगर यहाँ लाते हैं तो हमको जरा और सोचना पड़ेगा। उसको कैसे सुधारें? कैसे यहाँ के साथ ट्यून करें? यहाँ के लोगों के साथ सिंथेसाइज कैसे करें? जैसे जापान ने अनुभव किया और चीन ने अगर कम्युनिटी की भागीदारी पर ज्यादा जोर दिया तो हम अपने ढंग से सोचें, उनकी भी हम नकल क्यों करें?
- अब विचारों की जरूरत है, विश्वास की जरूरत है और प्रयोगों की जरूरत है। इसके लिए गट्स की जरूरत है। यह सबको मिलकर करना पड़ेगा। हमने बहुत बड़ी गलती की है कि सरकार पर ही आश्रित रहे हैं। इसलिए हम तो वोट दें, सरकार ही सबकुछ करे। सरकार सबकुछ अगर करेगी तो इसका मतलब है कि हम सरकार के साथ समझौता करके अपने अधिकार उसे समर्पित कर रहे हैं। फिर एकाधिकारवाद ही उसका नजीता होगा। इसलिए लोकतांत्रिक मानस की पहल अपने हाथ में ही रखें।
- इसमें औजार क्या हों? जिसके जरिए देश के सब लोगों को रोटी, पीने

का पानी, कपड़ा, छत, पढ़ाई, दवाई और ऊर्जा प्राप्त हो। पहले जन-भागीदारी, जन-सहयोग और जनाधिकार, इस आधार पर अपने प्रयोग से देश को खड़ा करना। देश को ठीक करना। इन सारे संसाधन का ठीक से प्रबंधन करना है।

- प्रबंधन ऐसा, जिसमें राज्य का नियंत्रण कम-से-कम, समाज का ज्यादा-से-ज्यादा। भारतीय राज्य और भारतीय सभ्यता की श्रेष्ठता को प्रदर्शित करना दिखना चाहिए। यह भी समाज से ही होगा। इसके लिए कानून में बहुत बदलाव करने पड़ेंगे। कानून बदले भी बहुत गए। लेकिन किनके लिए? कुछ लोगों के लिए।
- जब हमने जमीन जोतनेवाले को दे दी तो जंगल ब्रिटिश ने अपने हाथ में क्यों रख लिया। फॉरेस्ट रेंजर कौन हो गए। वे मालिक कब और क्यों बन गए। जंगल में रहनेवाले आदमी को इसकी मिल्कियत क्यों नहीं मिल पाई? इस सोच के पीछे उपनिवेशवादी मानस रहा होगा। कुछ नया सोचें, कुछ अपना सोचें। व्यक्तिगत मिल्कियत क्यों, समुदाय की क्यों नहीं? हम सामाजिक और धार्मिक संस्थाएँ भी महत्त्वपूर्ण मानते हैं।
- गोविंदाचार्य इन सबका निष्कर्ष निकालते हैं कि आज सत्तावाद, बाजारवाद, इन सबसे मुक्त होते हुए जनतावाद, यानी जनता को हिस्सेदार बनाना, उनको वास्तव में मालिक बनाना है। इससे देश मजबूत होता है। जनता पर आस्था, श्रद्धा रखें। हम से कम जानकारी नहीं है जनता को। वे कई बातें ज्यादा ही जानते हैं। हम उनकी मदद के लिए कुछ कर सकें तो ठीक है, लेकिन उपदेशक के नाते नहीं। पहले हम विश्वास तो करें उन पर।

प्रतिरोध के रूप

प्रतिरोध की ताकत अपने देश में काफी रही है। अपनी संस्कृति और संस्कार को दुनिया के जिस हिस्से में हम गए, वहाँ अब भी बचाकर रखा है। मॉरीशस से लेकर माले तक। समाज को गांधी ने बहुत ताकत दी। पढ़े-लिखे, अनपढ़, गरीब, सेठ, साहूकार सभी की ताकत की उपयोगिता गांधी ने जानी। गांधी ने गरीब बेबस आदमी में हिम्मत जगा दी। गांधी ने व्यवस्था परिवर्तन की बात कही।

धीरे-धीरे राजनीतिक प्रतिरोध का दायरा सिमट गया था। राम जन्मभूमि

आंदोलन ने एक बार फिर आम जन को उद्वेलित किया। वह भारत की जनता का एक आंदोलन था। लेकिन गोविंदाचार्य अपने निष्कर्ष पर पहुँचते हैं कि यह आंदोलन जिस तरह चलाया गया, वह ठीक नहीं था। उनका निष्कर्ष था कि आंदोलन का क्षितिज शायद और विस्तृत होना था। केवल सत्ता, राजनीतिक पार्टी, राजनीति का वह विषय नहीं था। वोट बनाने का भी विषय नहीं था। उस आंदोलन में भारत की जनता की बहुत बड़ी ऊर्जा लगी। इस बात को कई बार अन्य विचार के लोग मान नहीं पाते।

जे.पी. आंदोलन के बाद एक बार फिर व्यवस्थागत परिवर्तन की आवश्यकता जनता को प्रेरित करने लगी। जो सत्तावाद से नहीं हो पाया। बाजारवाद से भी होने की संभावना नहीं दिखती, बल्कि नुकसान और कष्ट ज्यादा है। आगे आसार और भी भयावह नजर आ रहे हैं। आत्मसम्मान पर कितनी बड़ी चोट लगती है, जब कोई वर्ल्ड बैंक का चीफ यहाँ आकर हमको नसीहत दे जाता है। हमें कहा जाए कि बिजली–क्षेत्र में सुधार करो, तब हम स्वास्थ्य, शिक्षा के बारे में सोचेंगे।

हमारे देश की जमीन पर वे ऐसा मजाक कर जाएँ और हमें चोट नहीं लगेगी? व्यवस्थागत परिवर्तन की माँग देश समाज में उभर रही है। अब तक जो हमने किया वह पूरा ठीक नहीं रहा है। हमको और कुछ करना चाहिए। अभी की नई पीढ़ी जो 1960 के बाद जन्मी है। इनके पास काफी सूचनाएँ हैं। उनमें वे हैंगओवर्स बहुत कम हैं। इसलिए वे आगे की सोच रहे हैं। इसमें बहुत बड़ी ताकत है। किसान, मजदूर कारीगर और छोटे उद्योग, प्रत्यक्षतः जिनको आँच अब लगने ही लगी है, वे भी आगे आएँगे। इस दिशा में हम जितना कुछ कर पाए हैं, वह काफी कम है।

यह सब होते हुए नए औजार और व्यवस्थागत बदलाव की तलाश जरूरी है। यह आज वक्त का तकाजा है। इन्ही बातों को गोविंदाचार्य स्वदेशी मानते हैं।

गोविंदाचार्य का स्वदेशी के संदर्भ में कहना है कि हम आइसोलेटेड क्यों होंगे। दुनिया हमें आइसोलेटेड रहने भी नहीं देगी। हम आइसोलेटेड होना भी नहीं चाहते। अगर 100 करोड़ का देश उन लोगों को एंगेज नहीं कर सकता तो भला कौन करेगा? आज हमारी जैसी परंपरा वाला देश कमजोर है। लेकिन आज से 200 साल पहले हम काफी आगे थे। विदेश व्यापार में 19 परसेंट हमारा शेयर था। आज भले ही हम 5–6 परसेंट पर हैं। आईटी के बारे में भी समझना जरूरी है। पैकेज सोल्यूशंस में क्या शेयर है? 15 या 2 परसेंट और साफ्टवेयर में कितना शेयर है? हम उसके एबज में इंपोर्ट कितना कर रहे हैं? हम इसको और ज्यादा

प्रोडक्टिव कैसे बना सकते हैं? हमारी बौद्धिक ताकत को केवल सोफेस्टिकेटेड गिरमिटिया मजदूर बनाने की कोशिश न करें। इस क्षमता को हम बढ़ा सकते हैं। अपने तरीके से सोच सकते हैं। इसके लिए संकल्प और आत्मविश्वास की जरूरत है। यह जनता की तरफ देखने से आएगा।

गोविंदाचार्य कहते हैं, "स्वदेशी इज ए सिविलाइजेशनल आल्टरनेटिव, नाट मिअरली एन इकोनॉमिक आल्टरनेटिव"। और यह कहने के लिए जरूरी है "सेल्फ प्राइड इन अवर आइडेंटिटी ऐंड हिस्टरी"। साथ-साथ जरूरी है 'केयर ऑफ ओन्स जोगरफी।' गोविंदाचार्य कहते हैं कि इन सब बातों को महात्मा गांधी पहले ही हम सबको समझा चुके हैं। गांधी जी जब अफ्रीका से लौटकर बंबई उतरे तो पतलून की जगह कच्छी पोशाक पहने हुए उतरे।

एक कदम काफी है

महात्मा गांधी ने बाद में कहा, हमें केवल सुराज नहीं चाहिए। अंग्रेज तो अच्छा राज करते थे, तो क्या हम उसको रहने देते। यदि बिल गेट्स तुम्हारा सुराज है तो हम अपना लें? अपनाने की बात सोचना यह आत्महीनता का परिचायक है। आत्मविश्वास का भी परिचायक नहीं है। हमारे मुख्यमंत्री लोग अगर बिल गेट्स की चरणवंदना करने में लग जाएँ तो क्या इसे राष्ट्रीय अभिमान की बात कहा जाएगा? वह एक टुकड़ा फेंक दे और हँसता हुआ चला जाए। चोट नहीं लगती अपने को? गांधी ने कहा, सुराज केवल नहीं, आजादी केवल नहीं, हमें तो चाहिए स्वराज। हम अपने समाज को अपने ढंग से चलाएँगे। अपने समाज पर हमको पूरा विश्वास है और यह सब कहते हुए महात्मा गांधी ने एक बात और कही थी कि "वन स्टेप इज एनफ फॉर मी।"

इसलिए इस दिशा में सभी लोगों को आगे बढ़ना है। किसी एक का ठेका नहीं, सभी को मिलकार आगे बढ़ना है। किसी एक विचारधारा का भी ठेका नहीं है। इसमें उस अंत्योदय, उस आखिरी आदमी की जरूरत है। उसके चेहरे, उसकी भावना, उसकी इच्छा, उसके चेहरे पर मुसकान लाने के लिए हम सब एक-दूसरे के साथ काम करें। स्वदेशी रचना के लिए नए-नए प्रयोगों की अपनी-अपनी जगह पर शुरुआत करें। प्रोत्साहन दें। इस दिशा में सभी सोचें। गोविंदाचार्य मानते हैं कि हिंदुस्तान की सोच, दुनिया पर हमला कर कब्जा करने की नहीं है। कभी नहीं किया है, न आगे करेंगे। पूरी दुनिया को बेहतर बनाने का सपना हमेशा अपने देश के

पुराने लोगों ने सँजोया है। हम वैसे ही रहनेवाले हैं। हाँ, करने के लिए हम पश्चिम को एंगेज तब करें जब हम भी कुछ हैसियतमंद हो जाएँ। इसलिए स्वदेशी के आधार पर सोचने और प्रयोग करने में सबकी शक्ति, बुद्धि, क्षमता का उपयोग हो।

अध्ययन अवकाश के बाद गोविंदाचार्य का रास्ता

गोविंदाचार्य ने अध्ययन अवकाश के बाद तय किया कि बौद्धिक, रचनात्मक और आंदोलनात्मक तरीकों से देश में सज्जनशक्ति को जुटाना है। उसके बाद कौटिल्य शोध संस्थान को फिर से सक्रिय किया। संस्थान 3 फरवरी, 2002 को ही बन गया था। कौटिल्य शोध संस्थान ने फिर से इन निम्न कामों को अपने हाथ में लिया—

- **मंदिर आंदोलन**—मंदिरों के साथ पाठशाला, अन्नशाला, धर्मशाला, आरोग्यशाला और गौशाला की व्यवस्था सुनिश्चित करना।
- **पौरोहित्य प्रशिक्षण**—कर्मकांड, आगम-निगम के साथ वास्तु, कृषि, गोपालन, आयुर्वेद, कानून आदि का प्रशिक्षण सुनिश्चित करना।
- **गुरुकुल आंदोलन**—प्राचीन शिक्षा प्रणाली का युगानुकूल आविष्कार।
- **राजनीति प्रशिक्षण पीठ**—भारतीय संस्कृति पर आधारित राजनीति का अध्ययन-अध्यापन पीठ।
- **मनोरंजन क्षेत्र**—सिनेमा आदि का संस्कार के सूक्ष्म प्रभावी उपकरण के तौर पर अध्ययन।
- **साहित्य प्रकाशन**

भारत विकास संगम की शुरुआत

रचनात्मक कार्यों के जरिए सामाजिक बदलाव के महत्त्वपूर्ण कार्य में देश के अलग-अलग हिस्सों में सज्जनशक्ति को एक मंच पर लाने का प्रयास शुरू हुआ। इसी प्रकार की पहल और प्रयोगों को सहेजते हुए और उन सबके बीच संवाद, सहमति और सहकार के आधार पर रचनात्मक कार्यों को गति देने के मकसद से 20 नवंबर, 2004 को भारत विकास संगम की शुरुआत हुई।

विकेंद्रीकरण, विविधीकरण और स्थानिकीकरण के आधार पर बाजार का नियंत्रण न होकर बाजार की सामान्य हिस्सेदारी के साथ 'हमारा जिला (इलाका), हमारी दुनिया' को स्वयं पूर्ण स्वावलंबी बनाना था। इसके लिए कम पूँजी, कम

लागत एवं स्थानिकता के पुट के साथ खेती, गौपालन, उद्यम, रोजगार, स्वास्थ्य, शिक्षा और ऊर्जा की व्यवस्था होनी चाहिए। जिले की प्रतिभा, श्रम, जन और संसाधनों के आधार पर 'सबको भोजन और सबको काम' मिले, इसकी व्यवस्था करनी है। इसके लिए विकास को मापदंडों में जमीन, जल, जंगल और जानवर का परस्पर संपोषण भी एक मापदंड था। इसमें अलग-अलग पहलुओं में कार्यरत लोगों को जोड़कर सहभागी बनाना ही सज्जनशक्ति को जोड़ना है।

राष्ट्रीय स्वाभिमान आंदोलन की शुरुआत

साल 2004 में जब अटल विहारी वाजपेयी के नेतृत्व में एन.डी.ए. की पराजय हुई तो सोनिया गांधी को प्रधानमंत्री बनाने का प्रयास शुरू हुआ। यह प्रयास कांग्रेस कर रही थी। उसी समय गोविंदाचार्य की पहल पर 'राष्ट्रीय स्वाभिमान आंदोलन' की शुरुआत हुई। इस आंदोलन में गोविंदाचार्य को रामबहादुर राय और गुरुमूर्ति का साथ मिला। चो रामास्वामी के आवास पर पत्रकार वार्त्ता हुई। पत्रकार वार्त्ता में किसी विदेशी मूल की महिला के प्रधानमंत्री बनने पर सवाल उठाया गया था।

□

स्वाभिमान आंदोलन से आजतक
(2004–2019)

✍ **विमल कुमार सिंह**

चौदहवीं लोकसभा का कार्यकाल मई, 2004 में पूरा होनेवाला था। भा.ज.पा. और कांग्रेस के नेतृत्व में देश के सभी राजनीति दल जनता को रिझाने में लगे हुए थे। इसी समय गोविंदाचार्य भी देश का लगातार दौरा कर रहे थे। लेकिन वे जनता को रिझाने के लिए नहीं, बल्कि एक जिज्ञासु की दृष्टि से भारतीय समाज को जानने की निरपेक्ष भाव से कोशिश कर रहे थे। जब उन्होंने अध्ययन अवकाश लिया था, तभी से यह सिलसिला चल रहा था। प्राय: गोविंदाचार्य लोगों को पत्र लिखकर अपनी गतिविधियों की जानकारी देते रहते थे। लेकिन वे वास्तव में क्या करना चाहते हैं, इसे लेकर सबके बीच एक रहस्य बना हुआ था।

षष्टिपूर्ति कार्यक्रम

इसी बीच एक दिन रामबहादुर राय के पास राजकुमार भाटिया आए और कहा कि वे गोविंदाचार्य की षष्टिपूर्ति पर एक कार्यक्रम करना चाहते हैं। राय साहब को यह विचार अच्छा लगा। इसके बाद गोविंद जी से सहमति लेकर आगे की तैयारी शुरू कर दी गई। स्कूल के सर्टिफिकेट के हिसाब से गोविंद जी का जन्मदिन 20 अप्रैल है। लेकिन उन्होंने बताया कि यह सही नहीं है, जैसा कि उनकी पीढ़ी के अधिकतर लोगों के साथ देखा जाता है। इस विषय में गोविंद जी ने संदर्भ के रूप में जो जानकारी दी, उस आधार पर पत्रकार और ज्योतिषी कमर वाहीद नकवी से विमर्श किया गया तो पता चला कि गोविंद जी की वास्तविक जन्म तिथि 5 मई है।

जन्मतिथि ढूँढ़ लेने के बाद एम.के. धर ने इंडिया इंटरनेशनल सेंटर में 5 मई को स्थान बुक करा दिया। इसी बीच एक अप्रत्याशित घटना घटी। गोविंद जी के एक बहुत नजदीकी और प्रिय व्यक्ति ने इस कार्यक्रम को स्थगित करने के लिए दबाव बनाना शुरू किया, जिसके चलते आयोजकों में से कई लोग पीछे हट गए। इस कारण 5 मई के कार्यक्रम को बड़े अनमने ढंग से स्थगित करना पड़ा। यह बात रामबहादुर राय को नागवार गुजरी। उन्होंने गोविंद जी से दुबारा बात की और 12 मई को गाजियाबाद स्थित मेवाड़ इंस्टीट्यूट में षष्टिपूर्ति का संशोधित कार्यक्रम तय कर दिया। इस बार आयोजन की पूरी कमान उनके हाथ में थी। जहाँ से पिछली बार दबाव आया था, वहाँ से इस बार कोई दबाव नहीं डाला गया, क्योंकि जो लोग रामबहादुर राय को जानते हैं, वे यह अच्छी तरह से जानते हैं कि उन पर दबाव डालने से कुछ हासिल नहीं होगा।

बाल आप्टे जी, जो उस समय भारतीय जनता पार्टी के उपाध्यक्ष थे, उनसे कहा गया कि वे गोविंद जी षष्टिपूर्ति के मौके पर उनका अभिनंदन करें। बाल आप्टे जी इसके लिए सहर्ष तैयार हो गए। लेकिन कुछ दिन बाद उनका फोन आया कि वे कार्यक्रम में नहीं आ पाएँगे, क्योंकि उसी दिन भा.ज.पा. की एक महत्त्वपूर्ण बैठक तय हो गई है, जिसमें अटल जी भी रहेंगे। यह एक नया विघ्न था। स्पष्ट था कि कुछ लोग नहीं चाहते थे कि बाल आप्टे जी कार्यक्रम में जाएँ। लेकिन रामबहादुर राय आसानी से हार माननेवालों में नहीं हैं। उन्होंने बाल आप्टे से बात की और कहा कि उन्हें तो आना ही पड़ेगा। तय हुआ कि वे बैठक में भाग लेकर सीधे कार्यक्रम स्थल आ जाएँ और तब तक अभिनंदन का कार्यक्रम रोककर रखा जाएगा। इस प्रकार नया विघ्न टल गया और कार्यक्रम की सफलता के लिए सभी लोग पूरे उत्साह से लग गए।

12 मई को गाजियाबाद स्थित मेवाड़ इंस्टीट्यूट में दूर-दूर से लोग आए। जहाँ एक ओर भा.ज.पा. के कई छोटे-बड़े नेता मौजूद थे तो वहीं विपक्षी पार्टियों से भी कई लोग आए। विश्वनाथ प्रताप सिंह अपनी अस्वस्थता के कारण नहीं आ पाए, लेकिन उन्होंने अपने प्रतिनिधि के तौर पर संतोष भारतीय को भेजा और उनके मोबाइल से बात करके गोविंद जी को बधाई दी। कार्यक्रम में जितने लोग राजनीतिक क्षेत्र से थे, उससे कहीं अधिक लोग सामाजिक क्षेत्र से थे और वह भी सभी धाराओं से। प्रख्यात गांदीवादी विचारक और इतिहासकार धर्मपाल ने कार्यक्रम की अध्यक्षता की। देर रात 11 बजे तक षष्टिपूर्ति का कार्यक्रम चलता रहा। गोविंद जी ने अपने भाषण में जो कुछ कहा, वास्तव में वह उनके अध्ययन अवकाश का निचोड़ था।

जिसने भी उस दिन गोविंद जी को सुना, उसे इस बात का संतोष हुआ कि वे अपनी नई पारी खेलने के लिए सूझ–बूझ और आत्मविश्वास से सराबोर हैं।

सोनिया गांधी की ताजपोशी की खबरें

12 मई को जब षष्टिपूर्ति का कार्यक्रम चल रहा था, उसी दिन दोपहर को रिलायंस ग्रुप के मालिक मुकेश अंबानी ने कांग्रेस अध्यक्ष सोनिया गांधी से मुलाकात की। अगले दिन लोकसभा चुनाव के परिणाम आनेवाले थे। इसे देखते हुए लोगों ने तरह–तरह के कयास लगाने शुरू कर दिए। 13 मई को जब परिणाम आए तो पासा पलट गया था। शाइनिंग इंडिया के नारे के बीच भारतीय जनता पार्टी चुनाव हार गई थी। कांग्रेस अध्यक्ष के नाते सोनिया गांधी ने प्रधानमंत्री पद पर अपनी दावेदारी पेश कर दी। इस अप्रत्याशित हार से संघ और भा.ज.पा. में लोग किंकर्तव्यविमूढ़ से हो गए थे। चुनावी हार की पीड़ा इस बात से और बढ़ गई थी कि अब एक विदेशी महिला देश की प्रधानमंत्री बनने जा रही है। लेकिन उन्हें सूझ नहीं रहा था कि क्या करें।

लोकसभा चुनाव के पहले गोविंद जी ने अपने लिए जो योजना बनाई थी, उसमें किसी की जीत–हार को लेकर कभी कोई विचार ही नहीं किया था। लेकिन सोनिया गांधी के प्रधानमंत्री बनने की खबर से वे बेचैन हो गए। उन्होंने तुरंत अपने मित्र गुरुमूर्ति को फोन मिलाया। वे भी इस खबर से परेशान थे। उन्होंने अगले दिन मिलने की बात कही। इस दौरान अन्य लोगों से फोन पर बातचीत का सिलसिला अनवरत चलता रहा। जे.के. बजाज, बलबीर पुंज, उमा भारती, रामबहादुर राय और अतुल जैन सबसे बात हुई। कुछ लोग कह रहे थे कि कांग्रेस के भीतर ही सोनिया गांधी को लेकर विरोध शुरू हो जाएगा। लेकिन 13 मई की रात तक यह साफ हो गया कि कांग्रेस के भीतर सोनिया गांधी के विदेशी मूल के होने से किसी को कोई दिक्कत नहीं थी। दिक्कत अगर थी भी तो किसी को साहस नहीं था कि यह मुद्दा उठाए।

यदि कोई भारतीय मूल का व्यक्ति प्रधनमंत्री बनता तो उससे गोविंद जी को बहुत बड़े सकारात्मक परिवर्तन की उम्मीद नहीं थी, परंतु यदि सोनिया गांधी प्रधनमंत्री बनीं तो इसके नकारात्मक प्रभाव उन्हें स्पष्ट दिख रहे थे। यह सोचकर उन्हें दुख हो रहा था कि क्या भारत की पहचान ऋषि–मुनियों, पराक्रमी योद्धाओं और विद्वान् मनीषियों की बजाय सोनिया गांधी से होगी? गत तीन सौ वर्षों से विदेशी हुकूमत के खिलाफ लाखों क्रांतिकारियों के बलिदान की पहचान क्या सोनिया गांधी से होगी?

यूरोपीय सभ्यता को आसुरी सभ्यता के रूप में देखनेवाले महर्षि अरविंद, लोकमान्य तिलक और महात्मा गांधी की परंपरा की पहचान क्या सोनिया जी से होगी? जिन फिरंगियों के खिलाफ भारत के सामान्य आदमी ने हर जुल्म को सहकर यूनियन जैक को उतारकर तिरंगा लहराया, उस तिरंगे को जब 15 अगस्त के दिन एक फिरंगी द्वारा ही लहराया जाएगा तो क्या यह उन बलिदानी देशभक्तों का अपमान नहीं होगा? जब सोनिया गांधी अंतरराष्ट्रीय मंचों पर सवा सौ करोड़ लोगों के देश की प्रतिनिधि के नाते दुनिया के राजनेताओं के बीच घूमेंगी तो क्या भारत की लाचारी पर लोग हँसेंगे नहीं? इन सवालों से जूझते–जूझते 13 मई बीत गई।

आंदोलन की तैयारी

अगले दिन 14 मई को गोविंद जी जल्दी से तैयार होकर जंगपुरा स्थित इंडियन एक्सप्रेस के गेस्ट हाउस में गुरुमूर्ति से मिलने गए। दोनों में सहज सहमति बनी कि इस मुद्दे पर डटकर लड़ना है, चाहे यह लड़ाई कितनी भी लंबी चले। इस लड़ाई के तौर–तरीकों और अन्य बारीकियों पर भी विस्तार से चर्चा हुई। उसी दिन एक बैठक अतुल जैन के घर पहाड़गंज में भी हुई, जिसमें गोविंद जी के साथ उमा भारती और रामबहादुर राय भी थे। शाम होते–होते आंदोलन का एक खाका बन चुका था। तय हुआ कि 35 मीना बाग, जो राज्यसभा सांसद, चो रामास्वामी का फ्लैट था, वहाँ 16 मई को एक प्रेस कॉन्फ्रेंस की जाए, ताकि इस मुद्दे को देश के सामने रखते हुए एक आंदोलन की घोषणा की जा सके। चो रामास्वामी उस समय दिल्ली में नहीं थे, इसलिए उन्हें फोन पर यह सूचना दी गई। उन्होंने सहर्ष अपने फ्लैट पर प्रेस कॉन्फ्रेंस करने की अनुमति दे दी। यह भी तय किया गया कि प्रेस कॉन्फ्रेंस की अध्यक्षता धर्मपाल करेंगे और वे आए प्रेस कॉन्फ्रेंस की अध्यक्षता भी की। उन्हें बात करके लाने की जिम्मेदारी रामबहादुर राय को दी गई।

प्रेस कॉन्फ्रेंस तो तय हो गई, लेकिन अभी यह नहीं तय था कि यह सब किस बैनर तले होगा। गोविंद जी ने अभी तक न तो कोई संगठन बनाया था और न ही कोई मंच उनके पास था। 14 तारीख की रात को 119 वी.पी. हाउस में एक बैठक हुई, जिसमें सबसे बड़ा मुद्दा यह था कि आगामी आंदोलन किस बैनर तले किया जाए। किसी मौजूदा संगठन या बैनर की उपयोगिता संदिग्ध थी, इसलिए सभी को एक नए मंच की जरूरत महसूस हो रही थी। बहुत सोच–विचार करने के बाद इसके लिए 'राष्ट्रीय स्वाभिमान आंदोलन' नाम तय हुआ। आगे का सारा आंदोलन

इसी बैनर से करने का सभी ने एकमत से निर्णय लिया।

119 वी.पी. हाउस, जो गोविंद जी का कार्यालय हुआ करता था, अचानक बहुत व्यस्त हो गया। प्रेस कॉन्फ्रेंस एकदम सिर पर थी, इसलिए सबको जल्दी-जल्दी फोन से सूचना दी गई। पत्र भेजने का समय ही नहीं था। कार्यालय पर फैक्स नहीं था, इसलिए 15 तारीख की रात को एक होटल से फैक्स किए गए। प्रेस विज्ञप्ति बनाने का काम गोविंद जी ने स्वयं अपनी निगरानी में करवाया। वे इस पूरे मुद्दे को कानूनी या संवैधानिक आधार पर नहीं, बल्कि राष्ट्रीय पहचान और अस्मिता के मुद्दे से जोड़कर उठाना चाहते थे।

प्रेस कॉन्फ्रेंस के आयोजन की जिम्मेदारी गोविंद जी के निकट सहयोगी सुंदर के पास थी। उनके सामने एक नहीं कई चुनौतियाँ थीं। चो रामास्वामी के फ्लैट पर कुछ भी इंतजाम नहीं था। राष्ट्रीय स्वाभिमान आंदोलन का दोपहर तक बैनर भी नहीं बन पाया था। उस समय कपड़े के बैनर बनते थे, जिस पर हाथ से लिखकर सुखाया जाता था। शाम को जब 35 मीना बाग पर पत्रकार और गोविंद जी के समर्थक जुटने शुरू हुए तो चारों ओर अफरा-तफरी थी। कुछ कार्यकर्ता फोटोस्टेट करवा रहे थे तो कुछ कुरसियाँ लगा रहे थे। कहीं अनुवाद चल रहा था तो कुछ लोग आगंतुकों की आवभगत में लगे थे। इसी बीच राष्ट्रपति ए.पी.जे. अब्दुल कलाम से सोनिया गांधी की पहली औपचारिक मुलाकात हो गई थी, जिसके बाद 24 अकबर रोड (कांग्रेस कार्यालय) और सोनिया गांधी के आवास 10 जनपथ पर भी गहमागहमी बढ़ गई थी। वहाँ इस प्रेस कॉन्फ्रेंस की खबर थी, लेकिन कोई इसे गंभीरता से नहीं ले रहा था।

इसे मुद्दे की अहमियत कहें या गोविंदाचार्य के नाम का आकर्षण, उस दिन 35 मीना बाग पर पत्रकारों का जमघट लगा हुआ था। कई टी.वी. चैनलों ने देशभर में इसे सीधे प्रसारित किया। इससे देश का एक बड़ा जनसमुदाय जो किंकर्तव्यविमूढ़ होकर सोनिया गांधी को प्रधानमंत्री बनते देख रहा था, अचानक मुखर हो उठा। अभी प्रेस कॉन्फ्रेंस खत्म भी नहीं हुई कि देश भर से लोगों के फोन आने लगे कि वे इस मुहिम में गोविंद जी के साथ हैं। किसी ने गौहाटी से फोन किया तो किसी ने बनारस से। इतने फोन आने लगे कि गोविंदाचार्य ने अपना फोन अपने एक सहयोगी को दे दिया और कहा कि वे सबका नाम और नंबर नोट कर लें, ताकि उन्हें जरूरी सूचनाएँ दी जा सकें। गोविंदाचार्य ने देश के करोड़ों लोगों के मन की बात को आवाज दे दी थी।

जंतर-मंतर पर विरोध प्रदर्शन

प्रेस कॉन्फ्रेंस के बाद आनन-फानन में एक टीम बन गई और उसकी वहीं पर बैठक भी हो गई। इस बैठक में लगभग 45-50 लोग थे। तय हुआ कि 18 मई को जंतर-मंतर पर एक धरना और मार्च आयोजित किया जाएगा और उसके बाद राष्ट्रपति को ज्ञापन सौंपने के लिए कुछ लोग जाएँगे। इस प्रेस कॉन्फ्रेंस का यह असर हुआ कि कई सांसद और वरिष्ठ नेता स्वयं ही पहल करके गोविंद जी के पास आए और हर तरह से मदद करने का भरोसा दिया। कुछ ने तो तुरंत आर्थिक मदद भी की और कहा कि आगे जरूरत पड़ने पर वे हर तरह से इस आंदोलन के साथ रहेंगे। एक-दो पूर्व प्रधानमंत्री भी अपने-अपने स्तर पर संदेश दे रहे थे कि जैसे भी हो, सोनिया गांधी को देश का प्रधानमंत्री बनने से रोका जाना चाहिए। कांग्रेस के अंदर भी एक धड़ा ऐसा था, जो सोनिया गांधी को प्रधानमंत्री बनते हुए नहीं देखना चाहता था। मीडिया में एक बड़ा तबका ऐसा था ही, जो विदेशी मूल के इस मुद्दे को भरपूर महत्त्व दे रहा था। 17 मई को एक बार फिर चारों ओर सूचनाएँ देने का अभियान शुरू हो गया। अकेले गोविंद जी ने उस दिन लगभग 600 फोन किए।

18 मई की सुबह होते ही पूर्वनियोजित कार्यक्रम के अनुसार राष्ट्रीय स्वाभिमान आंदोलन के 100-150 कार्यकर्ता जंतर-मंतर पर पहुँच चुके थे। वहाँ कोई मंच नहीं बन पाया था। इसलिए एक मेटाडोर को ही मंच का रूप दे दिया गया, जहाँ से एक के बाद एक विभिन्न वक्ता लोगों के सामने अपनी बात रख रहे थे। धीरे-धीरे श्रोताओं की संख्या भी बढ़ रही थी। 12 बजते-बजते प्रदर्शन में शामिल लोगों की संख्या 1500 से ऊपर पहुँच गई। यहाँ जो लोग आए थे, वे अपनी पहल पर आए थे। कोई नहीं चाहता था कि एक विदेशी मूल की महिला प्रधानमंत्री बने। जंतर-मंतर पर आए लोग देश के करोड़ों लोगों का प्रतिनिधित्व कर रहे थे।

राष्ट्रपति की भूमिका और लक्ष्य प्राप्ति

जंतर-मंतर से ही एक दल राष्ट्रपति को ज्ञापन देने के लिए गया। आमतौर पर जैसा होता है कि अगर आप राष्ट्रपति को ज्ञापन देते हैं तो वहाँ एक अधिकारी होता है, जो मोहर लगाकर आपको ज्ञापन की एक प्रति सौंप देता है। ज्ञापन लेकर जो लोग गए थे, उनके साथ भी यही प्रक्रिया दोहराई गई। उन्होंने अधिकारी को ज्ञापन सौंप दिया, साथ ही यह निवेदन भी किया कि वे राष्ट्रपति से मिलना चाहते हैं। राष्ट्रपति ने फौरन उन्हें दोपहर बाद मिलने का समय दे दिया।

दोपहर बाद राष्ट्रपति से जो लोग मिलने गए, उनमें गोविंदाचार्य के साथ वकील मीनाक्षी लेखी भी थीं। इसके अलावा एक-दो लोग और भी थे। मीनाक्षी लेखी ने उस समय जो तर्क दिया, वह कानूनी रूप से बहुत मजबूत था। उन्होंने कहा कि आमतौर पर हम दूसरे देश के नागरिकों को वही सुविधा देते हैं, जो संबंधित देश हमारे नागरिकों को अपने देश में देता है। इटली में किसी भारतीय मूल के व्यक्ति को चुनाव लड़ने की इजाजत नहीं है। ऐसे में भला हम उसके मूल नागरिक को अपने देश का प्रधानमंत्री कैसे बना सकते हैं? इस संबंध में और भी कई मजबूत तर्क राष्ट्रपति के सामने रखे गए। इस दौरान गोविंद जी ने पहले की तरह अपनी बात को भावनात्मक रूप से पेश किया। थोड़ी देर बाद राष्ट्रपति और गोविंदाचार्य तमिल में बात करने लगे। अंत में कलाम साहब ने तमिल में ही कहा—आपकी बात सही है, हम ध्यान देंगे, सब ठीक हो जाएगा।

जब राष्ट्रपति से मिलकर राष्ट्रीय स्वाभिमान आंदोलन का दल लौट रहा था, उसी समय सोनिया गांधी उनसे मिलने जा रही थीं। दोनों दलों ने अरुचि के साथ एक-दूसरे को देखा और आगे बढ़ गए। सोनिया गांधी का चेहरा उतरा हुआ था। जब वह राष्ट्रपति से मिलकर लौट रही थीं, तब टी.वी. कैमरों से उनकी आँखों की उदासी छिपाए नहीं छिप रही थी। उसी दिन यानी 18 मई को 24 अकबर रोड पर भी दिन भर नौटंकी चलती रही। कांग्रेस की चाटुकारी राजनीति का चरम उस दिन वहाँ देखने को मिल रहा था। पूरी सड़क पर कांग्रेसी कार्यकर्ताओं का हुजूम टहल रहा था। गंगाचरण राजपूत नामक एक व्याक्ति ने तो अपनी कनपटी पर रिवॉल्वर तान ली थी कि अगर सोनिया गांधी प्रधानमंत्री नहीं बनीं तो वह अपने आपको खत्म कर लेगा। बाद में पता चला कि वह रिवॉल्वर नकली थी। कुछ साल बाद उसी आदमी ने केवल इसलिए कांग्रेस छोड़ दी, क्योंकि उसके भाई को कांग्रेस ने टिकट नहीं दिया। बहरहाल पूरे दिन गहमा-गहमी का माहौल बना रहा। इसी बीच सोनिया गांधी की एक और मुलाकात राष्ट्रपति से हुई। इस बार उनके साथ मनमोहन सिंह भी गए थे। संभवत: तब तक राष्ट्रपति ने यह साफ कह दिया था कि वे प्रधानमंत्री के रूप में सोनिया गांधी को शपथ लेने के लिए नहीं बुला सकते। इसलिए इस बार मिलने जाते समय सोनिया गांधी अपने साथ मनमोहन सिंह को ले गई थीं।

उसी दिन शाम को कांग्रेस वर्किंग कमेटी की बैठक हुई, जिसमें सोनिया गांधी ने प्रधानमंत्री पद से अपनी दावेदारी वापस ले ली। इसके बाद यहाँ भी मान-मनौवल का एक नाटक चला, जिसमें चापलूसी की नई मिसाल पेश की गई। यह साबित करने

की कोशिश की गई कि सोनिया गांधी ने बहुत बड़ा त्याग किया है। यह बात छिपा ली गई कि कई तरह की कानूनी अड़चनों के कारण सोनिया गांधी को प्रधानमंत्री बनने से रोक दिया गया था। उनकी नागरिकता पर भी सवाल खड़े किए गए। राष्ट्रपति से अपनी मुलाकात में सुब्रमण्यम स्वामी ने भी ऐसे दस्तावेज प्रस्तुत किए थे, जिससे सोनिया गांधी की नागरिकता और संसद् में उनके हलफनामे पर सवाल खड़ा होता था। इन दस्तावेजों में सोनिया गांधी ने कई झूठी जानकारियाँ दी थीं। उस दिन देर रात यही सब नाटक चलता रहा। लेकिन सोनिया गांधी ने कहा कि उन्होंने अपने बच्चों से राय–मशविरा कर लिया है और अब वे अपने प्रधानमंत्री न बनने के निर्णय पर कोई पुनर्विचार नहीं करेंगी। उन्होंने अपनी 'अंतरात्मा' की आवाज सुन ली थी, भले देर से ही सही।

अगले दिन यानी 19 मई की रात गोविंदाचार्य के ऊपर कुछ लोगों ने उस समय हमला भी किया, जब वे वी.पी. हाउस से कहीं बाहर जा रहे थे। ये लोग भूपिंदर सिंह हुड्डा के समर्थक थे। उनका कहना था कि यही वह आदमी है, जिसने सोनिया गांधी को प्रधानमंत्री बनने से रोक दिया। संभव है, हुड्डा को बाद में हरियाणा का मुख्यमंत्री बनाते समय इस बात का भी ध्यान रखा गया हो। इस हमले में हालाँकि गोविंदाचार्य को कोई चोट नहीं आई और उन्होंने इस बात को ज्यादा तूल भी नहीं दिया। 19 मई को ही 10 जनपथ पर एक बैठक हुई, जहाँ औपचारिक रूप से प्रधानमंत्री के रूप में मनमोहन सिंह का नाम तय हुआ। प्रधानमंत्री के रूप में मनमोहन सिंह के नाम की घोषणा के साथ ही तात्कालिक रूप से राष्ट्रीय स्वाभिमान आंदोलन ने इस मुद्दे पर अपनी गतिविधियाँ रोक दीं। 13 मई से लेकर 18 मई के बीच जो लोग सक्रिय हुए थे, उन्हें इस बात की खुशी थी कि इस आंदोलन ने अपने लक्ष्य को इतने कम समय में हासिल कर लिया।

तात्कालिक उद्देश्य पूरा हो गया था, लेकिन गोविंदाचार्य तो व्यवस्था परिवर्तन का एक बड़ा सपना लेकर चल रहे थे। 18 फरवरी को देश भर में अपने शुभचिंतकों को भेजे पत्र में उन्होंने इसे साफ तौर पर रेखांकित भी किया था। वे चाहते थे कि सोनिया प्रकरण से पैदा हुई ऊर्जा को इस मुहिम में लगाया जाए। इसी बाबत 24 मई को साउथ एवेन्यू की एम.पी. कैंटीन में एक कार्यक्रम हुआ, जिसमें सभी प्रमुख कार्यकर्ता इकट्ठा हुए और आंदोलन के आगे की रूपरेखा पर चर्चा की। सभी ने एकमत से तय किया कि बौद्धिक, रचनात्मक और आंदोलनात्मक मुद्दों को आधार बनाकर व्यवस्था परिवर्तन की मुहिम को आगे बढ़ाया जाए। राष्ट्रीय स्वाभिमान

आंदोलन को एक स्थायी मंच के नाते कायम रखने का भी निर्णय लिया गया, ताकि सोनिया प्रकरण जैसी स्थिति दोबारा पैदा न होने पाए।

अगले कुछ महीनों में आंदोलन को धार देने के लिए कई और निर्णय लिए गए। संजय देव के निर्देशन में एक डाक्यूमेंट्री बनाई गई, जिसमें देश भर से कई रचनात्मक प्रयोगों को दिखाया गया, जहाँ समाज ने अपनी ताकत पर समृद्धि और खुशहाली के लक्ष्य को हासिल किया था। इस डाक्यूमेंट्री का नाम रखा गया—'सर्वे भवन्तु सुखिनः'। अगस्त में भारतीय पक्ष के नाम से एक मासिक पत्रिका शुरू करने का भी निर्णय लिया गया और उसके लिए अलग से कार्यालय, कार्यकर्ता और कोष का इंतजाम किया गया। इस दौरान गोविंद जी की एक किताब पर भी काम चल रहा था, जिसमें अध्ययन अवकाश के उनके निष्कर्षों को संकलित करने की कोशिश की जा रही थी। दुर्भाग्यवश इस किताब का काम कभी पूरा नहीं हो पाया। 20 नवंबर, 2004 को 'भारत विकास संगम' का पहला सम्मेलन आयोजित किया गया, जिसमें गोविंद जी ने लोगों के सामने अपने दर्शन का रचनात्मक पक्ष प्रस्तुत किया। देखते-देखते अपने आप में ऐतिहासिक वर्ष 2004 बीत गया।

अपने लंबे सार्वजनिक जीवन में गोविंदाचार्य ने कई आंदोलनों में हिस्सा लिया, लेकिन सभी में उनकी भूमिका पूरक की रही। लेकिन 2004 में वे पूरक नहीं, नायक थे। सोनिया प्रकरण के दौरान जिस प्रकार उन्होंने देश का नेतृत्व किया, वह अनूठा था। यह पहला अवसर था, जब गोविंदाचार्य ने अकेले अपने कंधों पर देश के नेतृत्व का भार उठाया। जब बड़े-बड़े संगठन और व्यक्ति किंकर्तव्यविमूढ़ होकर विवश बैठे थे, उन्होंने आगे बढ़कर देश की अगुवाई की। उन्होंने एक पल के लिए भी नहीं सोचा कि उनके साथ कौन आएगा, कौन नहीं आएगा। एक सधे हुए योद्धा की तरह उन्होंने अपने दम पर व्यूह रचा, विजय प्राप्त की और अपने देश को एक कलंक से बचा लिया।

❖ राष्ट्रीय स्वाभिमान आंदोलन

जिस उद्देश्य के लिए राष्ट्रीय स्वाभिमान आंदोलन का गठन किया गया था, वह उद्देश्य पूरा हो गया था, किंतु वे परिस्थितियाँ अभी भी मौजूद थीं, जिनके चलते देश का नेतृत्व एक विदेशी महिला के हाथों में जाने की संभावना उत्पन्न हो गई थी। इस तथ्य को ध्यान में रखते हुए राष्ट्रीय स्वाभिमान आंदोलन को एक ऐसे स्थायी मंच के रूप में विकसित किया गया, जहाँ से उन सभी बातों का विरोध हो, जिनसे देश

का अहित होता है और देश का स्वाभिमान खंडित होता है। दूसरे शब्दों में यदि कहें तो निरंकुश और जन–आकांक्षाओं से दूर होती जा रही राजसत्ता को अंकुश में रखते हुए उसे जनाभिमुख बनाना राष्ट्रीय स्वाभिमान आंदोलन का मुख्य उद्देश्य बन गया।

चूँकि राष्ट्रीय स्वाभिमान आंदोलन हमेशा राज्य की जनविरोधी नीतियों के विरुद्ध सक्रिय रहा, इसलिए राजसत्ता से उसके संबंधों के बारे में स्पष्ट नीति बनाने की जरूरत महसूस की जा रही थी। इसी प्रकार यह प्रश्न भी कार्यकर्ताओं के मन में उठ रहा था कि क्या आंदोलन को एक सांगठनिक आधार देने से इसे और बल मिलेगा। इन्हीं मुद्दों पर चर्चा के लिए 21 से 23 अगस्त, 2007 को भगवान् श्रीराम के अनन्य भक्त हनुमान जी की जन्मस्थली किष्किंधा में राष्ट्रीय स्वाभिमान आंदोलन की राष्ट्रीय कार्यकारिणी की बैठक का आयोजन किया गया। किष्किंधा क्षेत्र वर्तमान समय में कर्नाटक राज्य के कोप्पल जिले में स्थित है।

किष्किंधा में राष्ट्रीय स्वाभिमान आंदोलन के स्वरूप और भावी योजनाओं के बारे में व्यापक चर्चा हुई। इस दौरान जहाँ एक ओर इस बात पर सहमति बनी कि वर्तमान राजनीति जनता से कटकर कुछ राजनेताओं की स्वार्थपूर्ति का माध्यम बन गई है, वहीं इस बात को भी रेखांकित किया गया कि चुनावी संघर्ष के द्वारा राजनीति में घुसकर राजनीतिक व्यवस्था को सुधारना संभव नहीं है। अतः यह निर्णय लिया गया कि राष्ट्रीय स्वाभिमान आंदोलन एक राजनीतिक दल के नाते कभी चुनावी राजनीति में हिस्सा नहीं लेगा, किंतु राष्ट्रीय स्वाभिमान आंदोलन के मूल्यों और मुद्दों को आधार बनाते हुए यदि कोई मंच, मोर्चा या राजनीतिक दल, चाहे वह पुराना हो या नया, आगे आता है तो उसका स्वागत एवं समर्थन किया जाना चाहिए। राष्ट्रीय स्वाभिमान आंदोलन के कार्यकर्ताओं को व्यक्तिगत स्तर पर राजनीति के क्षेत्र में नए प्रयोग एवं नई पहल करने की छूट दी गई, लेकिन साथ ही एक मंच के नाते राष्ट्रीय स्वाभिमान आंदोलन को दलगत राजनीति से दूर रखने का भी संकल्प लिया गया।

आंदोलन के सांगठनिक ढाँचे को लेकर भी व्यापक चर्चा हुई और अंततः यह निर्णय लिया गया कि राष्ट्रीय स्वाभिमान आंदोलन को एक कसे हुए सांगठनिक ढाँचे में बाँधने की जरूरत नहीं है। प्रतिभागियों ने कई संगठनों का उदाहरण देते हुए इस बात को विशेष रूप से रेखांकित किया कि औपचारिक संगठन बनने के बाद प्रायः संगठन अपने मुद्दों और अपने उद्देश्यों से भटक जाते हैं। समाज में आवश्यक परिवर्तन के लिए उत्प्रेरक की भूमिका से हटकर सर्वज्ञ संचालक या नियंत्रक की भूमिका में आने की इच्छा होने लगती है। इसके लिए आवश्यक सामर्थ्य जुटाने की कोशिश शुरू हो

जाती है। समाज के लिए साधन बनने की बजाय संगठन स्वयं साध्य बन जाते हैं। इन सब बातों को ध्यान में रखते हुए प्रतिनिधियों ने यह तय किया कि राष्ट्रीय स्वाभिमान आंदोलन एक ऐसे संगठन के रूप में कार्य करे, जिसमें पर्याप्त लचीलापन हो। आदेश और आज्ञापालन अर्थात् हाईकमांड संस्कृति से दूर होकर यह संगठन साहस, पहल और प्रयोग के सिद्धांतों पर चले। एक ऐसी व्यवस्था बनाने पर जोर दिया गया, जिसमें सक्रिय एवं अच्छे लोग आसानी से आ सकें और साथ ही निष्क्रिय एवं संदेहास्पद लोग स्वाभाविक तरीके से बाहर हो सकें। इन निदेशक बिंदुओं को ध्यान में रखते हुए यह निर्णय लिया गया कि संगठन की संरचना राष्ट्रीय, प्रांतीय एवं जिला स्तर पर होगी और प्रत्येक स्तर पर कार्यकर्ता अपने में से ही संयोजक एवं सह संयोजक का आम सहमति से चुनाव करेंगे।

राष्ट्रीय कार्यकारिणी में उपस्थित सभी सदस्य इस बात पर एकमत थे कि संगठन को कर्मकांडी कार्यक्रमों एवं गतिविधियों से बचना चाहिए। जब तक संगठन निर्णायक हस्तक्षेप करने की स्थिति में न आ जाए, तब तक कार्यकर्ता जनजागरण के कार्यों में जुटें और स्थानीय स्तर पर जनहित से जुड़े विभिन्न मुद्दों पर अपनी आवाज उठाएँ। केंद्र से आदेश आने पर कार्यकर्ता सक्रिय हों और आंदोलन करें, इस प्रवृत्ति को समाप्त करने पर जोर दिया गया। लेकिन साथ ही इस बात को भी रेखांकित किया गया कि यदि केंद्रीय स्तर पर किसी मुद्दे को लेकर आंदोलन करने का आह्वान किया जाए तो पूरे देश में एक साथ परिणामकारी आंदोलन करने की ताकत भी विकसित होनी चाहिए।

किष्किंधा बैठक में लिये गए निर्णयों के आलोक में राष्ट्रीय स्वाभिमान आंदोलन ने अपनी आगे की यात्रा की। देश के 200 से अधिक जिलों में इसकी इकाइयाँ सक्रिय हैं। इसने जहाँ एक ओर सरकार की जनविरोधी नीतियों के खिलाफ आवाज उठाई, वहीं विभिन्न मुद्दों पर जनजागरण के लिए जनता के बीच जाकर काम भी किया। सड़क पर उतरकर धरना प्रदर्शन करने के साथ–साथ राष्ट्रीय स्वाभिमान आंदोलन ने सामाजिक–सांस्कृतिक यात्राओं, नुक्कड़ नाटकों और कवि–सम्मेलनों का भी भरपूर उपयोग किया। 15 वर्षों की इसकी छोटी सी यात्रा के कुछ महत्त्वपूर्ण पड़ाव इस प्रकार हैं।

व्यवस्था परिवर्तन सभाएँ

व्यवस्था परिवर्तन और सांस्कृतिक राष्ट्रवाद को आगे रखते हुए राष्ट्रीय

स्वाभिमान आंदोलन ने पूरे देश में छोटी-छोटी सभाओं की एक लंबी शृंखला शुरू की। इन सभाओं में गोविंदाचार्य के अलावा विभिन्न धाराओं के आंदोलनकारी शामिल हुए। इसमें रामानुजगंज के बजरंग लाल अग्रवाल की भी प्रमुख भूमिका रही। बजरंग जी ने अपने शहर की नगरपालिका में जनता को साथ लेकर सत्ता-संचालन के बड़े अनोखे प्रयोग किए थे। अपने अनुभव को आधार बनाकर वे अब देश के संविधान में बदलाव के लिए जनजागरण कर रहे थे। व्यवस्था परिवर्तन सभाओं का आयोजन कमोबेश अगले 10 साल तक चलता रहा, लेकिन 2005 और 2006 में इस पर विशेष जोर दिया गया। इन सभाओं के आयोजन में बैनर राष्ट्रीय स्वाभिमान आंदोलन का इस्तेमाल होता था, लेकिन पूरी तैयारी और प्रबंधन स्थानीय सिविल सोसाइटी द्वारा किया जाता था। इस दौरान संविधान संशोधन की माँग जोर-शोर से उठाई गई।

अलख यात्रा

वर्ष 2007 की शुरुआत में तय किया गया कि अपनी बात जनता तक पहुँचाने के लिए एक व्यवस्थित जन-अभियान चलाया जाए। इसके लिए बिहार को चुना गया। इस निर्णय के पीछे जे.पी. आंदोलन के पुराने कार्यकर्ता पवन श्रीवास्तव और राष्ट्रीय स्वाभिमान आंदोलन की केंद्रीय टीम में प्रमुख भूमिका निभा रहे विनय सिंह की प्रमुख भूमिका थी। मीडिया की चकाचौंध से दूर 6 मार्च, 2007 को जब बक्सर से अलख यात्रा शुरू हुई तो उस समय बहुत कम संख्या में लोग इसमें शामिल थे। लेकिन जैसे-जैसे यात्रा आगे बढ़ी, स्थानीय लोगों की अच्छी-खासी संख्या इससे जुड़ने लगी। इस यात्रा में कई कवि, साहित्यकार एवं समाजसेवी भी चले। सभी का संदेश यही था कि समाज अपनी शक्ति को पहचाने। राजसत्ता के प्रति अनावश्यक आसक्ति को सभी लोगों ने नुकसानदेह बताया। 'अलख यात्रा' में गोविंदाचार्य ने बक्सर के अलावा छपरा, सिवान, गोपालगंज, मोतिहारी, बेतिया, शिवहर, सीतामढ़ी, मुजफ्फरपुर, दरभंगा, मधुबनी, सुपौल, सहरसा, मधेपुरा, पूर्णिया और अररिया जिलों का दौरा किया और वहाँ के लोगों से संवाद स्थापित किया। राष्ट्रीय स्वाभिमान आंदोलन के बैनर तले आयोजित इस यात्रा ने बिहार के लोगों को राजनीति से हटकर सोचने के लिए प्रेरित किया। गोविंद जी अलख यात्रा के दौरान ही अप्रैल में किसी बैठक में भाग लेने के लिए हरियाणा गए हुए थे, वहीं स्नान करते समय गिर जाने से उनके सिर में चोट आई। यह चोट गंभीर थी, उन्हें दिल्ली के अपोलो अस्पताल में भर्ती कराया गया। उन्हें देखने आनेवालों में सामान्य कार्यकर्ताओं से लेकर बड़े-बड़े नेता

शामिल थे। वी.पी. सिंह और चंद्रशेखर अस्वस्थ होने के बावजूद आए। बाबा रामदेव ने अस्पताल का सारा खर्च उठाने का प्रस्ताव दिया, जिसे गोविंद जी ने विनम्रतापूर्वक इनकार कर दिया। ईश्वर की कृपा से कुछ दिन में वे स्वस्थ हो गए, लेकिन कुछ ऐसी परिस्थितियाँ बनीं कि अलख यात्रा दोबारा शुरू नहीं हो पाई। अलख यात्रा स्थगित होने से बिहार के कार्यकर्ताओं में मायूसी छा गई। लंबी तैयारी और कड़ी मेहनत से जो यात्रा एक मुकाम पर पहुँचनी थी, वह बिना किसी स्पष्ट परिणाम के बीच में ही अधूरी छोड़नी पड़ी।

गंगा आंदोलन

वर्ष 2008 में फरवरी–मार्च महीने में राष्ट्रीय स्वाभिमान आंदोलन ने 'गंगा महासभा' के साथ मिलकर 'गंगा संस्कृति प्रवाह' यात्रा का आयोजन किया। पश्चिम बंगाल में गंगासागर से शुरू हुई यह यात्रा गंगातटीय 28 शहरों से होते हुए 2 मार्च को हरिद्वार में पूरी हुई। इस यात्रा के माध्यम से अविरल गंगा–निर्मल गंगा का संदेश दिया गया। यात्रा के बाद भी विभिन्न मंचों से राष्ट्रीय स्वाभिमान आंदोलन ने बड़े जोर–शोर से यह मुद्दा उठाया कि गंगा के प्रवाह का 70 प्रतिशत पानी हमेशा प्रवहमान रहे, उसे बाँध बनाकर या किसी अन्य तरीके से रोका या निकाला न जाए। गंगा को राष्ट्रीय नदी घोषित करने के पीछे राष्ट्रीय स्वाभिमान आंदोलन की भी एक प्रमुख भूमिका रही है। गंगा की अविरलता के लिए गुरुदास अग्रवाल अर्थात् स्वामी सानंद एवं अन्य संतों के प्रयास में राष्ट्रीय स्वाभिमान आंदोलन हमेशा भागीदार रहा है।

चुनाव-सुधार

राष्ट्रीय स्वाभिमान आंदोलन ने व्यवस्था परिवर्तन की लड़ाई में चुनाव–सुधार और विशेष रूप से नोटा को लेकर काफी काम किया। इस दिशा में देश भर में सेमिनार और गोष्ठियाँ आयोजित की गईं और न्यायालय के दरवाजे खटखटाए गए। 5 मार्च, 2009 को इसी मुद्दे पर गोविंदाचार्य ने दिल्ली में एक वार्त्ता की। इसी तरह सोशल मीडिया के खर्चे को उम्मीदवार के चुनाव खर्च में जोड़ने की मुहिम में राष्ट्रीय स्वाभिमान आंदोलन ने प्रमुख भुमिका निभाई। ई.वी.एम. के मुद्दे पर भी लंबी लड़ाई लड़ी गई, जिसके चलते अब ई.वी.एम. पर उम्मीदवार की फोटो लगाई जाती है। ई.वी.एम. से पार्टियों का चुनाव चिह्न हटाया जाए, इसके लिए अभी भी राष्ट्रीय स्वा भिमान आंदोलन का संघर्ष जारी है। इन उपायों से जहाँ एक ओर चुनावों में दलों

की मनमानी रुकेगी, वहीं जनता को चुनने के लिए अच्छे प्रतिनिधि भी मिल सकेंगे। राष्ट्रीय स्वाभिमान आंदोलन के लिए चुनाव-सुधार बहुत ही महत्त्वपूर्ण विषय है, क्योंकि इसके बिना वैकल्पिक राजनीति और व्यवस्था परिवर्तन की दिशा में आगे बढ़ना असंभव होगा।

पंचायतों के लिए आंदोलन

गोविंदाचार्य का जुलाई, 2009 में दैनिक जागरण और भारतीय पक्ष में एक लेख छपा, जिसमें उन्होंने केंद्रीय बजट का 7 प्रतिशत सीधे ग्राम पंचायतों को देने की माँग की थी। उनकी इस माँग के समर्थन में पूरे देश में आंदोलन हुआ। इस दिशा में राष्ट्रीय स्वाभिमान आंदोलन की ओर से मार्च, 2010 में आयोजित सांकेतिक उपवास का कार्यक्रम उल्लेखनीय रहा। 9 मार्च, 2010 से लेकर 11 मार्च, 2010 के बीच तीन दिन के इस सांकेतिक उपवास में देश भर से सभी धाराओं के लोग आए। नर्मदा आंदोलन की नेता मेधा पाटकर, तब सूचना के अधिकार को लेकर काम कर रहे अरविंद केजरीवाल, किसान नेता वीरेंद्र सिंह सहित कई समाजसेवी और बुद्धिजीवी इस माँग के समर्थन में आगे आए। इस मुद्दे पर आगे भी कई प्रकार के धरने-प्रदर्शन और संगोष्ठियाँ आयोजित की गईं। पूरे अभियान का परिणाम यह हुआ कि पंचायतों को संसाधन मुहैया कराने की बात को सरकार में गंभीरता से लिया जाने लगा और आगे चलकर इसे कमोबेश लागू भी किया गया।

काला धन

देश की राजनीति में काले धन के जिस मुद्दे ने भूचाल ला दिया, उसकी चिनगारी सुलगाने में राष्ट्रीय स्वाभिमान आंदोलन की महत्त्वपूर्ण भूमिका थी। अपनी मूल प्रवृत्ति के अनुरूप राष्ट्रीय स्वाभिमान आंदोलन ने इस दिशा में देश भर में सक्रिय समूहों के बीच संवाद, सहमति और सहकार के लिए पूरा प्रयास किया। समाचार-पत्रों की सुर्खियों से यह मुद्दा बेशक अब गायब सा हो गया है, लेकिन राष्ट्रीय स्वाभिमान आंदोलन के लिए यह अब भी बहुत महत्त्वपूर्ण है।

स्वदेशी का मुद्दा

काला धन और भ्रष्टाचार के साथ-साथ राष्ट्रीय स्वाभिमान आंदोलन के लिए स्वदेशी का मुद्दा भी महत्त्वपूर्ण रहा। अपनी स्थापना के समय से ही इस पर काम

किया गया। चूँकि अब स्वदेशी जागरण मंच का ध्यान मुख्यत: अंतरराष्ट्रीय मुद्दों पर केंद्रित हो गया है, इसलिए देश में स्वदेशी की अलख जगाने के लिए राष्ट्रीय स्वाभिमान आंदोलन विशेष रूप से सक्रिय हो गया है। कोकाकोला प्लांट के खिलाफ केरल के प्लाचीमड़ा में जब ग्रामीणों ने आंदोलन शुरू किया तो उनके लिए देश भर में समर्थन जुटाने का काम गोविंदाचार्य ने विशेष रूप से किया। इसी तरह देश में चीनी माल के बहिष्कार में भी राष्ट्रीय स्वाभिमान आंदोलन ने बढ़-चढ़कर भाग लिया। इसके लिए 17 राज्यों में कुल 435 कार्यक्रम किए गए। के.वी. बिज्जू इस समय स्वदेशी से जुड़े मुद्दों के लिए राष्ट्रीय स्वाभिमान आंदोलन के प्रभारी हैं। आंदोलन के साथ-साथ स्वदेशी आंदोलन का एक रचनात्मक पक्ष भी है। इसके तहत देश भर में कम पूँजी, कम लागत के प्रकल्पों को बढ़ावा देने के लिए कई तरह से प्रयास किया जाता है।

गोरक्षा आंदोलन

कर्नाटक स्थित श्रीरामचंद्रपुर मठ शिमोगा में 21 से 29 अप्रैल, 2007 के दौरान 'विश्व गौ सम्मेलन' का आयोजन किया। इस विशाल आयोजन की तैयारी के लिए बंगलुरु, दिल्ली, मुंबई और कोलकाता में कार्यालय खोले गए। इस सम्मेलन के संयोजन में गोविंदाचार्य ने भी अपनी भूमिका निभाई। इस आयोजन के बाद भी गोविंदाचार्य अपने देशव्यापी प्रवास के दौरान गोरक्षा और गोसेवा में जुटे हुए अनेक संतों और गोभक्तों से मिलते रहे। 7 नवंबर, 2014 को उन्होंने दिल्ली में कुछ प्रमुख गोभक्तों की बैठक बुलाई और सबके सामने—'गोमाता के निर्देशपत्र' का प्रारूप विचारार्थ प्रस्तुत किया। सभी ने इस निर्देशपत्र को स्वीकार किया और तय किया कि इसे देश भर में संतों एवं गोभक्तों को भेजा जाए। सभी की राय बनी कि गोरक्षा के मुद्दे पर एक स्वतंत्र आंदोलन चलाया जाए। गोविंदाचार्य को इसका संरक्षक और सुरेंद्र सिंह बिष्ट को संयोजक मनोनीत किया गया।

आगे चलकर 23 जून, 2016 को पथमेड़ा गोधाम के संस्थापक पूज्य स्वामी दत्तशरणानंद जी महाराज के मार्गदर्शन में ऋषिकेश में एक बैठक हुई। इसमें अनेक संतगण और गोभक्त उपस्थित थे। इस बैठक में गोरक्षा और गोसेवा में संलग्न सभी संगठनों को एक साथ लाकर 'भारतीय गोसेवा संकल्प समिति' बनाने का निर्णय हुआ। इसी के तत्त्वावधान में दिल्ली में 1966 के बलिदानी गोभक्तों की श्रद्धांजलि सभा आयोजित करने का निर्णय लिया गया।

7 नवंबर, 2016 के दिन ठीक 50 साल बाद दिल्ली में उसी संसद् मार्ग पर, जहाँ पर 1966 के आंदोलन में गोभक्त हुतात्मा हुए थे, बलिदानी गोभक्तों के लिए श्रद्धांजलि सभा आयोजित हुई। इसमें देशभर से सैकड़ों संतगण और लगभग 5 हजार गोभक्त उपस्थित रहे। श्रद्धांजलि सभा की अध्यक्षता पुरी के पूज्य शंकराचार्य स्वामी निश्चलानंद सरस्वती महाराज ने की। सभी संतों की ओर से मलूक पीठ के प्रमुख पूज्य स्वामी राजेंद्र दास जी महाराज ने मुख्य उद्‌बोधन दिया। सभा को गोविंदाचार्य के अलावा डॉ. सुब्रमण्यम स्वामी ने भी संबोधित किया। सभा के बीच में गोविंदाचार्य जी के नेतृत्व में कुछ गोभक्तों ने विजय चौक पर जाकर बलिदानी गोभक्तों को श्रद्धा सुमन अर्पित किए। सभा के पश्चात् 'गोमाता का निर्देशपत्र' केंद्र सरकार के प्रतिनिधियों को सौंपा गया।

आंदोलन को रचनात्मक आयाम देते हुए 7 नवंबर, 2017 से 'गोसेवा संगम' की शुरुआत की गई। इसके अंतर्गत गोसंवर्धन और गो-आधारित प्राकृतिक कृषि पर विशेष ध्यान दिया जा रहा है। गोसंवर्धन के लिए नंदीशाला बनाने और लाभदायी गोपालन व्यवसाय के मॉडल्स खड़े करने की दिशा में कई काम शुरू हुए हैं।

किसान आंदोलन

किसानों के मुद्दे को लेकर राष्ट्रीय स्वाभिमान आंदोलन हमेशा से सक्रिय रहा है। किसानों के भूमि अधिग्रहण के मुद्दे पर गोविंदाचार्य संसदीय समिति के सम्मुख स्वयं उपस्थित हुए और प्रस्तावित कानून के विरोध में अपना पक्ष रखा, जिसके चलते वह बिल लागू नहीं हो पाया। किसानों की लड़ाई के लिए किसान खुद आगे आएँ, इसके लिए राष्ट्रीय स्वाभिमान आंदोलन ने देश भर के 130 से अधिक किसान संगठनों को संगठित किया है। ये सभी संगठन 'किसान महासंघ' के नाम से साझा मंच बनाकर अपना काम कर रहे हैं। इनकी अगुवाई शिवकुमार शर्मा कर रहे हैं। आर.सी.ई.पी. समझौते का विरोध और स्वामीनाथन कमेटी की सिफारिशों को लागू करवाने के लिए महासंघ विशेष रूप से सक्रिय है।

कश्मीर हमारा, कश्मीरी भी हमारे

अभी गत वर्ष राष्ट्रीय स्वाभिमान आंदोलन की ओर से—'कश्मीर हमारा और कश्मीरी भी हमारे' के नाम से एक मुहिम चली, जिसके लिए कई गंभीर उपाय किए गए। इस संदर्भ में जहाँ एक ओर राष्ट्रीय स्वाभिमान आंदोलन के लोगों ने कश्मीर की

यात्रा कर के वहाँ की सिविल सोसाइटी से संवाद स्थापित किया, वहीं कश्मीरियों को भी देश के विभिन्न शहरों में बुलाकर उन्हें अपनी बात रखने का मौका दिया।

वर्तमान और भविष्य

अपनी स्थापना के बाद से लेकर अब तक जन–सरोकार से जुड़ा शायद ही ऐसा कोई मुद्दा होगा, जिस पर राष्ट्रीय स्वाभिमान आंदोलन ने अपनी सहयोगी संगठनों के साथ आवाज न उठाई हो। इस समय राष्ट्रीय स्वाभिमान आंदोलन 'सेव वेस्र्टन घाट' नामक अभियान को लेकर विशेष रूप से सक्रिय है। इसके तहत वेस्टर्न घाट से जुड़े पूरे क्षेत्र में, विशेष रूप से गुजरात, महाराष्ट्र और गोवा में वेस्टर्न घाट की प्राकृतिक संपदा को बचाने के लिए आंदोलन चल रहा है।

अब तक का सफर

राष्ट्रीय स्वाभिमान आंदोलन की अब तक की यात्रा को समझने की दृष्टि से तीन हिस्सों में बाँटा जा सकता है। इसका पहला हिस्सा 2004 से लेकर 2008 तक है, जब गोविंदाचार्य स्वयं इसके संयोजक थे। इस दौरान आंदोलन का झुकाव व्यवस्था परिवर्तन के मुद्दे पर अधिक था। चुनावी राजनीति से पर्याप्त दूरी बनाकर रखी गई, लेकिन कहीं–न–कहीं सबको लगता था कि इस सबकी परिणति राजनीतिक प्रयोग में ही होगी। संघ और भा.ज.पा. पृष्ठभूमि के बहुत सारे कार्यकर्ता इस दौरान आंदोलन से जुड़े हुए थे।

राष्ट्रीय स्वाभिमान आंदोलन के लिए दूसरा महत्त्वपूर्ण कालखंड 2008 से लेकर 2012 तक का है। बताते चलें कि 2008 में गोविंदाचार्य ने राष्ट्रीय स्वाभिमान आंदोलन के राष्ट्रीय संयोजक का दायित्व छोड़ दिया और वे इसके संरक्षक की भूमिका निभाने लगे। समय–समय पर राष्ट्रीय स्वाभिमान आंदोलन के नए–नए संयोजक बनते रहे, किंतु इसकी विचारधारा और गतिविधियों पर गोविंद जी का प्रभाव पहले जैसा ही बना रहा। बस अंतर इतना हुआ कि संरक्षक के रूप में दैनंदिन गतिविधियों से उन्होंने स्वयं को दूर कर लिया। इस कालखंड में आंदोलन ने देश में व्यवस्था परिवर्तन या व्यापक सुधार की मुहिम में कैटालिस्ट की भूमिका निभाई।

2012 के बाद राष्ट्रीय स्वाभिमान आंदोलन ने अपने सांगठनिक विस्तार पर अधिक ध्यान देना शुरू किया। बसवराज पाटिल बीरापुर के व्यापक प्रवास के कारण इस समय आंदोलन का सांगठनिक ढाँचा लगभग पूरे देश में फैल चुका है। इस समय

कार्यकर्ताओं में अधिसंख्यक संघ पृष्ठभूमि से बाहर के हैं। इस ढाँचे को वैचारिक रूप से धारदार बनाने में पवन श्रीवास्तव लगातार सक्रिय हैं। आनेवाले समय में देश के लोगों को यह आंदोलन अपनी ओर खींच सके, सबके मन में अपनी निर्णायक भूमिका के प्रति विश्वास पैदा कर सके, इसके लिए आंदोलन के नेता और कार्यकर्ता क्या करेंगे, यह देखना दिलचस्प होगा।

✤ भारत विकास संगम

भूमंडलीकरण के खतरों से निपटने के लिए गोविंदाचार्य ने अध्ययन अवकाश लिया था। इस काम में राजनीति और बड़े संगठनों की सीमा को वे अच्छे से समझ चुके थे, इसलिए वहाँ से उन्हें कुछ खास उम्मीद नहीं थी। उन्हें यह प्रश्न बराबर परेशान कर रहा था कि जब सरकार, राजनीतिक दल और बड़े-बड़े संगठन यह काम नहीं कर सकते तो आखिर इसे कौन और कैसे करेगा। इस प्रश्न का उत्तर ढूँढ़ते-ढूँढ़ते उनका ध्यान देश के छोटे-बड़े उन तमाम सामाजिक संगठनों और व्यक्तियों पर गया, जो समाज की ताकत को आधार बनाकर अपनी सूझ-बूझ से बहुविध क्षेत्रों में विकास का रचनात्मक काम कर रहे थे। उन्होंने महसूस किया कि यदि जमीन से जुड़े इन संगठनों और व्यक्तियों के बीच संवाद और समन्वय स्थापित कर दिया जाए तो एक बड़ी ताकत खड़ी हो सकती है, जिसके सहारे न केवल भूमंडलीकरण के खतरों से निपटा जा सकेगा, बल्कि देश के सामने विकास का एक वैकल्पिक मॉडल भी प्रस्तुत किया जा सकेगा। इस समझ के साथ गोविंदाचार्य ने 'भारत विकास संगम' की परिकल्पना को आकार देना शुरू किया।

इस दिशा में सबसे पहले बनारस की संस्था 'सुरभि शोध संस्थान' ने उनका ध्यान विशेष रूप से आकर्षित किया। बनारस का होने के कारण वे पहले से ही इस संस्था और इसके लोगों से परिचित थे। धीरे-धीरे उन्होंने यहाँ और समय देना शुरू किया। वे चाहते थे कि व्यवस्था परिवर्तन की मुहिम का रचनात्मक पक्ष लोगों को यहाँ साक्षात् देखने को मिले। देखते-देखते विचार को आकार मिलना शुरू हो गया और अंततः नवंबर, 2004 में भारत विकास संगम के पहले सम्मेलन के साथ यह सबके सामने था। जब भारत विकास संगम की शुरुआत हुई, उस समय वर्ल्ड सोशल फोरम की बड़ी चर्चा थी, जिसकी ओर से पूरी दुनिया में भूमंडलीकरण और पूँजीवाद के खिलाफ मुहिम चलाई जा रही थी। कई जानकार लोगों का मानना था कि यह मुहिम वास्तव में दुनिया की पूँजीवादी ताकतों के लिए एक सेफ्टी वाल्व का काम कर

रही है। इसलिए जब भारत विकास संगम की शुरुआत हुई तो एक बड़े वर्ग ने इसे वर्ल्ड सोशल फोरम के भारतीय विकल्प के रूप में देखा। भूमंडलीकरण के विरोध का भी भूमंडलीकरण न हो, बल्कि उसका निदान प्रत्येक देश और समाज अपनी तासीर और तेवर के साथ करे, भारत विकास संगम का जन्म इस बुनियादी सोच के साथ हुआ।

विचार एवं मान्यताएँ

गोविंदाचार्य का मानना है कि पूँजीवाद के जिस अमेरिकी मॉडल को भूमंडलीकरण के नाम से पूरी दुनिया के सिर थोपने की कोशिश हो रही है, उसे न तो मनुष्य की, न तो उसके सुख की और न ही समाज और प्रकृति की कोई परवाह है। इसकी सोच आक्रामक, पाशविक, प्रकृति एवं मानव विरोधी है। इसके लक्षण हैं केंद्रीयकरण, वैश्वीकरण, एकरूपीकरण एवं बाजारीकरण। इस व्यवस्था में अर्थसत्ता को सर्वोपरि बनाकर राजसत्ता का उपयोग किया जाता है। इस प्रक्रिया में समाजसत्ता तथा धर्मसत्ता को नष्ट करके आसुरी संपदा और आसुरी साम्राज्य बनाने की कोशिश होती है। इन सबके प्रतिकार के लिए गोविंदाचार्य विकेंद्रीकरण, विविधीकरण, स्थानिकीकरण और बाजार मुक्ति को आधार बनाना चाहते हैं। इस बुनियादी सोच के साथ भारत विकास संगम की दूसरी मान्यताएँ भी विकसित हुई हैं। इनमें से कुछ इस प्रकार हैं—

समाज आगे, सत्ता पीछे चले

भारतीय परंपरा में समाज की दिशा तय करने की जिम्मेदारी राजसत्ता के पास नहीं, बल्कि समाज के पास होती थी। राजसत्ताएँ बदलती रहती थीं, लेकिन समाजसत्ता की निरंतरता में कोई बाधा नहीं आती थी। समाजसत्ता को चलाने के लिए समाज ने अपनी संस्थाएँ विकसित कर रखी थीं। विदेशी शासन में समाजसत्ता की प्रतिनिधि संस्थाओं को कमजोर करने की प्रक्रिया शुरू हुई, जो कमोबेश आज भी जारी है। जब हम विकास की जिम्मेदारी को राजसत्ता के हवाले कर देते हैं, तब प्राय: विकास का मकसद आम जनता का हित न होकर शासक वर्ग और थैलीशाहों का हित हो जाता है। इसे रोकने के लिए जरूरी है कि राजसत्ता से स्वतंत्र रहते हुए समाज अपनी प्रभावशाली स्वायत्त संस्थाएँ विकसित करे। प्राचीन सामाजिक संस्थाओं को भी युगानुकूल बनाकर उन्हें मजबूत करना जरूरी है। विकास के संदर्भ में इन सामाजिक

संस्थाओं की सोच और मान्यता ही राजसत्ता की सोच और मान्यता के रूप में सामने आनी चाहिए।

समृद्धि और संस्कृति का समन्वय जरूरी

समृद्धि के पैमाने पर अयोध्या से बहुत आगे थी सोने की लंका। फिर भी भारतीय जनमानस में अयोध्या को आदर्श माना गया, लंका को नहीं। अयोध्या में समृद्धि और संस्कृति के बीच समन्वय था, जबकि लंका उन्मुक्त उपभोग की नगरी थी। उन्मुक्त उपभोग विनाश की ओर ले जाता है, यह आम भारतीय समझ है। भारत में विकास का मतलब है शरीर, मन, बुद्धि, आत्मा का संतुलित सुख। यहाँ आंतरिक एवं बाहरी अमीरी का संतुलन आवश्यक है। यह संतुलन साधे बगैर समाज में विकास की बात करना बेमानी होगा। हमें उस समृद्धि से बचना होगा जो कमजोर के मुँह का निवाला छीन ले, संबंधों की मर्यादा खत्म कर दे और हमारे सनातन मूल्यों को नष्ट कर दे।

प्रकृति केंद्रित विकास हो

स्वस्थ विकास का संबंध मनुष्य के साथ-साथ जमीन, जल, जंगल और जानवर से भी जुड़ा है। इनकी उपेक्षा करके विकास की परिभाषा गढ़ेंगे तो वह टिकाऊ नहीं होगी। जरूरत इस बात की है कि विकास प्रकृति को ध्यान में रखकर किया जाए, न कि अकेले मानव मात्र को ध्यान में रखकर। प्रकृति में हर जीव और पदार्थ की अपनी एक अलग और विशेष भूमिका है। अगर इस चक्र के किसी भी अंग को नुकसान हुआ तो पूरे चक्र का गड़बड़ाना तय है और उसके दुष्परिणामों से मनुष्य बच नहीं पाएगा।

अंतिम व्यक्ति के हित को वरीयता मिले

यदि विकास के पहिए को सही पटरी पर लाना है तो भूख और बेरोजगारी को मिटाना हमारी पहली प्राथमिकता होनी चाहिए। आज भी देश की एक बड़ी आबादी को दो वक्त की रोटी नहीं मिल पाती। उनकी इस स्थिति के लिए यदि हम विकास के मौजूदा मॉडल को दोषी ठहराएँ तो गलत नहीं होगा। हमें विकास की ऐसी अवधारणा पर काम करना होगा, जिसमें हर हाथ को काम मिल सके। इसके लिए हमें कम पूँजी, कम लागत में चलने वाले रोजगार को बढ़ाने की दिशा में काम करना होगा। इसके लिए जीवन के हर पहलू में बाजार की घुसपैठ को रोकना भी जरूरी है।

पारंपरिक ज्ञान और जीवन-मूल्यों की उपेक्षा न हो

भारत में विकास के नाम पर पारंपरिक ज्ञान और जीवनशैली को जाने-अनजाने नष्ट करने के प्रयास हो रहे हैं। खेती-किसानी में यह बात साफ दिखाई देती है। परिवार की इकाई कमजोर होती जा रही है। अलगाव बढ़ता जा रहा है। लोग आत्मकेंद्रित होते जा रहे हैं। इसका असर समाज में साफ तौर पर दिखने लगा है। भय और असुरक्षा का माहौल बढ़ता जा रहा है। सोचने का दायरा सिमटकर रह गया है। अपने स्वार्थ के लिए कुछ भी करने की मानसिकता में आज लोग आ गए हैं। भारत का वास्तविक विकास करना है तो यहाँ ऐसी नीतियों को अपनाया जाना चाहिए, जिनसे पारंपरिक ज्ञान और जीवन-मूल्यों को मजबूती मिले।

चाहत से देशी, जरूरत से स्वदेशी और मजबूरी में विदेशी

देश के आर्थिक विकास के लिए स्वदेशी की अवधारणा हमेशा उपयोगी रहेगी। भूमंडलीकरण के नाम पर विदेशी वस्तुओं और सेवाओं को कितना ही बढ़ावा क्यों न दिया जाए, हमें यह नहीं भूलना चाहिए कि हम अपने लोगों को काम दिए बिना दुनिया में टिक नहीं सकते। जो वस्तुएँ और सेवाएँ हम सहज ही बना सकते हैं, उसके लिए विदेशों पर निर्भर होना बुद्धिमानी नहीं कही जा सकती। यह प्रवृत्ति हमें खोखला कर देगी। हमारा नारा होना चाहिए—'चाहत से देशी, जरूरत से स्वदेशी और मजबूरी में विदेशी।' अर्थात् जो वस्तुएँ और सेवाएँ हमें अपने आसपास मिल सकती हैं, उन्हें हम स्थानीय स्तर पर ही पूरी करें। जब हम स्थानीय स्तर पर अपनी जरूरत पूरी न कर सकें तो देश में निर्मित वस्तुओं और सेवाओं को तरजीह दें। जब हमारी जरूरत की चीज देश में न मिले, तब मजबूरी में हमें विदेशी वस्तुओं और सेवाओं की ओर रुख करना चाहिए। यह मजबूरी कैसे कम हो, इस ओर भी हमारा ध्यान रहना चाहिए।

अखिल भारतीय संगमों की शृंखला

सोनिया प्रकरण से मिली ताजी-ताजी सफलता को गोविंदाचार्य ने राजनीति में आगे बढ़ने का जरिया नहीं बनाया। वे इस ताकत का इस्तेमाल समाज को मजबूत बनाने के लिए करना चाहते थे। इसके लिए उन्होंने 'भारत विकास संगम' के विचार को तेजी से आगे बढ़ाया, जिसमें स्थानीय प्रयासों को किसी सांगठनिक ढाँचे में बाँधने की बजाय उनके बीच संवाद और समन्वय को ज्यादा महत्त्व दिया गया। गोविंदाचार्य एक नए प्रकार के कुंभ की नींव डालना चाहते थे। वे एक संगम करना चाहते थे, जहाँ

देश की सृजनशील शक्तियाँ अपने अनुभवों को साझा करते हुए आगे का रास्ता खुद तय कर सकें। इसके लिए भारत विकास संगम की योजना बनाई गई, जिसे हर तीन-चार साल में देश के अलग-अलग हिस्सों में आयोजित करने का फैसला किया गया।

वाराणसी सम्मेलन—20-21 नवंबर, 2004

भारत विकास संगम का पहला सम्मेलन 20 नवंबर, 2004 को बनारस के हरहुआ नामक स्थान पर आयोजित हुआ। इसमें देश भर के 116 जिलों से 64 बहुविध रचनात्मक एवं आंदोलनात्मक प्रकल्पों से जुड़े 372 प्रतिनिधियों ने भाग लिया, जो विभिन्न वैचारिक धाराओं से जुड़े थे, लेकिन वहाँ आए सभी लोगों का कम-से-कम एक उद्देश्य साझा था और वह था देश के आम आदमी की जिंदगी को खुशहाल बनाते हुए देश को दुनिया का सिरमौर बनाना। ये वे लोग थे, जो सत्ता की राजनीति के खेल से दूर रहते हुए विभिन्न प्रकार के रचनात्मक कार्यों में निस्स्वार्थ भाव से लगे हुए थे। आँकड़ों के हिसाब से देखें तो भारत विकास संगम के इस सम्मेलन में आए लोगों की संख्या कोई बहुत अधिक नहीं थी, लेकिन आँकड़ों के परे का सत्य देखें तो इस छोटी सी संख्या के पीछे विशाल जन-ज्वार खड़ा दिखाई देता था। यहाँ आनेवाला व्यक्ति अपने आप में एक दुनिया समेटे हुए था। समाज को बदलने की अदम्य इच्छा व स्पष्ट चिंतन के साथ उसके मन में देश और समाज के प्रति पूर्ण समर्पण का भाव था। अपने प्रयोगों की सफलता से प्राप्त उत्साह और आत्मविश्वास के साथ सम्मेलन में आए प्रतिनिधि भारत के जन-जन के अंदर छिपी अक्षय ऊर्जा के प्रतीक थे। देश के कोने-कोने में काम कर रहे अपने जैसे तमाम लोगों को देखकर सभी में एक नए उत्साह का संचार हुआ। उन्हें अपने और अपने जैसे दूसरे लोगों के काम को देखने तथा समझने की एक नई दृष्टि प्राप्त हुई। सबसे महत्त्वपूर्ण बात यह हुई कि प्रतिनिधियों को यह अहसास हुआ कि वे अलग-थलग नहीं हैं। भारत विकास संगम के पहले सम्मेलन में आकर उन्हें अपनी सामूहिक शक्ति और उसके दूरगामी प्रभाव का आकलन करने में मदद मिली।

चुनार सम्मेलन : 4-6 जनवरी, 2008

भारत विकास संगम का दूसरा सम्मेलन उत्तर प्रदेश के मिर्जापुर जिले में चुनार नामक स्थान पर हुआ। पिछले संगम की तुलना में यहाँ आए लोगों की तादाद ज्यादा थी। देश भर के 90 छोटे-बड़े संगठन, संस्था और प्रकल्पों से जुड़े साढ़े पाँच सौ से

ज्यादा प्रतिनिधियों ने सम्मेलन में हिस्सा लिया, जो देश भर के 25 राज्यों से आए थे। गौशाला, जैविक खेती, कुटीर उद्योग और गुरुकुल की अवधारणाओं को अपने आँचल में समेटे हुए सुरभि शोध संस्थान की मेजबानी ने सभी प्रतिनिधियों के मन में आशा और उत्साह का संचार किया। उन्हें लगा कि जो बातें सम्मेलन में कही गई हैं, वे किताबी नहीं हैं। यदि संकल्प-शक्ति मजबूत हो और इरादे नेक हों तो समाज का साथ मिलता है और तब कुछ भी असंभव नहीं रह जाता। किताबी बातें भी जमीन पर उतर आती हैं। चुनार सम्मेलन के दौरान ही यह तय किया गया कि भारत विकास संगम का तीसरा सम्मेलन दिसंबर, 2010 में कर्नाटक राज्य के गुलबर्गा (कलबुर्गी) जिले में किया जाएगा। इसी के साथ भारत विकास संगम के राष्ट्रीय संयोजक का दायित्व बसवराज पाटिल को सौंप दिया गया, जो पूर्व में कर्नाटक भा.ज.पा. के प्रदेश अध्यक्ष रह चुके थे, किंतु अब पूरी तरह से सामाजिक कार्यों में रम गए थे।

गुलबर्गा सम्मेलन : 23 दिसंबर, 2010 से 1 जनवरी, 2011

बसवराज पाटिल के नेतृत्व में 23 दिसंबर, 2010 से लेकर 1 जनवरी, 2011 के बीच भारत विकास संगम का तीसरा सम्मेलन आयोजित हुआ। इस बार इसमें भाग लेनेवालों की संख्या सैकड़ों और हजारों में नहीं, बल्कि लाखों में थी। यह सम्मेलन अब कुछ समाजसेवियों में न सिमटकर जन-जन का सम्मेलन हो गया था। इसमें विकास के विभिन्न पहलुओं के जानकार लोगों, समाजसेवियों, धर्मगुरुओं, राजनेताओं, विद्यार्थियों के साथ-साथ गुलबर्गा और आसपास के जिलों की आम जनता की भरपूर भागीदारी रही। लगभग 100 एकड़ के क्षेत्रफल में फैले सम्मेलन स्थल में मुख्य सभास्थल के साथ-साथ समानांतर सत्रों और विभिन्न प्रकार की प्रदर्शनियों के लिए भी व्यवस्था की गई थी। दस दिन के सम्मेलन में मातृशक्ति, ज्ञानशक्ति, युवाशक्ति, उद्योग शक्ति, आरोग्यशक्ति, ग्राम एवं कृषिशक्ति, धर्मशक्ति तथा सेवाशक्ति को आधार बनाकर इसे सभी प्रतिभागियों के सामने स्पष्ट किया गया। राष्ट्रपति डॉ. कलाम और बाबा रामदेव के साथ-साथ सामाजिक जीवन के कई शीर्षस्थ लोगों ने सम्मेलन में भाग लिया। सम्मेलन का समापन 1 जनवरी, 2011 को भारत कुंभ के साथ हुआ।

कणेरी सम्मेलन : 19-25 जनवरी, 2015

भारत विकास संगम के राष्ट्रीय सम्मेलनों में कणेरी में आयोजित चौथे

कुछ स्मृतियाँ

पिता श्री नीलमेघाचार्य और माँ श्रीमती लक्ष्मी अम्माल

वाराणसी का वह मंदिर, जिसकी बगल में ऊपर के मकान में गोविंद जी माता–पिता के साथ रहते थे

काशी हिंदू विश्वविद्यालय के द्वार पर : गोविंद जी ने यहीं उच्च शिक्षा पूरी की

सर्वश्री अटल बिहारी वाजपेयी, लालकृष्ण आडवाणी, गोविंदाचार्य और कल्याण सिंह,
स्वर्ण जयंती रथयात्रा : 1997

बिहार आंदोलन के साथी श्री रामबहादुर राय के साथ : इंदिरा गांधी राष्ट्रीय कला केंद्र, दिल्ली 2018

विजयपुर (कर्नाटक) में भारत विकास संगम के एक कार्यक्रम का उद्घाटन : 25 दिसंबर, 2018

एक कार्यक्रम के दौरान गोविंद जी और कर्नाटक के मुख्यमंत्री श्री कुमारस्वामी

झारखंड के मुख्यमंत्री श्री रघुवर दास के साथ

पुराने साथी श्री एस. गुरुमूर्ति के निवास पर

मदुरै के एक मंदिर के प्रांगण में : 2017

घर में राम दरबार का पूजन

संपूर्ण क्रांति के विस्तार के लिए आयोजित एक सम्मेलन में : पटना, 2018

एस.जी.टी. यूनिवार्सिटी गुरुग्राम में डी.लिट्. की मानद उपाधि प्राप्त करते हुए गोविंद जी (एकदम दाएँ); बाएँ से : विश्वविद्यालय के कुलाधिपति श्री रामबहादुर राय और केंद्रीय मंत्री श्री नितिन गडकरी (2015)

प्रेरणा-पुरुष

श्रीगुरुजी

श्री बालासाहब देवरस

प्रो. राजेंद्र सिंह (रज्जू भैया)

श्री कुप.सी. सुदर्शन

श्री भाऊराव देवरस

श्री कुशाभाऊ ठाकरे

श्री यशवंतराव केलकर

श्री मदनदास देवी

सममेलन का विशेष स्थान है। यहाँ भारतीय धर्म, परंपरा और संस्कृति से भारत विकास संगम का सीधा जुड़ाव स्थापित हुआ। इस जुड़ाव के लिए संभवतः महाराष्ट्र के कोल्हापुर जिले के कणेरी गाँव में स्थित श्रीक्षेत्र सिद्धगिरि मठ से बढ़िया और कोई स्थान नहीं हो सकता था। यह मठ गौपालन, कृषि, मूर्तिकला, आयुर्वेद और ग्रामीण संस्कृति के पोषण एवं संवर्धन के लिए विख्यात है। मठ के आसपास के सैकड़ों एकड़ क्षेत्र में सम्मेलन का आयोजन हुआ। 19 से 25 जनवरी के बीच आयोजित इस सम्मेलन में 40 एकड़ में कृषि का एक सजीव मॉडल बनाया गया था, जहाँ दिखाए गए लखपति खेती के मॉडल को लोगों ने खूब पसंद किया। इस बार के सम्मेलन को 'भारतीय संस्कृति उत्सव' का नाम दिया गया था। अपने नाम के अनुरूप यहाँ देश के कोने-कोन से कलाकरों के समूह बुलाए गए, जिन्होंने अपनी मनोहारी प्रस्तुति से सभी के मन में भारतीय कला और संस्कृति के प्रति अनुराग पैदा कर दिया। अण्णा हजारे, बाबा रामदेव, प्रख्यात वैज्ञानिक विजय भटकर के अलावा सामाजिक-राजनीतक क्षेत्र के कई दिग्गज लोगों की उपस्थिति ने सम्मेलन को एक नई ऊँचाई प्रदान की। इसी के साथ कणेरी मठ के मठाधिपति स्वामी काडसिद्धेश्वर के कर्मठ और प्रेरक व्यक्तित्व ने सभी के मन में एक नए प्रकार का उत्साह और शुभ संकल्प जगाने का काम किया।

विजयपुर सम्मेलन : 24-31 दिसंबर, 2018

कणेरी के सम्मेलन ने भारत विकास संगम में दक्षिण भारत के संतों की रुचि बढ़ा दी। कणेरी सम्मेलन पूरा होने के कुछ समय पश्चात् ही कोल्हापुर के पड़ोसी जिले बीजापुर (कर्नाटक) से एक प्रस्ताव आया। वहाँ के लोकप्रिय संत श्री सिद्धेश्वर स्वामी ने पाँचवाँ विकास संगम बीजापुर में करने का सुझाव दिया। उनके सुझाव को आदेश मानते हुए बसवराज पाटिल ने इसकी तैयारियाँ शुरू कर दीं। बीजापुर के भा.ज.पा. नेता बसवगौड़ा पाटिल यत्नाल ने इसमें अपना भरपूर योगदान दिया। बीजापुर शहर से बाहर एक गौशाला के पास कार्यक्रम स्थल बनाया गया। गुलबर्गा और कणेरी की परंपरा को आगे बढ़ाते हुए इस सम्मेलन में समाजसेवियों, उद्यमियों, वैज्ञानिकों, राजनीतिज्ञों, कलाकारों, संतों सहित समाज के प्रत्येक वर्ग को प्रतिनिधित्व दिया गया। कर्नाटक के बाहर से आए प्रतिनिधियों के बीच संवाद की प्रक्रिया को सुचारू रूप से संचालित करने के लिए विशेष व्यवस्था की गई थी। इस बार के सम्मेलन की विशेषता थी कि इसमें भारत के बाहर जापान से भी कुछ प्रतिनिधि आए

थे। एक उत्सव के माहौल में समाज–सुधार और अक्षय विकास के संदेश कैसे सहज ढंग से दिए जा सकते हैं, इसे बीजापुर के सम्मेलन ने बखूबी कर दिखाया। सच कहें तो बीजापुर में एक नए प्रकार का कुंभ आकार लेता हुआ दिखाई दिया।

सांगठनिक ढाँचा एवं कार्यपद्धति

भारत विकास संगम की संरचना किसी पारंपरिक संगठन से बिल्कुल अगल है। यह कोई ऐसा केंद्रीकृत संगठन नहीं है, जिसमें पदाधिकारियों की एक लंबी–चौड़ी फौज हो और जिसका कोई एकच्छत्र नेता हो। पारंपरिक अर्थों में भारत विकास संगम अपने आप में कोई संगठन ही नहीं है, बल्कि यह रचनात्मक कार्य कर रहे व्यक्तियों एवं संगठनों का एक खुला मंच है। इस मंच के माध्यम से सज्जनशक्तियों के बीच संवाद, सहमति और सहकार के लिए प्रयास किया जाता है। भारत विकास संगम की सदस्यता उन प्रकल्पों को दी जाती है, जो किसी व्यक्ति या संस्था द्वारा समाज के सहयोग से चलाए जा रहे हैं। इससे जुड़नेवाले प्रकल्पों को दो प्रकार की सदस्यता दी जाती है। पहली सहभागी सदस्यता और दूसरा प्रतिनिधि सदस्यता।

वे रचनात्मक प्रकल्प जो भारत विकास संगम द्वारा आयोजित कार्यक्रमों में आते हैं और संवाद की प्रक्रिया में भाग लेते हैं, उन्हें सहभागी सदस्य कहा जाता है। इसमें कोई भी संस्था या व्यक्ति शामिल हो सकता है। दूसरी श्रेणी में वे प्रकल्प आते हैं, जिन्होंने अपनी जगह पर रचनात्मक कार्य का एक विशेष उदाहरण प्रस्तुत किया है। ये प्रकल्प कार्यक्रमों में भाग लेने के साथ–साथ सांगठनिक जिम्मेदारियाँ भी निभाते हैं। इनके प्रतिनिधि सांगठनिक बैठकों में हिस्सा लेते हैं। प्रतिनिधि प्रकल्प के लिए यह आवश्यक होता है कि वह भारत विकास संगम की मान्यताओं में पूर्ण विश्वास रखे। हालाँकि प्रकल्प के अपने अंदरूनी मामलों में भारत विकास संगम की ओर से कोई हस्तक्षेप नहीं किया जाता है। इस समय भारत विकास संगम से जुड़े हुए चार प्रतिनिधि सदस्य हैं—1. सुरभि शोध संस्थान, वाराणसी (उत्तर प्रदेश), 2. कोत्तल बसवेश्वर भारतीय शिक्षण समिति, कलबुर्गी (कर्नाटक), 3. वंदे मातरम् फाउंडेशन, हैदराबाद (तेलंगाना) और 4. शिवगंगा समग्र ग्राम विकास परिषद, झाबुआ (मध्य प्रदेश)।

भारत विकास संगम के सांगठनिक ढाँचे में केंद्र से लेकर प्रांत और जिलों के स्तर पर संयोजक, सहसंयोजक, संगठन सचिव, कार्यकारी सदस्य एवं कार्यकर्ताओं की टीम काम करती है। अधिकतर कार्यकर्ता एवं पदाधिकारी निजी स्तर पर किसी–न–किसी सामाजिक प्रकल्प से जुड़े होते हैं, हालाँकि यह कोई अनिवार्य शर्त नहीं

है। अखिल भारतीय संयोजक की सहायता के लिए 12 सदस्यों की एक राष्ट्रीय कार्यकारिणी है, जो लगभग हर तीन महीने पर मिलकर सभी आवश्यक निर्णय लेती है। चूँकि भारत विकास संगम कोई औपचारिक संगठन नहीं है, इसलिए इसका कोई बैंक खाता भी नहीं है। इस कारण संगठन से जुड़े सभी खर्च जरूरत पड़ने पर चंदे के रूप में जुटाए जाते हैं। प्राय: यह खर्च प्रतिनिधि सदस्य स्वयं उठा लेते हैं।

भारत विकास संगम 'थिंक ग्लोबली, ऐक्ट लोकली' के सिद्धांत पर काम करने की बात करता है। गोविंदाचार्य ने इसके लिए जिला विकास संगम का सूत्र दिया है। उनका लोकप्रिय नारा है—'मेरा गाँव मेरा देश, मेरा जिला मेरी दुनिया'। भारत विकास संगम के राष्ट्रीय सम्मेलन, जहाँ एक ओर सृजन शक्तियों के बीच संवाद और सहमति के लिए आयोजित किए जाते हैं, वहीं जिला विकास संगम की परिकल्पना स्थानीय स्तर पर सहकार के लिए बनाई गई है। इसके अंतर्गत प्रयास किया जाता है कि जिले की सिविल सोसाइटी अपने जिले की मजबूती और कमजोरी को समझते हुए उसके विकास के लिए स्वयं पहल करे। इसके लिए समय-समय पर प्रशिक्षण शिविर आयोजित किए जाते हैं, जिसमें स्थानीय स्तर पर काम करने के तौर-तरीके सिखाए जाते हैं। राष्ट्रीय सम्मेलनों और प्रशिक्षण कार्यक्रमों के साथ-साथ बसवराज पाटिल ने प्रतिवर्ष सृजन शक्ति संगम की शुरुआत की है, जिसमें ऐसे लोगों को बुलाया जाता है, जिनका सकारात्मक प्रभाव कम-से-कम एक लाख से अधिक लोगों पर है। इसी तरह उन्होंने शहरी विकास संगम की अवधारणा पर भी काम प्रारंभ किया है। इसके अंतर्गत बड़े शहरों की समस्याओं और उसके समाधान पर विशेष चर्चा की जाती है।

लेखा-जोखा एवं भविष्य

लगभग 4 वर्षों तक भारत विकास संगम एक प्रकार से राष्ट्रीय स्वाभिमान आंदोलन का रचनात्मक अंग था। 2008 में गोविंदाचार्य ने इसे राष्ट्रीय स्वाभिमान आंदोलन से अलग करके एक स्वतंत्र मंच का रूप दिया। इसी के साथ उन्होंने बसवराज पाटिल को इसका राष्ट्रीय संयोजक बना दिया। बसवराज पाटिल ने भारत विकास संगम को एक नई ऊँचाई दी। उनके द्वारा दक्षिण भारत में अब तक आयोजित तीन बड़े सम्मेलनों ने पूरे देश का ध्यान आकर्षित किया है। 2025 में अब तक का सबसे बड़ा सातवाँ भारत विकास संगम आयोजित करने के लिए वे अभी से सक्रिय हो गए हैं। यह सम्मेलन उनके जन्मस्थान कलबुर्गी जिले के सेडम तालुका में आयोजित होनेवाला है। हालाँकि अभी छठे सम्मेलन की तिथि और स्थान तय होना शेष है।

देश भर के रचनात्मक समूहों के बीच संवाद स्थापित करने का यह अपने तरह का सबसे बड़ा अभियान है। लाखों लोग इससे प्रेरित होकर अपने-अपने तरीके से काम कर रहे हैं। लेकिन अपनी तमाम उपलब्धियों के बीच भारत विकास संगम कुल मिलाकर गोविंदाचार्य और बसवराज पाटिल के व्यक्तिगत प्रयास और उनकी साख पर आधारित उपक्रम है। इसका सार्वजनिक उत्सव का स्वरूप हर तीन-चार साल में शून्य के बीच उत्पन्न होता है और फिर शून्य में विलीन हो जाता है। दो संगमों के बीच की कोई ठोस कार्ययोजना अभी तक आकार नहीं ले पाई है। इसके पीछे भारत विकास संगम के कार्यकर्ताओं के बीच एक द्वंद्व है। यहाँ कुछ लोग भारत विकास संगम को एक आंदोलन की तरह चलाना चाहते हैं, जबकि कुछ लोग इसे औपचारिक संस्था का रूप देना चाहते हैं। दोनों के अपने-अपने तर्क हैं। फिलहाल अभी इसे आंदोलन की तरह चलाने वालों का पलड़ा भारी है। वे भारत विकास संगम के विचार को किसी संस्था के मकड़जाल और उसके संभावित स्वार्थों के हवाले नहीं करना चाहते, भले ही इसकी कोई भी कीमत चुकानी पड़े।

✤ बौद्धिक उपक्रम

गोविंदाचार्य एक अध्ययनशील व्यक्ति हैं। उनके पिता नीलमेघाचार्य संस्कृत के प्रकांड विद्वान् थे। घर का माहौल ऐसा था कि भारतीय परंपरा के प्रमुख ग्रंथ वे बचपन से ही सहजता से पढ़ते गए। 'कल्याण' पत्रिका पढ़ने में उनकी बहुत रुचि थी। प्रचारक बनने के बाद उन्होंने संघ साहित्य का विशेष रूप से अध्ययन किया। गुरुजी, दीनदयाल उपाध्याय, दत्तोपंत ठेंगड़ी और देवेंद्र स्वरूप की लिखी पुस्तकों ने उन्हें संघ के वैचारिक अधिष्ठान को समझने में मदद की। इसी के साथ तिलक, महात्मा गांधी, विनोबा भावे, राम मनोहर लोहिया, जयप्रकाश नारायण, निराला, धीरेंद्र मजूमदार, सावरकर और एम.एन. राय जैसे विविध पृष्ठभूमि के भारतीय लेखकों को भी गोविंदाचार्य ने गंभीरता से पढ़ा। वैश्विक परिदृश्य को समझने के लिए उन्होंने जिन लेखकों को चुना, उनमें मार्क्स, मैक्सिम गोर्की, लिओन यूरिस और आएन रैंड प्रमुख हैं। ऐसी और भी बहुत सी किताबें हैं, जिन्होंने उन्हें वैचारिक परिपक्वता प्रदान की। इस दिशा में 2004 में आई जान परकिंग की किताब—'कन्फेशंस ऑफ ऐन एकोनामिक हिटमैन' ने उन्हें झकझोरकर रख दिया। इस तरह के हिटमैन का शिकार कभी भारत न बनने पाए, इसके लिए उन्होंने बाद के वर्षों में अपनी पूरी ताकत लगा दी।

व्यवस्था परिवर्तन की जिस मुहिम को गोविंदाचार्य ने अपने जीवन का उद्देश्य

बनाया, उसके लिए वे बौद्धिक, रचनात्मक और आंदोलनात्मक—तीन प्रकार की गतिविधियों को जरूरी बताते हैं। रचनात्मक और आंदोलनात्मक गतिविधियों की तरह बौद्धिक मामलों में भी वे एकांगी प्रयास की बजाय देश भर में चल रहे विविध प्रयासों के बीच संवाद और समन्वय पर अधिक जोर देते हैं। हालाँकि बौद्धिक गतिविधियों के समन्वय के लिए उन्होंने किसी एक संगठन का गठन नहीं किया, जैसा कि रचनात्मक और आंदोलनात्म गतिविधियों के लिए उन्होंने क्रमशः भारत विकास संगम और राष्ट्रीय स्वाभिमान आंदोलन को खड़ा किया है। देश भर में चल रही बौद्धिक गतिविधियों का समन्वय वे स्वयं करते हैं। इस भूमिका का निर्वहन करते हुए शोधार्थियों और विद्वानों को एक-दूसरे से जोड़ने में उनकी खूब रुचि रहती है। इसमें विद्यार्थी, प्रोफेसर, पत्रकार और स्वाध्यायी लोगों के साथ-साथ शोध एवं अध्ययन में लगी कई संस्थाएँ भी शामिल हैं।

गोविंदाचार्य की बौद्धिक गतिविधियाँ जिन उद्देश्यों के इर्द-गिर्द केंद्रित रहती हैं, उनमें से प्रमुख हैं—

1. मौजूदा व्यवस्था (संविधान, कानून, अर्थव्यवस्था तथा जीवन-मूल्य आदि) की विसंगतियों को उजागर करना।
2. भारतीय सभ्यता, संस्कृति से जुड़े विचार, तथ्य और मान्यताओं को भारतीय दृष्टि से जानने-समझने का प्रयास करना।
3. अतीत और वर्तमान को समझते हुए भविष्य के लिए ऐसे सूत्र विकसित करना, जिनसे मनुष्य, समाज और राष्ट्र, सभी के हित में अक्षय विकास का मार्ग प्रशस्त हो।

अपने उद्देश्य को प्राप्त करने के लिए गोविंदाचार्य स्वयं बहुत सक्रिय हैं। जहाँ मौका मिलता है, वे जनता के बीच जाकर अपनी बात को बड़े प्रशावशाली ढंग से रखते हैं। प्रायः अपनी बात कहने के पहले वे एक श्लोक पढ़ते हैं—"वसुदेव सुतं देवं कन्स चाणूर मर्दनम्, देवकी परमानन्दं विष्णुं वन्दे जगत् गुरुम्।" इस मंत्र का उच्चारण होते ही सभा में शांति छा जाती है और लोग गोविंदाचार्य की बात सुनने के लिए एकाग्रचित्त हो जाते हैं। देश भर में व्याख्यानों के अलावा उनके मार्गदर्शन में जो प्रमुख संस्थागत प्रयास हुए हैं या हो रहे हैं, उनका विवरण इस प्रकार है—

समाज नीति समीक्षण केंद्र (सेंटर फॉर पॉलिसी स्टडीज)

गोविंदाचार्य और एस. गुरुमूर्ति की पहल पर 1990 में एक शोध एवं अध्ययन

केंद्र स्थापित किया गया, जिसका नाम रखा गया 'समाजनीति समीक्षण' केंद्र अर्थात् सेंटर फॉर पॉलिसी स्टडीज। इस केंद्र के शुरुआती ट्रस्टियों में गोविंदाचार्य और गुरुमूर्ति के अलावा प्रो. एम.डी. श्रीनिवास, डॉ. जे.के. बजाज, प्रो. अशोक झुनझुनवाला, बलबीर पुंज, पेरेज चंद्रा और बनवारी जैसे बुद्धिजीवी शामिल रहे हैं। केंद्र का मुख्य कार्यालय चेन्नई में स्थापित है। नवंबर 2003 में इसका दिल्ली कार्यालय भी प्रारंभ किया गया। इस समय संस्थान चेन्नई और दिल्ली दोनों जगहों से चलता है।

अप्रैल, 2004 में केंद्र की ओर से के.एन. गोविंदाचार्य द्वारा लिखित एक महत्त्वपूर्ण पुस्तिका प्रकाशित हुई, जिसका नाम था—'भारतवर्ष का वर्तमान एवं भविष्य—एक राष्ट्रवादी उद्घोषणा। 'भारतवर्ष टुडे ऐंड द वे अहेड-ए नेशनिलिस्ट मेनीफेस्टो' के नाम से इसका अंग्रेजी अनुवाद भी प्रकाशित हुआ। 64 पृष्ठों की इस पुस्तिका में भारत को लेकर गोविंदाचार्य की सोच स्पष्ट रूप से सबके सामने आई। 2004 के बाद उन्होंने जो कुछ भी किया या करनेवाले हैं, उसकी झलक इस किताब में साफ देखी जा सकती है।

बनारस में वर्ष 2004 में आयोजित भारत विकास संगम के दौरान केंद्र की ओर से एक प्रदर्शनी भी लगाई गई थी, जिसकी विषयवस्तु यहीं से प्रकाशित पुस्तक 'सनातन भारत जाग्रत् भारत' पर आधारित थी। इस प्रदर्शनी के माध्यम से लोगों को भारत के गौरवशाली अतीत और इसकी अतुलनीय भौतिक-सामाजिक संपदा के बारे में बताया गया। बाद में यह प्रदर्शनी कई जगह और भी दिखाई गई। जिसने भी इस प्रदर्शनी को देखा, उसे भारत की ताकत के बारे में एक नई दृष्टि मिली, साथ ही भविष्य के प्रति आशा और विश्वास के साथ मन में कुछ करने का एक दृढ़ संकल्प भी उत्पन्न हुआ।

केंद्र द्वारा अभी तक जिन महत्त्वपूर्ण किताबों एवं शोध ग्रंथों का प्रकाशन किया गया है, उसमें प्रमुख हैं—'भारतीय चित्त, मानस एवं काल'—लेखक धर्मपाल, 'भारतीय संविधान की औपनिवेशिक पृष्ठभूमि'—लेखक देवेंद्र स्वरूप, 'अयोध्या ऐंड द फ्यूचर ऑफ इंडिया'—संपादक डॉ. जे.के. बजाज और 'अन्नम् बहु कुर्वीत'—लेखक डॉ. जे.के. बजाज और प्रो. एम.डी श्रीनिवास तथा 'झाबुआ का रिसोर्स एटलस' और 'रेलिजियस डेमोग्रैफी ऑफ इंडिया' केंद्र के अन्य बहुचर्चित प्रकाशन हैं।

कौटिल्य शोध संस्थान

जब गोविंदाचार्य भारतीय जनता पार्टी में सक्रिय थे, उसी समय 1993 में उन्होंने एक और शोध केंद्र स्थापित किया, जिसका नाम था कौटिल्य शोध संस्थान। अपनी स्थापना के कुछ समय बाद ही इस संस्थान के बारे में 'संडे मेल' में एक खबर छपी, जिसमें बातों को कुछ ऐसे प्रस्तुत किया गया, जिससे लगा कि यह गोविंदाचार्य का कोई व्यक्तिगत संगठन है। इस आश्चर्यजनक व्याख्या से गोविंदाचार्य सावधान हो गए। वे नहीं चाहते थे कि इसका उदाहरण देकर पार्टी के पदाधिकारी अपने लिए अलग-अलग मंचों का निर्माण करने लगें। इस बात से पार्टी को होनेवाले नुकसान की आशंका से उन्होंने कौटिल्य शोध संस्थान के काम को रोक दिया और उसकी चर्चा करनी भी बंद कर दी।

बाद में जब भारतीय जनता पार्टी से गोविंदाचार्य बाहर आए तो उन्होंने एक बार फिर कौटिल्य शोध संस्थान की खोज-खबर ली तथा वर्ष 2004 में इसके संचालन की जिम्मेदारी चार्टर्ड एकाउंटेंट अशोक मल्होत्रा और जवाहरलाल नेहरू विश्वविद्यालय के प्रोफेसर डॉ. अमित शर्मा को सौंप दी। अगले तीन-चार वर्षों तक यह संस्थान बहुत सक्रिय रहा। इसकी ओर से जहाँ कई विचार-गोष्ठियाँ और चर्चाएँ आयोजित की गईं, वहीं कुछ पुस्तकें भी प्रकाशित की गईं, जिनमें डॉ. अमित शर्मा की लिखी पुस्तक 'भारतीय संस्कृति का स्वरूप' विशेष रूप से उल्लेखनीय है।

'भारतीय पक्ष' मासिक पत्रिका

वर्ष 2000 के बाद गोविंदाचार्य ने अपने लिए जो रास्ता तय किया था, उसमें हर रोज नए-नए लोग मिल रहे थे। इनमें कुछ अनुभवी लोग थे तो अधिकतर नितांत उत्साही युवा थे। इन सभी को अपने संपर्क में रखना और उन्हें आंदोलन और अभियान के बारे में जानकारी देते रहना एक बड़ी चुनौती थी। गोविंदाचार्य ऐसा कोई तंत्र नहीं विकसित कर पाए थे, जो उन्हें उनके समर्थकों और शुभचिंतकों से जोड़कर रखे। इस समय वेबसाइट, फेसबुक और सोशल मीडिया की उपयोगिता स्थापित नहीं हुई थी।

2004 में सोनिया प्रकरण के बाद यह समस्या और गंभीर हो गई। हजारों की संख्या में जो लोग इस दौरान संपर्क में आए थे, उन्हें जोड़कर रखने के लिए कुछ-न-कुछ करना बहुत जरूरी था। इसी दौरान एक मासिक पत्रिका शुरू करने का सुझाव आया। सोनिया आंदोलन के ठीक बाद एक बुकलेट जारी की गई, जिसमें 'सर्वम् शुभम्' के नाम से एक मासिक पत्रिका शुरू करने की बात कही गई थी। हालाँकि

बाद में आर.एन.आई. कार्यालय की ओर से एक दूसरा नाम—'भारतीय पक्ष' दिया गया। सभी को यह नाम पसंद आया और इस प्रकार पत्रिका की बात आगे बढ़ गई। इसके लिए एक अलग से कार्यालय खोला गया, जिसका पता था 51/202, रानी झाँसी रोड, झंडेवाला। यह स्थान संघ कार्यालय से कुछ कदमों की दूरी पर है। यद्यपि पत्रिका के कार्यालय का संघ कार्यालय से कोई संबंध नहीं था, फिर भी इसका पता देखकर कई लोग इस भ्रम में रहते थे कि यह कहीं-न-कहीं संघ से संबंधित है।

गोविंदाचार्य कभी पत्रकार नहीं रहे, लेकिन सांगठनिक पत्रिकाओं के प्रकाशन को उन्होंने बड़े नजदीक से देखा और उससे जुड़े विविध पहलुओं को समझा है। 'भारतीय पक्ष' पत्रिका के संबंध में उनकी ओर से जो नीतिगत निर्णय लिये गए, वे इस प्रकार थे—

1. पत्रिका का एक स्वतंत्र कार्यालय होगा, जहाँ से उसकी दैनंदिन गतिविधियाँ संचालित होंगी।
2. पत्रिका के प्रकाशन के लिए अलग से कोष इकट्ठा किया जाएगा।
3. पत्रिका के प्रबंधन एवं उसकी सामग्री के लिए उसके संपादक को अंतिम निर्णय लेने का अधिकार होगा। इस संबंध में किसी प्रकार का हस्तक्षेप नहीं किया जाएगा।
4. संगठन की सभी बैठकों में भारतीय पक्ष के संपादक या उसके किसी प्रतिनिधि को जरूर बुलाया जाए, ताकि आवश्यक सूचनाएँ एवं विचार पत्रिका के पाठकों तक पहुँच सकें।

पत्रिका का पहला अंक जनवरी 2005 में आया और जुलाई 2012 तक इसका नियमित प्रकाशन हुआ। इस बीच ऐसा एक भी महीना नहीं गया, जब पत्रिका प्रकाशित नहीं हुई हो। गोविंदाचार्य के इर्द-गिर्द जो हो रहा है या जो होनेवाला है, उसकी खबर लोगों को पत्रिका के माध्यम से नियमित मिलने लगी। पत्रिका के माध्यम से कुछ अन्य साहित्य भी बीच-बीच में प्रकाशित होता रहा, जिसमें संगठन और आंदोलन के वैचारिक पक्ष को स्पष्ट किया गया। लगभग 2 साल बंद रहने के बाद जुलाई 2014 में पत्रिका एक बार फिर शुरू हुई, लेकिन इस बार यह 6 महीने से ज्यादा नहीं चल पाई और अंततः दिसंबर 2014 में दुबारा बंद हो गई।

अपने 8-9 साल के जीवन काल में भारतीय पक्ष पत्रिका ने कई महत्त्वपूर्ण कार्य किए। गोविंदाचार्य और उनके समर्थकों के बीच एक समान वैचारिक परिदृश्य बनाने में पत्रिका काफी हद तक सफल रही। भारतीय पक्ष में सार्थक प्रयास के नाम

से एक कॉलम छपता था, जिसमें देश भर में हो रहे रचनात्मक कार्यों का ब्योरा दिया जाता था। यह कॉलम बहुत लोकप्रिय था। इसकी देखादेखी लोगों ने अपनी-अपनी जगह विविध प्रकार के रचनात्मक कार्य शुरू किए। मेनस्ट्रीम मीडिया में भी पॉजिटिव जर्नलिज्म का एक नया दौर शुरू हुआ, जिसमें समाज की अच्छी बातों की रिपोर्टिंग पर ध्यान दिया जाने लगा।

समग्र शोध संस्थान

जुलाई, 2008 में गोविंदाचार्य ने एक ट्रस्ट का गठन किया, जिसका नाम था—'समग्र शोध संस्थान'। इसका कार्यालय मुंबई में बनाया गया। ट्रस्ट को मुख्यत: देश भर में चल रहे बौद्धिक कार्यों के साथ संवाद एवं समन्वय स्थापित करने की जिम्मेदारी दी गई। संस्थान की ओर से कुछ पुस्तकें भी प्रकाशित की गई हैं, जिसमें कुसुमलता केडिया और रामेश्वर मिश्र पंकज द्वारा लिखित पुस्तक—'समृद्धि अहिंसक भी हो सकती है'—प्रमुख है। इसके अलावा संस्थान की ओर से एक पुस्तिका भी प्रकाशित की गई, जिसका नाम था—'व्यवस्था सुधार'। डॉ. सुरेंद्र बिष्ट द्वारा लिखी इस पुस्तक में गोविंद जी के एजेंडे के बारे में विस्तार से बताया गया है।

कौटिल्य इंटरनेशनल फाउंडेशन

वर्ष 2016 में गोविंदाचार्य ने कौटिल्य इंटरनेशनल फाउंडेशन की स्थापना की। यह फाउंडेशन कौटिल्य और अन्य प्राचीन भारतीय आचार्यों के विराट् व्यक्तित्व को जानने, समझने और उसकी युगानुकूल व्याख्या करने के लिए समर्पित है। डॉ. बलबीर सिंह सिहाग, डॉ. राधाकृष्ण पिल्लई और डॉ. शुभदा जोशी जैसे विद्वान्, जो कौटिल्य पर अपने शोधपूर्ण कार्य के लिए जाने जाते हैं, फाउंडेशन के साथ सीधे तौर पर जुड़े हुए हैं।

फाउंडेशन उन समकालीन विद्वानों के काम को भी आगे लाने के लिए प्रयासरत है, जिन्होंने प्राचीन भारतीय ज्ञान-परंपरा को आगे बढ़ाते हुए विविध विषयों पर आधुनिक संदर्भ के साथ शोध एवं अध्ययन किया है। इस संबंध में फाउंडेशन के साथ काम कर रहे, विद्वानों में चंद्रकांत राजू—भारतीय गणित, इंजीनियर वेणुगोपाल—भारतीय गणित एवं विज्ञान, प्रो. राम सुब्रमण्यम—भारतीय गणित और खगोल शास्त्र, प्रो. बी.बी. चक्रवर्ती—विकास का तुलनात्मक अध्ययन और डॉ. रवि प्रकाश आर्य—वैदिक साइंस प्रमुख हैं। इनमें से कुछ विद्वान् आई.आई.टी., आई.आई.एम. एवं देश

के प्रतिष्ठित विश्वविद्यालयों से जुड़े हुए हैं तो कुछ ने अपने स्वाध्याय से विषय की गहराई को समझा है।

कौटिल्य इंटरनेशनल फाउंडेशन समय-समय पर इन विद्वानों को विभिन्न विश्वविद्यालयों एवं अन्य प्रतिष्ठानों में बुलाकर उनके व्याख्यान आयोजित करता है, ताकि लोगों की प्राचीन भारतीय परंपरा में रुचि बढ़े और वे इसके महत्त्व से परिचित हों। देश के युवा प्राचीन भारतीय ज्ञान-परंपरा को जानने-समझने के लिए आगे आएँ, यह फाउंडेशन का मुख्य उद्देश्य है। इस दृष्टि से आनेवाले समय में फाउंडेशन की ओर से कई किताबों के प्रकाशन की योजना है।

सनातन किष्किंधा मिशन

गोविंदाचार्य और बसवराज पाटिल के नेतृत्व में 2017 में एक और संगठन बना, जिसका नाम है—सनानत किष्किंधा मिशन। 20 अप्रैल, 2017 को दिल्ली के मावलंकर हॉल में गोविंदाचार्य के 74वें जन्मदिन के अवसर पर इसकी घोषणा की गई। यह मिशन भारतीय जनमानस में आत्मविश्वास का भाव संचारित करने के उद्देश्य से दो प्रकार के कामों में लगा हुआ है—

1. **भारत गौरव अभियान :** इस अभियान के तहत देश के कोने-कोने में सकारात्मक काम कर रहे हजारों लोगों को सूचीबद्ध करने और उनके काम के बारे में सभी आवश्यक जानकारी जुटाने का प्रयास किया जा रहा है। इस जानकारी को आगे चलकर किताब, वेबसाइट और सोशल मीडिया के द्वारा जन-जन तक पहुँचाने का प्रयास किया जाएगा, ताकि लोग उनसे प्रेरणा लेकर स्वयं उस तरह का काम करने के लिए आगे आएँ। लोगों का अच्छा काम अखबार और पत्रिकाओं में ही नहीं, बल्कि अपने आसपास भी दिखे, यही इस अभियान का मुख्य उद्देश्य है।
2. **देश के धरोहर स्थलों को सूचीबद्ध करना :** हमारे देश में राष्ट्रीय स्तर पर सूचीबद्ध धरोहर स्थलों की संख्या 4 हजार से कम है, जबकि अमेरिका में यह 10 लाख से ऊपर है। स्वाभाविक है कि हमारे अधिकतर धरोहर स्थल सूचीबद्ध नहीं हैं। सनातन किष्किंधा मिशन का प्रयास है कि देश के सभी धरोहर स्थलों को सूचीबद्ध किया जाए, ताकि उनके संरक्षण और आगे चलकर आवश्यक शोध की जमीन तैयार हो सके। देश के इतिहास और यहाँ की परंपरा के बारे में जनजागरण का यह सबसे उपयोगी तरीका है।

सेंटर फॉर एकाउंटेबिलिटी ऐंड सोशल चेंज

इक्कीसवीं शताब्दी में नए भारत के निर्माण के लिए इंटरनेट और सुशासन से जुड़े विभिन्न मुद्दों पर काम करने के लिए गोविंदाचार्य की प्रेरणा से सेंटर फॉर एकाउंटेबिलिटी ऐंड सिस्टेमिक चेंज (सी.ए.एस.सी.) का गठन किया गया। कई युवा वकील, इंजीनियर और अन्य प्रोफेशनल्स के सहयोग से चल रहे इस थिंक टैंक ने कम समय में ही कई महत्त्वपूर्ण उपलब्धियाँ हासिल की हैं। इसमें न्यायालय और विशेष रूप से उच्चतम न्यायालय की सहायता से अपने मुद्दों को आगे बढ़ाने पर विशेष जोर रहता है।

सेंटर के सहयोग से गोविंदाचार्य ने जून 2012 में फेसबुक और गूगल के खिलाफ दिल्ली उच्च न्यायालय में एक जनहित याचिका दायर की, जिसके माध्यम से साइबर सुरक्षा के अनेक बिंदुओं पर न्यायालय ने आदेश पारित किए। सोशल मीडिया की दुनिया में बच्चों की सुरक्षा, सरकारी इ–मेल हेतु स्वदेशी सर्वर, डिजिटल हस्ताक्षर, डाटा सुरक्षा और स्थानीयकरण, शिकायत अधिकारी की नियुक्ति और इंटरनेट कंपनियों के भारतीय कारोबार पर टैक्स की वसूली जैसे महत्त्वपूर्ण विषयों पर गोविंदाचार्य की याचिका से महत्त्वपूर्ण परिणाम हासिल हुए हैं। सेंटर की ओर से किए गए कुछ अन्य प्रमुख कार्य इस प्रकार हैं—

- सेंटर की ओर से गोविंदाचार्य ने चुनाव आयोग में सोशल मीडिया के दुरुपयोग को रोकने के लिए अक्तूबर 2013 में एक प्रतिवेदन दिया। इसी आधार पर चुनाव आयोग ने चुनावी आचार संहिता में सोशल मीडिया के उपयोग को लेकर नियमावली बनाई गई।
- अयोध्या में राम जन्मभूमि मंदिर के निर्माण हेतु आ रही कानूनी समस्याओं के निराकरण हेतु 'Ayodhya's Ram Temple in Courts' पुस्तक का प्रकाशन किया गया। इस पुस्तक के परिणामस्वरुप सर्वोच्च न्यायालय में पाँच न्यायाधीशों की संविधान पीठ के गठन होने के साथ केंद्र सरकार को भी पक्षकार बनाने के लिए प्रेरणा मिली।
- चुनावों में रोड शो और बाइक रैली पर प्रतिबंध लगाने के लिए 'Election on the Roads' पुस्तक का प्रकाशन हुआ, जिसमें इससे संबंधित सभी कानूनी पहलुओं का समावेश किया गया।
- सर्वोच्च न्यायालय की काररवाई के सीधे प्रसारण के लिए सी.ए.एस.सी. की याचिका पर मुख्य न्यायाधीश द्वारा अनुकूल निर्णय। इसके पश्चात्

मामला केंद्र सरकार के पास लंबित। इस निर्णय के आधार पर गोविंदाचार्य ने केंद्र सरकार को एक प्रतिवेदन दिया, जिसमें रामजन्मभूमि मामले की काररवाई के सीधे प्रसारण की माँग की गई है।

- न्यायालयों में इस्तेमाल किए जा रहे कागज को दोनों तरफ प्रिंट करने के लिए सी.ए.एस.सी. की याचिका पर निर्णय और मामला नियम समिति को प्रेषित।
- सी.ए.एस.सी. द्वारा आई. टी. मंत्रालय की संसदीय समिति को दिए गए प्रतिवेदन के फलस्वरूप सोशल मीडिया कंपनियों के उच्चाधिकारियों को भारत तलब किया गया। इसके परिणामस्वरूप टैक्स वसूली और शिकायत अधिकारी की नियुक्ति के मसले पर राष्ट्रव्यापी चेतना का प्रसार हुआ।
- सी.ए.एस.सी. द्वारा न्यायिक सुधार, न्यायाधीशों की नियुक्ति की पारदर्शिता, जेलों में बंद कैदी, सरकारी बैंकों में एन.पी.ए. जैसे अनेक महत्त्वपूर्ण मसलों पर शोध कार्य हो रहे हैं।

भारत अभ्युदय प्रतिष्ठान

अध्ययन अवकाश के बाद गोविंदाचार्य ने बार-बार व्यवस्था परिवर्तन का नाम लिया है। इसके लिए वे समन्वित रूप से बौद्धिक, रचनात्मक और आंदोलनात्मक गतिविधियों की जरूरत बताते हैं। 24 जून, 2015 को उन्होंने व्यवस्था परिवर्तन से जुड़े सभी पहलुओं पर विशेष रूप से काम करने के लिए एक अलग शोध केंद्र स्थापित किया, जिसका नाम 'भारत अभ्युदय प्रतिष्ठान' है। इस प्रतिष्ठान की ओर से व्यवस्था परिवतर्तन के मुद्दे पर विभिन्न प्रकार के बौद्धिक कार्य प्रारंभ किए गए हैं।

व्यक्तिगत कार्य एवं प्रकाशन

गोविंदाचार्य जहाँ एक ओर इन सभी संस्थाओं को उचित मार्गदर्शन दे रहे हैं, वहीं अपने बौद्धिक कार्यों को भी तल्लीनता से करते रहते हैं। समय-समय पर पत्र-पत्रिकाओं में उनके लेख आते रहते हैं, जिसमें वे समसामयिक विषयों के साथ समाज और राजनीति से जुड़े बुनियादी मुद्दों पर अपनी बात बड़े बेबाक अंदाज में रखते हैं। जनवरी 2014 में संवाद मीडिया की ओर से 'व्यवस्था परिवर्तन की राह' के नाम से उनकी एक पुस्तक आई, जिसमें उनके विचारों और 2004 के बाद की गतिविधियों का विस्तृत ब्योरा दिया गया है।

❖ वैकल्पिक राजनीति की मुहिम

1988 में संघ द्वारा गोविंदाचार्य को भा.ज.पा. में भेजा गया। वहीं से उनके राजनीतिक जीवन की शुरुआत होती है। हालाँकि भा.ज.पा. में रहते हुए भी राजनीति को उन्होंने पारंपरिक अर्थों में अपना कॅरियर कभी नहीं माना। चुनाव लड़ना, एम.पी., एम.एल.ए., मिनिस्टर बनना कभी उनकी प्राथमिकता नहीं बन पाया। राजनीति को उन्होंने उन सपनों को पूरा करने का माध्यम माना, जिसे उन्होंने संघ और ए.बी.वी.पी. में रहते हुए देखा था। उन्हें लोगों ने बताया कि भा.ज.पा. संघ और ए.बी.वी.पी. से अलग है। वे भी यह बात मानते थे। लेकिन कितनी अलग है, इसका अंदाजा वे सही-सही कभी नहीं लगा पाए।

जब तक वे भा.ज.पा. में रहे, उनकी राजनीतिक कार्यशैली से तालमेल बिठाना पार्टी में उनके साथियों एवं वरिष्ठ नेताओं के लिए कभी भी आसान नहीं रहा। वे भा.ज.पा. के वरिष्ठ पदाधिकारी थे, लेकिन साथ ही उनका संघ और संघ के बाहर चल रहे विभिन्न सामाजिक आंदोलनों एवं अभियानों से भी गहरा नाता था। कभी-कभी इसके कारण टकराव भी पैदा हो जाता था। एक राजनेता और सामाजिक कार्यकर्ता, दोनों की भूमिका निभाना तलवार की धार पर चलने जैसा है।

जब छत्तीसगढ़ में आदिवासियों के बीच काम कर रहे डॉ. ब्रह्मदेव शर्मा के साथ भा.ज.पा. के कुछ लोगों ने मारपीट की तो गोविंदाचार्य ने उसकी कड़ी भर्त्सना की। हालाँकि यह बात पार्टी में लोगों को अच्छी नहीं लगी। इसी प्रकार 1998 में जब केंद्र में भा.ज.पा. की सरकार बनी, तब भी गोविंदाचार्य स्वदेशी के मुद्दे पर वैसे ही प्रखर थे, जैसा कि वे गैर-भा.ज.पा. सरकारों के समय में थे। इससे पार्टी में कई वरिष्ठ नेता बहुत असहज थे। इस बात पर तत्कालीन भा.ज.पा. अध्यक्ष कुशाभाऊ ठाकरे ने विनोद में टिप्पणी की थी कि गोविंद तुम स्वदेशी जागरण मंच में भा.ज.पा. की ओर से हो या भा.ज.पा. में स्वदेशी जागरण मंच की ओर से हो।

भा.ज.पा. से मुक्त होने के बाद गोविंदाचार्य ने हमेशा वैकल्पिक राजनीति की बात की। उनके लिए वैकल्पिक राजनीति की दो धाराएँ हैं—पहली धारा चुनावी राजनीति में बिना उतरे राजनीति को मूल्यों और मुद्दों की पटरी पर लाने की बात करती है। इस धारा पर काम करने के लिए राष्ट्रीय स्वाभिमान आंदोलन को उन्होंने अपना मुख्य औजार बनाया। इस संदर्भ में भारत विकास संगम एवं अन्य प्रकल्प सहयोगी की भूमिका में रहे। इस धारा के लोगों को चुनाव लड़ने में कोई रुचि नहीं थी।

वैकल्पिक राजनीति की दूसरी धारा के अंतर्गत भारतपरस्त, गरीबपरस्त मुद्दों

के आधार पर सीधे चुनाव लड़ने की बात की गई। इस धारा में गोविंदाचार्य ने प्राय: दूरी बनाकर रखी, लेकिन इसे उन्होंने कभी भी पूरी तरह से खारिज नहीं किया। प्रारंभ में आंध्र प्रदेश की लोकसत्ता पार्टी से उनका निकट संबंध रहा। इस पार्टी के नेता जयप्रकाश नारायण कई बार गोविंद जी से मिले और उनके विविध कार्यक्रमों में शामिल हुए। लेकिन ऐसा कोई मौका नहीं आया, जब इसमें सीधे शामिल होने की बात हुई हो।

गोविंदाचार्य को भारतीय जनता पार्टी छोड़े लगभग 19 वर्ष हो चले हैं। इस दौरान वे चुनावी राजनीति में कभी भी खुलकर नहीं कूदे। हालाँकि कभी-कभी उन्होंने ऐसा संकेत जरूर दिया कि वे इस ओर बढ़ रहे हैं। हालाँकि इस दौरान उन्होंने कभी भी किसी राजनीतिक दल की सदस्यता नहीं ग्रहण की। वैकल्पिक राजनीति के उनके कुछ प्रयोग राष्ट्रीय स्वाभिमान आंदोलन के बैनर तले हुए तो कुछ को उन्होंने व्यक्तिगत स्तर पर सहयोग और समर्थन दिया। इस दिशा में अधिकतर पहल अनौपचारिक स्तर पर की गई, लेकिन ऐसे कई मौके आए, जब इसका औपचारिक स्वरूप भी दिखा। ऐसे ही कुछ चर्चित प्रयोगों का उल्लेख नीचे किया गया है—

भारतीय जनशक्ति पार्टी

भारतीय जनता पार्टी से बगावत करते हुए उमा भारती ने 30 अप्रैल, 2006 को अपनी अलग पार्टी 'भारतीय जनशक्ति पार्टी' की घोषणा कर दी। मीडिया में उनकी पार्टी को लेकर खूब खबरें छपीं। टी.वी. पर भी उन्हें अच्छी-खासी कवरेज मिल रही थी। लेकिन जैसे-जैसे समय बीतता गया, पार्टी एक ठहराव की ओर बढ़ने लगी। इस बीच 20 नवंबर, 2008 को टी.वी. चैनलों में खबर आई कि उमा भारती ने गोविंदाचार्य को अपनी पार्टी का अध्यक्ष बना दिया है। असल में उमा जी ने उस दिन पत्रकार वार्त्ता में तीन बातें कही थीं—पहली बात कि भारतीय जनशक्ति पार्टी आगे से राष्ट्रीय स्वाभिमान आंदोलन की राजनीतिक शाखा होगी। दूसरी बात कि गोविंदाचार्य इस पार्टी के सर्वेसर्वा होंगे। तीसरी बात उन्होंने यह कही कि 27 नवंबर के बाद पार्टी को राष्ट्रीय स्वरूप देने के लिए क्या किया जाए, इसके लिए वे प्रभारी होंगे।

इस खबर पर मिली-जुली प्रतिक्रिया हुई। राष्ट्रीय स्वाभिमान आंदोलन के कार्यकर्ताओं ने इस खबर का स्वागत किया और गोविंदाचार्य को बधाई दी। वहीं कई वरिष्ठ सहयोगियों ने इसका तीखा विरोध किया। कुल मिलाकर स्थित बड़ी भ्रामक हो गई। इस भ्रम को दूर करने के लिए 'भारतीय पक्ष' के दिसंबर अंक में गोविंदाचार्य का

एक साक्षात्कार छपा, जिसमें उन्होंने साफ किया कि वे भारतीय जनशक्ति पार्टी के न तो अध्यक्ष बने हैं और न ही कोई अन्य पदाधिकारी। उनसे केवल नीतिगत सहयोग एवं मार्गदर्शन की अपेक्षा की गई है, जिसे वे पूरा करने का प्रयास करेंगे।

साक्षात्कार के दौरान उनसे पूछा गया, "आपने हमेशा कहा है कि मैं दलगत राजनीति का हिस्सा नहीं बनूँगा। भारतीय जनशक्ति पार्टी के साथ तालमेल करके क्या आप यूटर्न नहीं ले रहे हैं?" इस प्रश्न का उत्तर देते हुए उन्होंने कहा, "नहीं, मैं कोई यूटर्न नहीं ले रहा। एक भारतपरस्त और गरीबपरस्त राजनैतिक शक्ति का उदय हो, यह व्यवस्था परिवर्तन के मेरे लक्ष्य के लिए जरूरी है। मेरी सेवाएँ केवल भारतीय जनशक्ति के लिए ही नहीं, बल्कि उन तमाम दलों के लिए उपलब्ध हैं, जो 'वोट से नोट और नोट से वोट' की राजनीति में विश्वास नहीं करते। जो व्यवस्था परिवर्तन के लिए सत्ता हासिल करना चाहते हैं, मैं उनका साथ दूँगा।...चुनावी राजनीति में शामिल होकर सत्ता हासिल करना राष्ट्रीय स्वाभिमान आंदोलन का लक्ष्य नहीं है। लेकिन चुनावी राजनीति में शामिल होनेवाले समूहों के साथ संवाद स्थापित करना और उन्हें गरीबपरस्त तथा भारतपरस्त नीतियों की ओर प्रेरित करना राष्ट्रीय स्वाभिमान आंदोलन अपना कर्तव्य मानता है। भारतीय जनशक्ति के साथ सहयोग एवं तालमेल को इसी संदर्भ में देखा जाना चाहिए। मैं राष्ट्रीय स्वाभिमान आंदोलन का संयोजक हूँ और इसी नाते भारतीय जनशक्ति के साथ अपने संबंध तय करूँगा।"

गोविंदाचार्य के लिए अगला सवाल था, "व्यवस्था परिवर्तन या सार्थक सामाजिक बदलाव की दृष्टि से आपने हमेशा राजसत्ता को बहुत कम महत्त्व दिया है। अब अपने को राजनीति में झोंककर क्या आप इसे जरूरत से अधिक महत्त्व नहीं दे रहे हैं?" इस पर उन्होंने कहा, "नहीं, ऐसा नहीं है। मैं आज भी मानता हूँ कि 'समाज आगे सत्ता पीछे, तभी होगा स्वस्थ विकास'। केवल सत्ता-परिवर्तन से काम नहीं चलेगा। इसलिए राजसत्ता पर काबू पाने के लिए बौद्धिक, रचनात्मक और आंदोलनात्मक प्रवृत्तियों को तो आगे बढ़ाना ही होगा। हाँ, इन सबके साथ राजनीति को मूल्यों और मुद्दों की पटरी पर लाना होगा। अगर ऐसा नहीं किया तो राजसत्ता के माध्यम से हमारी विरोधी ताकतें सब किए धरे पर पानी फेर देंगी। मैं पहले भी कहता आया हूँ कि राजसत्ता की तारक शक्ति कम, लेकिन मारक शक्ति बहुत अधिक होती है। इसलिए उसे साधना बहुत जरूरी है। मैं राजनीति को उतना ही महत्त्व दूँगा, जितना जरूरी है। मेरी राजनीतिक सक्रियता मुझे अपने अन्य कार्यों से दूर नहीं कर सकेगी। सभी को मैं यथोचित समय दूँगा।"

अंत में जब उनसे पूछा गया कि भविष्य की राजनीति के बारे में क्या आपने कोई कार्ययोजना तैयार की है तो इसका उन्होंने बड़ा सधा हुआ जवाब दिया, "कोशिश करूँगा कि हम प्रतिस्पर्धात्मक राजनीति की बजाय सहयोगात्मक राजनीति की कार्य संस्कृति उपजा सकें। हर दल के सही लोग अपने-अपने दल में भी सही दृष्टि का आग्रह रखें और आपस में संवाद करें, इसके लिए वातावरण बनाने का प्रयास करूँगा। आगे की राजनीति की बहुत बड़ी चुनौती यह है कि वैज्ञानिक कार्यशैली का विकास हो। वह कैसे होगा, कितना होगा, यह तो भविष्य के गर्भ में है। चिंतन की दिशा में सफलता आसान है। चरित्र की दिशा में सफलता बहुत कठिन है।"

कुछ समय तक गोविंदाचार्य ने भारतीय जनशक्ति पार्टी की दशा-दिशा को ठीक करने का प्रयास किया, लेकिन जल्दी ही उन्होंने समझ लिया कि यह संभव नहीं है। धीरे-धीरे वे इसके काम-काज से दूर होते गए। अंततः 29 जून, 2011 को उमा भारती वापस भा.ज.पा. में चली गईं और इस प्रकार वैकल्पिक राजनीति के पहले गंभीर प्रयोग का पटाक्षेप हो गया।

राष्ट्रवादी मोर्चा

भारतीय जनशक्ति पार्टी के साथ गोविंदाचार्य ने देश की दूसरी छोटी-छोटी पार्टियों को लेकर एक 'राष्ट्रवादी मोर्चा' बनाने का प्रयास भी किया। 21 दिसंबर, 2008 को दिल्ली में राष्ट्रीय स्वाभिमान आंदोलन के अखिल भारतीय कार्यकर्ता सम्मेलन में इस विषय पर चर्चा हुई और सबने मिलकर तय किया कि चुनावी राजनीति में नई पहल करने की जरूरत है। इस निर्णय के अनुरूप 14-15 जनवरी, 2009 को इलाहाबाद में एक सम्मेलन आयोजित किया गया, जिसे नाम दिया गया, "मूल्यों और मुद्दों की भारतपरस्त और गरीबपरस्त राजनीति के पक्षधर कार्यकर्ताओं और समूहों का सम्मेलन।"

राष्ट्रीय स्वाभिमान आंदोलन द्वारा आहूत इस बैठक के अंत में एक प्रस्ताव पारित करके राष्ट्रवादी मोर्चा के गठन की घोषणा की गई। इस मोर्चे के संरक्षक की भूमिका स्वीकार करते हुए उन्होंने कहा, "राजनीति के क्षेत्र में विकल्प प्रस्तुत करना आज की सबसे बड़ी जरूरत है और यह विकल्प तथाकथित बड़ी पार्टियों में नहीं, बल्कि उन तमाम स्थानीय पार्टियों में ढूँढ़ा जाना चाहिए, जो अपने-अपने जिले में काम कर रही हैं।" उन्होंने आगे कहा कि हर कीमत पर चुनाव जीतना उनके मोर्चे का एकमात्र मकसद नहीं है, बल्कि चुनाव-सुधार और राजनीतिक सुधार के लिए व्यापक

अभियान चलाना उनके मोर्चे की पहली प्राथमिकता होगी। साथ ही देश भर के छोटे-छोटे संगठनों एवं समूहों को जोड़ने की भी कोशिश चलती रहेगी।

बैठक के अंत में मोर्चे की संचालन समिति की घोषणा की गई, जिसमें विभिन्न दलों एवं समूहों के लोगों को शामिल किया गया। संचालन समिति के संयोजक की जिम्मेदारी उत्तर प्रदेश में सक्रिय जाग्रत् भारत पार्टी के अध्यक्ष सरजीत सिंह डंग को सौंपी गई। आगे चलकर मोर्चे की कई बैठकें हुईं। सत्ता की चुनावी राजनीति में मोर्चा कोई बड़ा कारनामा नहीं कर पाया, लेकिन विभिन्न प्रकार के राजनीतिक सुधारों में इसने सक्रिय योगदान दिया। चुनाव-सुधार के क्षेत्र में इसका कार्य उल्लेखनीय रहा। 2011 के भ्रष्टाचार विरोधी आंदोलन में भी राष्ट्रवादी मोर्चा ने कुछ हद तक अपनी सक्रियता दिखाई।

काला धन एवं भ्रष्टाचार विरोधी आंदोलन

पंद्रहवीं लोकसभा चुनाव के ठीक पहले 24 मार्च, 2009 को गोविंदाचार्य के नेतृत्व में राष्ट्रीय पुनर्निर्माण सम्मेलन का आयोजन हुआ। नई दिल्ली के मावलंकर हॉल में आयोजित इस सम्मेलन में उन्होंने स्विस व अन्य विदेशी बैंकों में जमा भारतीय खाताधारकों के कालेधन को वापस लाने का मुद्दा उठाया। पूर्व चुनाव आयुक्त जी.वी.जी. कृष्णमूर्ति और भारत के पूर्व महालेखा परीक्षक टी.एन. चतुर्वेदी की उपस्थिति में इस मुद्दे से जुड़े विभिन्न पहलुओं पर उन्होंने अपनी बात रखी और सरकार से सीधे-सीधे सवाल पूछा कि विदेशी बैंकों में भारतीय नेताओं, नौकरशाहों और उद्योगपतियों का जो लाखों करोड़ रुपया काले धन के रूप में जमा है, उसे वापस लाने और इन खाताधारकों का नाम उजागर करने के लिए सरकार क्यों कुछ नहीं कर रही है।

काले धन के मुद्दे के चुनावी महत्त्व को ध्यान में रखते हुए भारतीय जनता पार्टी ने भी इसे खूब उछाला। हालाँकि चुनाव में हार के बाद वह इस मामले में शिथिल पड़ गई। इस बीच गोविंदाचार्य लगातार इस मुद्दे पर बोलते रहे। धीरे-धीरे यह मुद्दा गैर-राजनीतिक समूहों के बीच तेजी से लोकप्रिय हो गया। बाबा रामदेव खासतौर पर अपने योग-सम्मेलनों में इस पर खुलकर बोलने लगे। 2010 बीतते-बीतते काले धन का मुद्दा भ्रष्टाचार के व्यापक मुद्दे से जुड़ गया। इसी समय 'इंडिया अगेंस्ट करप्शन' की मुहिम शुरू हई, जिसने लोकपाल की माँग को लेकर देश भर में आंदोलन शुरू किया।

बाबा रामदेव, जहाँ संघ परिवार के साथ सहज थे, वहीं इंडिया अगेंस्ट करप्शन के लोग संघ को लेकर असहज थे। वे अपनी मुहिम में राजनीति और राजनीतिज्ञों को बिल्कुल दूर रखना चाहते थे। यह कोई अच्छी स्थिति नहीं थी। बँटा हुआ आंदोलन अपना इच्छित प्रभाव नहीं डाल पाएगा, इसे समझते हुए गोविंदाचार्य ने इन दोनों धाराओं के बीच पुल का काम किया। दोनों ओर के लोगों से वे मिले और अंततः 27 फरवरी, 2011 को दिल्ली के रामलीला मैदान में एक विशाल रैली आयोजित की गई, जिसमें सभी धाराओं के लोग आए। इसमें बाबा रामदेव मुख्य भूमिका में थे, लेकिन मंच पर उनके साथ अण्णा हजारे, अरविंद केजरीवाल, किरण बेदी, जेठमलानी और स्वामी अग्निवेश जैसे लोग थे। इसी के साथ मंच पर विजय कौशलजी महाराज और सुब्रमण्यम स्वामी भी थे।

भ्रष्टाचार विरोधी आंदोलन की इन दोनों धाराओं के बीच मेल-मिलाप की कोशिश हालाँकि लंबी नहीं चल पाई। दोनों ओर एक-दूसरे के प्रति अविश्वास पनप चुका था, जो दिनोदिन और बढ़ता गया। 5 अप्रैल, 2011 को अण्णा हजारे ने जंतर-मंतर पर भूख हड़ताल की। इस भूख हड़ताल को समर्थन देने के लिए जो लोग सबसे पहले पहुँचे, उसमें गोविंदाचार्य शामिल थे। हालाँकि अण्णा के साथी, जिसमें अरविंद केजरीवाल, किरण बेदी और प्रशांत भूषण आदि थे, गोविंदाचार्य के साथ मंच साझा करने से बचने लगे, क्योंकि वे गोविंदाचार्य को संघ का प्रतिनिधि मानते थे।

भ्रष्टाचार विरोधी आंदोलन के इतिहास में अप्रैल बहुत महत्त्वपूर्ण महीना था। इसी महीने 1-2 तारीख को दिल्ली के विवेकानंद इंटरनेशनल फाउंडेशन में एक सम्मेलन का आयोजन किया गया, जिसका विषय था—'सरकार में पारदर्शिता और जवाबदेही—भारतीय संदर्भ में अंतरराष्ट्रीय अनुभव'। सम्मेलन के अंत में भ्रष्टाचार विरोधी मोर्चे के गठन की घोषणा हुई और गोविंदाचार्य को इसके संयोजक की जिम्मेदारी दी गई। सम्मेलन में आए सभी लोगों ने अपनी सहमित दी, जिसमें बाबा रामदेव के साथ-साथ डॉ. सुब्रमण्यम स्वामी, एस. गुरुमूर्ति, प्रो. आर. वैद्यनाथन, अजित डोभाल, पूर्व मुख्य न्यायाधीश न्यायमूर्ति एम.एन. वैंकटचलैया, न्यायमूर्ति जे.एस. वर्मा, संविधान विशेषज्ञ सुभाष कश्यप एवं पूर्व मुख्य चुनाव आयुक्त एन. गोपाल स्वामी के नाम उल्लेखनीय थे।

अप्रैल में ही बाबा रामदेव ने पूरे देश में भ्रष्टाचार के विरुद्ध आंदोलन छेड़ने की घोषणा कर दी। दबाव में आकर सरकार ने उनसे बातचीत शुरू कर दी, लेकिन साथ में यह भी कहा कि वे आंदोलन से संघ के लोगों को दूर रखें। बाबा रामदेव

सरकार के साथ अपनी बातचीत को हर हालत में सफल बनाना चाहते थे, इसलिए उन्होंने गोविंदाचार्य से कहा कि कुछ समय के लिए उनका थोड़ा दूर रहना जरूरी है, क्योंकि उनकी उपस्थिति से सरकार के लोग असहज हो जाएँगे और समाधान में बाधा आएगी। गोविंदाचार्य को बाबा रामदेव से अलग करने के बाद सरकार ने उन्हें फँसाना शुरू किया। अंत में जून में रामलीला मैदान में उनके साथ सरकार ने जो दुर्व्यवहार किया, वह जगजाहिर है।

इस घटना के बाद गोविंदाचार्य और बाबा रामदेव में फिर से संवाद शुरू हुआ। बाबा रामदेव भारत विकास संगम के गुलबर्गा सम्मेलन में भाग लेने के लिए कर्नाटक गए। 'अण्णा टीम' के लोगों से भी गोविंदाचार्य का अनौपचारिक संपर्क बना रहा। गोविंदाचार्य जहाँ अरविंद केजरीवाल से मिलने उनके कार्यालय गए तो वहीं केजरीवाल भी उनसे मिलने वसंत कुंज आए। गोविंदाचार्य ने आखिरी समय तक भ्रष्टाचार विरोधी आंदोलन को एकजुट रखने की कोशिश की, लेकिन उन्हें इस काम में सफलता नहीं मिली। अंततः भ्रष्टाचार विरोधी आंदोलन बिखरकर समाप्त हो गया।

लोकतंत्र बचाओ मोर्चा

2011 बीतते-बीतते स्पष्ट हो गया कि वैकल्पिक राजनीति के पुराने प्रयोग अपनी धार खो चुके हैं। इसलिए गोविंदाचार्य ने इस दिशा में कुछ नई पहल करने की ठानी। 20 जुलाई, 2013 को दिल्ली के कांस्टीट्यूशन क्लब में उनकी पहल पर एक गोलमेज बैठक आयोजित की गई, जिसमें आरिफ मोहम्मद खान, पी.वी. राजगोपाल और डॉ. जयप्रकाश नारायण जैसे कई महत्त्वपूर्ण लोग शामिल हुए। इसमें लगभग 65 सामाजिक-राजनीतिक समूहों के लोग भाग लेने के लिए आए। इस बैठक में यह तय किया गया कि मूल्य-आधारित सार्वजनिक जीवन सुनिश्चित करने के लिए वैकल्पिक राजनीति के मार्ग पर काम होता रहना चाहिए। बैठक में तय किया गया—

1. मूल्य आधारित राजनीति को मजबूत करने के लिए इस दिशा में प्रतिबद्ध लोगों को गोलबंद करते हुए 'लोकतंत्र बचाओ मोर्चा' का गठन किया जाएगा।
2. मोर्चा के काम को आगे बढ़ाने के लिए गोविंदाचार्य एक समन्वय समिति और कोर समूह का गठन करेंगे।
3. मोर्चे के घटक दल या व्यक्ति चुनावों में शामिल होने के बारे में अपने-

अपने स्तर पर निर्णय लेंगे। लेकिन वे सभी मोर्चे द्वारा तय न्यूनतम प्रतिबद्धताओं का सम्मान करेंगे।

लोकतंत्र बचाओ मोर्चा की ओर से न्यूनतम प्रतिबद्धताएँ इस प्रकार हैं—

1. संसाधन और सत्ता का विकास स्थानीय स्तर पर होना चाहिए। संघीय ढाँचे के तीसरे स्तर को संस्थागत रूप देना चाहिए। इसके लिए कर के तौर पर होनेवाली आमदनी का एक निश्चित हिस्सा स्थानीय निकायों को सीधे दिया जाना चाहिए।
2. भ्रष्टाचार को रोकने के लिए मजबूत और स्वतंत्र व्यवस्था राष्ट्रीय, राज्य और स्थानीय स्तर पर होनी चाहिए। इसमें स्वायत्त लोकपाल, स्वतंत्र अपराध अनुसंधान एवं सजा तंत्र, विशेष अदालतें और भ्रष्ट नौकरशाहों की संपत्ति जब्त करना शामिल हो।
3. नागरिकों को सेवा की गारंटी मिलनी चाहिए, ताकि करदाताओं को बगैर किसी परेशानी के सेवाएँ मिल सकें। नौकरशाहों को नागरिकों के प्रति जवाबदेह बनाया जाना चाहिए।
4. अपराधों की स्वतंत्र जाँच और अपराधियों को सजा दिलाने के लिए न्यायिक और पुलिस सुधार होने चाहिए, ताकि हर नागरिक को यह लगे कि देश में कानून का राज है।
5. औद्योगिक उत्पादन और रोजगार सृजन को बढ़ावा देने के मकसद से संसाधनों के उचित विकास और बुनियादी ढाँचे को दुरुस्त करते हुए कौशल विकास पर दोगुना जोर दिया जाना चाहिए।
6. बगैर किसी भेदभाव के यह सुनिश्चित किया जाना चाहिए कि हर बच्चे को बेहतर गुणवत्तावाली शिक्षा मिल सके। साथ ही स्वास्थ्य सेवाओं तक हर किसी की पहुँच सुनिश्चित की जानी चाहिए।
7. चुनाव-सुधार वक्त की जरूरत हैं। राजनीति में धनबल और बाहुबल का असर कम करना जरूरी है। राजनीति को फिर से मूल्यों और मुद्दों की पटरी पर लाना होगा, ताकि राष्ट्र के बारे में सोचने-समझने वाले लोग राजनीति में आने के लिए प्रेरित हों। राजनीतिक दलों को लोकतांत्रिक बनाया जाए और इनमें नागरिकों की सहभागिता बढ़ाई जाए। निर्वाचित सदन एक ऐसे मंच के तौर पर मजबूत हों जहाँ आम जन से जुड़े मुद्दों

पर बहस हो और प्रभावी नीतियाँ बनाई जा सकें। साथ ही कार्यपालिका को पर्याप्त सशक्त, किंतु पूरी तरह से जवाबदेह बनाया जाए।

8. मोर्चा सार्वजनिक जीवन में पूरी पारदर्शिता और जिम्मेदारी का पक्षधर है। इसलिए राजनीतिक गतिविधियों को सूचना के अधिकार के दायरे में लाया जाना चाहिए।
9. मोर्चा 'बंद' के खिलाफ है, क्योंकि इससे आम लोगों के जनजीवन और गरीबों की रोजी-रोटी पर नकारात्मक असर पड़ता है।

इन बातों को आधार बनाकर गोविंदाचार्य आज भी काम कर रहे हैं। इस क्रम में कई व्यक्ति और समूह उनसे जुड़ते चले जा रहे हैं। इसी के साथ वे ऐसे समूहों के कामकाज और प्रदर्शन पर भी नजर रखकर उनसे कुछ समझने की कोशिश करते हैं, जो चुनावी राजनीति में नए हैं, लेकिन पूरे दमखम के साथ लड़ रहे हैं। गोविंदाचार्य का मानना है कि वर्तमान राजनीति से जिस तरह देश का हर आदमी त्रस्त है, उसी तरह हर आदमी के पास इस समस्या से निपटने के लिए अपने कुछ विचार और समाधान के अपने रास्ते हैं। 'लोकतंत्र बचाओ मोर्चा' ऐसे सभी विचारों का स्वागत करता है। यह मोर्चा सत्ता हासिल करने का उपक्रम नहीं, बल्कि भविष्य की राजनीति को मूल्यों और मुद्दों की पटरी पर लाने की एक कोशिश है।

भा.ज.पा. से रिश्ते

वर्ष 2000 के बाद गोविंदाचार्य व्यवस्था परिवर्तन के अपने कार्य में लग गए। अब वे भा.ज.पा. के सदस्य नहीं थे। भा.ज.पा. के बारे में बात करना अब न उनका दायित्व था और न ही मजबूरी। लेकिन उनकी बातचीत और वक्तव्यों में भा.ज.पा. का जिक्र बार-बार होता रहा। इन सबमें एक चीज प्रायः होती थी, वह थी आलोचना। पिछले 19 वर्षों में उन्होंने भा.ज.पा. की कहाँ-कहाँ और किन-किन मुद्दों पर आलोचना की है, इसकी सूची बड़ी लंबी है। मीडिया में इस बारे में पर्याप्त सामग्री मिल जाएगी। लेकिन पत्र-पत्रिकाओं और वेबसाइट के पन्नों में कहीं इस बात का सार्थक विश्लेषण नहीं मिलेगा कि ये आलोचनाएँ आखिर क्यों? जिस भा.ज.पा. को गोविंदाचार्य ने छोड़ दिया, उसे लेकर वे इतना क्यों सोचते रहे? इस सवाल का उत्तर ढूँढ़ने में मीडिया की कभी रुचि नहीं रही। मीडिया की रुचि केवल गोविंदाचार्य द्वारा भा.ज.पा. की आलोचना में थी, क्योंकि उसी की 'न्यूज वैल्यू' थी।

गोविंदाचार्य द्वारा भा.ज.पा. की आलोचना का यदि मर्म समझना है तो हमें पहले

जानना होगा कि भा.ज.पा. क्यों बनी थी, गोविंदाचार्य भा.ज.पा. में क्यों भेजे गए थे और गोविंदाचार्य का मूल स्वभाव क्या है? संक्षेप में कहें तो इसका उत्तर इस प्रकार है : जनसंघ या भा.ज.पा. का गठन दो बड़े उद्देश्यों को प्राप्त करने के लिए हुआ था। ये दो उद्देश्य थे, संघ द्वारा प्रतिपादित राष्ट्र का परम वैभव और पंडित दीनदयाल द्वारा बताया गया अंत्योदय। इन्हीं उद्देश्यों को पूरा करने का मिशन देकर गोविंदाचार्य को भा.ज.पा. में भेजा गया था। अब बात करते हैं गोविंदाचार्य के स्वभाव की। कुछ लोग उन्हें कूटनीतिज्ञ मानते हैं, लेकिन असल में वे एक योद्धा हैं। एक ऐसा योद्धा, जिसे अपने मिशन के अलावा कुछ नहीं दीखता है।

गोविंदाचार्य ने भा.ज.पा. छोड़ दी, लेकिन उनका मिशन नहीं बदला। उन्हें अपना मिशन आज भी अच्छी तरह याद है। वे अनौपचारिक बातचीत में प्रायः कहते हैं कि मशीन बदल गई है, मिशन तो वही है। औपचारिक रूप से भा.ज.पा. और गोविंदाचार्य दोनों का उद्देश्य अब भी एक ही है—परम वैभव और अंत्योदय। जब-जब गोविंदाचार्य को लगता है कि भा.ज.पा. अपने उद्देश्यों से भटक रही है, तब-तब वे बोल उठते हैं। ऐसी स्थिति में स्वाभाविक है कि उनके बोल प्रशंसा या अनुमोदन के नहीं, बल्कि आलोचना के ही होंगे।

बात कुल मिलाकर व्याख्या की है। भा.ज.पा. और संघ के वरिष्ठ लोग गोविंदाचार्य को कभी नहीं समझा पाए कि भा.ज.पा. में जो भी हो रहा है, वह अंतिम लक्ष्य की प्राप्ति में सहायक है। इसी प्रकार गोविंदाचार्य भी उन्हें नहीं समझा पाए कि भा.ज.पा. जिस रास्ते चल रही है, उसका अंतिम पड़ाव परम वैभव और अंत्योदय नहीं बल्कि कुछ और है। इस मत भिन्नता के बीच यह तय करना आसान नहीं कि किसका मत सही है और किसका मत गलत। इस प्रश्न को हम यहाँ अनुत्तरित ही छोड़ दें तो बेहतर होगा।

2004 के बाद गोविंदाचार्य और भा.ज.पा. के बीच कभी औपचारिक संवाद नहीं हुआ। लेकिन अनौपचारिक रूप से भा.ज.पा. के छोटे-बड़े नेताओं और कार्यकर्ताओं से उनकी बातचीत हमेशा होती रही। पिछले 15-16 वर्षों में इन अनौपचारिक संबंधों के दायरे में ऐसा बहुत कुछ हुआ है, जिसके बारे में जानना-समझना रुचिकर होगा। यहाँ हम विशेष रूप से लालकृष्ण आडवाणी और नितिन गडकरी के बारे में बात करेंगे, क्योंकि इनसे कुछ ऐसे प्रसंग जुड़े हैं, जिनका भा.ज.पा. के संदर्भ में गहरा निहितार्थ है। इन प्रसंगों से भा.ज.पा. और गोविंदाचार्य की प्रकृति को बेहतर ढंग से समझने में मदद मिलेगी।

लालकृष्ण आडवाणी

भारतीय जनता पार्टी में गोविंदाचार्य को पहली जिम्मेदारी लालकृष्ण आडवाणी के निजी सहायक के रूप में मिली थी। राजनीति के बहुत सारे पाठ उन्होंने आडवाणी जी से ही सीखे। जब कभी गोविंदाचार्य को लगता कि पार्टी अपने उद्देश्यों से भटक रही है तो वे आडवाणी जी से चर्चा करते और कहते कि ऐसे में 'पार्टी विथ ए डिफ्रेंस' के नारे का क्या होगा। इस तरह की बातें जब अधिक होने लगीं तो एक बार आडवाणी जी ने झल्लाकर कहा था कि यह 'पार्टी विथ ए डिफ्रेंस' की बात बहुत अधिक मत किया करो। उन्होंने आगे अंग्रेजी में कहा, "ऐट बेस्ट बी.जे.पी. कैन बी ए कांग्रेस पार्टी विथ ए सैफ्रन टिंज।" एक व्यावहारिक राजनीतिज्ञ और एक ध्येयनिष्ठ आदर्शवादी स्वयंसेवक दोनों के लिए इन शब्दों के अलग-अलग मतलब थे। गोविंदाचार्य स्वाभाविक रूप से इस रहस्योद्घाटन से असहज हो गए। वे सोच में पड़ गए कि क्या इसी बात के लिए उन्होंने घर-बार छोड़कर प्रचारक बनने का निर्णय लिया था।

इतिहास गवाह है कि गोविंदाचार्य ने जितनी नीति और सिद्धांत की दुहाई दी, उतना ही वे भा.ज.पा. की मुख्य धारा से दूर होते गए। भा.ज.पा. में गोविंदाचार्य का संकट तीन बार उभरकर सामने आया। पहली बार 1991 में, जब उन्हें चेन्नई भेजा गया। दूसरी बार 1997-98 में मुखौटा प्रकरण के समय और तीसरी बार वर्ष 2000 में, जब अटल जी उन्हें वापस संघ में भेजने पर अड़ गए। पहले संकट के समय गोविंदाचार्य के साथ संघ, भा.ज.पा. और उनके समर्थक सभी खड़े थे। दूसरी बार संघ और उनके समर्थक तो साथ थे, लेकिन भा.ज.पा. उनका साथ छोड़ चुकी थी। हालाँकि तीसरे संकट के समय उनके साथ कोई नहीं था, न संघ, न भा.ज.पा. और न ही उनके समर्थक। इस समय आडवाणी जी ने भी उन्हें उनके भाग्य के भरोसे छोड़ दिया।

भा.ज.पा. छोड़ने के बाद आडवाणी और गोविंदाचार्य की बहुत कम मुलाकात हुई। ऐसी कोई बात ही नहीं थी, जिसके लिए वे दोनों मिलते। लेकिन 2 अप्रैल, 2005 के दिन गोविंदाचार्य ने अपनी ओर से पहल करते हुए आडवाणी जी से बात की। उस समय आडवाणी जी 6 अप्रैल को होनेवाले भा.ज.पा. के रजत जयंती समारोह की तैयारी में लगे हुए थे। गोविंदाचार्य का फोन आना उनके लिए आश्चर्यजनक था, लेकिन फोन पर उनसे जो कहा गया, वह और आश्चर्यजनक था। इसकी उन्होंने कभी कल्पना भी नहीं की थी।

गोविंदाचार्य ने कहा कि आडवाणी जी यह एक ऐतिहासिक अवसर है। आपको

और अटल जी को प्रत्यक्ष राजनीति से हट जाना चाहिए। जिस प्रकार आपने 1977 में पार्टी का विलय किया था, उसी प्रकार आपको रजत जयंती के इस अवसर पर पार्टी का विसर्जन कर देना चाहिए, क्योंकि पार्टी की कार्य पद्धति में एक ढंग का तदर्थवाद है। इन सबसे आगे बढ़ना चाहिए। आप पार्टी संघ को सौंप दीजिए। इससे आपका कद बहुत बढ़ जाएगा। संसदीय लोकतंत्र के संरक्षण की दिशा में आपका यह बहुत बड़ा योगदान होगा।

आडवाणी जी ने गोविंदाचार्य की बात पूरे धैर्य से सुनी और अंत में पूछा कि गोविंद जी, यह आपकी व्यक्तिगत राय है या सामूहिक राय। गोविंदाचार्य ने कहा, आप संघ के लोगों से कितनी बात करते हैं, उसे कितना मानते हैं, यह तो आपको मालूम होगा। हम तो अपनी बात कह रहे हैं, क्योंकि आपके प्रति मेरे मन में आदर है। इस पर आडवाणी जी ने कहा कि तब तो मैं आप की बात नहीं मानूँगा। गोविंदाचार्य ने कहा, यह तो आपका अधिकार है, बताना हमारा कर्तव्य। इस विषय पर अच्छी तरह सोच लीजिए। फिर जैसा चाहे निर्णय लीजिए, क्योंकि हम आपको दुबारा पूछनेवाले तो हैं नहीं। आडवाणी जी ने कहा, हाँ–हाँ, सोच लेंगे और बात खत्म कर दी।

इसी बीच 8 अप्रैल को संघ प्रमुख सुदर्शन जी ने 'वॉक द टॉक' कार्यक्रम में कहा कि भा.ज.पा. के बड़े सीनियर लोगों को अब रास्ता देना चाहिए, अर्थात् रिटायर हो जाना चाहिए। आडवाणी जी भी यह इंटरव्यू देख रहे थे। उन्होंने तुरंत सुदर्शन जी को फोन किया और गोविंदाचार्य की बात का हवाला देते हुए कहा कि अभी तक तो मैं यही समझ रहा था ये गोविंदाचार्य के व्यक्तिगत विचार हैं, लेकिन आज आपका इंटरव्यू देखकर लग रहा है कि ये सामूहिक विचार हैं। उन्होंने गोविंदाचार्य से हुई बात का हवाला दिया। सुदर्शन जी ने इस पर सफाई दी और कहा कि उनकी गोविंदाचार्य से कोई बात नहीं हुई है। उन्होंने यह भी कहा कि उनकी बात को तात्कालिक संदर्भ में नहीं देखा जाना चाहिए। लेकिन आडवाणी जी नहीं मान रहे थे। वे पार्टी छोड़ने की बात कर रहे थे। इस समय गुरुमूर्ति आए और उन्होंने डैमेज कंट्रोल किया। उसके बाद मोहन भागवत जी के नाम से बयान आया और सरसंघचालक के वक्तव्य पर सर कार्यवाह मोहन भागवत ने स्पष्टीकरण दिया। उन्होंने कहा कि रिटायरमेंट का उल्लेख एक सहज प्रक्रिया की बात है। उसका अभी के घटनाक्रम से कोई लेना–देना नहीं है। बात आई–गई हो गई। इस प्रकरण के बाद आडवाणी जी और गोविंदाचार्य की छिटपुट मुलाकातें हुईं, लेकिन इस प्रसंग पर कभी दुबारा चर्चा नहीं हुई।

नितिन गडकरी

भा.ज.पा. से मुक्त होने के बाद गोविंदाचार्य ने सक्रिय राजनीति से दूरी बना ली। लेकिन कई लोगों को लगता रहा कि गोविंदाचार्य कभी-न-कभी भारतीय जनता पार्टी की मुख्य धारा में दुबारा लौटकर आएँगे। गोविंदाचार्य को जब भी मौका मिलता, वे भा.ज.पा. में वापस जाने की बात का खंडन करते। लेकिन गाहे-बगाहे उनके भा.ज.पा. में जाने की बात लोग करते रहे। ये बातें अकारण नहीं थीं। गोविंदाचार्य भा.ज.पा. में जाने के लिए इच्छुक नहीं थे, लेकिन भा.ज.पा. और संघ में उनके ऐसे बहुत सारे मित्र और शुभचिंतक थे, जो उन्हें वापस भा.ज.पा. में देखना चाहते थे और इसके लिए वे प्रयास भी करते रहते थे।

गोविंदाचार्य को भा.ज.पा. में वापस लाने की कई बार कोशिश की गई। एक समय प्रमोद महाजन आदि भी इस मत के थे कि गोविंद जी को वापस आ जाना चाहिए। 2004-05 में गुरुमूर्ति, आडवाणी जी और संघ के कई लोग इसके लिए विशेष रूप से प्रयासरत थे। एक बार गोविंदाचार्य को बताए बिना ही उनकी आडवाणी जी से मुलाकात तय कर दी गई और कहा गया कि वे भा.ज.पा. में आ जाएँगे। लेकिन उसी बीच अखबार में गोविंदाचार्य का एक बयान छपा, जिसमें उन्होंने भा.ज.पा. सहित सभी राजनीतिक दलों की तीखी आलोचना की थी। इस बयान के बाद किसी की हिम्मत नहीं हुई कि गोविंदाचार्य से भा.ज.पा. में वापस आने की बात करे। हालाँकि बाद में उन लोगों ने गोविंदाचार्य से कहा कि आपको ऐसा बयान नहीं देना चाहिए था।

गोविंदाचार्य को भा.ज.पा. में वापस लाने की आखिरी गंभीर कोशिश नितिन गडकरी ने की। 2009 में पार्टी अध्यक्ष बनने के बाद वे पार्टी के उन पुराने नेताओं को वापस लाने के लिए विशेष रूप से सक्रिय थे, जो किन्ही कारणवश पार्टी छोड़ गए थे। जब उन्होंने इस बारे में गोविंदाचार्य को लेकर एक बयान दिया तो गोविंदाचार्य ने इस पर नाराजगी जताई और कहा कि उनके बारे में इस तरह कोई बयान न दिया जाए। इस घटना के कुछ समय बाद गोविंदाचार्य की एक बार नितिन गडकरी से सीधी मुलाकात हुई। उस दौरान वहाँ एस. गुरुमूर्ति, विनय सहस्रबुद्धे और मुरलीधर राव भी मौजूद थे। सभी का आग्रह था कि वे भा.ज.पा. में वापस आ जाएँ। इस पर गोविंदाचार्य ने कहा, "आप सब की सदिच्छा के बारे में मुझे कोई संदेह नहीं है। मेरे प्रति आपने जो सद्भाव दिखाया है, उसके लिए मैं आभारी हूँ। मान लीजिए, कल मैं भा.ज.पा. में आ गया और सदस्यता भी ले ली तो उससे क्या होगा। मैं भा.ज.पा. में जाकर करूँगा क्या? मैंने जो बौद्धिक रचनात्मक आंदोलनात्मक कामों की एक

श्रृंखला शुरू की है, उसका क्या होगा? मैं उसे क्यों छोड़ूँ? इन प्रश्नों का उत्तर तो खोजना पड़ेगा।"

उन्होंने आगे कहा, "मैं आपके साथ अपने संबंध और मित्रता का खयाल करते हुए भा.ज.पा. में आ भी जाऊँ तो उससे परिस्थितियाँ बदलने वाली नहीं है। इसलिए इस विषय को छोड़ देना चाहिए। मेरे लिए आपके ध्यान में जो भी छोटे-छोटे काम हों, सुझाव हों, उन्हें बता दीजिए। मैं आपका सहयोग करूँगा। विचारधारा के मामले में हम अलग तो हैं नहीं। हम तो सहयोग ही करेंगे। असली मकसद है कि काम होना चाहिए। काम का श्रेय लेने में मेरी कोई रुचि तो है नहीं।"

दरअसल गडकरी जी चाहते थे कि भा.ज.पा. में प्रशिक्षण और बौद्धिक दृष्टि से गोविंदाचार्य का योगदान होना चाहिए। जबकि गोविंदाचार्य का कहना था कि इतने भर से तो बात नहीं बनेगी। गोविंदाचार्य ने बताया कि उनके अध्ययन अवकाश के बाद सूर्या फाउंडेशन ने उनके अनुभवों और निष्कर्षों को डॉक्यूमेंट का रूप दिया था। 1998 से लेकर आज तक उसको लेकर पार्टी में कुछ भी तो होता दिखा नहीं।

गोविंदाचार्य ने नितिन गडकरी से कहा कि यदि वे विचारधारा और वैज्ञानिक कार्यपद्धति को ध्यान में रखते हुए संगठन के लिए कुछ ठोस करना चाहते हैं तो उन्हें विरार बैठक के निर्णयों को भा.ज.पा. में लागू करना चाहिए। ये वे निर्णय हैं, जिन्हें 1997 में भा.ज.पा. के सभी वरिष्ठ नेताओं ने सुदर्शन जी और शेषाद्रि जी की उपस्थिति में पार्टी के लिए तय किया था। इसके बाद विरार बैठक को लेकर लंबी बात हुई। गोविंदाचार्य ने नितिन गडकरी को विरार बैठक के उन खास-खास निर्णयों के बारे में बताया, जिन्हें लागू करने से भा.ज.पा. की कार्यपद्धति को तदर्थवाद से बचाकर एक बेहतर स्वरूप दिया जा सकता है। गोविंद जी का स्पष्ट मत था कि यदि विरार बैठक के निष्कर्षों को लागू कर दिया जाता है तो सब ठीक हो जाएगा और उन्हें भा.ज.पा. में आने की जरूरत नहीं पड़ेगी।

इस पर नितिन गडकरी ने पूछा कि गोविंद जी, विरार बैठक का दस्तावेज कहाँ मिलेगा? गोविंदाचार्य ने बताया कि पार्टी कार्यालय में एक रामकृपाल सिंह थे, उन्हें इसके बारे में मालूम होगा, क्योंकि उस समय वे कार्यालय प्रभारी हुआ करते थे। इसके बाद भा.ज.पा. कार्यालय में विरार बैठक के दस्तावेजों की खोजबीन शुरू हुई, लेकिन वह नहीं मिला। एक हफ्ते के बाद गडकरी जी ने गोविंदाचार्य को फिर फोन किया और पूछा कि क्या आपके पास विरार बैठक का दस्तावेज है, क्योंकि वह पार्टी कार्यालय में नहीं मिल रहा है। तब गोविंद जी ने अपने पास रखे दस्तावेज की कॉपी

गडकरी जी को भिजवा दी। नितिन गडकरी विरार बैठक पर कोई निर्णय ले पाते, उसके पहले ही वे कई प्रकार की राजनीतिक उलझनों में फँसते गए और फिर अध्यक्ष की कुरसी पर राजनाथ सिंह विराजमान हो गए। अगर समय मिलता भी तो क्या नितिन गडकरी विरार बैठक की सिफारिशों को लागू कर पाते, इस बारे में कुछ भी कहना मुश्किल है।

विरार बैठक की बात आने का एक परिणाम हुआ कि गोविंदाचार्य को वापस भा.ज.पा. में लाने के प्रयास हमेशा के लिए रुक गए। भा.ज.पा. को लेकर गोविंदाचार्य के बयानों में भी अब कमी आई है। दोनों के रास्ते जहाँ से अलग हुए थे, और आज 19 साल बाद दोनों जहाँ पर हैं, उनके बीच एक बड़ा फासला आ गया है। इस फासले को पाटने में किसी की भी रुचि नहीं है, न तो गोविंदाचार्य की और न ही भा.ज.पा. की।

❖ संघ से तदाकार

अध्ययन अवकाश पूरा होने के बाद गोविंदाचार्य ने भा.ज.पा. की अपनी सदस्यता का नवीनीकरण नहीं करवाया। 2002 में उन्होंने प्रचारक के दायित्व से भी हमेशा के लिए छुट्टी ले ली। अब वे पूरी तरह से स्वतंत्र थे। लेकिन यह स्वतंत्रता मर्यादित थी। अतीत के अपने संगठनों से कैसा संबंध रखा जाए, इसके बारे में उन्होंने अच्छे से सोच-विचार करके निर्णय लिया। इस दिशा में अप्रैल 2003 में जबलपुर में उन्होंने एक पत्रकार वार्त्ता करके अपने बारे में कुछ बुनियादी घोषणाएँ कीं, जो इस प्रकार हैं—

1. मैं राष्ट्रीय स्वयंसेवक संघ का स्वयंसेवक हूँ और आजीवन रहूँगा।
2. पंडित दीनदयाल उपाध्याय द्वारा प्रतिपादित एकात्म मानवदर्शन में मेरी आस्था है और हमेशा बनी रहेगी।
3. मैं अब किसी राजनीतिक दल की सदस्यता ग्रहण नहीं करूँगा। किंतु एक जिम्मेदार नागरिक होने के नाते समाज और राष्ट्र के प्रति अपने दायित्व से कभी विमुख नहीं होऊँगा।
4. देश की संपूर्ण सज्जनशक्ति के बीच संवाद, सहमति एवं सहकार स्थापित करने का प्रयास करूँगा, ताकि सभी व्यवस्था परिवर्तन की लड़ाई में सम्मिलित रूप से अपना योगदान कर सकें।

भा.ज.पा. को लेकर गोविंदाचार्य अकसर हमलावर रहे, लेकिन संघ की बात

करते समय उन्होंने हमेशा संयम का परिचय दिया। संघ को लेकर उनके मन में हमेशा आदर का भाव रहा। संघ की अपनी पूर्व पहचान को छिपाने या दबाने की उन्होंने कभी कोशिश नहीं की। अपने अतीत के चलते उन्हें कई बार दोहरी मार झेलनी पड़ी। जहाँ संघ में कई लोगों ने मान लिया कि अब वे उनके नहीं रहे, वहीं संघ के बाहर के लोगों को प्रायः लगता था कि वे तो संघ के ही हैं। इस उलझन और भ्रम के बीच गोविंदाचार्य ने धैर्यपूर्वक अपना रास्ता बनाया। तमाम उतार-चढ़ावों के बीच पिछले 19 वर्षों में उनके व्यवहार में एकरूपता दिखाई देती है।

गोविंदाचार्य बताते हैं, "संघ में कई लोग हमें और हमारे संगठनों को अपनाने तथा साथ काम करने में संकोच करते हैं। कुछ को लगता है कि हम संघ के ढाँचे में नहीं हैं। कुछ को लगता है कि हमारा काम संघ की योजना में नहीं है। कुछ समझते हैं कि हम संघ से विद्रोह कर रहे हैं। मतलब हम अपनी खुद की दुकान चलाना चाहते हैं। इस कारण हिचकते हैं। कई जगह जब मैं पहुँचता हूँ तो वहाँ संघ के लोग असहज हो जाते हैं। कई बार ऐसा हुआ कि संघ के लोग हमारे कार्यक्रमों को शुरू में दूर से देखते और सुनते हैं। जब उनको लगता है कि मैं उन्हीं की बात, यानी संघ की ही बात कह रहा हूँ तो वे धीरे-धीरे सहज हो जाते हैं। हालाँकि ये बातें हर जगह नहीं हैं। कई जगह स्वयं सेवकों के साथ हमारा बहुत अच्छा तालमेल है।"

संघ के भीतर गोविंदाचार्य गैर-संघी हो गए थे, लेकिन बाहर के लोगों के लिए वे खाँटी संघी थे। गोविंद जी प्रायः ऐसे लोगों समझाते कि जैसे आप लोगों को समाज का काम करने की प्रेरणा गांधी, अंबेडकर या लोहिया से मिली है, वैसे ही मुझे समाज का काम करने की प्रेरणा डॉ. हेडगेवार से मिली है। अंततः हम सभी ने समाज का काम करना है, फिर साथ काम करने में संकोच कैसा ? उनकी इन बातों को कई लोग समझे तो कुछ लोग पूर्वग्रहग्रस्त ही रहे। कई बार संघ से अलग विचारधाराओं के लोग समझ ही नहीं पाते थे कि उनके साथ क्या व्यवहार किया जाए। मंच साझा किया जाए या नहीं। मंच साझा करने दिया जाए या नहीं। करने दिया जाए तो कितनी उपेक्षा की जाए, कितना पीछे धकेला जाए आदि-आदि।

2004 के बाद गोविंदाचार्य और संघ के संबंधों का कोई औपचारिक आयाम नहीं है। उसकी देश भर में अलग-अलग छटाएँ हैं। इस दौरान यदि संघ के साथ उनके संबंधों को समझना है तो यह जानना जरूरी होगा कि इस बीच उनका संघ के बड़े नेताओं और संघ के विविध आनुषंगिक संगठनों के साथ कैसा संबंध रहा।

मदनदास देवी

10 मार्च, 2000 को सुदर्शन जी संघ के सरसंघचालक बन गए। इसके बाद संघ की ओर से भा.ज.पा. से साथ समन्वय का काम मदनदास देवी को दे दिया गया। एक समय गोविंदाचार्य और मदनदास देवी ए.बी.वी.पी. का काम देखते थे। इसलिए दोनों के बीच गहरा लगाव था। सितंबर में जब गोविंदाचार्य ने अध्ययन अवकाश पर जाने का फैसला किया, तब मदनदास देवी को अच्छा नहीं लगा। उन्होंने कहा कि अभी-अभी तो मैं आया हूँ और आप जा रहे हैं। दरअसल उस समय तक गोविंदाचार्य को औपचारिक रूप से भा.ज.पा. की कार्यसमिति में माना जाता था। इस पर गोविंदाचार्य ने मदनदास देवी को बताया कि अध्ययन अवकाश सबकी सहमति से तय हुआ था, लेकिन अब उसको मेरा व्यक्तिगत वेंचर माना जाने लगा है। इसलिए वह भी अपने अध्ययन अवकाश की रिपोर्ट प्रस्तुत करने के लिए बाध्य नहीं हैं।

वर्ष 2003 में मकर संक्रांति के दिन गोविंदाचार्य ने मदनदास देवी से भेंट करके उन्हें अपने अध्ययन के निष्कर्षों के बारे में बताया। उन्होंने कहा कि अभी तक मैं जो करता आया हूँ, अब उससे भिन्न करना पड़ेगा, जिसका स्वरूप मोटे तौर पर बौद्धिक, रचनात्मक और आंदोलनात्मक होगा। इस पर मदनदास देवी ने कहा कि क्या अब मिलोगे नहीं? तब गोविंदाचार्य ने आश्वासन दिया कि नहीं, ऐसा नहीं होगा। 3-4 माह पर वे उनसे मिला करेंगे। उसके बाद गोविंदाचार्य मदनदास देवी से कई बार मिले। लेकिन वर्ष 2004 में मदनदास देवी को ब्रेन हेमरेज होने के बाद संवाद का यह सिलसिला थम गया।

सुदर्शन जी

सुदर्शन जी और गोविंदाचार्य के बीच वैचारिक दृष्टि से ट्यूनिंग काफी ठीक थी। दोनों के बीच स्वदेशी को लेकर समान सोच थी। जब सुदर्शन जी पालक अधिकारी के रूप में भा.ज.पा. को देख रहे थे तो उन्होंने महसूस किया कि चाहे डब्ल्यू.टी.ओ. का विषय हो या डब्ल्यू.टी.ओ. में पेटेंट का विषय हो, इन सबके बारे में भा.ज.पा. की लाइन अलग थी। भा.ज.पा. के भीतर बाजारवादी ताकतें भी थीं और स्वदेशी के पैरोकार भी थे। 1991 में जब स्वदेशी जागरण मंच शुरू हुआ तो गोविंदाचार्य को उसकी संचालन समिति में रखा गया। इस प्रकार भा.ज.पा. में वे स्वदेशी का झंडा उठाए हुए थे। समय-समय पर वे भा.ज.पा. में स्वदेशी की स्थिति

को लेकर सुदर्शन जी को रिपोर्टिंग किया करते थे और उनके माध्यम से भा.ज.पा. के लोगों पर दबाव भी बनाते थे।

अध्ययन अवकाश से लौटने के बाद गोविंदाचार्य की तत्कालीन संघ प्रमुख के.एस. सुदर्शन से वर्ष में दो बार बातचीत और मिलना जरूर होता था। सुदर्शन जी गोविंदाचार्य के अध्ययन अवकाश के निष्कर्षों पर खूब रुचि लेते थे। गोविंदाचार्य ने तत्कालीन संघ प्रमुख सुदर्शन को न केवल अपने निष्कर्ष बताए, बल्कि इससे जुड़ा सारा डाटा, जो सूर्या फाउंडेशन के सहयोग से तैयार किया गया था, उन्हें सौंप दिया। संघ प्रमुख गोविंदाचार्य के निष्कर्षों से सहमत थे, क्योंकि विचार की दृष्टि से दोनों के विचारों की वेवलेंथ एक ही थी। आगे चलकर गोविंदाचार्य के काम के तीन आयामों में उन्होंने भारत विकास संगम के बारे में विशेष रुचि दिखाई। वर्ष 2010 में कर्नाटक के गुलबर्गा सम्मेलन में वे खुद भाग लेने के लिए गए थे। वहाँ से लौटकर आने के बाद उन्होंने इसकी कई जगह पर चर्चा भी की।

मोहन भागवत

वर्ष 2004 में मदनदास देवी जी के अस्वस्थ हो जाने के बाद गोविंदाचार्य और संघ के बीच संवाद का ढाँचा बिखर गया। उसके बाद मोहन भागवत ने कहा कि गोविंद जी, आप अपने रचनात्मक कार्यों के लिए भैयाजी जोशी से बात कर लिया करो और जो आंदोलन तथा समाज के अन्य विषय हैं, उनको लेकर उनसे यानी मोहन भागवत से बात कर लिया करो। दोनों से बात करने में गोविंदाचार्य को कोई दिक्कत नहीं थी। दरअसल, जब गोविंदाचार्य वर्ष 1994 में बिहार, झारखंड और उड़ीसा भा.ज.पा. को देख रहे थे तो उस दौरान मोहन भागवत पटना में क्षेत्र प्रचारक और अखिल भारतीय शारीरिक प्रमुख की जिम्मेदारी सँभाल रहे थे। इसलिए दोनों के संबंध बहुत सहज थे।

गोविंदाचार्य और मोहन भागवत के बीच वर्ष 2005 में बना यह रिश्ता 2008 तक चलता रहा। कुछ समय बाद 2009 में मोहन भागवत सरसंघचालक बन गए। इसके बाद बातचीत में थोड़ी शिथिलता आ गई। 2010 होते-होते गोविंदाचार्य को लगने लगा कि उनकी बात का कोई क्रियात्मक परिणाम तो निकलता नहीं, फिर इस बातचीत का क्या फायदा। 2010 के बाद जब मदनदास देवी जी का स्वास्थ्य बेहतर हुआ तो गोविंदाचार्य उनसे मिले और बताया कि उनकी मोहन भागवत से बात तो होती है, लेकिन अब उसे आगे बढ़ाने में उनकी कोई रुचि नहीं है। मदनदास ने जब

पूछा कि ऐसा क्यों तो उन्होंने कहा कि संघ प्रमुख को अपने काम की रिपोर्टिंग करना या वृत्त निवेदन करना उनका मकसद नहीं है। चूँकि बात इकतरफा होती है, इसलिए इसका लाभ नहीं। मैं संघ का स्वयंसेवक हूँ और रहूँगा। विचारधारा की दृष्टि से भी मेरी निष्ठा यथावत् है। हम मिलें या ना मिलें, विचार की दृष्टि हमेशा एक ही रहेगी। इसलिए आगे से मैं मिलने नहीं आऊँगा, लेकिन किसी को भी लगे कि मुझसे मिलना जरूरी है तो संदेश भिजवा दें, मैं मिलने आ जाऊँगा।

स्वदेशी जागरण मंच एवं संघ पृष्ठभूमि के अन्य संगठन

वर्ष 1991 में जब स्वदेशी जागरण मंच शुरू हुआ था, उस वक्त स्वदेशी जागरण मंच की संचालन समिति में संघ के विभिन्न क्षेत्रों से दो-दो लोग भेजे गए थे। इसी क्रम में 1991 में गोविंदाचार्य भी स्वदेशी जागरण मंच की संचालन समिति में शामिल हुए। स्वदेशी में अपने अनुभव के दौरान गोविंदाचार्य ने पाया कि भा.ज.पा. में बाजारवादी ताकतें स्वदेशी विचार पर हावी हैं। भा.ज.पा. के लोग स्वदेशी के बारे में बहुत कम रुचि लेते थे या यों कहा जाए कि उनकी उसमें रुचि ही नहीं थी। इसकी परवाह न करते हुए गोविंदाचार्य ने भा.ज.पा. में स्वदेशी का झंडा उठाए रखा।

भा.ज.पा. छोड़ने के बाद भी गोविंदाचार्य का स्वदेशी जागरण मंच से संपर्क बना रहा। वर्ष 2007 तक दोनों के बीच संबंध बहुत प्रगाढ़ रहे। लेकिन 2007 के बाद यह संबंध औपचारिकता में बदलते गए। दोनों का एक-दूसरे के प्रति आत्मीयता का भाव था, लेकिन कार्य के स्तर पर कुछ विशेष नहीं था। स्वदेशी जागरण मंच कहीं-न-कहीं चाहता था कि गोविंदाचार्य को संघ परिवार के ढाँचे में रहकर काम करना चाहिए। यह बात गोविंदाचार्य को स्वीकार्य नहीं थी। वे मुद्दों और नीतियों के आधार पर किसी भी संगठन, समूह या व्यक्ति के साथ काम करने के लिए तैयार रहते थे। इस संबंध में उन्हें अपने ऊपर कोई प्रतिबंध मंजूर नहीं था। विभिन्न मुद्दों पर स्वदेशी जागरण मंच की हिचकिचाहट को देखकर गोविंदाचार्य ने स्वदेशी के मुद्दों को अपने स्तर पर उठाना शुरू कर दिया। इस काम में केरल के कार्यकर्ता बिज्जू ने उनका भरपूर साथ दिया।

स्वदेशी जागरण मंच के अलावा गोविंदाचार्य संघ पृष्ठभूमि के कई दूसरे संगठनों एवं समूहों से निरंतर संपर्क में रहते हैं। इसमें दीनदयाल शोध संस्थान से उनका विशेष लगाव है। भारत विकास संगम और दीनदयाल शोध संस्थान के लोगों के बीच बेहतर तालमेल के लिए वे हमेशा सक्रिय रहते हैं। इसी प्रकार भारतीय किसान संघ, भारतीय

मजदूर संघ, विश्व हिंदू परिषद् और वनवासी कल्याण आश्रम के लोगों के साथ भी उनका औपचारिक संबंध रहता है।

संवाद और समन्वय की वर्तमान स्थिति

गोविंदाचार्य के कामों के जितने भी आयाम हैं, उनमें से 'भारत विकास संगम' में संघ के लोगों की अधिक रुचि रहती है। भारत विकास संगम के गुलबर्गा (कर्नाटक) सम्मेलन 2010, कनेरी (महाराष्ट्र) सम्मेलन 2015 और बीजापुर (कर्नाटक) सम्मेलन 2018 में संघ के कई लोग आते रहे हैं। इसमें कई प्रांत प्रचारक और क्षेत्र प्रचारक भी आए और गोविंदाचार्य के काम को नजदीक से देखा। 2004 में गोविंदाचार्य ने डाक्युमेंट्री फिल्मों की एक श्रृंखला तैयार करवाई थी, जिसमें उन्होंने अपना दर्शन स्पष्ट किया था। इस फिल्म को संघ के कई शिक्षा वर्गों में भी दिखाया गया। कई सार्वजनिक कार्यक्रमों और मंचों पर गोविंदाचार्य और संघ के लोग मिलते रहते हैं। इस प्रकार संवादहीनता की स्थिति कभी नहीं आने पाई।

संघ के लोग कुल मिलाकर अब गोविंदाचार्य को अपने लिए खतरा नहीं मानते। लेकिन कभी-कभी सत्ता प्रतिष्ठान और सत्ता के बारे में उनके बयान से संघ के कुछ लोग असहज जरूर हो जाते हैं। गोविंदाचार्य जानते हैं कि उनके बयानों से कोई विशेष फर्क नहीं पड़ता और उनके कुछ कहने से संघ या भा.ज.पा. की नीतियों में कोई बदलाव नहीं होनेवाला। फिर भी वे अपना बयान क्यों देते हैं। इस प्रश्न के उत्तर में वे संघ के वरिष्ठ नेता दत्तोपंत ठेंगड़ी की एक अंग्रेजी कोटेशन का जिक्र करते हैं, जिसमें उन्होंने कहा है, "Often it is better to be irresponsible and right, than being responsible and wrong." अर्थात् कई बार जिम्मेदार और गतल होने की बजाय गैर-जिम्मेदार और सही होना ज्यादा अच्छा होता है। गोविंदाचार्य साफ-साफ कहते हैं कि उन्होंने अपने लिए जो बेंचमार्क तय किया है, उसे वे न तो नीचे लाएँगे और न ही बदलेंगे।

□

गोविंदाचार्य : क्रमशः जीवन

पारिवारिक परंपरा और पिता—परिवार वैष्णव संप्रदाय के अंतर्गत रामानुज संप्रदाय से संबंधित। इसके अंतर्गत आचार्य परंपरा में कोड़ीपाक्कम में पैतृक घर। अतीत में एक समय परिवार की आर्थिक स्थिति इतनी खराब हो गई कि पूर्वजों को भेड़ भी पालनी पड़ी। नाना तिरचानुर के। वहाँ पद्मावती का मंदिर है। उनके परिवार के लोगों द्वारा स्टेट में मुंसिफ का काम।

तमिल पिता संस्कृत और रामानुज दर्शन के प्रसिद्ध विद्वान्। तिरुपति संस्कृत विश्वविद्यालय में अध्यापन के समय विवाह। माँ तेलुगुभाषी।

जन्म—तिरुपति में। 5 मई, 1943। जब गोविंद डेढ़ वर्ष के थे, तभी पिता रामानुज संस्कृत महाविद्यालय में अध्यापन के लिए वाराणसी आ गए।

शिक्षा—काशी हिंदी विश्वविद्यालय से एम.एस-सी. प्रथम श्रेणी में। विद्यालय में निराला की कविता और गोर्की के उपन्यास 'माँ' से बहुत प्रभावित हुए। वामपंथ की ओर झुकाव।

महाविद्यालय जीवन में एक संघ पदाधिकारी से प्रभावित होकर संघ में प्रवेश।

संघ प्रचारक—एम.एस-सी. के बाद 4 मास अध्यापन के पश्चात् संघ प्रचारक बने सन् 1965 में। 1965 से 1976 तक बिहार में संघ प्रचारक। उसी दौरान लोकनायक जयप्रकाश को संघ से सही परिचय कराने में सफलता। आगे शुरुआती आशंकाओं के बावजूद संघ को जे.पी. आंदोलन से जोड़ा।

अभाविप में—1976 से 1988 तक अखिल भारतीय विद्यार्थी परिषद् में अखिल टीम सदस्य के नाते विविध क्षेत्रों के संगठन मंत्री। इसी दौरान यशवंत केलकर से संघ और संगठन शास्त्र पर विस्तृत सीख।

भा.ज.पा. में—1988 में भा.ज.पा. में भेजे गए। भा.ज.पा. में आडवाणी जी के विशेष सहायक के रूप में प्रवेश। आगे भा.ज.पा. के महामंत्री।

बोफोर्स के बाद वी.पी. सिंह से राजनीतिक तालमेल। वे प्रचंड बहुमत से जीते। राजीव गांधी बुरी तरह हारे।

1990 में आडवाणी जी की रथयात्रा के सूत्रधार।

1993 में भा.ज.पा. में सोशल इंजीनियरिंग के सूत्रधार।

1996 में 13 दिन की भा.ज.पा. सरकार के पश्चात् भा.ज.पा. को सत्ताधारी पार्टी के रूप में तैयार करने में प्रमुख भूमिका। उसके लिए भा.ज.पा. में बैंक और पॉलिसी बायोडाटा बैंक का आग्रह। स्वस्थ संगठन और स्वस्थ कार्यप्रणाली के लिए संघ परिवार को मनाते हुए विरार बैठक का सफल आयोजन। विरार दस्तावेज बना। पार्टी के सत्ता में आने के बाद सरकार और संगठन तथा संघ और सरकार के बीच अंतर्संबंधों पर निर्णय का आग्रह।

1998 में 13 महीने की सरकार के बाद 1999 में केंद्र में फिर भा.ज.पा. की सरकार। महामंत्री।

सितंबर 2000 में दो वर्ष के लिए अध्ययन अवकाश पर जाने की घोषणा।

जनवरी 2003 में भा.ज.पा. की सदस्यता का नवीनीकरण न करने की घोषणा।

व्यवस्था परिवर्तन की उद्घोषणा—मई 2004 में विदेशी मूल की सोनिया गांधी के प्रधानमंत्री बनने की आशंका उत्पन्न होने पर दिल्ली में राष्ट्रीय स्वाभिमान आंदोलन के बैनर तले आंदोलन, प्रदर्शन। राष्ट्रपति कलाम से मिलकर विरोध में ज्ञापन दिया।

नवंबर 2004 में, प्रथम भारत विकास संगम का आयोजन। देशभर से 100 से अधिक संगठन और लगभग 400 कार्यकर्ता सहभागी हुए। व्यवस्था परिवर्तन के संकल्प के साथ आयोजन संपन्न।

जनवरी 2008 में दूसरा भारत विकास संगम। रचनात्मक, आंदोलनात्मक और बौद्धिक कार्यों के लिए स्वतंत्र संगठन बनाने का निर्णय।

भारत विकास संगम का बैनर रचनात्मक कार्यों के लिए तथा राष्ट्रीय स्वाभिमान आंदोलन का बैनर आंदोलनात्मक कार्यों के लिए।

गंगा, विश्व गौ सम्मेलन, विश्व गौ मंगल तथा गौ ग्राम यात्रा।

2007 में विदेशों में जमा काले धन पर आवाज बुलंद की। आगे भा.ज.पा. ने उसे अपना मुद्दा बनाया और बाद में स्वामी रामदेव ने।

2009 में नोटा के लिए आवाज उठाई। अन्य संगठनों के सहयोग से नोटा भी लागू हो गया।

2010 में ग्राम स्वराज्य के लिए केंद्रीय बजट से सीधे ग्राम पंचायतों को धन देने के लिए आंदोलन किया। दबाव के कारण आगे वित्त आयोग के माध्यम से केंद्र सरकार ने ग्राम पंचायतों को धन देना प्रारंभ किया।

2011–12 में स्वामी रामदेव और अन्ना हजारे के आंदोलन में सहयोग से देश में भ्रष्टाचार विरोधी माहौल बनाने में सफलता।

केंद्र में मोदी सरकार के बाद सरकार द्वारा किसानों पर अन्यायकारी भूमि अधिग्रहण कानून की घोषणा। उसका सभी प्रकार से विरोध किया। संसदीय समिति के सम्मुख जाकर अपना विरोध दर्ज कराया। परिणामस्वरूप भूमि–अधिग्रहण कानून ठंडे बस्ते में चला गया।

2015 में एस.जी.टी. यूनिवर्सिटी, गुरुग्राम ने गोविंदाचार्य के सामाजिक कार्यों को सम्मान देते हुए उन्हें डी.लिट्. की मानद उपाधि प्रदान की।

2016 में गौरक्षा आंदोलन प्रारंभ किया। 7 नवंबर, 1966 को संतों के नेतृत्व में हुए गौरक्षा आंदोलन पर पुलिस ने गोलियाँ चलाई थीं, जिसमें बड़ी संख्या में संतों और देशभक्तों का बलिदान हुआ था। उन्हें श्रद्धांजलि देने और गौरक्षा आंदोलन को पुनः प्रारंभ करने के लिए सैकड़ों संतों के नेतृत्व में 7 नवंबर, 2016 को उसी स्थान पर श्रद्धांजलि सभा का सफल आयोजन।

8 नवंबर की रात में घोषित नोटबंदी के 3 दिन में ही विफल होने की बात कही। उन्होंने लेख में दावा किया कि काला धन बाहर लाने के लिए नोटबंदी बताई जा रही है, पर नोटबंदी से 3 प्रतिशत भी काला धन बाहर नहीं आ सकता।

2017 में आयु के 75वें वर्ष में प्रवेश।

2018 के 24 दिसंबर से 1 जनवरी, 2019 तक विजयपुर में हुए भारत विकास संगम के भारतीय संस्कृति उत्सव–5 में 20 लाख से अधिक लोगों ने हिस्सा लिया।

□

खंड-2

सवालों के सामने

चर्चित मुद्दे और गोविंदाचार्य से बातचीत

✤ रामबहादुर राय ✤ राजेश कौशिक
✤ श्याम लाल यादव ✤ हर्षित जैन
✤ ब्रजेश कुमार ✤ गोविंद सिंह
✤ हिमांशु शेखर ✤ विमल कुमार सिंह

साक्षात्कार

भाजपा से विदाई

खबरें और रामबहादुर राय द्वारा साक्षात्कार

आत्म समीक्षा और अध्ययन अवकाश

आमतौर पर यह धारणा रही है कि अटल विहारी वाजपेयी संगठनात्मक मामलों में हस्तक्षेप नहीं करते थे। लेकिन, गोविंदाचार्य का प्रकरण इस धारणा को तोड़ता है। उस समय के भाजपा अध्यक्ष बंगारू लक्ष्मण ने जब अपनी कार्य समिति बनाई और उस पर सहमति प्राप्त करने के लिए कुशाभाऊ ठाकरे (पूर्व अध्यक्ष) के साथ प्रधानमंत्री अटल विहारी वाजपेयी से मिलने उनके निवास स्थान पर गए तो वाजपेयी जी ने उन्हें निर्देश दिया कि गोविंदाचार्य को महासचिव के पद से मुक्त कर दीजिए। उन्हें संघ में वापस भेजने की व्यवस्था कीजिए। लेकिन इसमें कठिनाई यह थी कि भाजपा अध्यक्ष बंगारू लक्ष्मण गोविंदाचार्य को महासचिव के पद से तो हटा सकते थे, लेकिन उन्हें संघ में वापस भेजने के लिए उन्हें संघ-नेतृत्व को सहमत कराना पड़ता। राष्ट्रीय स्वयंसेवक संघ ने उन्हें 'ना' कर दिया। इसलिए 11 सितंबर, 2000 को भाजपा अध्यक्ष ने जो कार्यसमिति घोषित की, उसमें गोविंदाचार्य का नाम महासचिव के बजाय सदस्य के रूप में आया।

आगे हम भाजपा की तत्कालीन अंदरूनी हलचलों से जुड़ी खबरें दे रहे हैं। इसके साथ ही अध्ययन अवकाश पर जाने के निर्णय से पूर्व लिया गया गोविंदाचार्य का साक्षात्कार भी दे रहे हैं। यह साक्षात्कार रामबहादुर राय का लिया हुआ है। खबरें भी उन्होंने ने ही लिखी हैं। वे उन दिनों 'जनसत्ता' दैनिक के विशेष संवाददाता थे।

इस साक्षात्कार के ठीक एक महीने बाद 23 अक्तूबर, 2000 को

गोविंदाचार्य ने अध्ययन अवकाश पर जाने के सिलसिले में पार्टी को पत्र लिखा और अध्ययन अवकाश पर चले गए। वह पत्र दिया जा रहा है। अध्ययन अवकाश पर जाने के पाँच महीने बाद 24 मार्च, 2001 को गोविंदाचार्य ने रामबहादुर राय और अपने अन्य मित्रों को पहला पत्र लिखा, जिसमें उन्होंने अपना अनुभव साझा किया है। वह पत्र भी दिया जा रहा है।

गोविंदाचार्य को दरकिनार करने पर संघ खफा

विशेष संवाददाता

गोविंदाचार्य को दरकिनार करने की प्रधानमंत्री अटल विहारी वाजपेयी की कोशिशों से संघ परिवार में भूचाल आ गया है। संघ परिवार के संगठन स्वदेशी जागरण मंत्र से जुड़े एस. गुरुमूर्ति ने सहसरकार्यवाह मदनदास से पूछा है कि गोविंदाचार्य को किस गुनाह की सजा दी जा रही है? उन्होंने यह सलाह दे डाली है कि अगर भाजपा को गोविंदाचार्य की जरूरत नहीं है तो संघ को भी भाजपा से अपने सारे प्रचारक वापस बुला लेने चाहिए। भाजपा को उसके हाल पर छोड़ देना चाहिए।

गोविंदाचार्य प्रकरण इतना तूल पकड़ गया है कि भाजपा अध्यक्ष बंगारू लक्ष्मण अपनी टीम की घोषणा आज भी नहीं कर पाए। परसों रात प्रधानमंत्री की अमेरिका रवानगी के बाद माना जा रहा था कि बंगारू अपनी टीम गुरुवार को ही घोषित कर देंगे। आज बंगारू ने टीम के सवाल पर पूर्व अध्यक्ष कुशाभाऊ ठाकरे से मंत्रणा की। उधर गोविंदाचार्य सुबह गृहमंत्री लालकृष्ण आडवाणी के घर गए और एक घंटे तक नाश्ते पर बातचीत की। इन घटनाओं से लगता है कि गोविंदाचार्य को हाशिए पर पहुँचाना बंगारू के लिए उतना आसान नहीं होगा।

उधर भाजपा का भी एक वर्ग यह मानता है कि गोविंदाचार्य के बगैर आखिर बंगारू लक्ष्मण की टीम कितनी प्रभावी होगी। सुषमा स्वराज पहले ही पद की पेशकश ठुकराकर पार्टी के दलित अध्यक्ष को निराशकर चुकी हैं। गोविंदाचार्य भी नहीं रहेंगे तो पार्टी की रीति–नीति का क्या होगा? बंगारू आखिर किसके भरोसे चलेंगे। महासचिवों में गोविंदाचार्य ही सबसे ज्यादा अनुभवी, सादगी पसंद और सुलझे हुए नेता है। मगर प्रधानमंत्री उनसे नाखुश बताए जाते हैं। उन्हीं के दबाव पर बंगारू ने उन्हें महासचिव की जगह उपाध्यक्ष बनाने की पेशकश की थी। मगर गोविंदाचार्य ने 'दो साल की छुट्टी' माँगकर बंगारू की पेशकश को एक सिरे से नकार दिया है।

भाजपा में संघ से जुड़े नेताओं का कहना है कि गोविंदाचार्य का कोई कसूर नहीं है। उनका कसूर केवल यही है कि उन्होंने आर.एस.एस. के सरसंघचालक सुदर्शन के चिंतन को भाजपा में उभारने का साहस किया। स्वदेशी के सवाल को उठाया और बहुराष्ट्रीय कंपनियों की गुलामी के खतरे के बारे में पार्टी और सरकार को आगाह किया। अगर इसके लिए उन्हें भाजपा से निकाला जाता है तो आर.एस.एस. के दूसरे प्रचारकों को भी वापस चले जाना चाहिए।

गोविंदाचार्य खुद को अलग-थलग किए जाने की मुहिम का खुलकर भले विरोध न करें, मगर इससे भाजपा की अंदरूनी गुटबाजी को सतह पर आने से नहीं रोका जा सकेगा। गोविंदाचार्य को पहले ही उनकी कुछ बेबाक टिप्पणियों के चलते वाजपेयी विरोधी करार दिया जा चुका है। उधर गोविंदाचार्य ने आज कहा कि उन्हें किसी के दबाव में महासचिव पद से नहीं हटाया जा रहा है। उन्होंने खुद छुट्टी चाही थी और मार्च में ही कुशाभाऊ ठाकरे को अपनी यह इच्छा बता दी थी। उन्होंने कहा कि फिलहाल आर.एस.एस. में वापस लौटने की उनकी योजना नहीं है। वे भाजपा में ही बने रहेंगे, लेकिन सक्रिय भूमिका में नहीं रहेंगे।

—जनसत्ता, 9 सितंबर, 2000

पद रहे न रहे, अपने एजेंडे पर चलेंगे गोविंदाचार्य

विशेष संवाददाता

भाजपा के नेता के.एन. गोविंदाचार्य पार्टी की लीक से हटकर भूमंडलीकरण पर अभियान चलाने जा रहे हैं। इसका नक्शा जल्दी ही आकार ले लेगा। उनका इरादा पक्का है। इंतजार कर रहे हैं कि बंगारू लक्ष्मण पार्टी की कार्यसमिति घोषित कर दें। गोविंदाचार्य ने पार्टी अध्यक्ष को सुझाया है कि वे इस काम में देर न करें। संभावना है कि 11 सितंबर, यानी सोमवार को पार्टी अध्यक्ष अपनी टीम के ज्यादातर नामों का एलान कर देंगे।

यह तय सा है कि गोविंदाचार्य भाजपा कार्यसमिति के सदस्य रहेंगे। उन्हें उपाध्यक्ष पद दिया जा रहा था। उसे उन्होंने ठुकरा दिया है। महासचिव पद से मुक्ति का वे पिछले मई माह से प्रयास कर रहे थे। आठ मई को एक छोटा सा पत्र उन्होंने अध्यक्ष कुशाभाऊ ठाकरे को भेजा था। वह पत्र विरोध स्वरूप था। पार्टी के नेतृत्व की कार्यशैली पर उस पत्र ने गंभीर टिप्पणी की थी। उस वक्त पार्टी अध्यक्ष ने गोविंदाचार्य

को मना लिया था। बाद की घटनाओं ने इस तरह मोड़ लिया कि सरकार और पार्टी के निहित स्वार्थियों ने इसी पत्र को गोविंदाचार्य के खिलाफ ब्रह्मास्त्र के तौर पर इस्तेमाल किया। प्रधानमंत्री अटल विहारी वाजपेयी ने पहली बार पार्टी में दखल दिया। उन्होंने अध्यक्ष बंगारू लक्ष्मण को सलाह दी कि गोविंदाचार्य को पार्टी से हटाओ। इस सलाह के कारणों पर जो चर्चा है, वह चौंकानेवाली है। एक औद्योगिक घराने की रहस्यपूर्ण डोरों का भी जिक्र किया जा रहा है, जिसकी प्रधानमंत्री दफ्तर में निर्णायक हैसियत बनती जा रही है। उत्तराधिकार की दावेदारी में जुटे भाजपा के एक मंत्री का नाम भी कारणों की सूची में शामिल है।

वाजपेयी ने गोविंदाचार्य को पार्टी से हटाने की सलाह देकर बंगारू लक्ष्मण की सांसत में डाल दिया। इस सलाह से हुआ यह है कि भाजपा का ताज पहनते ही बंगारू लक्ष्मण के सिर पर भारी भरकम ओले पड़े। परेशान हाल बंगारू लक्ष्मण लालकृष्ण आडवाणी की शरण में पहुँचे। बात यह है कि गोविंदाचार्य को भाजपा से तभी निकाला जा सकता है, जब राष्ट्रीय स्वयंसेवक संघ मंजूरी दे दे। लालकृष्ण आडवाणी ने संघ के नेताओं से बात की। बातचीत का सिलसिला चला। इसका ब्योरा लंबा है। राष्ट्रीय स्वयंसेवक संघ के सह सरकार्यवाह मदनदास, होवे शेषाद्रि और सर संघचालक के.एस. सुदर्शन बातचीत के केंद्र रहे। अनेक प्रस्ताव बने और बिगड़े। प्रधानमंत्री की अमेरिका यात्रा से पहले यह कसरत होती रही। एक हफ्ते का यह दौर चला। तीस अगस्त को वाजपेयी ने सलाह दे थी। छह सितंबर को संघ के नेताओं ने उन्हें साफ-साफ बता दिया कि गोविंदाचार्य के काम से उन्हें कोई शिकायत नहीं है। प्रधानमंत्री चाहते हैं तो उन्हें वे पार्टी से बाहर कर दें। संघ उन्हें भाजपा में बनाए रखना चाहता है। इस तरह प्रधानमंत्री अपने मकसद में कामयाब नहीं हो पाए।

पार्टी अध्यक्ष को प्रधानमंत्री की सलाह बहुत बाद में मिली। उससे पहले एक पखवाड़े से तमाम माध्यमों से संकेत दिए जा रहे थे कि गोविंदाचार्य का बोरिया बिस्तर बँधनेवाला है। एक औद्योगिक घराने का कारोबारी इस प्रचार में बढ़-चढ़कर हिस्सा ले रहा था। भाजपा में छिड़े तमाम संघर्ष (सत्ता और वैचारिक) में आसान राह के लिए गोविंदाचार्य बाधक माने जा रहे थे। स्वदेशी जागरण मंच के जन्म से ही गोविंदाचार्य उससे जुड़े हुए हैं, जो सरकार की भूमंडलीकरण वाली नीतियों के खिलाफ आवाज बुलंद करने में संकोच नहीं करता। इससे गोविंदाचार्य की साख तो बढ़ी, पर उनकी समस्याएँ भी सुरसा की तरह बढ़ती गई। महासचिव पद से उन्हें हटाकर सुरसा जैसी ताकतें थोड़ी देर के लिए आत्ममुग्ध हो सकती हैं, लेकिन उन्हें

क्षणिक जय का ही सुख हासिल होगा।

इसी हफ्ते गोविंदाचार्य संघ के शिखर पदाधिकारियों से बात करने जा रहे हैं। उसके बाद चेन्नई में एक हफ्ते लगाकर वे और उनके मित्र खासकर गुरुमूर्ति वगैरह लंबी योजना बनाएँगे। भूमंडलीकरण के दुष्प्रभावों को समझना और समझाना उस योजना का मुख्य एजेंडा होगा। भाजपा की कार्यसमिति का एक सदस्य यानी गोविंदाचार्य (संभावना यह है कि बंगारू लक्ष्मण उन्हें कार्य समिति का सदस्य बनाएँगे) भूमंडलीकरण पर चेतना जगाने का बीड़ा उठा सकते हैं। इसकी संभावना प्रबल है। भाजपा ने सरकार के समर्थन का रुख ओढ़ लिया है। पार्टी सरकार के मुताबिक अपनी नीतियों में तोड़-मरोड़ कर रही है। सरकार उसके मुताबिक अपने कामकाज को सुधारने का रवैया छोड़ चुकी है। सरकार और पार्टी का रिश्ता वैचारिक होता है। पार्टी विचार का वाहक होती है। सरकार उसे भरसक लागू करती है। यह बनी हुई परिपार्टी इस सरकार से विदा हो गई है। कांग्रेस में वैचारिक संघर्षों का जब दौर दौरा था, तब बहस भरपूर होती थी। अनेक मंत्र भी उस बहस को धारदार बनाते थे। भाजपा ने ऐसी बहस का रास्ता नहीं अपनाया। गोविंदाचार्य अगर निजी तौर पर स्वाध्याय के बहाने भूमंडलीकरण को समझने और समझाने का अभियान चलाते हैं तो एक नई परिपाटी बनेगी। लेकिन उनकी सीमाएँ भी हैं।

—जनसत्ता, 11 सितंबर, 2000

गोविंदाचार्य गए, साहिब आए, खुराना लौटे

विशेष संवाददाता

अध्यक्ष पद सँभालने के सोलहवें दिन भाजपा अध्यक्ष बंगारू लक्ष्मण ने आज पार्टी पदाधिकारियों की घोषणा की दी। उम्मीद के मुताबिक ही पार्टी के चिंतन-विचारक के.एन. गोविंदाचार्य का नाम पदाधिकारियों में नहीं है। अलगत्ता उन्हें कार्यकारिणी का सदस्य रखा गया है। महासचिवों में सुनील शास्त्री नए चेहरे हैं। दिल्ली से दो असंतुष्ट नेताओं को बंगारू ने अपनी टीम में समायोजित किया है। मदनलाल खुराना जहाँ उपाध्यक्ष बनाए गए हैं, वहीं साहिब सिंह वर्मा को महासचिव पद देकर पार्टी ने उनका पुनर्वास किया है।

उपाध्यक्षों की सूची में जन कृष्णमूर्ति, कैलाशपति मिश्र और करिया मुंडा पुराने हैं। पूर्व महासचिव संघप्रिय गौतम को तरक्की देकर उपाध्यक्ष बनाया गया है। जबकि

प्यारेलाल खंडेलवाल को पूर्व अध्यक्ष कुशाभाऊ ठाकरे ने महासचिव नहीं बनने दिया। खंडेलवाल अभी तक सचिव थे। बंगारू ने उनका ओहदा बढ़ाकर उन्हें उपाध्यक्ष बना दिया है। उपाध्यक्ष के तौर पर महाराष्ट्र के पूर्व उपमुख्यमंत्री गोपीनाथ मुंडे का नाम नया है।

बंगारू लक्ष्मण ने नरेंद्र मोदी और वेंकैया नायडू को फिर महासचिव बनाया है। जाहिर है नायडू पार्टी प्रवक्ता का दायित्व भी सँभालेंगे। बाकी तीन महासचिव हैं—सुनील शास्त्री, साहिब सिंह वर्मा और माया सिंह। माया सिंह का महासचिव बनना पहले ही तय माना जा रहा था।

ठाकरे उनके लिए लाबिंग कर रहे थे। लेकिन सुनील शास्त्री का पुनर्वास उल्लेखनीय है। वे भाजपा में वर्षों से हैं। मगर कोई पद नहीं पा सके थे। पिछले दिनों पार्टी ने उन्हें उत्तर प्रदेश में विधान परिषद् चुनाव लड़वाया था। मगर विधायकों के नीलाम हो जाने से शास्त्री हार गए थे।

मुख्तार अब्बास नकवी को महासचिव बनाने की तमाम खबरें अखबारी अटकल साबित हुई हैं। वे पहले भी सचिव थे और अभी भी इसी पद पर रखे गए हैं। बाकी सचिवों ने पदमनाभा आचार्य, छत्रपाल, कांता नलवाड़े और दलपत सिंह परास्ते हैं। छत्रपाल उत्तर प्रदेश के बुलंदशहर से लोकसभा सदस्य हैं। उनका चयन पिछड़ों की हिस्सेदारी का संकेत देता है। कोषाध्यक्ष पद पर वेदप्रकाश गोयल और कार्यालय सचिव पद पर रामकृपाल सिन्हा पूर्व की भाँति बरकरार रखे गए हैं।

बंगारू ने राष्ट्रीय कार्यकारिणी के पचास सदस्यों की सूची भी जारी कर दी है। इसमें सभी पूर्व अध्यक्षों—वाजपेयी, आडवाणी, जोशी और ठाकरे को रखा गया है। पूर्व उपाध्यक्षों जगदीश प्रसाद माथुर व रामदास अग्रवाल को अब कार्यकारिणी सदस्यता से ही संतोष करना पड़ेगा। सिकंदर बख्त, सुषमा स्वराज, गोविंदाचार्य, विजय कुमार मल्होत्रा, ओमप्रकाश कोहली, यशवंत सिन्हा और सुंदरलाल पटवा भी इसमें रखे गए हैं। फिरोजाबानो, नफीसा मुजफ्फर हुसैन, नीरा शास्त्री, अरुण जेटली, भुवनचंद खंडूरी और पत्रकार सांसद बलबीर पुंज को भी बंगारू ने अपनी कार्यकारिणी में शामिल किया है। उत्तर प्रदेश के दलित नेता बुद्ध प्रिय मौर्य और पिछड़े नेताओं ओमप्रकाश सिंह व विनय कटियार भी कार्यकारिणी में स्थान पा गए हैं।

राज्यों में पार्टी विधायक दल के सभी नेता राष्ट्रीय कार्यकारिणी के स्थायी आमंत्रित सदस्य रहेंगे। अलबत्ता राज्यसभा में नेता जसवंत सिंह भी इसी श्रेणी में शामिल हैं। सभी राज्य अध्यक्ष भी इसी तरह कार्यकारिणी के स्थायी आमंत्रित सदस्य

हैं। विशेष आमंत्रित सदस्यों में राम नाइक, राजनाथ सिंह, अनंत कुमार, अरुण शौरी, मुन्नी लाल, हुकुमदेव नारायण यादव और देवेंद्र प्रधान केंद्र में मंत्री हैं। जैन टीवी के मालिक डॉ. जे.के. जैन भी विशेष आमंत्रित सदस्य बनाए गए हैं। राज्यों में संघ की तरफ से तैनात किए गए दस महासचिव (संगठन) भी कार्यकारिणी के आमंत्रित सदस्य होंगे। इनमें सतीश—असम, संजय जोशी—गुजरात, शरद कुलकर्णी—महाराष्ट्र और ओमप्रकाश माथुर राजस्थान में पार्टी महासचिव हैं।

—जनसत्ता, 12 सितंबर, 2000

वैश्वीकरण का विकल्प खोजना है : गोविंदाचार्य

गोविंदाचार्य भाजपा से बाहर कर दिए गए हैं। पार्टी में सत्ता संघर्ष का यह नतीजा है। वे मर्यादा बनाए रखने का प्रयास कर रहे हैं। खुद भी नहीं जानते कि कब तक इसे निभा सकेंगे। सत्ता में आने के बाद जो भाजपा बनी है उसने जनमानस को बेहद निराश किया है। गोविंदाचार्य की छुट्टी ने निराशा को सदमे में बदला है। वे बता रहे हैं कि दो साल की योजना बनाकर स्वाध्याय की यात्रा करेंगे। ऐसी यात्री भारतीय राजनीति के इतिहास में पहली बार होगी। अनोखी होगी। अकेले गोविंदाचार्य का अगर यह सोचा-समझा प्रोजेक्ट है तो ज्यादा अर्थ ढूँढ़ने की जरूरत नहीं है। उनकी योजना को संघ की मौन स्वीकृति है तो इसके मायने बहुत बड़े हैं। फिलहाल इस बारे में निर्णायक बात नहीं की जा सकती। वक्त का इंतजार करना होगा। गोविंदाचार्य जो संकेत दे रहे हैं, उससे जाहिर है कि वे भाजपा का कायाकल्प करने का बीड़ा उठाएँगे। पेश है रामबहादुर राय से हुई उनकी बातचीत का सार—

भाजपा में अब आपकी भूमिका क्या होगी ?

रोजमर्रा के संगठनात्मक कामों में मैं सहभागी नहीं रह पाऊँगा। भाजपा के कार्यक्रमों में जहाँ संभव होगा जाऊँगा।

आपकी योजना क्या है ?

मेरा अधिक वक्त देश की स्थिति को जानने-समझने में लगेगा। दस फीसदी समय पार्टी के कामों में लगा सकूँगा। मुझे अगले दो साल इस बात की छानबीन में

लगाना है कि वैश्वीकरण का हमारी सभ्यता और समाज पर क्या प्रभाव पड़ रहा है। इसके लिए खुद पढ़ूँगा यानी स्वाध्याय करूँगा। जो इस विषय के जानकार हैं, उनसे घूमते-फिरते जमीनी सच को सैद्धांतिक संदर्भ में समझने का प्रयास करूँगा। इस प्रक्रिया को विकल्प की मंजिल तक पहुँचाने का प्रयास होगा। चेन्नई और अन्य जगहों के साथियों से मिलकर योजना बना रहा हूँ। दिसंबर तक खाका बन जाएगा। मकसद है कि अंधाधुंध भूमंडलीकरण के दुष्प्रभाव को बारीकी से समझना है और विकल्प खोजना है।

विकल्प से आपका मतलब क्या है ?

वैश्वीकरण के प्रभाव में अपने यहाँ (देश) प्रस्थापना परिवर्तन हो गया है। धुर सरकारवाद से हम धुर बाजारवाद तक पहुँच गए हैं। बदलाव के ये दोनों विकल्प प्रकृति विरोधी हैं। मेरा मानना है कि ये मानव विरोधी भी हैं। विश्व को बाजार मानना अपने आप में मानव सभ्यता का अपमान है। जरूरत तीसरे रास्ते की है। मेरा विकल्प से आशय उस रास्ते की खोज है, जो भारतीय परंपराओं और आवश्यकताओं के अनुरूप हो।

भाजपा के महासचिव पद से आपको क्या नीतिगत कारणों से हटाया गया ?

मैं राष्ट्रीय पुनर्निर्माण के व्यापक संदर्भ में सोचता रहा हूँ कि परंपरागत कार्यशैली पर पुनर्विचार की जरूरत है। खासकर गैट समझौते और उसके बाद शुरू हुए भूमंडलीकरण ने राजनीति की हवा बदल दी है। अधिक अध्ययन और विश्लेषण की चुनौती उपस्थित है। यह महसूस कर मैंने पार्टी से अध्ययन का मौका माँगा। मैंने यही समय उचित समझा।

आप जो करने जा रहे हैं, क्या वह पार्टी का एसाइनमेंट है ?

यह पार्टी से जुड़ा हुआ काम है। मैं इसे पार्टी का काम मानता हूँ। लेकनि यह भी सच है कि पार्टी ने मुझे भूमंडलीकरण के प्रभावों के अध्ययन का काम नहीं सौंपा है। फिर भी मेरा आग्रह मान लिया गया है। इस अर्थ में आप चाहें तो इसे पार्टी का एसाइनमेंट मान सकते हैं।

अगर यह पार्टी का काम है तो क्या भाजपा को विकल्प की तलाश है ?

मेरा आग्रह पार्टी ने स्वीकार कर लिया है।

क्या आपको प्रधामनंत्री के दबाव में हटाया गया है ?

अध्यक्ष ने मुझे बुलाकर ऐसा संदेश नहीं दिया। प्रधानमंत्री अगर ऐसा चाहते होते

तो वे खुद ही बुलाकर मुझे कह सकते हैं।

क्या आपको पार्टी में हाशिए पर किसी साजिश के तहत किया गया है, जिसमें एक औद्योगिक घराने और एक केंद्रीय मंत्री का हाथ है?

मुझे ऐसा नहीं लगता। सत्ता और राजनीति में क्या कुछ चलता रहता है, इसकी मुझे ज्यादा जानकारी नहीं है। थोड़ा दूर ही रहता हूँ। मैं समझ नहीं पाता कि मुझसे किसी की क्या दुश्मनी हो सकती है। जिनकी आप बात कर रहे हैं उनका मैं प्रतिस्पर्धी भी नहीं हूँ। रही बात औद्योगिक घराने की तो किसी घराने में मेरी शत्रुता क्यों होगी? अगर मैं अंत्योदय और बड़े उद्योगों के बजाए छोटे उद्योग धंधों की हिमायत करता हूँ तो इसमें गलत क्या है? किसी बड़े घराने के गलत कामों पर बोलना कैसे अनुचित है। विदेश पूँजी से साठगाँठ पर प्रश्न उठाना कहाँ से गलत है। अगर इससे कोई नाराज हो जाए तो इसमें मेरा क्या कसूर है। मुझे इस बात की कोई जानकारी नहीं है। लेकिन जो बातें कही जा रही हैं, उसे सच मान लूँ यह भी उचित नहीं है। मैं इतना जानता हूँ कि लोग क्या सोचते हैं? जिन सवालों पर मैं बोलता रहा हूँ, उससे अगर कुछ लोग नाराज हुए हैं तो इसका मेरे पास कोई इलाज नहीं है। मैं अपनी बात बोलता रहूँगा।

आरोप है कि आपने जिन-जिन राज्यों में दल का जिम्मा सँभाला वहाँ हालत खराब हुई है।

यह तथ्य से परे है। वसे तो हमारे यहाँ सामूहिक नेतृत्व है। यश-अपयश की जिम्मेदारी भी सामूहिक होती है। फिर भी मैं जिन राज्यों का प्रभारी रहा, वहाँ की स्थिति हर तरह से बेहतर हुई है। 1994 में बिहार का जिम्मा आया, तब भाजपा के वहाँ 29 विधायक थे। साल भर बाद जो चुनाव हुआ, उसमें भाजपा मुख्य विपक्षी दल बना। लोकसभा में बिहार से 1996 में 18 सांसद जीते। 1998 में 21 और 1999 में 27 सांसद हो गए। गौर करिए पार्टी का ग्राफ ऊपर गया। 16 जनवरी, 99 को राजस्थान का काम मेरे जिम्मे आया। 1998 में लोकसभा चुनाव में हमें पाँच सीटें मिली थीं। 1999 के चुनाव में वह बढ़कर 16 हो गई। मई 1999 में मुझे उत्तर प्रदेश भेजा गया। कुसुम राय का इस्तीफा लेने के लिए। कल्याण सिंह विवाद के कारण पार्टी क्षत-विक्षत थी। सरकार और पार्टी का संवाद खत्म हो गया था। 1999 के लोकसभा चुनाव में पार्टी की हार सबकी हार थी। कल्याण सिंह के निष्कासन के बाद पार्टी के टूटने का खतरा था। लेकिन केवल तीन विधायक और दो पार्षद ही कल्याण सिंह के साथ गए। बाद में इन तीनों राज्यों में सर्वसम्मति से प्रदेश अध्यक्ष चुने गए। इसे बुरा नहीं अच्छा हाल कहा जाएगा। इसलिए श्रेय भी सबको मिलना चाहिए और असफलता

की जिम्मेदारी भी सबको लेनी चाहिए।

जिस भूमंडलीकरण का आप अध्ययन करने जा रहे हैं, उसके दूसरे चरण को आपकी सरकार लागू कर रही है। इस बारे में पार्टी की राय क्या है?

दूसरे चरण की बात को पार्टी ने शब्द जाल के नाते स्वीकार नहीं किया। पार्टी की राय है कि सुधार के गुण–दोष पर विचार हो। नागपुर अधिवेशन में जो आर्थिक प्रस्ताव पारित हुआ है, उसमें किसी किस्म के दूसरे चरण की बात नहीं है। राजग के कुछ मंत्रियों के बयान दे देने मात्र से यह नहीं कहा जा सकता है कि भाजपा भूमंडलीकरण का भी समर्थक है।

सत्ता में आने के बाद भाजपा में जो बदलाव आए हैं, वे क्या उसकी प्रकृति के अनुरूप हैं?

इसके दो पहलू हैं—तात्त्विक और व्यावहारिक। कई बार कोई पार्टी अपनी ताकत के बल पर सत्ता में नहीं पहुँचती। वह प्रतिद्वंद्वी की कमजोरियों से बढ़त पाती है। भाजपा के साथ भी ऐसा हुआ है। जिस गति से पार्टी का विस्तार हुआ उसके अनुरूप प्रशिक्षण और अन्य माध्यमों से ध्येयवाद और दिशा की बाड़ नहीं बनी। तात्त्विक पक्ष यह है कि पावरशिफ्ट का अपना गतिशास्त्र और व्याकरण होता है। सत्ता महत्त्वपूर्ण हो जाती है। संगठन गौण हो जाता है। यह कांग्रेस के साथ भी हुआ। महात्मा गांधी की कांग्रेस ने सुनना बंद कर दिया। हमने संसदीय राजनीति का जो मॉडल अपनाया है, वह ब्रिटेन का है। इसमें राजनीतिक दलों की भूमिका सत्ता केंद्रित ज्यादा है। सत्ता में आने के बाद पार्टी पूरक उपकरण हो जाती है। भाजपा के लिए मौलिक और वैज्ञानिक कार्य पद्धति का बनना बाकी है। यह अन्य दलों से भिन्न है। यह एक वैचारिक आंदोलन का हिस्सा है।

हर मोड़ पर भाजपा वास्तविकताओं के मद्देनजर नीतियों की पुनर्व्याख्या करती है। लोग उसे भाजपा की आत्म खोज कहकर परिभाषित करते हैं। आपकी इस बारे में क्या राय है?

नया अवतार या रिइनवेंट आदि शब्द हमारे नहीं हैं। ये शब्द आरोपित हैं। भाजपा का आधारभूत दर्शन एकात्म मानववाद है। पार्टी के बुनियादी सोच में कोई बदलाव नहीं हुआ है। मुसलमानों के संदर्भ में भी हमारी नीति पहले जैसी थी, वही है। हम किसी भी समुदाय के लिए बहिष्कार, तिरस्कार और पुरस्कार की बजाए परिष्कार की धारणा रखते हैं। हम न तुष्टीकरण की नीति पर चलेंगे, न दोहरा रुख अपनाएँगे। हमारे सही ट्रैक रिकॉर्ड के कारण मुसलमानों में भाजपा के प्रति उत्सुकता जगी है। नागपुर

में हमने इसे नोट किया और बताया कि आपने हमें ठीक समझा।

भूमंडलीकरण के दुष्प्रभावों पर भाजपा में क्या नए सिरे सोच-विचार शुरू हो रहा है ?

भूमंडलीकरण की प्रक्रिया अंधाधुंध है। विचारहीन है। बिना तैयारी के उसे लागू किया जा रहा है। भूमंडलीकरण पर गुण-दोष के आधार पर बातचीत होनी चाहिए। वह कारक भी है और मारक भी। इस पर बहस हुई नहीं। उसे देश पर गुपचुप लाद दिया गया। तब भाजपा सरकार से बाहर थी। पार्टी में इन सारे पहलुओं पर चिंता बढ़ी है।

पार्टी के कामकाज से मुक्त होकर आप स्वाध्याय में रत होने जा रहे हैं या बड़े अभियान की शुरुआत का इरादा है ?

मैं पार्टी के पक्ष में खड़ा हूँ। बोल रहा हूँ। पार्टी की जिम्मेदारी से अलग होने के बाद मैं वही कहूँगा, जो जमीनी सच होगा। उस वक्त मुझ पर पार्टी को बचाने का दबाव भी कम होगा।

—जनसत्ता, 23 सितंबर, 2000

□

‘आर्थिक हमलावरों से देश को बचाइए’

सक्रिय राजनैतिक जीवन छोड़कर गोविंदाचार्य 5 सितंबर, 2000 को अध्ययन अवकाश पर चले गए। अवकाश के अनेक कारणों में से एक यह भी था कि वे नई आर्थिक नीतियों के दुष्परिणामों से बचाव का रास्ता निकालना चाहते थे। ‘अमर उजाला’ के लिए राजेश कौशिक से बातचीत।

भारतीय जनता पार्टी की नई राष्ट्रीय कार्यकारिणी के गठन के दौरान सक्रिय राजनीति से दो साल के लिए छुट्टी पर चले जाने की घोषणा करनेवाले भा.ज.पा. के वरिष्ठ नेता के.एन. गोविंदाचार्य अपनी विशिष्ट शैली को लेकर एक बार फिर से चर्चाओं में हैं। नई आर्थिक नीतियों के दुष्परिणामों और उनसे बचाव के रास्तों का अध्ययन कर रहे गोविंदाचार्य भा.ज.पा. के ‘थिंक टैंक’ कहलाते हैं। उन्हें लेकर चल रही चर्चाओं के विषय में दिल्ली में उनके कार्यालय में लंबी बातचीत हुई। पेश हैं इस बातचीत के प्रमुख अंश—

• यह चर्चा जोरों पर है कि ‘अध्ययन’ के नाम पर आपको सक्रिय राजनीति से किनारे लगाने की कोशिशें की जा रही हैं। इसमें कितनी सच्चाई है?

सच्चाई यह है कि मैं खुद अपने आपको किनारे कर रहा हूँ। अध्ययन का आग्रह मेरा अपना है। बीते मई माह से मैं छुट्टी के लिए आग्रह कर रहा था। नई कार्यसमिति बनने का समय इसके लिए उपयुक्त था। मैं न तो किसी का स्पर्धी हूँ, न ही प्रतिद्वंद्वी। सत्ता की दौड़ में भी नहीं हूँ। पार्टी की विचारधारा का उपयुक्त कार्यकर्ता हूँ और हर हाल में बना रहूँगा। मेरी यह पढ़ाई पार्टी के ही काम आएगी। आमतौर पर सक्रिय राजनीति में लगे लोग इस तरह से छुट्टी नहीं लेते। पहली बार ऐसा हुआ है, इसलिए

लोगों को यह लगना स्वाभाविक है कि अध्ययन के नाम पर कुछ और बात होगी।

• आपके अध्ययन का विषय क्या है ?

अंधाधुंध वैश्वीकरण की दौड़ में 1990 में डंकल से और 1995 में भारत के विश्व व्यापार संगठन का सदस्य बनने पर इसमें और तेजी आई। उसके गंभीर परिणाम आना शुरू हो गए हैं। इस दौड़ के सामाजिक, सांस्कृतिक, आर्थिक व राजनीतिक प्रभावों पर खुले दिमाग से अध्ययन की जरूरत है। आजादी के बाद आम आदमी की समस्याओं का हल नहीं निकला। गरीबी-अमीरी की खाई और बढ़ी। गाँवों में हालत और अधिक खराब हो गई। स्वरोजगार व छोटे उद्योगों पर बहुत बुरा प्रभाव पड़ा। भारतीय संदर्भ में स्वदेशी या जनतावाद का तीसरा रास्ता ठीक-ठीक क्या हो, यही अध्ययन का विषय है। तीसरे रास्ते की तलाश में मैंने पढ़ाई के साथ-साथ घुमाई को भी जोड़ा है।

• इस तरह के अध्ययन की जरूरत क्यों पड़ी ?

हमारे देश को आजादी मिलने के बाद प्राथमिकताओं का कुछ उलट-फेर हो गया। जो था, उसकी भी हिफाजत नहीं हो पाई। शासन चलाने का 1945 का गवर्नमेंट इंप्लीमेंट ऐक्ट 1860 का ही वह कानून था, जिसकी पृष्ठभूमि उपनिवेशवादी थी।

• क्या इस ऐक्ट के कारण ही देश उस मुकाम तक नहीं पहुँच पाया, जहाँ तक उसे पहुँचना चाहिए था ?

और भी कारण हैं। दरअसल, तीन तरह की खुमारियों से हम उबर नहीं पाए। ये हैं उपनिवेशवाद, देश का विभाजन और आयातित समाजवादी चिंतन। देश के विकास के मार्ग में तीनों ने प्रबल अवरोधक का ही काम किया। भारतीय सोच, परंपराओं व तौर-तरीकों के प्रतीक चिह्नों व प्रतीक पुरुषों का तिरस्कार किया गया। देश की जड़ों से न जुड़ी हुई व्यवस्थाएँ फैलीं और देश की ऊर्जा को उबरने देने में बाधाएँ ही खड़ी होती रहीं। तीन करोड़ लोग ही देश के विकास में हिस्सा लेंगे और बाकी मुँह ताकते रहेंगे, इस धारणा पर ही काम होता रहा, जबकि ऊर्जा उन बाकी लोगों में भी थी।

• उपनिवेशवाद, देश के विभाजन व आयातित समाजवादी चिंतन की खुमारी से आपका तात्पर्य ?

पश्चिम की हर बात अच्छी लगना और उनके अनुकरण को ही प्रगति मानना उपनिवेशवाद की खुमारी है। इस खुमारी में ही विदेश का अंधाधुंध अनुकरण किया गया। देशी तौर-तरीके खोजे ही नहीं गए और जो थे, उनका इस्तेमाल नहीं किया गया। आजादी के बाद से आज तक लोगों पर यह विकृत चिंतन छाया हुआ है।

आयातित समाजवादी चिंतन के कारण अधिकार की चेतना बढ़ी, जबकि कर्तव्य की घटी। स्वरोजगार क्षेत्र नष्ट हो गया और ग्रामीण पेशों की जातियाँ उजड़ती चली गईं। आयातित समाजवादी चिंतन ने वर्क कल्चर व वर्क एथिक्स को नुकसान पहुँचाया। व्यापारी कठघरे में खड़े किए जाते रहे और वे काले धन का मुनाफा बढ़ाने में मशगूल भी रहे। उत्पादन व क्वालिटी बढ़ाने और टेक्नोलॉजी को सुधारने की सोच ही नहीं रही। परिणामस्वरूप हम दोहरी मार से त्रस्त हैं। पचास वर्षों की जड़ता व यथास्थिति बदल नहीं पा रही। आयातित समाजवादी चिंतन ने घोड़े के आगे ताँगा जोड़ दिया।

• कांग्रेस सरकार द्वारा लागू की गई आर्थिक नीतियों को भा.ज.पा. सरकार ने भी आगे बढ़ाया है। कांग्रेस पर लगने वाले आरोपों से भा.ज.पा. को किस तरह से बरी किया जा सकता है?

विश्व व्यापार संगठन की सदस्यता पर हस्ताक्षर कांग्रेस सरकार के दौरान किए गए। उसका कार्यकाल पूरा होने तक उन्हीं नीतियों पर चलना मजबूरी है। मेरा कहना है कि मनमोहन सिंह ने बौद्धिक ईमानदारी नहीं बरती। बिना आंतरिक तैयारी के दुनिया भर के आर्थिक हमलावरों के लिए उन्होंने भारत का आर्थिक क्षेत्र खोल दिया। भारतीय उत्पादनों को विदेशी ब्रांडों के मुकाबले निहत्था छोड़ दिया गया। व्यापक बहस और हानि–लाभ पर विचार के बिना ही यह कहते हुए नीतियों को पकड़ लिया गया कि इनके अलावा कोई रास्ता ही नहीं है।

• राजनीति में बढ़ता जातिवाद समाज को भी प्रभावित कर रहा है। इससे कैसे बचा जा सकता है?

भारतीय पारंपरिक समाज में जाति, भाषा, संप्रदाय सरीखे कारक तत्त्वों की भूमिका पर बिना विचार किए ही लोकतांत्रिक प्रणाली की एक विधा लागू कर दी गई। जातिविहीन समाज की विचारधारा को जो लोग लेकर चले, वे असफल सिद्ध हुए। उनमें से कई तो जातिवादी नेता की ही शक्ल पा चुके हैं। इसके लिए जरूरी है कि चुनाव प्रणाली में जरूरी सुधार किए जाएँ। आम सहमति को चुनाव प्रक्रिया का विशेष अंग बनाए जाने जैसे कुछ तरीके हो सकते हैं। जातीय परंपरा ने सिद्ध कर दिया कि देश की राजनीति में इन कारक तत्त्वों की उपेक्षा नहीं की जा सकती। इन्हें किस प्रकार भारतीय राजनीति में सही दिशा मिले, इस पर विचार व प्रयोग करने की जरूरत है। □

'राजनीति छोड़ने का फैसला अंतिम'

कोड़ीपाक्कम नीलमेघाचार्य गोविंदाचार्य ढाई साल पहले जब भा.ज.पा. से छुट्टी लेकर सामाजिक जीवन पर भूमंडलीकरण के 'दुष्प्रभावों' का अध्ययन करने गए थे, तो माना जा रहा था कि वे अध्ययन के बाद फिर भा.ज.पा. की टीम में शामिल होंगे, लेकिन अब वे लौटे हैं और इस संकल्प के साथ कि 'प्रत्यक्ष राजनीति में अब कभी नहीं आऊँगा'। वे भा.ज.पा. की मौजूदा रीति-नीति को लेकर आहत दिखे। वाराणसी से भा.ज.पा. सांसद शंकरप्रसाद जायसवाल के 14-डी, फीरोजशाह रोड स्थित बँगले पर अपने अस्थायी ठिकाने से स्वदेशी को लेकर रचनात्मक और आंदोलनात्मक अभियान की रूपरेखा बना रहे गोविंदाचार्य से प्रमुख संवाददाता श्यामलाल यादव ने बात की। उसके अंश—

• आपने राजनीति से संन्यास लेकर राष्ट्र-निर्माण के अभियान में लगने की बात की है, इसका आशय क्या है?

एक तो मैंने संन्यास शब्द का प्रयोग नहीं किया है। मैंने चार बातें कही हैं। **एक :** राष्ट्रीय स्वयंसेवक संघ का स्वयंसेवक हूँ, आजीवन रहूँगा। **दूसरा :** एकात्म मानव दर्शन की विचारधारा में मेरी पूरी निष्ठा है। **तीसरा :** भा.ज.पा. की सदस्यता का नवीनीकरण नहीं करूँगा। **चौथा :** सत्ता और दलगत राजनीति से ऊपर उठकर रचनात्मक और आंदोलनात्मक दृष्टि से राष्ट्रीय पुनर्निर्माण के काम में संपूर्ण रूप से सक्रिय रहूँगा।

• राष्ट्रीय पुनर्निर्माण से आपका आशय क्या है?

पुनर्निर्माण का क्ष त्र ज्ञ है कि हमारा देश दुनिया का सिरमौर बने और क ख ग

है कि जनता की बुनियादी जरूरतें पूरी हों, यानी सबको रोटी, कपड़ा, मकान, पढ़ाई, दवाई, पेयजल, ऊर्जा मिले। इस क्रम में व्यवस्था परिवर्तन भी है।

• पर इस पुनर्निर्माण के लिए आप वास्तव में करेंगे क्या?

मैंने इसलिए पहले कहा कि रचनात्मक और आंदोलनात्मक दोनों दृष्टियों से सक्रिय रहूँगा। मैं इन दो वर्षों में बहुत घूमा हूँ। सफलता के ऐसे करीब दो हजार स्थान मैंने ढूँढ़े हैं, उनका संयोजन, अनुभवों का आदान-प्रदान और एक ढीला-ढाला मंच कैसे बन पाए, इसकी कोशिश की है। यह तो रचनात्मक हुआ। दूसरे, वैश्वीकरण के खिलाफ और स्वदेशी के पक्ष में बहुत से आंदोलन चल रहे हैं, जैसे स्वदेशी जागरण मंच है, आजादी बचाओ आंदोलन है। इसलिए मैं स्वदेशी जागरण मंच के साथ सहयोग करूँगा। स्वदेशी जागरण मंच तक सीमित नहीं रहूँगा।

• इन फैसलों में संघ की इजाजत है?

मदन जी (संघ-भा.ज.पा. समन्वयक मदनदास देवी) को मैंने बीती जनवरी में बताया था कि मैं ये गतिविधियाँ शुरू करूँगा और पार्टी की सदस्यता ग्रहण नहीं करूँगा और यह निर्णय मेरा था, मैंने उन्हें सूचित किया था।

• तो अभी आप संघ के प्रचारक हैं?

नहीं, मैंने एक वर्ष पहले बता दिया था कि मैं प्रचारक नहीं हूँ, स्वयंसेवक हूँ और स्वयंसेवक बना रहूँगा। दोनों में अंतर यह है कि प्रचारक हूँ तो सुझाव मेरा, अंतिम निर्णय उनका और स्वयंसेवक हूँ तो सुझाव सबका, अंतिम निर्णय मेरा। इस तरह अंतिम निर्णय का अधिकार मैंने अपने हाथ में लिया है।

• माना जा रहा था कि अवकाश के बाद आप भा.ज.पा. की टीम में शामिल होंगे। छुट्टी के बाद आपके भा.ज.पा. से बाहर रहने के फैसले से आशंका उठती है कि वह छुट्टी भा.ज.पा. से आपकी विदाई का रास्ता थी?

सितंबर 2000 में मैंने अध्ययन अवकाश का निर्णय लिया था। उस समय बंगारु लक्ष्मण अध्यक्ष बने थे और पदाधिकारियों की घोषणा होनी थी। उसी समय मैंने बंगारु जी से भी और (कुशाभाऊ) ठाकरे जी से भी कहा कि मुझे दो-तीन साल का अवकाश चाहिए। अध्ययन के दौरान मुझे लगा कि हमारे पारंपरिक समाज को धर्मसत्ता, समाजसत्ता, अर्थसत्ता और राजसत्ता निर्देशित करती हैं। उसमें राजसत्ता यानी सत्ता और दल की राजनीति का योगदान महज 20 प्रतिशत का है। उसमें भी बहुत सारा योगदान तो अवरोधात्मक है। मुझे लगा कि समाज और सत्ता में वैषम्य है। छुट्टी लेते समय भी मैंने कहा था कि रिपोर्ट देने के बाद सोचूँगा कि क्या करूँ। मैंने राजनीति

में वापसी की बात कभी नहीं की थी। अब मैंने व्यापक महत्त्व वाला काम चुना है।

• लेकिन आम धारणा यही है कि आपके लिए भा.ज.पा. में जगह ही नहीं रह गई है?

क्यों? जगह तो हमेशा है। मैं चाहता तो सदस्यता नए सिरे से लेता और राष्ट्रीय अध्यक्ष से कहता कि मेरे लिए जो काम हो बताइए, वे जो कहते, मैं करता।

• लेकिन आपके चाहने से पहले ही पार्टी अध्यक्ष वेंकैया नायडू ने आपको कार्यकारिणी तक से बाहर कर दिया?

उससे क्या होता है, कार्यकारिणी में नहीं रखा तो क्या हुआ, असल तो काम होता है। देखिए, मंदिर में फर्श धोना भी उतना ही महत्त्वपूर्ण है, जितना घंटी हिलाकर आरती करना।

• आपकी रिपोर्ट का सार क्या है?

मैंने रिपोर्ट अभी दी नहीं है। इसमें जो चार-पाँच बातें समाने आती हैं, वे हैं—देश में आर्थिक विषमता विगत 12 वर्षों में बेहद बढ़ी है। रोजगार के अवसर घटे हैं। ग्रामीण गरीबी नहीं घटी है। शहरी गरीबी कुछ घटी है, मगर उसकी सामाजिक कीमत बहुत ज्यादा है। नारी की स्थिति बदतर हुई है। अपसंस्कृति का प्रसार और प्रभाव बढ़ा है।

• आपकी राय को केंद्र सरकार की ओर से कितनी तवज्जो मिलने की उम्मीद है?

उसके बारे में न तो मैंने सोचा है और न मैंने परवाह की है। मेरा यह अध्ययन मेरे अपने ज्ञानवर्धन के लिए था, पर यह सभी के काम आएगा। पार्टी के भी काम आएगा, ऐसा मेरा विश्वास है। मैं भले ही सदस्यता लेने नहीं जा रहा हूँ, लेकिन पूर्व प्रतिबद्धता के कारण मैं इसे दस-बारह प्रमुख लोगों को भेजूँगा।

• अक्तूबर 1988 से अक्तूबर 2000 तक सक्रिय राजनीति में रहकर आपका सबसे बड़ा सबक क्या है?

एक तो यह ध्यान में आया कि सत्ता और दलगत राजनीति की समाज-निर्माण में सीमाएँ हैं। कोई भी पार्टी सत्ता में आए, दिशा कमोबेश एक ही रहनी है। यह बार-बार प्रमाणित हो रहा है। प्रतिस्पर्धा की राजनीति के चलते कोई भी एक दल किसी मसले पर पहल करने में असहाय महसूस करता है। राजनीति में काला धन और राजनीति का अपराधीकरण इसके उदाहरण हैं।

• लेकिन क्या आपको यह भी सबक नहीं मिला कि राजनीति में हर किसी मसले पर खुलकर अपनी राय नहीं देनी चाहिए?

मैंने कभी भी ऐसा नहीं किया। हमेशा वाणी पर संयम रखा और मर्यादा का पालन किया।

• लेकिन आम धारणा यही है कि आप वाजपेयी जी को 'भा.ज.पा. का मुखौटा' बताने की सजा भुगत रहे हैं?

लेकिन सत्य यह है कि मैंने वाजपेयी जी को मुखौटा कभी नहीं कहा। मैंने तो दावा किया था कि किसी टेप में मुखौटा ही नहीं, कोई भी अनादरसूचक शब्द कहा हो, तो संघ के अधिकारी मुझे फोन कर दें, मैं सार्वजनिक जीवन छोड़ दूँगा। फिर मुझे नहीं लगता कि वाजपेयी जी के मन में यह बात शेष रह गई होगी। मेरे ऊपर मुखौटा कहने का आरोप 1997 का है और मैं 2000 तक राष्ट्रीय महासचिव रहा हूँ, तो इसे सजा कैसे कह सकते हैं।

• तो क्या अटल जी की नाराजगी की आड़ में कुछ दूसरे पार्टी नेता भा.ज.पा. में आपकी वापसी में बाधा हैं?

कोई क्यों मेरे पीछे पड़ेगा? मैं न तो किसी से प्रतिस्पर्धा में हूँ। न ही कोई मेरे प्रतिद्वंद्वी हैं। इसलिए मैं ऐसा सोच ही नहीं पाता हूँ। मेरी न किसी से कोई रार थी, न बैर था और न कोई कंपिटीशन था।

• लेकिन आपने पार्टी के बाहर जितने प्रशंसक बनाए हैं, पार्टी के भीतर उतने ही विरोधी पैदा किए?

मैंने तो ऐसा कुछ किया नहीं। मैंने पाने, बनने और पहुँचने की राजनीति नहीं की। मैं पार्टी के लिए किए अपने योगदान से संतुष्ट हूँ।

• राजनीति से यह विमुखता स्थायी है या फिर आगे चलकर राजनीति में आप अपनी कोई भूमिका देखते हैं?

पार्टी और सत्ता की राजनीति अब अतीत की बात हो गई। मैं इसमें अपनी भूमिका नहीं देखता।

• अगर भा.ज.पा. बुलाती है तो?

तो मैं कहूँगा कि मैं अपने काम में लगा हूँ भैया, और जो मैं कर रहा हूँ, वह बड़ा काम है।

• राजनीति में रहकर ये रचनात्मक काम नहीं हो सकते थे?

उससे काम नहीं चलता। जन दबाव लोकतंत्र में सबसे कारगर है। राजनीति और सत्ता की अपनी सीमाएँ हैं। अंतिम निर्णय मुझे करना था और मैंने कर लिया है।

• लेकिन आपके इस निर्णय को 'हारे को हरिनाम' की संज्ञा दी जा रही है?

मैं हारा कहाँ हूँ? हार और जीत का कहाँ सवाल है। मैं हार और जीत से परे हूँ।

• आर्थिक मुद्दों पर भा.ज.पा. की सोच बदल रही है। आपका क्या कहना है?

1998 के बाद भा.ज.पा. की स्वयं की सोच तो कठिन थी न? फिर भी और कुछ किया जा सकता है। जितना कुछ हुआ है, वह अपर्याप्त है, लेकिन यह सब वे जानें, जो आज पार्टी चला रहे हैं। उनका काम है। मैं उसमें माथा-पच्ची नहीं करता।

• तो अमिताभ बच्चन की तरह आप भी राजनीति में अपने प्रवेश को भूल मानते हैं?

नहीं, नहीं, मैं भूल नहीं मानता। मेरे नजदीक जो लोग हैं, वे जानते हैं। मेरा यह फैसला कोई राजनीतिक पैंतरा थोड़े है, मैं जो कुछ करता हूँ, पूरी निष्ठा से करता हूँ।

—इंडिया टुडे, 7 मई, 2003

□

‘भारतीय समाज सिर्फ सत्ता आधारित नहीं’

वाराणसी में पंचकोशी यात्रा पूरी करने के पश्चात् गोविदांचार्य ने मणिकर्णिका घाट पर स्थित सतुआ वेद आश्रम में ‘भारतीय पक्ष’ के सहसंपादक हर्षित जैन से विभिन्न मुद्दों पर बातचीत की। उस बातचीत के प्रमुख अंश—

• यात्रा के दौरान आपने क्या महसूस किया ?

पाँच दिनों की पंचकोशी यात्रा के दौरान मुझे देश की आम जनता को करीब से देखने और समझने का एक और अवसर मिला। मैंने महसूस किया कि अंग्रेजी शिक्षा प्राप्त अधिकतर लोगों की अपेक्षा देश का आम आदमी, जो या तो निरक्षर है या अपनी मातृभाषा के परिवेश में शिक्षित हुआ है, अपनी जड़ों से अधिक मजबूती के साथ जुड़ा हुआ है। राजसत्ता के काम से वह निराश है, पर अब भी अपेक्षाएँ पाले हुए है। पंचकोशी यात्रा मार्ग में पड़ने वाले मंदिरों एवं अन्य धर्मस्थलों की दुर्दशा चिंताजनक है। सरकार से इन मंदिरों के पुनरुद्धार की आशा करते रहने की बजाय हिंदू समाज के लोगों को ही इस दिशा में अब पहल करनी होगी।

• आपको पंचकोशी यात्रा की आवश्यकता क्यों पड़ी ?

शास्त्रों में पंचकोशी यात्रा का विधान आत्मशुद्धि के लिए किया गया है। इस पृष्ठभूमि में सांस्कृतिक पुनर्जागरण एवं व्यवस्था परिवर्तन जैसे मुद्दों पर लोगों को जागरूक बनाने के लिए मैंने यह यात्रा करने का निर्णय लिया।

• क्या भारतीय जनता पार्टी में कार्य करने के कारण आपको व्यक्तिगत आत्मशुद्धि की आवश्यकता महसूस हुई ?

नहीं, पंचकोशी यात्रा का भा.ज.पा. में काम करने से कोई संबंध नहीं है। मेरा

मानना है कि प्रत्येक मनुष्य को आत्मशुद्धि की आवश्यकता पड़ती है, चाहे वह कोई भी हो और किसी भी परिवेश में काम करता हो।

• पंचकोशी यात्रा के बाद आपकी क्या करने की योजना है?

नवंबर, 2004 में वाराणसी में आयोजित भारत विकास संगम की तर्ज पर देश के लगभग 200 जिलों में जून 2006 तक जिला विकास संगम आयोजित करने के लिए मैं सक्रिय हूँ। इस आयोजन के द्वारा जिले की सज्जनशक्ति को एक जगह इकट्ठा करना और उसे अपने जिले के विकास के लिए सोचने और प्रयास करने हेतु प्रेरित करना हमारा उद्‍देश्य है। जिला विकास संगमों के अतिरिक्त अखिल भारतीय स्तर पर 12 प्रकार के सम्मेलन कराने की भी योजना है। इन सम्मेलनों के विषय होंगे : गोरक्षा, आयुर्वेद, मातृशक्ति, युवा, राजनीति, शिक्षा, न्याय-व्यवस्था, किसान, संत समाज, पत्रकार, कारीगर एवं जन-स्वास्थ्य।

• यात्रा के दौरान आपने कहा था कि अयोध्या में राम मंदिर का सबूत माँगने वालों को क्या ज्ञानवापी का नंदी बैल नहीं दिखाई देता है? इस वक्तव्य का क्या अर्थ है?

मेरा यह वक्तव्य विशेष संदर्भ में था। मैं कह रहा था कि भारत का समाज केवल राजसत्ता पर आधारित नहीं है। यहाँ समाज-संचालन में परिवार, गाँव और जातीय समूहों की विशेष भूमिका रही है। यही कारण था कि राजसत्ता पर विदेशियों का नियंत्रण होने के बाद भी हमारी संस्कृति नष्ट नहीं हुई। इसी संदर्भ में मैंने कहा था कि विदेशी शासन के दौरान बहुत से मंदिर ढहाए गए। मंदिरों का ढहाया जाना एक ऐतिहासिक सत्य है। जो लोग मंदिर के अस्तित्व को लेकर सबूत माँगते हैं, उनकी नीयत साफ नहीं है। ऐसे लोगों को ही लक्ष्य करके मैंने कहा था कि क्या उन्हें यह नहीं दिखाई देता कि बनारस में ज्ञानवापी (काशी विश्वनाथ) के नंदी बैल का मुँह किधर है। नंदी बैल का मुँह और मंदिर के भग्नावशेषों को देखकर यह बिल्कुल स्पष्ट हो जाता है कि काशी विश्वनाथ मंदिर का ध्वंस किया गया था। इसके लिए किसी साक्ष्य की बिल्कुल भी आवश्यकता नहीं है।

• क्या आप ज्ञानवापी के नंदी बैल को न्याय दिलाएँगे?

मेरे लिए भी काम की एक सीमा है। इस समय मैं 'हमारा जिला, हमारी दुनिया', 'सबको रोटी, सबको काम', 'देश की तासीर के अनुसार व्यवस्थाओं की पुनर्रचना' जैसे मुद्‍दों पर अपना ध्यान केंद्रित कर रहा हूँ।

• जन-संपर्क की दृष्टि से आप अपनी इस यात्रा को कितना सफल मानते हैं?

हमने इस यात्रा के माध्यम से जन-संपर्क का जितना प्रयास किया, उसकी अपेक्षा परिणाम अधिक उत्साहवर्धक रहा। जहाँ-जहाँ हम अपनी बात को पहुँचा पाए, वहाँ लोगों ने हमारी बात बड़े ध्यान से सुनी। देश की समस्याओं के निदान के लिए मैंने जिन उपायों की चर्चा की, लोगों ने उसे लेकर प्रश्न भी पूछे। कई जगह लोगों ने पूछा कि क्या आप जो बता रहे हैं, वैसा करने से सब ठीक हो जाएगा? मुझे लोगों की आँखों में उदासी और प्रतीक्षा का सम्मिश्रण देखने को मिला।

• क्या आपकी यात्रा का राजनीति पर असर पड़ेगा?

देश की आम जनता अपनी क्षमता और अपने दायित्व को समझे, इसके लिए अलग-अलग तर्ज पर देश के कोने-कोने में पदयात्राओं का सिलसिला चलाया जाएगा। जिलों में जिला विकास संगम आयोजित करने के पश्चात् जिले के गण्यमान्य लोग ही विभिन्न मुद्दों पर अपने जिले में पदयात्रा करेंगे।

विभिन्न क्षेत्रों में कार्यरत सैकड़ों-हजारों सांस्कृतिक-सामाजिक संगठन जब आपस में तालमेल बिठाकर व्यवस्था परिवर्तन और सांस्कृतिक पुनर्जागरण के लिए प्रयास करेंगे तो इससे राजसत्ता एवं राजनीति अछूती नहीं रहेगी। आनेवाले दिनों में हलचल बढ़ने वाली है, यह निश्चित है। जहाँ तक मेरा प्रश्न है, मैं सत्ता की स्पर्धा में लगे राजनीतिक दलों का हिस्सा नहीं बनूँगा।

—भारतीय पक्ष, मार्च 2005

□

‘समाज आगे और सत्ता पीछे, तभी होगा विकास’

भारतीय पक्ष की ओर से विमल कुमार सिंह एवं ब्रजेश कुमार द्वारा लिया गया यह साक्षात्कार उस समय का है, जब गोविंदाचार्य अपनी अलख यात्रा की योजना को अंतिम रूप देने में लगे हुए थे। यह साक्षात्कार ‘भारतीय पक्ष’ के मार्च 2007 अंक में प्रकाशित हुआ था।

• राजनीति से अध्ययन अवकाश लेने के बाद आप सार्वजनिक रूप से उस समय दिखे, जब सोनिया गांधी प्रधानमंत्री बनने वाली थीं। फिर आप काफी दिनों तक हेडलाइंस से दूर रहे। अब क्या अलख यात्रा के माध्यम से दोबारा बड़े पैमाने पर सक्रिय होने का मन बना रहे हैं?

मेरे दिमाग में बड़ा पैमाना या छोटा पैमाना जैसा कोई अंतर है ही नहीं। एक दीर्घकालीन सोच से सुसंगत और परिस्थितियों के तकाजे के साथ मेल बिठाते हुए गतिविधियों में हिस्सा लेना मैंने तय किया है। हाँ, इसमें तात्कालिकता का कुछ प्रभाव अवश्य होता है। मान लीजिए, सोनिया गांधी जी का नाम न आता तो मैं बोलता ही नहीं। वक्त के तकाजे को पहचानकर मैंने जो किया, उससे संयोगवश यह लगा कि मैं खुलकर या बड़े पैमाने पर आया हूँ, लेकिन यहाँ बड़े पैमाने और छोटे पैमाने की बात मेरे मन में नहीं थी। अब भी अलख यात्रा की जो बात है, वह दीर्घकालिक उद्देश्यों को लेकर सुसंगत गतिविधि के रूप में है। उसे बड़ा पैमाना समझ लिया जाए तो बात अलग है।

• आप जिस दीर्घकालिक उद्देश्य की बात कर रहे हैं, उसमें इस अलख यात्रा की क्या अहमियत होगी?

अपना एक व्यापक लक्ष्य है। भारत की तासीर, तेवर और जरूरत के हिसाब से यहाँ के इंतजाम गढ़े जाएँ या सुधारे जाएँ, इसके लिए हम रचनात्मक और आंदोलनात्मक दोनों पहलुओं पर काम कर रहे हैं। वर्तमान समय में विश्व गौ सम्मेलन हमारे रचनात्मक पक्ष से, जबकि अलख यात्रा आंदोलनात्मक पक्ष से जुड़ी गतिविधि है। मैं दोनों में सक्रिय हूँ। संयोग से एक ही समय में दोनों कार्यक्रम हैं। दोनों का मेल बिठा रहा हूँ, क्योंकि एक सघन है, दूसरा व्यापक। एक प्रबोधन से जुड़ा है, दूसरा जिंदगी जीने की शैली से जुड़ा हुआ है। मगर दोनों का उद्देश्य और लक्ष्य तो एक ही है, वह है देश की जरूरत के हिसाब से व्यापक परिवर्तन।

• रचनात्मक और आंदोलनात्मक गतिविधियों से क्या आप वर्तमान राजनीति को प्रभावित करना चाहते हैं?

मैं बार-बार कहता हूँ—'समाज आगे, सत्ता पीछे, तभी होगा स्वस्थ विकास। सत्ता आगे समाज पीछे, तब तो होगा सत्यानाश'। भारतीय समाज बचा है और अभी तक कई अन्य महाद्वीपों की तरह दुर्गतिग्रस्त नहीं हो पाया है, इसका बड़ा कारण है कि यहाँ की व्यवस्था केवल राजसत्ता से नहीं बल्कि धर्मसत्ता, समाजसत्ता, राजसत्ता और अर्थसत्ता चारों से चलती है, लेकिन यह भी उतना ही सच है कि राजसत्ता अपनी वर्तमान स्थिति में मारक ज्यादा है। इसमें तारक-शक्ति कम है। राजसत्ता एक निर्णायक उपकरण न होने के बाद भी महत्त्वपूर्ण उपकरण है। इसलिए राजसत्ता और राजनीति की उपेक्षा नहीं की जा सकती, लेकिन वह तभी कारगर होगी, जब उसका समाज के अनुरूप संचालन हो और राजसत्ता पर समाज के नियंत्रण की स्थिति हो। आज स्थिति यह है कि जनतंत्र धीरे-धीरे दल-तंत्र, फिर व्यक्ति-तंत्र, बाद में गुट-तंत्र और गिरोह-तंत्र का रूप ले चुका है। सभी राजनीतिक दलों की शक्ल बदशक्ल हो चुकी है। हमें ताजा उदाहरण तो उत्तर प्रदेश का ही दिखाई पड़ता है। कौन किसको दोष दे। कौन है, जो देश की राजनीति के सारे संदर्भ में नैतिकता की बात कर सके। खैर, उत्तर प्रदेश यहाँ फोकस में नहीं है। ऐसी स्थिति में राजनीति को मूल्यों और मुद्दों की पटरी पर वापस लाना हमारी प्राथमिकताओं में शामिल है। हम इस लक्ष्य से अपने को अलग नहीं कर सकते।

• इसके लिए तो कोई उपकरण बनाना पड़ेगा; क्योंकि यहाँ जो व्यवस्था है, उसमें चुनाव होते हैं और फिर सरकार बनती है। बिना चुनाव में भाग लिये हुए आप कैसे राजनीति को सुधार सकेंगे?

हमारे लक्ष्य व्यापक हैं। उन्हें प्राप्त करने की प्रक्रिया चुनावी रास्ते से पूरी नहीं हो सकती। जिस चुनाव प्रणाली के द्वारा सरकारों का चयन हो रहा है, उसको लेकर हम संतुष्ट नहीं हैं। इस चुनाव प्रणाली से कारगर नेतृत्व पैदा हो सकता है, इसमें हमें संदेह है। ऐसी परिस्थिति में जनांदोलन की प्रमुख भूमिका हो जाती है। जनांदोलन से ही वर्तमान सत्ता-संचालन की व्यवस्थाओं को बदला जा सकता है।

• एक जनांदोलन जेपी के समय हुआ। उसके बाद चुनाव हुए और चुनाव के बाद सरकार बदली। आपके ध्यान में कोई ऐसी ही बात है क्या? जनांदोलन और एक नई राजनीतिक पार्टी का गठन। उसके बाद सरकार बने, फिर व्यवस्था-परिवर्तन।

मैं मानता हूँ कि जनांदोलन, जनदबाव और जनसंघर्ष के द्वारा ही सत्ता की राजनीति को मूल्यों और मुद्दों की पटरी पर लाया जा सकता है। जनांदोलन कितना प्रखर और कारगर होता है और दूरगामी लक्ष्यों के प्रति वह कितना समर्पित रह पाता है, ये सारे प्रश्न अभी अनुत्तरित ही रहेंगे। समय ही इनका जवाब देगा।

• हमारे देश में लोकतांत्रिक व्यवस्था है। फिर भी आप इसमें भाग लेने से बचते क्यों हैं?

लोकतंत्र की आत्मा संवाद, सहमति और सहकार्य में है। लोकतंत्र केवल ढाँचा नहीं है। 'एक व्यक्ति एक वोट' यही लोकतंत्र नहीं होता। लोकतंत्र की अनिवार्य बात तो यह है ही, लेकिन इसकी कुछ और भी शर्तें हैं। अपनी लोकतांत्रिक व्यवस्था पर जिन दलों का कब्जा है, वे इन पर विश्वास ही नहीं करते। राज्यसभा चुनावों में 'गुप्त मतदान' पर जिस तरह रोक लगाई गई, उससे इन राजनीतिक दलों के चरित्र की झलक मिलती है। इन दलों को लोकतंत्र का रहनुमा नहीं कहा जा सकता। ये तो सत्ता की आपाधापी में उलझे हुए गुट भर हैं। पैसे से राजनीति और राजनीति से पैसे के जिस खेल में ये गुट शामिल हैं, उसमें मैं कभी शामिल नहीं होना चाहता।

• तो क्या आप अलख यात्रा के माध्यम से दलविहीन शासन व्यवस्था के लिए आधारभूमि तैयार करना चाहते हैं?

ऐसी बहुत सी बातें हैं, जिन पर चर्चा करने की जरूरत है। हमें लोकतंत्र के वैकल्पिक स्वरूपों पर भी सोचना चाहिए। 51-49 की प्रणाली ही लोकतंत्र क्यों? 51 जिसको मिला वो सब सँभाले। 49 जिसको मिले उसकी कोई जिम्मेदारी नहीं। यह कहाँ का लोकतंत्र है। 49 वाला दूसरे नंबर का सहायक क्यों नहीं हो सकता?

सब मिलकर काम क्यों नहीं कर सकते? संघर्ष या टकराव जरूरी है क्या? सत्ता पक्ष और विपक्ष जरूरी है क्या? सत्ता पक्ष और विपक्ष पूरक क्यों नहीं बन सकते?

• क्या वर्तमान व्यवस्था को चुनौती देकर आप टकराव का रास्ता चुन रहे हैं?

नहीं। ऐसा कोई इरादा नहीं है, लेकिन हाँ, हम किसी प्रकार के टकराव से घबराते भी नहीं हैं। हम तो अपनी राह चलना चाहते हैं। एक ही व्यवस्था हर समय कारगर हो, यह जरूरी नहीं है। अब न्यायपालिका न्याय देने में अक्षम हो गई है, यह सब जानते हैं। यहाँ कानून का राज ज्यादा है, न्याय का राज कम है। व्यवस्था के नाम पर इसे हम कब तक ढोएँगे? इसके खिलाफ आवाज तो उठानी ही पड़ेगी। राजनीति को संचालित करनेवाली वोट की व्यवस्था विकृति का शिकार हो जाए तो फिर जनता को ही इसे ठीक करने की जिम्मेदारी लेनी पड़ेगी।

• आंदोलन के लिए आपने बिहार की भूमि को ही क्यों चुना? जबकि वर्षों बाद वहाँ की सरकार बदली है और जो लोग सत्ता में हैं, वे कभी आपके अभिन्न सहयोगी रहे हैं?

जो विपक्ष में हैं, वे भी मेरे सहयोगी रहे हैं। मेरा कहना है कि बिहार में हमेशा परिवर्तनकामी लोगों की बहुतायत रही है। आज बिहार में व्यापक परिवर्तन की आवाज उठाने की बहुत जरूरत है। जिस बिहार में इतना दम-खम है, वह आगे का रास्ता दिखाए, यह अपेक्षा है। बिहार में यह ऊर्जा है। वहाँ तड़प है। सबसे बड़ी बात है कि बिहार में संभावनाएँ हैं।

• कांग्रेस से बाहर आने के बाद वी.पी. सिंह ने जनमोर्चा का गठन किया था। आपने भा.ज.पा. से निकलने के बाद राष्ट्रीय स्वाभिमान आंदोलन का गठन किया है। क्या यह इतिहास का दुहराव है?

जनमोर्चा और राष्ट्रीय स्वाभिमान आंदोलन में बुनियादी अंतर है। जनमोर्चा का स्वरूप आगे चलकर राजनीतिक हो गया। उसके लोगों ने चुनावी राजनीति में हिस्सा लिया और धीरे-धीरे बिखर गए। जहाँ तक राष्ट्रीय स्वाभिमान आंदोलन का प्रश्न है, तो मेरा स्पष्ट मानना है कि यह कभी चुनावी राजनीति का अंग नहीं बनेगा। आगे चलकर इससे जुड़े कुछ लोगों को सत्ता राजनीति को लेकर ललक हो सकती है, परंतु उन्हें किसी भी हालत में राष्ट्रीय स्वाभिमान आंदोलन का उपयोग नहीं करने दिया जाएगा। इसे दुर्भाग्य ही कहेंगे कि व्यवस्था परिवर्तन के व्यापक

लक्ष्य को लेकर किए जाने वाले जन-आंदोलन जब सत्ता के दायरे में घुसते हैं तो वे बड़े उद्देश्य भूल जाते हैं। इसलिए हम राष्ट्रीय स्वाभिमान आंदोलन को सत्ता की राजनीति से दूर रखेंगे।

• एक संगठन के नाते राष्ट्रीय स्वाभिमान आंदोलन सत्ता की दौड़ में कभी शामिल नहीं होगा?

नहीं। कभी नहीं होगा।

• लेकिन जो लोग इससे जुड़े हैं, क्या आप यह मानते हैं कि वे भी सत्ता में कभी शामिल नहीं होंगे?

मैं किसी की नीयत पर शक क्यों करूँ? जब बात होगी, तब सोचेंगे। हम अपने रास्ते पर बढ़ते जाएँगे। यह साथ चलने वालों को तय करना होगा कि वे कितनी देर तक हमारा साथ देंगे। हम मूल्यों और मुद्दों को लेकर ईमानदारी के साथ चलेंगे। जब तक कोई हमारे साथ रहेगा, उसका स्वागत रहेगा। बाद में कोई हट गया तो यह उसका दुर्भाग्य होगा।

• यदि सत्ता राष्ट्रीय स्वाभिमान आंदोलन की वजह से बनी या बिगड़ी तो वह भला सत्ता से कैसे दूर रह पाएगा? इससे जुड़े लोगों को किसी ढाँचे में तो रखना ही होगा।

अगर जन के बीच साख और पैठ रही तो इसका भी उत्तर निकल आएगा। इसके भी उपकरण तलाशे जा सकेंगे। जन-संसद् की अवधारणा पर काम किया जा सकता है। इस समस्या के प्रति हम सचेत हैं और इसको लेकर विभिन्न उपायों पर काम कर रहे हैं। समय आने पर हम इसका हल ढूँढ़ लेंगे।

• तो माना जाए कि यह जनांदोलन गांधी की परिकल्पना के मुताबिक रचनात्मक और मौलिक होगा?

निश्चित रूप से यह रचनात्मक और आंदोलनात्मक, दोनों ही पंखों से युक्त पक्षी होगा, जो आकाश में मुक्त विचरण कर सकेगा। इन दोनों पक्षों में हम संतुलन रखकर चलेंगे, ताकि आंदोलन से जो माहौल बने और जो संकल्प पैदा हो, उसे जमीन पर लागू किया जा सके। राष्ट्रीय स्वाभिमान आंदोलन को पिछले सारे अनुभवों से सीख लेकर सावधानी बरतनी होगी। आंदोलन की मुहिम को तभी आगे चलाया जा सकेगा और सत्ता-परिवर्तन के पड़ाव पर बिना बिखरे व्यवस्था परिवर्तन की मुहिम तक उसकी धार को तेज रखा जा सकेगा।

• संघ भी अपनी दृष्टि से इन दिशाओं में लगातार कार्य करता रहा है। आप संघ से जुड़े भी रहे हैं। क्या वजह है कि आप अलग से आंदोलन चलाना चाहते हैं?

संघ का काम प्योर साइंस है। हमारा काम अप्लाइड साइंस है। संघ का काम घंटे भर की शाखा के माध्यम से देशभक्तों को निस्स्वार्थ मनोभाव का संस्कार देना है। फरमान जारी करना संघ का स्वभाव नहीं है। संघ अपने को अच्छे स्वयंसेवक तैयार करने तक ही सीमित रखता है। मेरा अनुभव है कि संघ विचारधारा के बाहर भी अच्छे लोगों की बहुत बड़ी संख्या है, जो राष्ट्रनिष्ठा, ईमानदारी और प्रतिबद्धता में स्वयंसेवकों से कम नहीं हैं। सभी मिलकर योगदान करेंगे तो देश द्रुतगति से आगे बढ़ेगा।

• 'अलख यात्रा' और 'गौ सम्मेलन' ये दो कार्यक्रम देश के दो सुदूर हिस्सों में हो रहे हैं। इसकी कोई खास वजह?

नहीं, बस संयोग है। वैसे कह सकते हैं कि नियति पूरे भारत में बदलाव की ओर संकेत कर रही है और यह बदलाव व्यापक होगा।

• इतने बड़े उद्‌देश्य के लिए एक बड़े तंत्र की जरूरत होगी। इस प्रक्रिया में आप कहाँ पर हैं?

मैं मानता हूँ कि धीरे-धीरे कार्यक्रम बढ़ रहा है। हम एक-एक कदम किंतु मजबूती के साथ बढ़ रहे हैं। 'अलख यात्रा' के माध्यम से हम बिहार के प्रत्येक जिले में लगभग 50 सक्रिय एवं प्रतिबद्ध लोगों को चिह्नित करने की योजना बना रहे हैं। इसी तरह से विश्व गौ-सम्मेलन द्वारा भारत के 500 जिलों में लगभग 5000 समूहों को चिह्नित करने और उन्हें अपने अभियान से जोड़ने की योजना है। इन दो आयोजनों के पूरा होते-होते एक राष्ट्रीय एजेंडा बन चुका होगा और हम प्रयोग के स्तर पर कहीं सघन कार्य करने की स्थिति में भी होंगे। हमारे ध्यान में देश में 50-60 ऐसे केंद्र हैं, जहाँ लोग अपने कामों से सार्थक और सही परिणाम पा रहे हैं। इस सज्जनशक्ति को जोड़ने की दिशा में भी हम आगे बढ़ रहे हैं।

• इस प्रयास में राजनीति से जुड़े लोग भी आपके साथ हैं क्या?

व्यक्तिशः जो आना चाहें जरूर आएँ। उनका स्वागत है, लेकिन संस्थागत लेबल उतारकर आएँ तो अच्छा होगा। अगर कोई साथ नहीं आ सकता तो कोई बात नहीं। जो जहाँ है, वहीं पर मूल्यों और मुद्‌दों के बारे में संघर्ष करे। वह अपने

स्थान पर रुककर लोभ, भय और मोह से मुक्त होकर सत्य, न्याय, देश और धर्म के समर्थन में आवाज उठाए।

• आपके तेवर और आपकी रणनीति गांधी जी से मिलती-जुलती है। क्या आप नए जमाने के गांधी बनना चाहते हैं?

गांधी बहुत बड़े व्यक्ति थे। मैं उन जैसा बन सकूँ, ऐसी इच्छा भला क्यों नहीं होगी। किंतु मैं यह जानता हूँ कि दूसरा गांधी पैदा नहीं हो सकता। हाँ, उनके बताए रास्ते पर चलने की कोशिश जरूर की जा सकती है और मैं वही कर रहा हूँ।

—भारतीय पक्ष, मार्च 2007

□

‘समानांतर राजनीतिक आंदोलन का समय’

बनारस में एक पत्रकार वार्त्ता में के.एन. गोविंदाचार्य ने सेतु समुद्रम् के मुद्दे पर भा.ज.पा. के शीर्ष नेतृत्व के बारे में एक बयान दिया। इस बयान के परिप्रेक्ष्य में मनोज के. झा ने उनसे बातचीत की। प्रस्तुत है ‘प्रथम प्रवक्ता’ में प्रकाशित वह साक्षात्कार—

• बनारस के बयान का मतलब क्या है?

वहाँ पत्रकारों ने सेतु समुद्रम् परियोजना पर प्रश्न पूछा था। उसके जवाब में मैंने कहा था कि रामसेतु पर एनडीए का जो रवैया रहा है और उसके कार्यकाल में मंत्रिमंडल के समक्ष जो प्रस्ताव लाया गया था, उसमें रामसेतु का तोड़ा जाना अंतर्निहित ही था। किसी मंत्रालय से जब कोई विषय मंत्रिमंडल के सामने लाया जाता है तो वह मंत्रिमंडल की संपत्ति हो जाता है। उस पर अंतिम फैसला मंत्रिमंडल ही लेता है और फैसले का जिम्मेदार भी वही होता है, न कि संबंधित मंत्रालय। अटल जी और आडवाणी जी भी उसी मंत्रिमंडल के अंग रहे हैं, जिसने रामसेतु के प्रस्ताव को स्वीकृति दी। कोई भी प्रस्ताव मंत्रिमंडल में तब तक नहीं आ सकता था, जब तक उनसे बात न हो गई हो। 2001 में रामसेतु मामले में उनकी सहमति के बाद ही तेजी आई थी। इस आधार पर मैंने कहा था कि पूरे मंत्रिमंडल की सामूहिक जिम्मेदारी से कोई नहीं बच सकता है। रामसेतु के प्रस्ताव पर सहमति सामान्य कार्यकर्ताओं, समर्थकों और पूरे हिंदू समाज की भावनाओं के साथ खिलवाड़ ही है। अगर पार्टी का नेतृत्व कार्यकर्ताओं की भावना के खिलाफ काम करे तो यह जरूरी हो जाता है कि पार्टी उन सभी के खिलाफ सामूहिक उत्तरदायित्व के अंतर्गत काररवाई करे। अगर ऐसी काररवाई नहीं की जाती है तो इसका मतलब है कि वह एक पार्टी के नाते कार्य

करने की शक्ति खो चुकी है। इससे यह निष्कर्ष निकाला जा सकता है कि वह पार्टी कुछ लोगों के निर्देश में चलने वाला समूह मात्र है।

मेरा मानना है कि वेदप्रकाश गोयल एक अच्छे स्वयंसेवक हैं। उन्होंने हमेशा से ही निस्स्वार्थ भाव से काम किया। अगर ऐसे व्यक्ति किसी गंभीर मुद्दे पर आगे बढ़ते हैं तो वह बिना अटल–आडवाणी की सहमति के नहीं हो सकता है। सामान्यत: आदेश–आज्ञापालन की कार्य–संस्कृति में बढ़े लोगों में से वेदप्रकाशजी भी हैं। इसलिए यह निष्कर्ष गलत नहीं होगा कि रामसेतु परियोजना की स्वीकृति शीर्ष नेतृत्व की पहल के बाद ही मिली होगी। इसलिए मैंने कहा था कि पार्टी को उन लोगों के खिलाफ काररवाई करनी चाहिए, जो उस समय मंत्रिमंडल में थे। अगर ऐसा करने में पार्टी असमर्थ है तो उसका कोई महत्त्व नहीं रह जाएगा। कई मौकों पर ऐसा दिखता भी है।

• मीडिया में आया कि आपने यह भी कहा कि पार्टी के शीर्ष नेतृत्व को घर बैठा देना चाहिए। क्या ऐसा आपने कहा था?

मैंने यह कहा था कि अगर पार्टी का शीर्ष नेतृत्व कार्यकर्ताओं की भावनाओं के खिलाफ फैसला लेता है तो पार्टी को ऐसे नेतृत्व के खिलाफ एकजुट होकर फैसला लेना चाहिए। यह साफ–साफ दिखता है कि पार्टी के नेतृत्व और कार्यकर्ताओं के बीच विचार–व्यवहार का विशेष बेमेलपन हो गया है। ऐसे में या तो नेतृत्व कार्यकर्ताओं को नकारे या कार्यकर्ता नेतृत्व को नकारें।

• आपके बयान में यह भी आया है कि भा.ज.पा. एक पार्टी की बजाय सत्ता के खेल का एक गिरोह बन गई है।

मैंने सिर्फ भा.ज.पा. के बारे में नहीं कहा था। मैंने कहा था कि पिछले बीस वर्षों में कई पार्टियाँ सत्ता में आईं और बाहर हो गईं। गठबंधन के भी कई रूप देखने को मिले। पिछले बीस वर्षों के अनुभवों के आधार पर यह कहा जा सकता है कि उन्नीस–बीस का ही फर्क पार्टियों के बीच बचा है। सभी दल मूल्यों–मुद्दों से भटक गए हैं और सत्ता की आपाधापी के गिरोह बन गए हैं। मेरा संकेत सिर्फ भा.ज.पा. की ओर नहीं था। कांग्रेस इससे कैसे बरी हो सकती है। आस्थाहीन डीएमके कहाँ खड़ी है। मेरा मानना है कि अब दलीय राजनीति से परे समानांतर राजनीतिक आंदोलन पैदा करने की जरूरत है। क्योंकि सभी राजनीतिक दल समाज से कटते जा रहे हैं और सत्ता के गिरोह की शक्ल ले चुके हैं। इसलिए कुछ और पहल/प्रयोग करने होंगे, यह वक्त का तकाजा है।

• वे किस तरह के हो सकते हैं?

जैसे 1936 के पहले की कांग्रेस। 1936 से कांग्रेस विधानसभा चुनाव में शरीक होने लगी। इसके पहले अलग-अलग सोच रखने वाले लोगों के लिए कांग्रेस एक प्लेटफार्म थी। उसी तरह अब वैश्वीकरण और बाजारवाद के खिलाफ अलग-अलग आंदोलन चल रहे हैं। उन्हें एक होकर गरीबों और आम जनमानस के हक के लिए आंदोलन करने की जरूरत है। इसे ही मैं समानांतर राजनीतिक आंदोलन की संज्ञा देता हूँ।

• यह माना जा रहा है कि इस बयान से आपने भा.ज.पा. में वापसी के लिए अपनी टोपी पार्टी के पाले में डाल दी है। आपका इस पर क्या कहना है?

इस तरह के राजनीतिक सर्कस या खेल में मैं विश्वास नहीं रखता हूँ। पार्टी में जब तक रहा, भरपूर मन से काम किया। पार्टी ने जो भी काम दिया, वह किया। मेरा मानना है कि दलीय राजनीति की परिधि के अंदर बहुत कुछ नहीं किया जा सकता है। इसलिए 2003 में ही स्पष्ट रूप से कहा था कि अब किसी राजनीतिक दल का हिस्सा नहीं बनूँगा। दल और सत्ता की स्पर्धा से अलग रहूँगा, लेकिन एकात्म मानववाद में मेरी आस्था है और रचनात्मक आंदोलन के माध्यम से सक्रिय रहूँगा।

• एक धारणा है कि इस बयान से आपका कद घटा है?

अपने कद के बारे में मैंने कभी नहीं सोचा। लोगों की प्रशंसा और निंदा की भी परवाह नहीं की। देश-समाज के संदर्भ में जो उचित लगता है, वही करता रहा हूँ।

• यानी यह बयान निराशा में नहीं दिया गया है?

यह संकल्प का बयान है, निराशा का नहीं।

• अप्रैल-जून तक बीमारी का अंतराल रहा। इस दौरान आपने क्या कोई पुनर्विचार किया है?

मेरा संकल्प दृढ़ हुआ है। वास्तव में बौद्धिक, रचनात्मक, आंदोलनात्मक कामों को जोड़ना पड़ेगा। सृजनशक्ति को एक करना पड़ेगा। केवल छिटपुट लड़ाई से काम नहीं चलेगा। जल-जमीन-जंगल के कामों में लगे लोगों और संगठनों के बीच संवाद की स्थिति उपजानी पड़ेगी। यह संकल्प विचार करते-करते और पुख्ता हुआ है। इसमें सफलता के संकेत भी देख रहा हूँ।

• कुछ उदाहरण बता सकते हैं?

इस प्रकार की सफलता के कई उदाहरण हैं। जैसे—जल के लिए राजेंद्र सिंह काम कर रहे हैं और जमीन के हक के लिए पी.वी. राजगोपाल लड़ रहे हैं। ये दोनों एक-दूसरे के कामों में सहकार की ही कोशिश करते हैं। गौ, गंगा और अन्य काम

करनेवाले सौ से अधिक लोग या संगठन आपस में संवाद की स्थिति में आ चुके हैं, यह मेरा अनुभव है। अलग-अलग समय पर एक-दूसरे के मंचों पर जाने में ये लोग परहेज नहीं कर रहे हैं। इसमें बड़ी कामयाबी देख रहा हूँ। मेरा विश्वास है कि 2008 के अंत तक ऐसे कई संगठनों की आपसी समझ काफी परिपक्व हो जाएगी।

• स्वाभिमान आंदोलन की किष्किंधा बैठक के रणनीतिक निर्णय क्या हैं?

एक समानांतर राजनीतिक आंदोलन का विकास आज के समय का तकाजा है, यह बात उस बैठक से निकली है। उसमें कुछ लोग सत्ता-राजनीति के पक्षधर दिखे, कुछ लोगों का मानना था कि सत्ता-राजनीति से बाहर रहकर जनदबाव बनाने में हम लगें। अगले साल जनवरी में वाराणसी में एक बैठक करेंगे। बातचीत से ऐसा लगता है कि देश भर से लोग आएँगे। जिला विकास संगम के माध्यम से सभी लोगों को इकट्ठा करें, इस कोशिश में लगे हैं। हमारी योजना के अनुसार यह जून 2008 तक पूरा हो जाना चाहिए। जिले-जिले में अच्छे-कामों में रुचि रखने वाले लोग उभर रहे हैं। केवल आपस में संवाद की कमी है, जो एक ढाँचा बनाने से पूरा हो जाएगा। उसी ढाँचे को स्वरूप देने की दिशा में हम आगे बढ़ रहे हैं।

—16-30 नवंबर, 2007

□

‘जनप्रतिनिधि का फैसला आलाकमान नहीं, जनता करे’

9 दिसंबर, 2007 को दैनिक पत्र ‘अमर उजाला’ में के.एन. गोविंदाचार्य से गोविंद सिंह की बातचीत प्रकाशित हुई। प्रस्तुत है वह बातचीत—

• एक समय था, जब गोविंदाचार्य भा.ज.पा. के थिंक टैंक थे, बल्कि उससे भी आगे—विचार को अमली जामा पहनाने वाले रणनीतिकार। वक्त से आगे देख पाने वाले विजनरी, लेकिन अटल विहारी वाजपेयी के बारे में ब्रिटिश राजनयिक से कहा गया एक वाक्य उनके राजनीतिक वनवास का सबब बना। वे पार्टी से बाहर निकले, लेकिन हार नहीं मानी। वे देश में लागू हुई आर्थिक नीतियों के अध्ययन में लग गए। देश भर में घूमे और इस नतीजे पर पहुँचे कि अब राजनीति नहीं करेंगे। जनांदोलन खड़ा करेंगे, वैकल्पिक राजनीति को जन्म देंगे, लेकिन जिस दलदल में आज की राजनीति फँसी हुई है, क्या उसे उससे बाहर निकाल पाना संभव है?

इन्हीं सवालों को लेकर हम उनके पास पहुँचे। दिल्ली के राजेंद्र नगर इलाके में एक मकान की दूसरी मंजिल में वे भारत विकास संगम के कुछ कार्यकर्ताओं से बतिया रहे थे। तीन-चार लड़के खड़े हैं। गोविंदाचार्य एक को समझा रहे हैं कि बनारस-सम्मेलन के लिए सूची बनानी है। हर जिले से कम-से-कम दो लोगों को बुलाना है। कैसे कंप्यूटर में डाला जाएगा और फिर अलग-अलग राज्यों का डाटा अलग-अलग करके प्रिंट निकाला जाएगा। फिर बोले, तुमसे नहीं होगा, वह कंप्यूटर जानता है, वह कंप्यूटर को ‘बकोट’ लेगा। इसी जमीनी लहजे में उनका सम्मोहन छिपा है। तभी उनके लिए सुबह का नाश्ता

आता है। छोटी-सी कटोरी में गाजर का हलवा, थोड़ा-सा नमकीन और चाय। बेहद सादगी है। पीछे उनकी माँ की तसवीर टँगी है, माला डाली हुई और साथ में है तिरुपति बालाजी की सुंदर तसवीर। मैंने इन तैयारियों को लेकर पूछा, तो वे एक ही साँस में 2001 के अपने अध्ययन अवकाश से लेकर अभी तक की दास्तान सुना गए। संक्षेप में यह कि वैश्वीकरण पर आधारित नई आर्थिक नीतियों से गरीब और अमीर के बीच की खाई बढ़ रही है। राजनीति इसकी चेरी होकर रह गई है। राजनेताओं का एक ही काम रह गया है—अमीरों को लाभ और गरीबों का शोषण।

• ...तो समाधान क्या है ?

1989 में देश में तीन आंदोलन हुए। पहला वी.पी. सिंह का भ्रष्टाचार विरोधी आंदोलन, दूसरा रामजन्मभूमि आंदोलन और तीसरा मंडल के समर्थन और विरोध का आंदोलन। ये तीनों ही आंदोलन सत्तावाद के खिलाफ थे, यानी कारण चाहे जो भी रहे हों, लक्ष्य सबका एक ही था, सत्तासीन को उखाड़कर खुद सत्ता पर बैठो। इसलिए कोई भी आंदोलन किसी मुकाम तक नहीं पहुँचा।

• आप क्या कर रहे हैं ? आप भी तो तब सक्रिय थे ?

किसी नई लड़ाई के लिए वर्तमान व्यवस्था के मर्म को समझना जरूरी था। इसीलिए मैंने अध्ययन अवकाश लिया। ग्लोबलाइजेशन के तीन लक्ष्य हैं—केंद्रीयकरण, एकरूपीकरण और वैश्वीकरण। इनकी काट के लिए जरूरी है कि हम विकेंद्रीकरण, विविधीकरण और स्थानीयकरण को बढ़ावा दें। इन लक्ष्यों के साथ हम नए ढंग की लड़ाई लड़ना चाहते हैं। हमारी लड़ाई के औजार भी नए होंगे। देश भर में घूमते हुए जल, जंगल और जमीन की लड़ाई में लगे लोगों-समूहों को एक मंच पर लाने की कोशिश है। फिर बौद्धिक, रचनात्मक और आंदोलनात्मक रणनीति का रास्ता अंगीकार करेंगे।

• जो लोग आंदोलनों में लगे हुए हैं, उनकी अपनी विचारधारा है, आपका वैचारिक उत्स राष्ट्रीय स्वयंसेवक संघ में है। वे आपके साथ क्यों आएँगे ?

हम वैचारिक आग्रह के साथ काम नहीं कर रहे। जो भी लोग ईमानदारी के साथ काम कर रहे हैं, हम उन सबसे मिल रहे हैं। जो इस देश को बचाने में लगे हुए हैं, वे सज्जन हैं, हमें इस सज्जनशक्ति को जोड़ना है। संवाद और सहकार के साथ यह संभव है। हम चाहते हैं कि लोग अपनी वैचारिक प्रेरणा की बजाय कर्म की प्रेरणा से हमसे जुड़ें। देश के 225 जिलों में हमने 1500 ऐसे लोग चिह्नित किए हैं, जो कुछ-न-कुछ सकारात्मक कर रहे हैं।

• क्या यह संघ के समानांतर नहीं है? संघ और इसमें क्या फर्क है?

मुझे लगता है कि संघ में रहते हुए अन्य विचारधाराओं से प्रेरित लोगों के काम के प्रति सही समझ नहीं बना पाती। मिशाल के लिए ब्रह्मदेव शर्मा या राजेंद्र सिंह या पीवी राजगोपाल को ही लीजिए। संघ के पदाधिकारियों के पास पहुँचने वाली कलर्ड सूचना के जरिए उनके बारे में सोच बनती है। सरिस्का में राजेंद्र सिंह के काम को लेकर वहाँ के संघ नेताओं को आपत्तियाँ थीं। मेरा कहना था कि जब तक सुदर्शनजी स्वयं उनके काम को देख नहीं लेते, तब तक धारणा नहीं बनानी चाहिए। वैसा ही हुआ। वे वहाँ गए, स्थानीय संघ नेताओं ने विरोध किया, लेकिन सुदर्शनजी ने अपनी धारणा बदली। ब्रह्मदेव शर्मा को भी संघ के स्थानीय नेता नक्सली करार देते हैं, जबकि मुझे लगता है कि वहाँ काम करनेवालों में वे ही सबसे ईमानदार हैं।

• संघ के बारे में उनके भी तो आग्रह होंगे?

जरूर! संवाद की कमी दोनों तरफ से है। राष्ट्रवादी शक्तियों ने गरीबों के उत्थान पर यथेष्ट ध्यान नहीं दिया तो गरीबोत्थान में लगी ताकतों ने राष्ट्रीय अखंडता की उपेक्षा की। जबकि दोनों जरूरी हैं। मैं मानता हूँ कि एक-दूसरे के विचार की बजाय काम को देखिए। देश के सामने बड़ा संकट खड़ा है। उससे लड़ने के लिए काम कर रहे संगठनों के बीच सहकार की आवश्यकता है। सज्जनशक्ति इकट्ठा होगी तो देश में वैकल्पिक राजनीति की भूमिका बनेगी।

• वैकल्पिक राजनीति यानी"?

1934 से पहले की कांग्रेस। 1935 में गवर्नमेंट ऑफ इंडिया ऐक्ट बन गया और कांग्रेस सत्ता की राजनीति में आ गई। उससे पहले वह देश में सक्रिय विभिन्न राजनीतिक धाराओं का साझा मंच थी। लोग अलग-अलग विचारों के थे, किंतु उन सबका लक्ष्य एक था—अंग्रेज सत्ता को उखाड़ फेंकना। आज फिर से राजनीति को संस्कारित करने की जरूरत है। 'समाज आगे, सत्ता पीछे। तभी होगा स्वस्थ विकास।'

• आप जिस वैकल्पिक राजनीति की बात कह रहे हैं, वह कहाँ तक व्यावहारिक होगी?

हम राजनीति में पार्टी के वर्चस्व को खत्म करना चाहते हैं। वह नेताओं की चेरी न रहे। सचमुच लोकसत्ता हो, अर्थात् आपका जनप्रतिनिधि कौन होगा, इसका निर्णय जनता करे, न कि आलाकमान। मिसाल के लिए जयप्रकाश नारायण ने आंध्र प्रदेश में लोकसत्ता नाम का एक राजनीतिक दल खड़ा किया है। जो प्रत्याशियों का चयन ऊपर से नहीं, जमीनी स्तर से करता है। यह प्रयोग मुंबई के वार्ड नंबर 63 में आजमाया जा

चुका है। कई और जगहों पर भी अलग-अलग प्रयोग चल रहे हैं।

• लेकिन आमूल परिवर्तन कैसे होगा?

नई अर्थनीति के पहिए को पीछे घुमाना है। नई राजनीति में राजसत्ता एकमात्र नियामक नहीं हो सकती। यह भारतीय मन के अनुरूप नहीं है। हमारे यहाँ धर्मसत्ता, समाजसत्ता, राजसत्ता और अर्थसत्ता मिलकर किसी समाज का निर्माण करते हैं। सभी अपने में स्वायत्त रही है और परस्पर निर्भर भी। आगरा शहर चमड़े के कारोबार में विश्वविख्यात हुआ तो इसमें क्या किसी राजसत्ता का योगदान है? यह इसलिए हो पाया कि जाटवों के हुनर और अग्रवाल-माहेश्वरियों की विपणन बुद्धि का समन्वय हुआ। यह भारतीय स्वभाव है। बाजारवाद ने इस क्रम को उलट दिया है। अब अर्थसत्ता सबसे ऊपर आ गई है। बाकी इसके पिछलग्गू हैं।

• आप तो समूची आर्थिक नीति पर ही सवाल खड़े कर रहे हैं?

हाँ, क्योंकि यह अर्थनीति हमारे स्वभाव के विपरीत है। केवल अर्थसत्ता से कोई व्यवस्था नहीं बन सकती। ये लोग अमेरिका के पिछलग्गू बने हुए हैं, जबकि अमेरिका खुद ही ढलान पर है। अब देखिए, बचत भारतीय स्वभाव का अनिवार्य हिस्सा है, लेकिन पूँजी बाजार को बढ़ावा देने के लिए इन्होंने बचत पर ब्याज घटा दिया, ताकि लोग पैसा शेयर बाजार में लगाएँ, लेकिन लोगों ने बचत की आदत नहीं छोड़ी, भले ही मेहनत ज्यादा करनी पड़े।

ग्लोबलाइजेशन के नाम पर पारंपरिक समाज में एक एलियन (विदेशी) ढाँचा लादा जा रहा है। आदमी के हिसाब से पैजामा होना चाहिए, न कि पैजामे के हिसाब से आदमी।

• आपने पिछले दिनों भा.ज.पा. के शीर्ष नेताओं को घर बैठ जाने की सलाह दी थी?

जी हाँ, दी थी। क्योंकि रामसेतु के मुद्दे पर वे देश को बरगला रहे थे। मेरा मानना था कि जब रामसेतु परियोजना को आपने ही हरी झंडी दी थी तो अब उसका विरोध करने का आपको कोई अधिकार नहीं। मैं यह मानता हूँ कि ये नेता पार्टी-कार्यकर्ताओं की भावनाओं का प्रतिनिधित्व नहीं करते, इसलिए उन्हें नेतृत्व सँभालने का कोई अधिकार नहीं है।

• अटल, आडवाणी जी जैसे पुराने नेताओं की अब क्या भूमिका होनी चाहिए?

पुराने लोगों की समस्या वाकई गंभीर है। समाधान सबको मालूम है, पर कोई

उसे अपनाता नहीं। विचार, पद्धति और व्यवहार में एकरूपता जरूरी है (वे आगे इस सवाल पर मौन साध गए)।

• फिर पुराने लोगों को वापस लाने का आह्वान हो रहा है? उमा भारती के बारे में तो बात काफी आगे तक बढ़ चुकी है?

वे शिखर संबंधों को सुधारना चाहते हैं, लेकिन बात उससे नहीं बनेगी। जड़ों को सींचने की जरूरत है, फूलों को नहीं।

• आपने सोनिया गांधी की दावेदारी पर सवाल उठाया था, अब राहुल गांधी की ताजपोशी की तैयारी चल रही है, आपकी क्या योजना है?

मुझे दूर–दूर तक इस खतरे के आसार नहीं दिख रहे। मुझे तो यह भी लगता है कि कांग्रेस और भा.ज.पा. मिलकर 240 सीट तक पहुँच पाती हैं या नहीं।

• नंदीग्राम की घटना को आप किस नजरिए से देखते हैं?

मैं आपका ध्यान एक खतरनाक ट्रेंड की ओर खींचना चाहता हूँ। सिंगूर में 42 दिन के अनशन पर जो नहीं हुआ, वह दो दिन की हिंसा में हुआ। यह एक खतरनाक संकेत है। गांधी के देश में अहिंसक सत्याग्रह का यह हश्र होगा, इसकी कल्पना नहीं थी।

—अमर उजाला, 9 दिसंबर, 2007

□

‘व्यवस्था परिवर्तन है मेरा लक्ष्य’

20 नवंबर, 2008 को टी.वी. चैनलों में अचानक यह खबर आने लगी कि उमा भारती ने के.एन. गोविंदाचार्य को अपनी पार्टी ‘भारतीय जनशक्ति’ का अध्यक्ष बना दिया है। इस खबर से गोविंदाचार्य के जाननेवालों में एक भ्रम की स्थिति उत्पन्न हो गई। असलियत जानने के लिए ‘भारतीय पक्ष’ के हिमांशु शेखर ने उनसे बातचीत की। उस बातचीत के मुख्य अंश—

• पिछले दिनों उमा भारती ने घोषणा की थी कि आप उनकी पार्टी के अध्यक्ष होंगे। क्या यह सच है ?

उमाजी ने अपनी पत्रकार वार्त्ता में तीन बातें कहीं। पहली बात यह कि भारतीय जनशक्ति पार्टी (भाजश) राष्ट्रीय स्वाभिमान आंदोलन की राजनीतिक शाखा होगी। दूसरी बात यह कि गोविंदाचार्य इस पार्टी के सर्वेसर्वा होंगे। तीसरी बात कि 27 नवंबर के बाद इस पार्टी को राष्ट्रीय स्वरूप देने के लिए क्या और कैसे किया जाए, इसके लिए वे प्रभारी होंगे।

• उन्होंने क्या यह नहीं कहा था कि आप भाजश के अध्यक्ष होंगे ?

उन्होंने सर्वेसर्वा की बात कही है, अध्यक्ष की नहीं। उनकी ऐसी अपेक्षा है कि मैं उनकी पार्टी के लिए ऐसी प्रक्रिया और पद्धतियाँ तय करूँ, जिससे भाजश देश में भारतपरस्त और गरीबपरस्त राजनीति का एक सशक्त माध्यम बन सके।

• क्या हम यह मानें कि आनेवाले समय में भारतीय जनशक्ति पार्टी उन्हीं नीतियों पर चलेगी, जो आप तय करेंगे ?

मालूम नहीं! अभी तक भाजश का जो भी रहा, वो तो एक तरह से उमा भारती की सार्वजनिक छवि और दूसरी तरफ चुनाव को ध्यान में रखते हुए प्रत्याशी आधारित

संगठन। मोटे तौर पर तो यही चित्र रहा है। अभी लोकसभा चुनाव आनेवाले हैं। फिर लोकसभा चुनाव में प्रत्याशियों के आधार पर पार्टी का चित्र ज्यादा उभरेगा, ऐसा मुझे लग रहा है। हाँ, आनेवाले समय में चिंतन और चरित्र की दृष्टि से भारतीय जनशक्ति पार्टी देश में एक विकल्प प्रस्तुत करे, ऐसी कोशिश जरूर करूँगा। यह सब कैसे होगा, इसके आयाम क्या होंगे, ये सारे प्रश्न तो अभी जस के तस हैं। इनका उत्तर खोजा जाना शेष है।

• आपके उद्देश्य को लेकर लोगों में भ्रम है। आप अंततः चाहते क्या है?

मेरा तो अंतिम लक्ष्य व्यवस्था परिवर्तन है। अध्ययन अवकाश के दौरान ही मैं इस निष्कर्ष पर पहुँच चुका था कि हम जिस व्यवस्था में जी रहे हैं, वह मूलतः औपनिवेशिक मानसिकता लिये हुए है। केंद्रीयकरण, समरूपीकरण एवं बाजारीकरण की प्रवृत्ति वाली यह व्यवस्था न केवल भारत बल्कि संपूर्ण विश्व के लिए अमंगलकारी है। इसलिए एक ऐसी व्यवस्था स्थापित करने की जरूरत है, जो विकेंद्रीकरण, बाजारमुक्ति, विविधीकरण एवं स्थानिकीकरण के सिद्धांतों पर चले, जहाँ राजसत्ता और अर्थसत्ता को सर्वोच्च नहीं बल्कि समाजसत्ता का पूरक माना जाए और जहाँ उन्मुक्त उपभोग को नहीं बल्कि संयमित उपभोग एवं न्यायोचित वितरण करने के लिए अनेक स्तरों पर प्रयास करने की जरूरत है, जिसमें से राजनीति एक है। केवल सत्ता–परिवर्तन से व्यवस्था परिवर्तन का लक्ष्य प्राप्त नहीं किया जा सकता है।

• जिस व्यवस्था परिवर्तन की बात आप कर रहे हैं, उसके लिए आपने अभी तक क्या किया है?

वर्तमान व्यवस्था को बदलकर जिस आदर्श व्यवस्था को स्थापित करने की मैं बात कर रहा हूँ, उसके लिए त्रिआयामी प्रयास किए जाने की जरूरत है। ये आयाम हैं बौद्धिक, रचनात्मक एवं आंदोलनात्मक। पिछले चार–पाँच वर्षों से मैं इन्हीं आयामों से जुड़े काम खड़ा करने तथा उन्हें आपस में गूँथते हुए सज्जनशक्ति को इकट्ठा करने में लगा हूँ। इन्हीं प्रयासों के अंतर्गत समग्र शोध संस्थान और कौटिल्य शोध संस्थान की शुरुआत हुई। भारत विकास संगम का आयोजन हुआ और राष्ट्रीय स्वाभिमान आंदोलन की धारा बढ़ी। दूसरे शब्दों में कहूँ तो 2003 से 2005 तक योजना बनाने में और 2006 से 2008 तक उन योजनाओं को आगे बढ़ाने के लिए उपयुक्त लोगों को खोजने और उन्हें मदद करने में लगा रहा। इस दौरान हर काम के नए–नए आयाम स्पष्ट होते हुए और उनका विस्तार होता गया। जैसे कौटिल्य शोध संस्थान के अंतर्गत

मंदिर और पुजारी आंदोलन की योजना बनी है। इसी तरह समग्र शोध संस्थान की ओर से एकात्मक मानववाद के प्रकाश में नीतियों का दस्तावेज तैयार करने का काम चल रहा है। यह सब व्यवस्था-परिवर्तन के बौद्धिक आयाम के तहत हो रहा है।

इसी तरह रचनात्मक काम कर रहे लोगों को जोड़ने और उनमें संवाद स्थापित करने के लिए भारत विकास संगम का गठन हुआ है। अब तक इसके दो बड़े सम्मेलन हो चुके हैं। इससे जुड़े लोग कम पूँजी कम लागत के जीवनोपयोगी उपक्रमों को व्यावहारिक आकार देने में लगे हुए हैं। इसके तहत गौ आधारित खेती, देशी उद्यम, रोजगार, स्वास्थ्य, शिक्षा आदि में काम कर रहे लोगों के बीच संवाद स्थापित करने की कोशिशें तेज हुई हैं। हमारा जिला हमारी दुनिया के संदर्भ में 'सबको भोजन सबको काम' के मकसद से दस जिलों में सघन कार्य हो रहा है और सवा सौ जिलों में छिटपुट गतिविधियाँ चल रही हैं। इसका आगामी सम्मेलन 23 दिसंबर, 2010 से 1 जनवरी, 2011 के बीच कर्नाटक के गुलबर्गा में होना तय है। श्री बसवराज पाटिल के नेतृत्व में इसकी तैयारी चल रही है। इसमें एक लाख से अधिक लोगों और पाँच हजार से अधिक संगठनों के भाग लेने की उम्मीद है। व्यवस्था परिवर्तन अभियान का तीसरा आयाम है राष्ट्रीय स्वाभिमान आंदोलन। बेलगाम राजसत्ता को अपनी आंदोलनात्मक गतिविधियों से अंकुश में रखना और उसे जनोन्मुखी नीतियों की ओर प्रेरित करना स्वाभिमान आंदोलन की मूल प्रवृत्ति है। पिछले चार वर्षों में कई ऐसे कई मुद्दे रहे हैं, जिन पर हमने आवाज उठाई, जबकि पक्ष-विपक्ष के सभी राजनीतिक दल अपने निहित स्वार्थों के कारण चुप रहे। प्राय: हमारे सक्रिय होने के बाद उन्हें भी अपना मुँह खोलना पड़ा। विगत कुछ महीनों के कामों की बात करें तो गंगा महासभा के नेतृत्व में गंगा का आंदोलन राष्ट्रीय स्वाभिमान आंदोलन के साथ आगे बढ़ा है। गौ के बारे में विविध समूह इकट्ठा होने लगे हैं। हिंदू संहति के नाम से हिंदू समाज का भला चाहने वाले बिखरे समूहों को एकत्र करके उनमें संवाद, सहमति और सहकार के आधार पर काम चल पड़ा है। स्वदेशी जागरण मंच, आजादी बचाओ आंदोलन ने मॉल कल्चर, सेज आदि के खिलाफ आंदोलन तेज किया है। इसी तरह मूल्यों और मुद्दों पर राजनीति को वापस लाने से संबंधित गतिविधियाँ भी बढ़ी हैं।

• भारतीय जनशक्ति पार्टी जैसे राजनीतिक दल के साथ तालमेल के कारण राष्ट्रीय स्वाभिमान आंदोलन अपने उद्‍देश्यों से भटक तो नहीं जाएगा?

नहीं, ऐसी बात नहीं है। चुनावी राजनीति में शामिल होकर सत्ता हासिल करना राष्ट्रीय स्वाभिमान आंदोलन का लक्ष्य नहीं है, लेकिन चुनावी राजनीति में शामिल

होनेवाले समूहों के साथ संवाद स्थापित करना और उन्हें गरीबपरस्त तथा भारतपरस्त नीतियों की ओर प्रेरित करना राष्ट्रीय स्वाभिमान आंदोलन अपना कर्तव्य मानता है। भारतीय जनशक्ति के साथ सहयोग एवं तालमेल को इसी संदर्भ में देखा जाना चाहिए। मैं राष्ट्रीय स्वाभिमान आंदोलन का संयोजक हूँ और इसी नाते भारतीय जनशक्ति के साथ अपने संबंध तय करूँगा।

• आपने हमेशा कहा है कि मैं दलगत राजनीति का हिस्सा नहीं बनूँगा। भारतीय जनशक्ति के साथ तालमेल करके क्या आप यूटर्न नहीं ले रहे हैं?

नहीं, मैं कोई यूटर्न नहीं ले रहा। मैं आज भी अपनी बात पर कायम हूँ। मैं सत्ता-सुख हासिल करने के लिए वापस राजनीति में नहीं जा रहा हूँ, बल्कि अपने कार्यों को विस्तार देने के लिए राजनीति में जा रहा हूँ। एक भारतपरस्त और गरीबपरस्त राजनीतिक शक्ति का उदय हो, यह व्यवस्था परिवर्तन के मेरे लक्ष्य के लिए जरूरी है। अब इसके लिए काम करने का समय आ गया है।

मेरी सेवाएँ केवल भारतीय जनशक्ति के लिए ही नहीं बल्कि उन तमाम दलों के लिए उपलब्ध हैं, जो 'वोट से नोट और नोट से वोट' की राजनीति में विश्वास नहीं करते। जो व्यवस्था परिवर्तन के लिए सत्ता हासिल करना चाहते हैं, मैं उनका साथ दूँगा। कुल मिलाकर अभी ऐसे तीस समूह नजर आ रहे हैं, जिन्हें वैकल्पिक राजनीति के लिए तैयार किया जा सकता है। इनमें से आधे सत्ता और दल की राजनीति के अंदर से और आधे इसके बाहर से काम कर रहे हैं। ये सभी राष्ट्रवादी ताकतें एक जगह एकत्र हों, यह समय की जरूरत है।

• व्यवस्था परिवर्तन या सार्थक सामाजिक बदलाव की दृष्टि से आपने हमेशा राजसत्ता को बहुत कम महत्त्व दिया है। अब अपने को राजनीति में झोंककर क्या आप इसे जरूरत-से-अधिक महत्त्व नहीं दे रहे हैं?

नहीं, ऐसा नहीं है। मैं आज भी मानता हूँ कि 'समाज आगे सत्ता पीछे, तब ही होगा स्वस्थ विकास।' केवल सत्ता परिवर्तन से काम नहीं चलेगा। इसलिए राजसत्ता पर काबू पाने के लिए बौद्धिक, रचनात्मक और आंदोलनात्मक प्रवृत्तियों को तो आगे बढ़ाना ही होगा। हाँ, इन सबके साथ राजनीति को मूल्यों और मुद्दों की पटरी पर तो लाना ही होगा। अगर ऐसा नहीं किया तो राजसत्ता के माध्यम से हमारी विरोधी ताकतें सब किए धरे पर पानी फेर देंगी। मैं पहले भी कहता आया हूँ कि राजसत्ता की तारक शक्ति कम लेकिन मारक शक्ति बहुत अधिक होती है। इसलिए उसे साधना बहुत जरूरी है। मैं राजनीति को उतना ही महत्त्व दूँगा, जितना जरूरी है।

मेरी राजनीतिक सक्रियता मुझे अपने अन्य कार्यों से दूर नहीं कर सकेगी। सभी को मैं यथोचित समय दूँगा।

• राष्ट्रीय स्वाभिमान आंदोलन, भारत विकास संगम और आपसे जुड़े अन्य संगठनों के कार्यकर्ताओं के बीच उमाजी की घोषणा तथा आपके निर्णय को लेकर क्या प्रतिक्रिया हुई है?

घटनाक्रम पर राष्ट्रीय स्वाभिमान आंदोलन के कई कार्यकर्ता मुझे बधाई दे रहे हैं। वे यह मानकर खुश हैं कि अखबारों के मुताबिक ही सही, मैं सत्ता और दल की राजनीति में सक्रिय हो गया हूँ। दरअसल, यह एक चिंता का पहलू है। 30 अप्रैल, 2006 को भारतीय जनशक्ति की स्थापना हुई थी। उस समय राष्ट्रीय स्वाभिमान आंदोलन के कई कार्यकर्ता उसमें जाकर शरीक हो गए। मुझे यह बात अच्छी भी नहीं लगी और बुरी भी नहीं। हाँ, राष्ट्रीय स्वाभिमान आंदोलन की जिम्मेदारियों से वे मुक्त अवश्य हो गए। राष्ट्रीय स्वाभिमान आंदोलन को सत्ता राजनीति से बाहर अनेक प्रकार के दायित्वों का निर्वहन कराना है। वे अगर सत्ता की राजनीति के मोह में पड़ जाएँगे तो वह हितकर नहीं होगा। मुझे कौटिल्य शोध संस्थान, समग्र शोध संस्थान और भारत विकास संगम के काम में लगे कार्यकर्ताओं के बारे में यह चिंता नहीं होती है। वे सब बहुत स्पष्ट हैं और अपने-अपने अधिष्ठान पर डटे हुए हैं। मेरी चिंता यह है कि राष्ट्रीय स्वाभिमान आंदोलन के कार्यकर्ता यह आग्रह न पाल लें कि जो भी होना है, सत्ता की राजनीति से ही होना है। इसके बारे में आनेवाले दिनों में अधिक विचारपूर्वक काम करना होगा।

मुझे चिंता इस बात की है कि राष्ट्रीय स्वाभिमान आंदोलन की तत्कालीन संगठनात्मक स्थितियों में इसके सभी कार्यकर्ताओं का अधिष्ठान कैसे पक्का हो, सबकी समझ कैसे पक्की बने और सब लोग संतुलन और अनुपात को ध्यान में रखकर शक्ति और समय का विनियोग कैसे कर सकें। इसी को ध्यान में रखते हुए 21 दिसंबर को राष्ट्रीय स्वाभिमान आंदोलन की बैठक रखी गई है। मैं मानता हूँ कि रास्ता नया है। उसमें बहुत प्रकार के भ्रम, सवाल और शंकाएँ उत्पन्न होंगी। हमें इन्हीं में से रास्ता निकालना पड़ेगा।

• भविष्य की राजनीति के बारे में क्या आपने कोई कार्ययोजना तैयार की है?

कोशिश करूँगा कि हम प्रतिस्पर्धात्मक राजनीति की बजाय सहयोगात्मक राजनीति की कार्य-संस्कृति उपजा सकें। हर दल के सही लोग अपने-अपने दल में भी

सही दृष्टि का आग्रह रखें और आपस में संवाद करें, इसके लिए वातावरण बनाने का प्रयास करूँगा।

आगे की राजनीति की बहुत बड़ी चुनौती यह है कि वैज्ञानिक कार्यशैली का विकास हो। वह कैसे होगा, कितना होगा, यह तो भविष्य के गर्भ में है। चिंतन की दिशा में सफलता आसान है। चरित्र की दिशा में सफलता बहुत कठिन है। आप जानते ही होंगे कि 1934 में गांधीजी ने कांग्रेस की प्राथमिक सदस्यता छोड़ दी थी। परंतु स्वतंत्रता आंदोलन में उनका सहयोग कांग्रेस के लिए भरपूर रहा और मार्गदर्शन भी। वह भी एक तरीका हो सकता है।

• तो आप खुद को गांधी की भूमिका में देखते हैं ?

गांधी के समान मैं बड़ा तो नहीं हूँ। पर मुझे लगता है कि कार्यपद्धति की दृष्टि से उनका तरीका भी अपनाया जा सकता है। इस बारे में मैं सबसे परामर्श करूँगा। क्या-क्या स्थितियाँ बनती हैं, यह भी देखना होगा। इन सारी स्थितियों में मैं मानता हूँ कि सही दिशा में आशा के साथ आगे बढ़ा जाए। सबकुछ एक झटके में हासिल हो जाएगा, यह सोचना जल्दबाजी होगी। आगे का समय बहुत उथल-पुथल भरा है। सन् 2009 के अंत तक क्षितिज कुछ साफ दिखने लगेगा। तब तक बहुत धैर्यपूर्वक काम करने की जरूरत है।

—भारतीय पक्ष, दिसंबर 2008

□

'देश को सार्थक विपक्ष चाहिए'

के.एन. गोविंदाचार्य की गिनती जहाँ एक ओर देश के तेज-तर्रार राजनीतिज्ञों में की जाती है, तो वहीं उनकी छवि एक चिंतक, विचारक एवं आंदोलनकारी की भी है। दलगत राजनीति से मुक्त होने के बाद उन्होंने सामाजिक जीवन के विविध क्षेत्रों में अपनी छाप छोड़ी है। पिछले दिनों भारतीय पक्ष की ओर से विमल कुमार सिंह और विवेक त्यागी ने उनसे एक लंबी बातचीत की। उसके प्रमुख अंश—

• अध्ययन अवकाश के बाद अब तक लगभग ग्यारह वर्ष बीते हैं। उनके बारे में आपका क्या आकलन है?

अध्ययन अवकाश के दौरान मैं जिन निष्कर्षों पर पहुँचा, उनकी उत्तरोत्तर पुष्टि हो रही है। पिछले 10-12 वर्षों में अंधाधुंध वैश्वीकरण की भयावहता साफ तौर पर रेखांकित हुई है। भूमि अधिग्रहण के मामले में सरकारें बड़ी कंपनियों की एजेंट बन गई हैं। जगह-जगह भूमि से संबंधित संघर्ष बढ़ रहे हैं। प्राकृतिक संसाधनों पर निर्भर रहनेवालों की जिंदगी दूभर होती लग रही है। छत्तीसगढ़ में बड़े-बड़े उद्योग समूहों और खदान मालिकों के पक्ष में सारा तंत्र अब काम करता दिखाई पड़ रहा है। उसके कारण सत्ता और जनता का रिश्ता टूट गया है। सत्ता संचालन करनेवाले सभी दल एक से लगने लगे हैं। सत्ता पक्ष-विपक्ष का भेद लुप्त हो गया है। जो डेमोक्रेटिक सेट अप कभी ऑफ द पीपुल, बाइ द पीपुल और फॉर द पीपुल हुआ करता था, वह अब ऑफ द कॉरपोरेट्स, बाइ द कॉरपोरेट्स और फॉर द कॉरपोरेट्स बन गया है। आज अपराध और भ्रष्टाचार का भी वैश्वीकरण हो गया है। चाहे आतंकवाद का विषय हो या हवाला से पैसे बाहर जाने का विषय हो, सब चीजें अब खुलकर सामने आने लगी हैं।

• लेकिन वैश्वीकरण के कारण गरीबी घटी है, लोगों के जीवन-स्तर में सुधार आया है।

मैं ऐसा नहीं मानता। छोटे-मोटे अपवादों को यदि छोड़ दें तो ग्रामीण गरीबी नहीं घटी है। विस्थापन-पलायन बढ़ा है। प्राकृतिक साधनों से लोग और वंचित हुए। अब नदियाँ और तालाब भी कंपनियों की मिल्कीयत हो चले हैं। सार्वजनिक उपयोग की जमीनें अधिगृहीत की जा रही हैं। कुछ हद तक शहरी गरीबी घटी है, लेकिन उसके बदले अपराध, बेरोजगारी और अपसंस्कृति का प्रभाव बढ़ा है। अब शहरों में सब जगह पर एक अजब ढंग का मूल्य क्षरण, अजब ढंग का उपभोक्तावाद, एक एमदम अभारतीय ढंग के जीवन-मूल्य पनप रहे हैं। गैर-बराबरी तेजी से बढ़ रही है। कुछ लोग 7 हजार करोड़ रुपए का मकान बनाने की सोचने लगे हैं तो वहीं आज भी देश में कपड़े की औसत खपत 14 मीटर ही है। महँगाई बढ़ने के कारण तनख्वाह का कुछ पता नहीं चलता। आम आदमी जितना आज से 15 साल पहले जिंदगी की कश्मकश में कष्ट पा रहा था, उससे ज्यादा कश्मकश की स्थितियों में आज पड़ा हुआ है। रास्ते सिमटते जा रहे हैं। इसके कारण असुरक्षा, तनाव और हिंसा समाज में बढ़ी हुई दिखती है। परिवार और समाज के रूप में पहले जो शॉक एब्जार्बर्स थे, वे कमजोर पड़ते नजर आ रहे हैं। मोटे तौर पर मेरे अध्ययन के जो निष्कर्ष थे, वे अब और ज्यादा विकृत रूप में सामने आने लगे हैं। इसके पचासों उदाहरण दिए जा सकते हैं। एक-एक पहलू के बारे में ही एक-एक किताब लिखी जा सकती है। ऐसी स्थिति बन गई है।

• वैश्वीकरण की आँधी से कैसे निपटा जा सकता है? क्या हम सँभल पाएँगे?

अध्ययन अवकाश के दौरान मैंने कहा था कि भारतीय समाज राजसत्ता पर निर्भर नहीं है। इसीलिए राजसत्ता के प्रतिकूल होने के बाद भी वह बचा हुआ है। पिछले 12 साल में यह बात भी धीरे-धीरे सिद्ध हुई है। पश्चिमी देशों की तरह हमारे यहाँ सामाजिक सुरक्षा का कोई नेटवर्क नहीं है, पी.डी.एस. सिस्टम कहीं कुछ दिखता नहीं है। मनरेगा के द्वारा जो हो रहा है, उसकी क्या हालत है, सभी जानते हैं। इसलिए वैश्वीकरण की विभीषिका से लड़ने में सरकार से कोई मदद नहीं मिलेगी। यह लड़ाई भारत का समाज अपने दम पर लड़ेगा और विजयी होगा। आज यदि भारतीय समाज तमाम मुश्किलों के बीच भी टिका हुआ है तो वह राजसत्ता या राजनेताओं के कारण नहीं, बल्कि उनके बावजूद टिका हुआ है। राजसत्ता के लुटेरों

को भी पीठ पर लादकर, उनका भी खाना-खर्च सँभालते हुए समाज चल रहा है, आगे बढ़ रहा है। हमें यदि अपना भविष्य सुरक्षित रखना है तो अपनी सामाजिक पूँजी और सांस्कृतिक परंपराओं को मजबूत बनाना होगा, यही देश की ताकत है।

राष्ट्रीय पुनर्निर्माण के तीन प्रमुख स्तंभ हैं—बौद्धिक, रचनात्मक एवं आंदोलनात्मक। तीनों पर बराबर ध्यान देना होगा। तीनों कामों को वेणी की तरह गूँथते चलना होगा। सज्जनशक्ति को इकट्ठा होना होगा। कोई किसी भी विचारधारा से प्रेरित हो, यदि वह गरीबों के हक और हित में काम कर रहा है, देशी सोच और विकेंद्रीकण का पक्षधर है तथा अहिंसा में यकीन रखता है, उसे सज्जनशक्ति का अंग माना जाना चाहिए।

• वैचारिक धरातल से आगे आपकी जमीनी स्तर पर क्या उपलब्धियाँ रही हैं?

दीर्घकालिक महत्त्व की वैचारिक स्पष्टता को जन-जन तक पहुँचाने के साथ हमने तात्कालिक महत्त्व के विभिन्न मुद्दे भी उठाए। ये मुद्दे जनस्वीकृत हुए हैं, ऐसा भी कहा जा सकता है। 2004 में आकस्मिक रूप से विदेशी मूल का मुद्दा आ गया था। लोगों के समर्थन और भगवत् कृपा से हम सफल रहे। श्रीमती सोनिया गांधी की जगह मनमोहन सिंह प्रधानमंत्री बने। इसी के साथ राष्ट्रीय स्वाभिमान आंदोलन का जन्म हुआ, जो राजसत्ता को अंकुश में रखने के लिए आज भी सक्रिय है।

देश के विविध रचनात्मक कार्यों को जोड़ने का हमने जो सिलसिला प्रारंभ किया, उसका साकार रूप नवंबर, 2004 में वाराणसी के पास भारत विकास संगम के पहले संगम में दिखाई दिया। उस आयोजन से एक आशा का संचार शुरू हुआ। लोगों को लगा कि सबकुछ गड़बड़ नहीं हो गया है। आज भी बहुत से अच्छे लोग हैं, वे बहुत अच्छे काम कर रहे हैं। सबको भारत विकास संगम के माध्यम से एक व्यापक लक्ष्य भी दिखा और विश्वरूप दर्शन भी हुआ। थोड़ा सा आत्मविश्वास भी बढ़ा। तब लगा कि नहीं, विचारधारा कोई भी हो, अच्छे लोग हर जगह हैं। यह भी प्रतिपादित हुआ।

फिर हम लोग थोड़ा सा आगे बढ़े तो विचारधारा के स्तर पर भी जो लोग थे उनके साथ मिलकर भारतपरस्त, गरीबपरस्त नीतियों के पक्ष में काम होना चाहिए, समाज का भारतीय दृष्टि से अध्ययन होना चाहिए। हम अगर सामाजिक पूँजी और सांस्कृतिक परंपराओं की बात करते हैं तो उसका क्या स्वरूप होगा? हम भारत की अपनी अस्मिता की बात करते हैं तो वह क्या होगी? इन्हीं सवालों का जवाब

देने के लिए कौटिल्य शोध संस्थान की ओर से दो पुस्तकें प्रकाशित हुईं। सेंटर फॉर पॉलिसी स्टडीज की ओर से 'सनातन भारत जाग्रत् भारत' और 'अन्नं बहु कुर्वीत' का संस्करण भी अपने काम आया। इसी श्रृंखला में हम लोगों ने 'भारतीय पक्ष' की शुरुआत की थी। इससे हमने साबित किया कि बहुत साफ-सुथरी और समाज के लिए संवेदनशील तथा विविध आयामों को स्पर्श करनेवाली पत्रिकाएँ निकाली जा सकती हैं।

कौटिल्य शोध संस्थान का काम करते हुए हमारे सामने गौ का विषय आया। तब 2006-07 में विश्व गौ सम्मेलन वाला विषय चला था। उसी दौरान बिहार में अलख यात्रा चली थी। इन दिनों के माध्यम से थोड़ी-बहुत व्यवस्था परिवर्तन की चर्चा चल पड़ी। साथ ही यह बात भी रेखांकित हुई कि भारत में सही मायने में विकास का आधार गौ हो सकती है। फिर जमीन, जल, जंगल, जानवर और जन, इनकी भी बात आगे बढ़ती गई। यह सब करते हुए हमारा मूल चिंतन रहा—'समाज आगे, सत्ता पीछे, तभी होगा स्वस्थ विकास', 'थिंक ग्लोबली ऐक्ट लोकली', 'हमारा जिला हमारी दुनिया', 'हमारा गाँव हमारा देश सबको भोजन सबको काम'। जो लोग हमसे जुड़े उनकी भी इन बातों पर समझ बनती गई। जब हमने विदर्भ के किसानों की आत्महत्या के विषय को उठाया, तब उसमें से गाँव, गाय और गरीब इन तीनों की मुक्ति सामने आई।

2007-08 में बौद्धिक, रचनात्मक और आंदोलनात्मक कामों की स्वतंत्र सांगठनिक संरचनाएँ आकार लेने लगीं और उनमें मेरी जगह पर काम करने के लिए मुझसे भी ज्यादा अच्छे लोग मिलते गए। फिर और आगे गाड़ी बढ़ी तो हम कह सकते हैं कि उस महत्त्वपूर्ण पड़ाव में नोटा (सभी चुनावी प्रत्याशियों को नकारना) वाला कैंपेन उपयोगी साबित हुआ। चुनावी सुधार की बात को हम रजिस्टर करवा पाए। राष्ट्रीय स्वाभिमान आंदोलन के माध्यम से हमने ग्राम सभाओं को केंद्रीय बजट का 7 प्रतिशत दिए जाने की बात भी पुरजोर तरीके से रखी।

• आप प्राय: व्यवस्था परिवर्तन की बात करते हैं। उस दिशा में क्या कोई ठोस प्रयास हुए हैं?

गंगा का, गौ का, चुनाव-सुधार का और भ्रष्टाचार का, इनमें से हरेक मुद्दे की यह खासियत है कि यदि कोई इन मुद्दों को हल करने जाएगा तो उसे व्यवस्था परिवर्तन तक जाना पड़ेगा। नीतियों में बहुत बदलाव करना पड़ेगा। इन चारों मुद्दों के मूल में देशी सोच और विकेंद्रीकरण का पहलू समाया हुआ है। हम अविरल

गंगा निर्मल गंगा की बात करते हैं, लेकिन गंगा अंततः निर्मल और अविरल तभी हो पाएगी, जब देश की कृषि नीति, सिंचाई नीति, परिवहन नीति, ऊर्जा नीति, पर्यावरण नीति, ये सब गंगा के अनुकूल बने। तो उसी में से बात आई कि गंगा के प्रवाह में जब तक उसका 70 प्रतिशत जल न रहे, तब तक गंगा जी न अविरल रहेंगी और न निर्मल रह पाएँगी। इसी तरह से गौ की बात आई तो गौ माता भी तभी बचेंगी, जब साँड़ और बैल रहेंगे, तो मशीनी कृषि और रासायनिक कृषि के रहते गौ माता कैसे बचें। इसके लिए भी परिवहन नीति, ऊर्जा नीति, सिंचाई नीति, कृषि नीति सबमें बदल करनी पड़ेगी। यह सब बिना विकेंद्रीकरण के संभव नहीं। यह समझने की बात है कि गाँव के बगैर वैसी कृषि नहीं हो पाएगी, जैसी हम चाहते हैं। ग्रीन रिवॉल्यूशन ने कई भ्रम फैलाए हैं, जैसे कि बड़ी जोत से ज्यादा उत्पादन होता है, छोटी जोत से कम। यह गलत है। भारत विकास संगम के अलग-अलग प्रयासों और प्रयोगों के परिणामस्वरूप अब आग्रहपूर्वक अनुभव से कहा जा सकता है कि बड़ी जोत की तुलना में छोटी जोत का उत्पादन ज्यादा होता है। जैविक/प्राकृतिक कृषि के तरीके अपनाते हुए कम पूँजी कम लागत की बहुफसली खेती ज्यादा लाभप्रद है, यह सब अब स्पष्ट हो चला है।

• ऐसा लगता है कि आप शहरीकरण के खिलाफ हैं?

हमारे नीति-निर्धारकों को लगता है कि किसानों की बजाय कॉरपोरेट घराने अच्छी खेती कर सकते हैं। इसलिए वे गाँव से लोगों को विमुख कर शहरों की ओर धकेल रहे हैं। गाँव की कीमत पर शहरीकरण की प्रवृत्ति दिखाई देती है। मैं इसके खिलाफ हूँ। भारत की संपूर्ण जनसंख्या को शहरों में बसाया नहीं जा सकता। 2050 तक देश में 150 करोड़ लोग होंगे, कुछ भी कर लिया जाए तो उनमें से 75 करोड़ लोग फिर भी गाँव में रह जाएँगे। और वह भी तब, जब अमेरिका घट रहा है, यूरोप घट रहा है। 150 वर्षों की उनकी अर्थव्यवस्था अब एक चरम पर पहुँचकर रास्ता नहीं खोज पा रही है। अंधी गली के मोड़ पर सब पहुँच गए हैं। ऐसी स्थिति में उनमें पिटे-पिटाए असफल रास्तों पर भारत को चलाने की कोशिश भारत के नीति-निर्धारकों की वैचारिक गुलामी नहीं तो और क्या है।

• विकास को आप कैसे परिभाषित करना चाहेंगे? आपके लिए विकास का क्या पैमाना है?

हमारे लिए विकास मानवकेंद्रित नहीं, प्रकृतिकेंद्रित अवधारणा है। जी.डी.पी. ग्रोथ रेट को विकास का पैमाना नहीं माना जा सकता। जमीन, जल, जंगल, जानवर

और जल का परस्पर संपुष्टीकरण ही हमारे लिए विकास का पैमाना होगा। केवल पैसा विकास का सूत्र नहीं हो सकता। इसमें से हैपीनेस इंडेक्स की बात आई, जिसमें पैसे के साथ अन्य कई कारकों को सुख से जोड़कर देखा गया।

• गौ, गंगा, चुनाव-सुधार और साथ में भ्रष्टाचार जैसे मुद्दों पर देश में कई और भी व्यक्ति एवं संगठन काम कर रहे हैं। आप स्वयं को सबके बीच कैसे आँकते हैं ?

आज गौ, गंगा, चुनाव–सुधार और भ्रष्टाचार के मुद्दे जन स्वीकृत मुद्दे बन गए हैं। जनस्वीकृत मुद्दे न किसी जात–जमात के हैं, न किसी संगठन या किसी पार्टी विशेष के होते हैं। हमारे लिए आगे बढ़ने का सूत्र है साहस, पहल, प्रयोग। देश की तमाम सज्जनशक्तियों के साथ संवाद, सहमति और सहकार के रास्ते हमें व्यवस्था परिवर्तन की ओर जाना है। हमें समाज की ताकत पर भरोसा है। इस संदर्भ में 2010 के अंत का गुलबर्गा सम्मेलन हमारे लिए बहुत महत्त्वपूर्ण सिद्ध हुआ। इसके बाद लोगों में और भरोसा बना है, विश्वास बना है। अच्छे लोगों में भी एक–दूसरे को सराहने की अब अच्छी स्थितियाँ बनी हैं। हम ही नहीं, और लोग भी बहुत कुछ कर रहे हैं, कई लोग तो हमसे भी अच्छा कर रहे हैं, यह दृश्य अब दिखने लगा है।

मैं कह सकता हूँ कि मेरी पिछले 10–12 वर्षों की जीवनयात्रा बहुत ही सुसंगत तरीके से आगे बढ़ी है। मैं वह सब कर पा रहा हूँ, जो मैं करना चाहता हूँ। मेरे मन में कोई अकुलाहट नहीं है। बुनियादी कामों में समय लगता है, मैं यह अच्छी तरह जानता हूँ। हमने अपना सारा काम लगभग शून्य से ही शुरू किया है, जिन पहलुओं पर काम करना शुरू किया, वे सब नए थे। लेकिन सब काम सही ढंग से चल पड़े हैं, यह संतोष का विषय है। हाँ, मित्रों का वलय, समाज की सदीक्षा, खुद की साख और जीवन के अनुभवों ने रास्ता तलाशने और आगे बढ़ने में मदद की। यही सब पूँजी के नाते काम आई है। जितना कुछ हो पाया है, उसका आधार मानवीय संबंध ही रहा है।

• देश के सामने चुनौतियाँ बहुत बड़ी हैं। क्या आपको नहीं लगता कि प्रयासों में और तेजी तथा सघनता की जरूरत है ?

हाँ, मैं मानता हूँ। इसमें क्या है कि एक निश्चित आकार लेने तक कठिनाइयाँ रहती हैं। एक बार क्रिटिकल मास तक स्थितियाँ पहुँचती हैं तो फिर उन्हें बढ़ाने या तेज करने में उतनी परेशानी नहीं होती है। इसके साथ मैं इस बात पर भी ध्यान आकृष्ट करना चाहूँगा कि हम ही सब कर रहे हैं या कर सकते हैं, ऐसे अहंकार

की भी जरूरत नहीं है। मैं मानता हूँ कि सज्जनशक्ति की जो राष्ट्रव्यापी टीम है, हम उसके एक सदस्य हैं। टीम के सदस्य के रूप में हम ही गोल करें, यह जरूरी नहीं है। पास देने से भी अगर एक गोल हो जाए तो भी बढ़िया है, टीम तो जीतेगी।

हम लोगों ने 2006 से भ्रष्टाचार और विदेशों में जमा अवैध धन के बारे में आंदोलन शुरू किया। 2007 में औरों ने भी इस आंदोलन पर बोलना शुरू किया। वही बातें आगे बढ़ते-बढ़ते बाबा रामदेवजी के माध्यम से लाखों-करोड़ों लोगों तक चली गईं। इधर अरविंद केजरीवाल, अन्ना हजारे आदि के माध्यम से इस विषय के नए आयाम सामने आए हैं। देश के कोने-कोने में लोगों ने भ्रष्टाचार के प्रतीकों पर हमले शुरू कर दिए, जिसमें किसी ने आदर्श घोटाले की पोल खोली तो किसी ने और किसी घोटाले का भंडाफोड़ किया। कुछ लोग इसमें शहीद भी हुए। सब मिलाकर देखेंगे तो इन सबके कारण एक माहौल बना है। अगर ऐसा हुआ है तो यह सुखद बात है। किसी एक व्यक्ति या समूह द्वारा इसका श्रेय लेने की बात नहीं है। इसकी कोई जरूरत नहीं है। वास्तविकता यह है कि शुरुआत होने के बाद बहुत लोगों द्वारा उठाए जाने के कारण भ्रष्टाचार जनस्वीकृत मुद्दा बन गया है।

• गंगा महासभा के माध्यम से आपने गंगा जी का जो मुद्दा उठाया, उसके बारे में हमें बताएँ।

गंगा महासभा का एक छोटा सा प्रयास अविरल गंगा और निर्मल गंगा के मुद्दे पर शुरू हुआ, जिसमें सुदर्शनजी और जगद्गुरु शंकराचार्य स्वरूपानंदजी सहित विविध धाराओं के कई लोग एक मंच पर हरिद्वार में एकत्र हुए थे। गंगा में टिहरी बाँध बन जाने के बाद गंगा का विषय लगभग ठंडा हो गया था, लोग भूल से गए थे उस विषय को। गंगा महासभा के गठन के बाद गंगा के विषय को सभी ने उठाया। गंगा रक्षा मंच भी बन गया, गंगा आह्वान भी बन गया, गंगा सेवा अभियान भी बन गया, इस सबको मिला-जुलाकर एक अच्छा प्रभाव हुआ। आज बीसियों संगठन हैं। कुछ स्थानिक हैं, कुछ प्रादेशिक हैं, कुछ सार्वदेशिक हैं। संत-महात्मा भी अपने-अपने ढंग से इन बातों को कहने लगे हैं कि अब गंगा जी का विषय केवल गंगा महासभा का विषय नहीं है। गंगा के प्रवाह के और उनकी पूरक नदियों के सारे क्षेत्र में अब कहीं भी किसी भी क्षेत्र में जाइए तो लोग मिल जाते हैं, जो कहते हैं कि गंगा जी के काम में हमको जो कहिए, हम तैयार हैं, जब कभी सत्याग्रह की बात हो, कहिए, हम तैयार हैं।

गंगा महासभा की ओर से 'गंगा संस्कृति प्रवाह यात्रा' आयोजित की गई

थी। गंगासागर से हरिद्वार तक की इस यात्रा ने सबका ध्यान खींचा। साधनों का घोर अभाव था। कई जगह पर शाम की आरती होने के लिए भी साधन जुटाने में परेशानियाँ आईं, कठिनाइयाँ आईं। लेकिन यात्रा सफलतापूर्वक पूरी हो गई। क्योंकि मुद्दा सही था। इस मुद्दे की अपनी ताकत थी। साथ में मुद्दा उठानेवालों की नीयत सही थी। कोई नेतागिरी चमकाने का विषय ही नहीं था तो उसका मानक ही ऐसा बन गया कि 'नेतृत्व गंगा मैया का, सान्निध्य संतों का, आह्वान गंगा महासभा का।' इसके नाते खुद को पीछे रखकर बाकी सबको जोड़ लेने की स्थितियाँ बनती गईं। अभी हाल में ही संत निगमानंदजी के बलिदान ने गंगा के विषय को पूरी दुनिया में पहुँचा दिया है।

गंगा जी के साथ दूसरी नदियों का भी अब प्रश्न उठने लगा है। मुझे याद है कि 15 साल पहले नदियों को जीवंत न मानकर उन्हें केवल संसाधन माना जाता था। एक अविचारित और विचारहीन प्रयोग के नाते कुछ लोग नदियों को जोड़ने का भी ख्वाब देख रहे थे। लोग भूल गए थे कि नदियों की अपनी भी मान्यता है, अपना अस्तित्व है, अपनी जीवंतता है। इसलिए नदियों में 70 फीसदी पानी वहाँ–का–वहाँ कैसे रहे, नदियों की जमीन ठीक से डीमार्केट होनी चाहिए। अब ये बातें कोर्ट के माध्यम से भी सामने आने लगी हैं। तो यह जो प्रकृति की पवित्रता है, अब इसकी गूँज सब जगह होने लगी है। विकास की जो 150–200 वर्ष पुरानी घिसी–पिटी सोच है, अब उस सोच पर सवालिया निशान लगने लगा है, जो पहले नहीं हो पाता था। पहले केवल चंद पर्यावरणविद् होते थे। अब विज्ञान और आस्था दोनों का ठीक–ठीक संगम हो चला है। विकास के संदर्भ में यह बहुत शुभ घटित हुआ है। वैसे ही गौ माता के बारे में, भ्रष्टाचार के बारे में भी बात आगे बढ़ी है। लोग मानने लगे हैं कि यह एक नैतिक मुद्दा है, जिसे राजनैतिक स्तर पर लड़े जाने की जरूरत है।

• भ्रष्टाचार के खिलाफ पूरे देश में माहौल बना है। क्या हम मानें कि देश अब भ्रष्टाचार मुक्त हो जाएगा?

भ्रष्टाचार नैतिकता से जुड़ा मुद्दा है। भ्रष्टाचार के खात्मे के लिए मानस–परिवर्तन जरूरी है। जब संपूर्ण समाज की सोच पैसे और उपभोग से हटकर, कामोन्माद और लाभोन्माद से हटकर जीवन को समग्र रूप से जीने की आकांक्षा से जुड़ेगी, भौतिक और अभौतिक दोनों प्रकार के लक्ष्यों में संतुलन की स्थिति नहीं होगी, तब तक भ्रष्टाचार से लड़ाई पूरी तरह सफल नहीं होगी। इस विषय में छोटे–छोटे कदम, चाहे वे लोकपाल के रूप में हों या विदेशों में जमा अवैध धन

को वापस लाने के प्रयासों के रूप में हों, या फिर इसमें कसूरवार लोगों को कठोर दंड देने की बात हो, ये तीनों आयाम भ्रष्टाचार समाप्ति के व्यापक परिप्रेक्ष्य में छोटे लेकिन महत्त्वपूर्ण उपक्रम साबित होंगे। ये सब माँगें सही हैं। इनकी अपनी ताकत के आधार पर अब जागृति होने लगी है। यह एक सुखद पहलू है।

• आंदोलनात्मक मुद्दे पर काम कर रहे व्यक्तियों और संगठनों के बीच तालमेल बढ़ाने की क्या आपकी ओर से कोई कोशिश हुई है ?

जैसे भारत विकास संगम ने रचनात्मक कार्य करनेवालों को जुटाया है, वैसे ही राष्ट्रीय स्वाभिमान आंदोलन ने आंदोलनात्मक समूहों को इकट्ठा करने की कोशिश की है। उसी दिशा में एक प्रयास राजनैतिक समूहों को इकट्ठा करने के रूप में भी हुआ है। 25 जून को 'लोकतंत्र बचाओ मोर्चा' भी बनाया गया है। अब जरूरत है कि उसका एक पोलिटिकल और इकोनॉमिक एजेंडा बने तथा उस पर सबके बीच सहमति बने। लोग वैचारिक छुआ-छूत से कैसे मुक्त हों, एकजुट होकर सबका संघर्ष का मोर्चा कैसे बने, इस दिशा में भी प्रयास चल रहा है। प्रारंभ में तो स्वाभाविक है कि जो समान विचार समान धर्मा लोग हैं, उनको एकज़ुट करने में थोड़ी सहूलियत है। उससे आगे बढ़ते हैं तो सहमना लोगों को जोड़ रहे हैं। उससे आगे बढ़ रहे हैं तो समभाव के लोगों को जोड़ रहे हैं। उसके बाद जब हम आगे बढ़ रहे हैं तो वे लोग मिलते हैं, जो हमें समाज के लिए नुकसानदेह मानते हैं। ऐसे लोगों से भी मुद्दे के आधार पर थोड़ा संवाद हो और थोड़ी समझ बने, इसके लिए हम ही लोग पहल कर रहे हैं। हमारा कहना है कि ठीक है भाई, आप हमारे बारे में ऐसा सोचते हैं तो ठीक है, मगर मुद्दों के बारे में तो मिलकर काम करें। कुछ लोग कहते हैं कि आप दूरी बनाकर रखिए और मुद्दों पर समर्थन करिए। मैं ऐसा ही करता हूँ। पिछले दिनों अण्णा हजारे के लोगों से हमारी बात हुई थी तो उनका यह कहना है कि आपके और हमारे समर्थक अलग-अलग हैं। यदि हम एक साथ मंच पर दिखे तो दोनों के समर्थक घट जाएँगे। अपने-अपने समर्थकों के साथ हमें दूरी बनाकर चलना चाहिए। मैंने कहा, ठीक है।

सामनेवाले की नीयत पर शक न करना और मुद्दे की ताकत पर भरोसा रखना हमारा सिद्धांत है। 'संवाद सहमति सहकार' की कार्यशैली के तहत हम अपनी नीयत की ईमानदारी के साथ बातचीत करते हैं। जहाँ तक सहमति बने, सहमति की ओर जाते हैं। सहमति के बाद जहाँ तक सहकार की स्थिति बने, सहकार करने का प्रयास करते हैं। दूसरे सहकार कर रहे हैं या नहीं कर रहे हैं, हम इसकी परवाह नहीं

करते। दूसरे ही नेतृत्व हथिया लें तो हथिया लें। हम लोगों को इसका गिला-शिकवा नहीं होता। सबको जोड़ने के लिए खुद छोटे हो जाएँ तो क्या हर्ज है और सबके दरवाजे पर हम ही को जाना पड़े तो हम तत्पर रहेंगे। मेरे लिए सबसे बड़ी चीज है उद्देश्य की एकता।

• बाबा रामदेव के साथ तालमेल की क्या स्थिति है?

बाबा रामदेव जी ने अपनी इच्छानुसार जितना संवाद रखना चाहा, हमने संवाद रखा, क्योंकि मुद्दों के बारे में मैं मानता हूँ कि वे भी आगे बढ़े हैं और स्वाभाविक तौर पर उनकी व्यापकता एवं स्वीकृति ज्यादा थी। स्वाभाविक था कि हम उनका सहयोग करते। मोटे तौर पर जनवरी महीने से लेकर अप्रैल महीने तक उन्होंने अधिक-से-अधिक निकट रहकर सहयोग करने को कहा। उसी आधार पर 27 फरवरी को मैं उनकी रैली में था। मार्च में नागपुर और गोवा की रैली में भी उनके साथ था। 5 से 12 अप्रैल तक हरिद्वार में उनके चिंतन सत्र के संचालन में भी सहयोग करता रहा। बाद में उन्हें ऐसा लगा कि सरकार से वार्त्ता सिरे चढ़ने वाली है, ऐसे में कहीं मेरे कारण राजनैतिक या 'सांप्रदायिक' पहलू अनावश्यक अड़चन न बने। जब रामदेवजी को ऐसा लगा तो मैंने दूर से या पीछे से समर्थन करना उचित समझा। मुझे आपत्ति किसी बात की क्यों होती। हमने कहा, मुद्दा हल होना चाहिए। अगर हमारे नजदीक रहने से मुद्दा हल होता है तो वह अच्छा और अगर हमारे दूर रहने से मुद्दा हल होता है तो वह और भी अच्छा। फलतः अप्रैल के बाद और 2 जून तक उन्हें मुझसे संवाद की न तो आवश्यकता थी और न ही उपयोगिता थी; और 4 जून का विषय तो पूरे देश का ऐसा विषय है, जिसकी जितनी निंदा की जाए, कम है। क्या लोकतांत्रिक तरीके से काम करनेवालों के साथ मदांध सरकार ऐसा बर्बर व्यवहार करेगी!

जून महीने के अंत में मैं फिर उनसे मिला। हम जो कर रहे हैं, उनको बताया। बातचीत में यह ध्यान आया कि अभी बाबा रामदेव जी की आगे की कार्ययोजना स्पष्ट होनी है। लेकिन 4 जून को भ्रष्टाचार का आंदोलन जहाँ छूटा हुआ था, हमने उसको वहीं से आगे बढ़ाया। शांत आंदोलनकारियों पर सरकार द्वारा किए गए अत्याचार के खिलाफ 18 जून को हमने मौन जुलूस निकाला और गिरफ्तारी दी। बाकी राष्ट्रीय स्वाभिमान आंदोलन के माध्यम से इन विषयों पर हम यथावत् सक्रिय हैं। अण्णा हजारे के इंडिया अगेंस्ट करप्शन के लोग हों या भारत स्वाभिमान के, बाबा रामदेव जी के लोग हों, उनसे हम सार्थक संवाद की स्थिति में हैं। संवाद,

सहमति और सहकार के रास्ते पर हम तो चलेंगे और इसमें जितना वे सहयोग चाहें, हम अपनी शक्ति भर उनको सहयोग भी करेंगे। यहाँ मैं कहना चाहूँगा कि हम संयुक्त आंदोलन के पक्षपाती हैं, किसी एक बैनर तले आंदोलन के नहीं। हम चाहते हैं कि सबको मिलाकर एक संघर्ष समिति बने। इससे आंदोलन को ज्यादा ताकत मिलेगी। सब एक के अधीन हों या सर्वोपरिता को ही स्वीकार करें, यह जरूरी नहीं है। भ्रष्टाचार के खिलाफ लड़ाई में साझा मंच, साझा नेतृत्व, साझा कार्यक्रम ही आंदोलन की ताकत को बढ़ाएँगे, ऐसा मेरा अनुभव है।

• चाहे अण्णा हों या बाबा रामदेव, दोनों व्यवस्था को तो दोष देते हैं, लेकिन व्यवस्था के शीर्ष पर बैठे लोगों के बारे में कुछ नहीं बोलते हैं। उन पर सीधे आरोप लगाने से बचते हैं। बिना शीर्ष पर बैठे लोगों पर आरोप लगाए या उनसे लोहा लिये, वे व्यवस्था परिवर्तन की लड़ाई कैसे लड़ सकते हैं?

लोग इसको रणनीतिक बुद्धिमत्ता कह सकते हैं। लेकिन मैं इसे साहस का अभाव भर मानता हूँ। और मैं ऐसा मानता हूँ कि भ्रष्टाचार की चर्चा भ्रष्ट लोगों की चर्चा के बगैर कैसे संभव है। हमेशा ही भ्रष्टाचार के खिलाफ की लड़ाई तो सत्ता शीर्ष से ही हो सकती है। सत्ता शीर्ष पर अगर लोग भ्रष्ट हैं तो उनके खिलाफ बोलना ही पड़ेगा। भ्रष्टाचारियों के बारे में चुप्पी साधना भ्रष्टाचार में हाथ बँटाना ही हुआ। इसलिए सत्ताधीशों के खिलाफ मुखर और सक्रिय विरोध के बगैर यह लड़ाई सिरे नहीं चढ़ सकती।

• क्या आपको लगता है कि 4 जून की घटना के बाद कोई मुखर विरोध करने का साहस कर पाएगा?

मेरा खयाल है कि जनता तो मुखर विरोध के लिए तैयार है। यह तो नेतृत्व को तय करना है कि वे बचकर चलना चाहते हैं या मुठभेड़ करना चाहते हैं।

मैं हमेशा मानता हूँ कि नेतृत्व तो हमेशा आगे से होता है और स्वयं सक्रिय होना पड़ता है। जैसे मुझे अच्छा लगा, जब अरविंद केजरीवाल आदि ने लोकपाल के मुद्दे पर सीधे जनता के बीच जाने का फैसला किया। यह सुखद है, यह सही बात है। लोकतांत्रिक तरीके से ही क्यों न हो, जनसामान्य को समझाने के लिए उनके बीच जाना आवश्यक है। और इसमें स्वाभाविक है कि सत्ता पक्ष की ओर से विरोध होगा, प्रताड़ना होगी। उसको सहने का साहस और ताकत दिखानी ही पड़ेगी। ऐसे ही सबको करना पड़ेगा। सत्याग्रह की ताकत का स्वाभाविक अंश है—कष्ट, सहिष्णुता और निर्भीकता।

• जनता में जाने की जहाँ तक बात है तो राहुल गांधी भी तो जनता में जा रहे हैं, उनका स्वागत भी बहुत हो रहा है।

हाँ, सही है। लेकिन उनका जाना स्वयं में अस्पष्ट है। राहुल गांधी जैसे उत्तर प्रदेश के भट्टा परसौल आदि गाँवों में गए, उसी प्रकार उन्हें बगल में हरियाणा में भी जाना चाहिए। उनको राजस्थान में भी जाना चाहिए। समस्याएँ केवल उत्तर प्रदेश में हों, राजस्थान में न हों, ऐसा तो है नहीं। अगर मुद्दे के बारे में वे ईमानदार हैं तो किस पार्टी का शासन कहाँ है, इसकी ओर ध्यान न देते हुए उन्हें सब जगह जाना चाहिए। यह उनकी ईमानदारी का तकाजा है। यह उन्होंने नहीं किया है। यह नहीं करने से उनकी साख और नीयत दोनों पर सवाल उठ जाते हैं।

• बाबा रामदेव के खिलाफ सरकार ने रामलीला मैदान में जो दमनात्मक काररवाई की और आज भी उनको परेशान किए हुए है, उसे आप कैसे देखते हैं?

यह हमेशा ही होता है। आखिर सत्ता मदांध होती है तो वह अपने को ही सर्वेसर्वा समझने लगती है। यहीं से उसका पतन भी शुरू होता है। संवाद की जगह पर वह संघर्ष का निमंत्रण देती है। निरंकुश सरकार जनसमूहों को चुनाव की चुनौती देती है। हमको याद है कि श्रीमती इंदिरा गांधी ने भी चुनाव की चुनौती दी थी, जैसे आज कपिल सिब्बल जी और अन्य लोग बोलते हैं कि आप तो चुने हुए लोग ही नहीं हैं। आंदोलनकारी नेतृत्व को कहना चाहिए कि ठीक है, हम उस चुनौती का जवाब चुनाव में भी देंगे। उससे पीछे क्यों हटना चाहिए। चुनौती स्वीकार कर लेनी चाहिए। लोकतंत्र में अगर वे चुनाव के अखाड़े में जाते हैं तो जनता चुनाव के अखाड़े में उनका उत्तर देने में समर्थ है। फिर उनकी तरफ सत्ता है, हमारी तरफ जनता है। और लोकतंत्र में सत्ता कम जनता ज्यादा निर्णायक होती है। हमने 1974 से 77 तक का दौर भी देखा है, आपातकाल का समय देखा है। बोफोर्स के समय को भी देखा है। मतांध सत्ताधारियों को लगता है कि बस उन्हीं को गढ़ा गया है देश को सँभालने के लिए। लेकिन सच्चाई यह होती नहीं है। और जो मदांध हो जाते हैं, उनका सही और गलत का विवेक समाप्त हो जाता है। वे संवाद की जगह पर डंडे का प्रयोग करना चाहते हैं। लेकिन भूल जाते हैं कि मुद्दा अगर सही रहा तो उत्पीड़न से आंदोलन ज्यादा मजबूत होता है। इसलिए आंदोलनकारियों की जिम्मेदारी होती है कि वे आंदोलन को शांतिपूर्ण बनाए रखें और जनता के बीच अपनी बात उत्तरोत्तर फैलाते चलें। जनसहभाग ही सत्ता बल के उत्पीड़न का उत्तर हो जाता है। और जनसहभाग

की कोई काट नहीं होती है, कितनी ही बंदूकें हों, कितनी भी लाठियाँ हों। इसलिए उससे डरने की जरूरत नहीं है। हाँ, कीमत देने की जरूरत है। सस्ते में तो कोई चीज मिलती नहीं है, मिलनी भी नहीं चाहिए। आवश्यक कीमत जब अदा करने की तैयारी रहती है, जो आंदोलनों की होती है, तो आंदोलन सफल होते हैं। 'इंदिरा इज इंडिया, इंडिया इज इंदिरा' का चापलूसी भरा नारा कांग्रेस अध्यक्ष देवकांत बरुआ ने जे.पी. आंदोलन के जवाब के बतौर उछाला था। लेकिन वही इंदिरा जी और उनके बेटे संजय गांधी दोनों चुनाव हार गए थे। उसमें कहाँ पैसे की कोई भूमिका थी। आज कहा जाता है कि पैसे का बहुत चलन है, चुनाव कैसे जीतेंगे? ऐसा नहीं होता। केवल पैसे की बात होती तो आज अरबपति लोग राजनीतिक दल गठित करके राज कर रहे होते। बिड़ला जी भी एक समय चुनाव लड़ना चाहते थे। कहाँ चुनाव लड़ पाए? वे लखनऊ से भाग आए थे। जन-जागरण और जन का दबाव सबसे बड़ा शस्त्र होता है सत्याग्रहियों का। आत्मबल और जनबल से सुसज्जित सत्याग्रही अजेय होता है।

• आप ने जे.पी. मूवमेंट में महत्त्वपूर्ण भूमिका निभाई है। आंदोलन की सफलता में उस समय छात्रों का बहुत बड़ा योगदान था। लेकिन वर्तमान में अगर देखें तो छात्र इकाई या छात्र संगठन उस रूप में आगे नहीं आ रहे हैं।

हाँ, उसका कारण यह है कि धीरे-धीरे छात्र संगठनों का अलोकतंत्रीकरण कर दिया गया। उन्हें खत्म कर दिया गया। छात्र संघों के चुनाव भी बंद कर दिए गए। राजनैतिक दलों की कार्यशैली बदल गई। वे कॉर्पोरेटोक्रेसी के शिकार हो गए। जनता के बजाय वे सत्ता से जुड़ने लगे। फलतः कार्यकर्ता की जगह कर्मचारियों को अहमियत मिलने लगी। लीडर की जगह डीलर मजबूत बन गए। फलतः राजनैतिक दलों का स्वरूप तो व्यापक और बड़ा बन गया, मगर अंदर से वे खोखले हो गए। जब राजनीतिक दल उद्देश्यहीन सत्ता-प्राप्ति में उलझी जमातों की शक्ल पा गए तो उनके छात्र संगठन भी उसी शक्ल में ढलते गए। उनके अंदर भी राजनीति के माध्यम से सिर्फ आर्थिक हैसियत बढ़ाने, सामाजिक रुतबा बढ़ाने और किसी के आभामंडल में रहकर प्रकाशित होने की इच्छा शेष रह गई। इधर कॉर्पोरेटोक्रेसी में एक अतिरिक्त तत्त्व जुड़ गया है, वह है वंशवाद का। इसलिए नेता का बेटा नेता, कार्यकर्ता का बेटा कार्यकर्ता, वोटर का बेटा वोटर बनकर रह गया है। ऐसे में खेल के सारे ही नियमों को बदलने की जरूरत है। यह नियम आंदोलनों की गरमी से बदलते हैं। आज भी छात्र-नौजवान बदल के पक्षधर हैं। जैसे अभी देखिए न, 'यूथ

फॉर डेमोक्रेसी' के नाम से किसी ने इंटरनेट पर जैसे ही आह्वान किया, उसको तीन हजार सब्सक्राइबर मिल गए, नौजवान, अचानक। इसका अर्थ है कि नौजवान आंदोलनों से जुड़ना चाहता है। उस तक पहुँचने की विधा में और परिष्कार की जरूरत है। मौजूदा आंदोलन या संगठनों से यदि युवा नहीं जुड़ रहे हैं तो यह उन आंदोलनों या संगठनों की कमी है, युवाओं की नहीं। मैं ऐसा मानता हूँ कि स्थितियाँ परिपक्व हैं। जनसमर्थन भी है। जगह–जगह पर साखयुक्त ताजा नेतृत्व भी नौजवानों का है। बस सबको एक साथ सँजोने की संगठनात्मक कड़ी का अभाव है। जरूरत है एक न्यूनतम संगठनात्मक ढाँचे की, जिसके द्वारा आंदोलन का संदेश ठीक–ठीक नीचे तक और आम आदमी तक पहुँचाया जा सके। इस दिशा में अभी बहुत कुछ किए जाने की जरूरत है और बिना उतना किए आंदोलन के परिणाम भी नहीं आएँगे। कई बार हम जल्दी फल चाहते हैं और परिश्रम कम करना चाहते हैं। तो कम निवेश करें और ज्यादा परिणाम आवे, यह भी अच्छी बात नहीं होती।

• भ्रष्टाचार विरोधी माहौल से जो वातावरण बना है, उसका क्या राजनीतिक प्रतिफलन हो सकता है? उसकी कोई आवश्यकता है भी या नहीं?

देश के मौजूदा राजनैतिक नेतृत्व में से सारे सड़े–गले तत्त्वों को हटाकर, उसे फिर से प्रवहमान बनाने की जरूरत है। इसके लिए नए मापदंड और नए प्रयोग करने होंगे। और मैं ऐसा देख रहा हूँ कि देश में जिले–जिले में नए–नए लोग उतर रहे हैं। प्रयोग भी कर रहे हैं। उन सारे लोगों को जोड़ना और उन्हें मुद्दों और मूल्यों के संदर्भ में बाँधना तथा उसके लिए पोलिटिकल इकोनॉमिक एजेंडा बनना चाहिए। कम–से–कम उस एजेंडे पर सबकी सहमति होनी चाहिए। अपनी–अपनी जगह की विशेषताओं को आत्मसात् करते हुए जो नेतृत्व उभरेगा, वह निश्चित रूप से देशी सोच और विकेंद्रीकरण का पक्षधर होगा। मैं ऐसा मानता हूँ कि आजादी के बाद से इतने वर्षों में भारत का नौजवान अपने राष्ट्र की पहचान को लेकर संशयग्रस्त नहीं है। इसलिए विविधताओं का संरक्षण राष्ट्रीय एकता को बाधित नहीं करेगा, यह मेरा विश्वास है। देश की ताकत को जीवंत करने और उसका संधान करने में विकेंद्रीकरण की महत्त्वपूर्ण भूमिका होगी। भारत की युवा पीढ़ी पर हमको भरोसा होना चाहिए। भारत की जड़ें बड़ी गहरी हैं। उससे आज का नौजवान अलग नहीं है।

• लेकिन आज की युवा पीढ़ी राजनीति में आने की बजाय अपना कॅरियर सँवारने पर ज्यादा ध्यान देती है।

ऐसा नहीं है, मैं तो नीचे जिले-जिले में अच्छे-अच्छे लोगों को देख रहा हूँ, जो आगे आना चाहते हैं। बस उनको थोड़ा-बहुत प्रोत्साहन, थोड़ा-बहुत संरक्षण और थोड़ा-बहुत साथ देने की आवश्यकता है। नौजवानों को यह समझ में नहीं आ रहा है कि इस सारे मकड़जाल में वे कैसे करें और क्या करें। वे अपने को अलग-थलग और अकेला महसूस करते हैं। ज्यों-ज्यों उनको मंच मिलते जाएँगे, त्यों-त्यों वे अपने को अधिक कॉन्फिडेंस के साथ डील करता हुआ पाएँगे। हाँ, नौजवानों की एक दूसरी भी जमात है, जो स्थापित राजनेताओं की चमचागिरी करके आगे बढ़ना चाहती है। लेकिन उनकी क्षमता इतनी ही है कि वे बेल की तरह से पेड़ के इर्द-गिर्द रहकर जीवित रहें। योगदान करने की उनकी क्षमता बहुत कम है। लेकिन मैं दूसरी तरफ देख रहा हूँ, जहाँ योगदान करने की अपार क्षमतावाले युवा अपने जमीर के साथ चल रहे हैं। ऐसे बहुत लोग हमको मिल रहे हैं। मैं उन्हें एक बड़ी ताकत के रूप में खड़ा होते देख रहा हूँ।

• राष्ट्रीय स्वाभिमान आंदोलन या भारत विकास संगम ने कुछ इस दिशा में सोचा है कि युवा को आगे कैसे लाया जाए?

स्वाभाविक है कि राष्ट्रीय स्वाभिमान आंदोलन इस दिशा में इन सब बुनियादी बातों के बारे में सोच रहा है। दूसरी ओर 'लोकतंत्र बचाओ मोर्चा' के नाते से जो प्रयास अभी शुरू हुआ है, उसमें भी इन बातों पर आग्रह है। इसी सोच के साथ एक 'यूथ फॉर डेमोक्रेसी' की पहल हुई है। इन सभी प्रयासों को दूर तक फैलाने की योजना बन रही है। और ऐसे भी सब तरफ से जो-जो नए प्रयास चल रहे हैं, उनके प्रति स्वागतशील मानस रखते हुए साथ चलने की बात सभी के मन में है।

• लोकतंत्र बचाओ मोर्चा के बारे में, उसके स्वरूप और उसकी योजना के बारे में जरा विस्तार से बताएँ।

यह राजनैतिक प्रयोग का एक और प्लेटफार्म है। हम देख रहे हैं कि अब तो लोकतंत्र पर ही संकट है। लोकतांत्रिक तरीके से चलने वाले आंदोलनों का दमन होना आम बात हो गई है। आज स्थिति ऐसी हो गई है कि जो सूचना के अधिकार का प्रयोग कर रहे हैं, उनको मौत का सामना करना पड़ रहा है। इन सब बातों को ध्यान में रखते हुए लोकतांत्रिक ढाँचे और लोकतांत्रिक संस्थाओं के संरक्षण-संपोषण को मुख्य मुद्दा बनाते हुए 'लोकतंत्र बचाओ मोर्चा' अर्थात् 'सेव डेमोक्रेसी फ्रंट' का गठन हुआ है। इसमें कई छोटे-बड़े राजनैतिक दल और व्यक्ति शामिल हुए हैं और कई लोग शामिल होनेवाले हैं। इस मोर्चे का एक साझा एजेंडा बनाने की

कोशिश चल रही है। अक्तूबर तक इसको बेहतर स्वरूप प्राप्त हो जाए, इसका मैं प्रयास कर रहा हूँ। इसमें अधिकांश लोग वे हैं, जो चुनावी राजनीति में हिस्सा लेना चाहते हैं। इसकी पद्धति क्या होगी, क्या स्वरूप बनेगा, यह सब अभी देखा जाना है।

• लगता है भारतीय समाज एक असंगठित समाज है। हम आसानी से किसी बात पर सहमत क्यों नहीं हो पाते हैं?

यह गलत धारणा है कि भारतीय समाज असंगठित है। सच यह है कि हमारा समाज विविधतापूर्ण है। यही उसकी ताकत है, अगर उसमें एकता के सूत्र बनाए रखे जा सकें। यही उसकी कमजोरी बन जाती है, जब विविधता को विभेदकारी बना दिया जाता है तो भारतीय समाज का हजारों-हजारों वर्षों से उसी जीवन प्रवाह के रस से सिंचित होकर चलते रहना और कई तरह की उथल-पुथल तथा सत्ता हस्तांतरण आदि से अप्रभावित रहकर पुरातन मूल्यों और आदर्शों पर टिके रहना कोई साधारण बात नहीं है। बहुत अधिक संगठित रहने पर ऐसा नहीं हो पाता। यूनान और रोम का समाज बहुत संगठित था, उसकी क्या गति हुई, अच्छी तरह जानते हैं। आज हम जिस लोकतांत्रिक ढाँचे को अपनाए हुए हैं, वह वेस्टमिंस्टर मॉडल की नकल है, जिसे हमने हड़बड़ी में अपनाया है। इस व्यवस्था के कुछ हद तक सफल होने के लिए कुछ पूर्व शर्तें थीं, कुछ तकाजे थे, जिसे हमने पूरा नहीं किया। जब हमने राजनैतिक दलों के ढाँचे के आधार पर लोकतांत्रिक पद्धति को स्वीकार किया, तब राजनैतिक दलों के संचालन के लिए जो आचरण संहिता बन जानी चाहिए थी, वह हम नहीं बना पाए। उसमें हम पीछे रह गए। जैसे आप देखिए कि दल-बदल की समस्या आई 67 में और इसके लिए कानून बना 30 साल बाद और उसमें भी खामियाँ रह गईं। आज राजनीतिक दलों में सांगठनिक नौकरशाही हावी है। लोकतांत्रिक भावना खत्म हो गई है। मैं ऐसा मानता हूँ कि राजनैतिक दलों की स्वस्थ कार्यशैली के संबंध में चुनाव आयोग को जिन अधिकारों की जरूरत थी, वे नहीं दिए गए। जब हमें व्यवस्थागत कमियों की समझ हुई, तब तक निहित स्वार्थ पनप चुके थे, जो किसी भी सुधार की राह में रोड़ा अटकाने के लिए तैयार बैठे हैं। इसलिए वही दोषयुक्त व्यवस्था चलती जा रही है और राजनैतिक सुधार के सारे प्रयास विफल हो रहे हैं। अब बदलाव अंदर से नहीं, बाहर से होगा। जन-आंदोलन और जनदबाव को इसी संदर्भ में देखा जाना चाहिए।

• क्या सभी राजनीतिक दलों की संचालन पद्धति विकृत हो चुकी है? क्या कोई अपवाद भी है?

इसमें कुछ हद तक आप कम्युनिस्ट पार्टियों को अपवाद मान सकते हैं। कम्युनिस्ट पार्टियों ने पार्टी संगठन और सत्ता से संबंध के बारे में सदस्यों के आचरण से जुड़े कुछ विधिनिषेधों का सृजन किया। उसमें कितना सही कितना गलत, इस पर बहस हो सकती है, मगर आज भी हम मान सकते हैं कि वामपंथी दलों के जनप्रतिनिधियों की सामाजिक जवाबदेही ज्यादा है। स्वयं के जीवन के साधन विवेक के बारे में भी उन्होंने अन्य दलों की तुलना में अधिक अनुशासन दिखाया है। स्वयं को अनुशासित रखने की आवश्यक नियमावली और उस पर पर्याप्त आग्रह न होने के कारण अन्य दल धीरे-धीरे जाति, क्षेत्र, भाषा, संप्रदाय आदि तत्त्वों के शिकार हो गए और अब लगभग सभी में वंशवाद के लक्षण भी साफ देखे जा सकते हैं। आज तो पारिवारिक पार्टियों का बोलबाला है।

राजनीतिक सुधार की थोड़ी शुरुआत जयप्रकाश नारायण ने की थी। उन्होंने पार्टीविहीन लोकतंत्र और 'राइट टु रिकॉल' अर्थात् जनप्रतिनिधियों को वापस बुलाने की बात कही। उनके असमय निधन से ये बातें दब गईं। किसी ने उनको आगे नहीं बढ़ाया। इसमें राजनैतिक दल अपनी जिम्मेदारी निभाने में असफल रहे हैं। अपनी पार्टी में लोकतंत्र कैसे संरक्षित-संपोषित रहे, राजनैतिक दलों ने इसकी चिंता नहीं की। इसलिए राजनैतिक दल देश में लोकतांत्रिक क्षरण के अपराधी हैं। आप देख सकते हैं कि देश में सत्तापक्ष और विपक्ष एक हो गया है। वेस्टमिंस्टर मॉडल में अगर सत्तापक्ष और विपक्ष नीतियों के संदर्भ में एक हो जाएँ तो उनके अलग दल के रूप में बने रहने की कोई जरूरत ही नहीं है। असल में तो कांग्रेस और भा.ज.पा. को एक हो जाना चाहिए, क्योंकि नीतियों के स्तर पर उनमें कोई भेद ही नहीं है। भा.ज.पा. जैसी पार्टियाँ जब विपक्ष का स्थान घेरकर रखेंगी तो इसका परिणाम यह होगा कि गरीबों के हक और हित की आवाज संसद् में उठेगी ही नहीं। वह तो सड़कों पर ही उठा करेगी। ऐसा होने पर देश तो अराजकता की लपट में झुलसेगा ही। चुनाव आयोग की भूमिका चुनाव करवाने के आगे भी होनी चाहिए। राजनीतिक दलों के चुनावी घोषणा-पत्रों और उनकी नीतियों आदि के बारे में निगरानी की कोई व्यवस्था न तो चुनाव आयोग की है और न ही किसी और की। मैं तो कहता हूँ कि आज सत्ता में आने से ज्यादा महत्त्वपूर्ण यह है कि भारत में लोकतांत्रिक दृष्टि से सही विपक्ष कैसे उभरे। आज तो यह छद्म विपक्ष है। सत्तापक्ष और छद्म सत्तापक्ष यह इनकी स्थिति है। चाहे जमीन अधिग्रहण का विषय हो या भ्रष्टाचार का विषय हो, तथाकथित विपक्ष के लोग रस्म अदायगी में लगे रहते हैं। और कौन

से भ्रष्टाचार की बात ये विपक्षी करेंगे, जिनके भ्रष्टाचार अभियान के संयोजक खुद भ्रष्टाचार में लिपटे हुए हों, जिनकी जाँच चल रही हो। जो लोग अपनी-अपनी पार्टियों की सरकारों में भ्रष्टाचार की रोकथाम की बजाय दूर जाकर भ्रष्टाचार के खिलाफ नारे लगाते हुए दिखते हैं, जनता उनकी हकीकत समझती है। जनता इतनी बेवकूफ नहीं है।

• कांग्रेस आपको संघ के प्रतिनिधि के रूप में प्रचारित करती है, इसमें कितनी सच्चाई है?

यह उनका नजरिया है, जो राजनीति से प्रेरित है और बहुत पुराना है।

• संघ क्या वास्तव में ऐसा संगठन है, जिससे डरने या सावधान रहने की जरूरत है?

दुर्भाग्य से संघ का यथार्थ और संघ की छवि दोनों अलग हैं, दोनों में बहुत बेमेलपन रहा है। संघ लोकतांत्रिक तरीके से काम करता है, खुले मैदान में काम करता है, छवि है गुप्त अर्धसैनिक संगठन की। संघ सेवा कार्यों में हजारो-हजार सेवा केंद्र चला रहा है और संघ की छवि केवल है लाठी लेकर रूट मार्च करनेवालों की। संघ एक समावेशी हिंदुत्व का पक्षपाती है और संघ की छवि है प्रतिक्रियावादी मुसलिम विरोधी संगठन की। ये तो संघ के लोगों को भी चिंता करनी पड़ेगी कि छवि और यथार्थ का ठीक मेल कैसे बने। अपनी-अपनी प्रसिद्धि से बचकर काम करने की जो आदत संघ में डाली जाती है, उसका भी एक खास प्रभाव होता है। फिर सेवा कार्यों के माध्यम से सामाजिक-सांस्कृतिक संगठन की छवि बनाने के लिए जो आवश्यक उपादान संघ को ढूँढ़ने चाहिए थे, उसमें भी कहीं कमी रह गई। इसके चलते संघ का हौवा दिखाकर सत्तारूढ़ दल स्वयं को प्रासंगिक और जरूरी बताने की कोशिश करता है। लेकिन मैं बताना चाहूँगा कि कांग्रेस के लोग संघ से नावाकिफ नहीं हैं। जैसे हमारे दिग्विजय सिंह जी अभी-अभी हाल में खूब बोल गए। लेकिन दिग्विजय सिंह जी के घर राजगढ़ में संघ के प्रचारक स्वर्गीय प्यारेलाल जी खंडेलवाल का खूब आना-जाना रहता था। दिग्विजय सिंह के पिता जी और घर के सारे लोग और यहाँ तक कि दिग्विजय सिंह भी संघ के काम से परिचित हैं। दिग्विजय जी के घर-परिवार के लोग संघ के अलग-अलग कामों में भी लगे रहते हैं। यह अलग बात है कि संघ को उलटा-सीधा कहना उन्हें राजनीतिक दृष्टि से उपयोगी लगता है, सो वे कहते हैं। अभी असम को आप देखिए, वहाँ श्री तरुण

गोगोई के नेतृत्व में कांग्रेस पार्टी जीती है तो वहाँ उनको संघ के स्वयंसेवकों का भरपूर समर्थन मिला है। इन्हीं सब बातों के कारण अभी कांग्रेस के प्रवक्ता मनीष तिवारी ने दिग्विजय सिंह के इस बयान से कि संघ बम फैक्टरी चलाता है, पार्टी को अलग किया है।

• लेकिन जो मनीष तिवारी ने किया है, वह तो बेईमानी है। कांग्रेस एक ओर दिग्विजय को अनाप-शनाप बोलने के लिए कहती है, दूसरी ओर स्वयं को उससे दूर कर लेती है। अगर दिग्विजय कांग्रेस पार्टी की लाइन के खिलाफ लगातार बोले जा रहे हैं, तो पार्टी उनके खिलाफ काररवाई क्यों नहीं करती?

कांग्रेस की कार्यशैली में दोहरापन तो जीन्स में चला गया है। इसलिए अब उस आधार पर हम उसको तौलते भी नहीं हैं। वे तो वैसे ही रहेंगे। देश को उस दोहरेपन के कारण बहुत नुकसान हुआ है, यह भी सत्य है। लेकिन देश कांग्रेस पार्टी के बावजूद चल रहा है, उसके कारण नहीं चल रहा है।

• मनमोहन सिंह के बारे में कहा जाता है कि व्यक्तिगत रूप से वे बहुत ईमानदार हैं। आपका क्या कहना है?

देखिए, गोविंदाचार्य आज एक समाज का जागरूक नागरिक है तो व्यक्तिगत ईमानदारी उसके लिए पर्याप्त हो सकती है। लेकिन जो देश के सत्ता-संचालन की अहम भूमिका और अधिकार के साथ प्रधानमंत्री की कुरसी पर बैठे हैं, उनके लिए व्यक्तिगत ईमानदारी तो आवश्यक है ही, मगर पर्याप्त नहीं। उनके द्वारा संचालित कैबिनेट और उनके मंत्रियों पर यदि भ्रष्टाचार के इतने इल्जाम लगे हों और उनको सारी बातों की जानकारी रही हो और उस पर भी उन्होंने कोई कदम न उठाए हों, तब उनको ईमानदार कैसे कहा जा सकता है। प्रधानमंत्री के लिए ईमानदारी की कसौटी यह नहीं होगी कि उन्होंने खुद घूस ली या नहीं। उनके लिए तो ईमानदारी की कसौटी यह होगी कि संपूर्ण व्यवस्था को भ्रष्टाचार-मुक्त करने के लिए उन्होंने कितने साहसपूर्ण कदम उठाए, कितने लोगों को बाहर का रास्ता दिखाया, कितने लोगों को दंडित करवाया। वे आदरयोग्य तब होंगे, जब भ्रष्टाचार के उन्मूलन के लिए उन्होंने प्रभावी और परिणामकारी कदम उठाकर दिखाया हो। इस संदर्भ में प्रधानमंत्री मनमोहन सिंह जी गंभीर रूप से असफल रहे हैं।

• प्रधानमंत्री बीच-बीच में कहते हैं कि इन सभी के लिए पूर्ण रूप से मैं ही जिम्मेदार नहीं हूँ। वे इशारा कहीं और करते हैं?

यह कहकर वे बच नहीं सकते। यदि वे स्थितियों पर काबू नहीं पा सकते तो ईमानदारी का तकाजा है कि वे अपना पद छोड़ दें। पद पर टिके रहना उनकी कोई मजबूरी तो है नहीं, कहीं पट्टा लिखा के या किसी का कर्ज खाकर तो आए नहीं हैं, जो उनको सधाना ही पड़ेगा, बँधुआ मजदूरी करनी ही पड़ेगी। पद छोड़ने के बाद ज्यादा खुले तौर पर वे अपनी बात कह सकेंगे और उसका वजन भी ज्यादा होगा। देश को ऐसे सक्रिय ईमानदार लोगों की जरूरत है। भ्रष्टाचार में परोक्ष सहभागी ईमानदारों की देश को कोई जरूरत नहीं है।

• मनमोहन सिंह भारत में नवपूँजीवाद के पुरोधा माने जाते हैं। विदेशी पूँजी को भारत में लाने की वे जोरदार वकालत करते हैं। क्या वास्तव में भारत को विदेशी पूँजी की जरूरत है ?

आपको पहले भारत में पूँजी निर्माण की प्रक्रिया समझनी पड़ेगी। हमारे देश में 70 प्रतिशत पूँजी घरेलू बचत के कारण पैदा होती है। कॉरपोरेट सेविंग या गवर्नमेंट सेविंग तो होती ही नहीं है। यह भी जान लीजिए कि जो बाहरी पूँजी आई है, वह किस काम में लगी है। आप पाएँगे कि वह तो कैपिटल इंसेंटिव कामों में लगी है। इसलिए नीचे तक तो वह पूँजी गई ही नहीं है। इसलिए भारत में ऊपर से पूँजी रिसाव बहुत कम हुआ है। उलटे विदेशी पूँजी तो भारत के कमजोर वर्ग के प्राकृतिक संसाधनों को दुहने के काम आ रही है, हैसियतमंदों को और अमीर बनाने के काम आ रही है, स्थानिक आजीविका से जन को वंचित करने के काम आ रही है।

विदेशी पूँजी से उत्पादन बढ़ाने में कोई खास मदद नहीं मिली है, कृषि क्षेत्र में निवेश नहीं हुआ है। निवेश हुआ है तो शेयर मार्केट में हुआ है, जिसके जरिए भारत का पैसा बाहर खींचकर ले जाया जा रहा है। यहाँ तक कि लोगों के पेंशन फंड आदि भी शेयर मार्केट में लगाए जा रहे हैं। यह सब षड्यंत्र है पूँजी–से–पूँजी खींचने का। हम थोड़ा बढ़े भी हैं तो निर्माण के क्षेत्र में बढ़े हैं, सड़क आदि के क्षेत्र में बढ़े हैं, परिवहन के क्षेत्र में बढ़े हैं। बुनियादी क्षेत्र में हम नहीं बढ़ पाए ज्यादा। इसलिए रोजगार के साधनों में कोई खास वृद्धि नहीं हुई। सच यह है कि हमारे यहाँ जो पूँजी आई है, वह हमारी इच्छा और योजना से नहीं आई है। अभी विदेशी पूँजी को रिटेल ट्रेड में लाने की बात भी चल रही है। इसकी कोई जरूरत नहीं है। जो विदेशी पूँजी की रिटेल ट्रेड में वकालत कर रहे हैं, उनके सारे तर्क बहुत थोथे और गलत हैं। ऐसा करने से हमें न तो कोई टेक्नोलॉजी मिलेगी और न ही पूँजी। यह तो

हमारी अर्थव्यवस्था को बरबाद करने की साजिश है। यह अनुमान लगाने की नहीं, अनुभव की बात है। अमेरिका, इंग्लैंड में बड़ी-बड़ी कंपनियों के कारण स्थानिक रोजगार खत्म होने के कगार पर हैं। भारत में तो इसका और व्यापक दुष्प्रभाव होगा। रिटेल क्षेत्र में विदेशी पूँजी निवेश की मंजूरी हमारे राजनैतिक नेतृत्व के चरित्र की सबसे बड़ी कलंक-कथा होगी।

—भारतीय पक्ष, अगस्त 2011

□

कुछ पत्र

अध्ययन अवकाश पर जाने के सिलसिले में पार्टी को लिखा गया पत्र

गोविंदाचार्य
Govindacharya

भारतीय जनता पार्टी
Bharatiya Janata Party

दिनांक : 23.10.2000

मान्यवर,

सादर नमस्कार।

भूमंडलीकरण, उदारीकरण एवं बाजारवाद ने हमारे आर्थिक, सामाजिक सांस्कृतिक ताने-बाने को गुणात्मक रूप से प्रभावित किया है। इस प्रभाव की समीक्षा, विवेचना, संभावित परिणाम एवं परिमार्जक उपाय के लिए मैंने दो वर्ष तक वस्तुपरक अध्ययन करने का निश्चय किया है। अध्ययन का विषय है—**'राष्ट्रीय जीवन प्रवाह पर वैश्वीकरण का प्रभाव एवं उपाय योजना।'**

वैश्वीकरण 1985 से तेज हुआ, अविचारित ढंग से हुआ। उसका प्रभाव समाज, संस्कृति, राजनीति एवं अर्थव्यवस्था पर पड़ा है। पिछले वर्षों में ग्रामीण क्षेत्रों में गरीबी बढ़ी, बेरोजगारी बढ़ी, ऐसा कई विशेषज्ञों का मत है। अंतरराष्ट्रीय मुद्राकोष, विश्व बैंक, विश्व व्यापार संगठन आदि की गतिविधियों के बारे में और जानकारी हासिल करने की जरूरत है। किसान, कारीगर लघु उद्योग के क्षेत्र विशेष तौर पर प्रभावित हैं, ऐसा भी सुनने में आता है। सूचना प्रौद्योगिकी, संचार माध्यम आदि के क्षेत्रों में तेजी से बढ़ाव भी हुआ है।

इस सारी परिस्थितियों एवं काल-संदर्भ को ध्यान में रखें, और देश के आम आदमी की बुनियादी जरूरतों की पूर्ति हो सके, यह इच्छा स्वाभाविक है। रोटी,

कपड़ा, पेयजल, मकान, पढ़ाई, दवाई, ऊर्जा सभी को प्राप्त हो यह तो राष्ट्रीय जीवन की सर्वोपरि आवश्यकता है। यह विकास का क, ख, ग कहा जा सकता है।

वैश्वीकरण का समाज के मूल्य-बोध पर भी प्रभाव पड़ा है क्या? कितना पड़ा है? आदि पहलू भी महत्त्वपूर्ण हैं। समाज अपनी पहचान एवं इतिहास के प्रति अभिमान रखें और भूगोल के सभी पहलुओं की यथायोग्य चिंता करें, यह तो राष्ट्र के विकास के लिए पूर्व शर्त है। ऐसा सबल-संपन्न समाज ही आत्मविश्वास के साथ विश्व के रंगमंच पर अपनी निर्दिष्ट भूमिका अदा कर सकता है।

इस पृष्ठभूमि में अध्ययन प्रयास को आपकी शुभकामना एवं सहयोग प्राप्त हो, यह मेरा विनम्र निवेदन है। आप अपने सुझाव तो भेजें ही, रास्ता भी दिखाएँ। साथ ही अपने परिचितों में जो भी महानुभाव सहयोग कर सकें, उनके भी नाम-पते अवश्य भेजें। मैं आपका बहुत आभारी रहूँगा।

शेष सब भगवद् कृपा।

आपका

गोविंदाचार्य

□

बाजारवाद की अंधी गली : निकलने का रास्ता

अध्ययन अवकाश में कुछ महीने गुजारने के बाद गोविंदाचार्य ने अपना अनुभव साझा करने के लिए जिन महत्त्वपूर्ण पत्रकारों और समाज-सेवियों को पत्र लिखा, उनमें रामबहादुर राय भी थे। प्रस्तुत है गोविंद जी का वह पत्र—

गोविंदाचार्य **भारतीय जनता पार्टी**

दिनांक : 24 मार्च, 2001

मान्यवर,

श्रीमान रामबहादुर जी,

इस पत्र से मैं अपने पिछले चार-पाँच महीनों के अध्ययन-अनुभवों को बताना चाहता हूँ। दिनांक 23.10.2000 को मैंने एक पत्र लिखा था। उसमें अपने अध्ययन के विषय, उद्देश्य और विश्लेषण के तरीकों की जानकारी दी थी। यह भी बताया था कि अगले दो साल का उपयोग मुझे इस काम के लिए करना है।

इन महीनों में मैं नौ राज्यों के चौबीस विभिन्न स्थानों पर गया। वहाँ 250 व्यक्तियों से विचार-विमर्श कर सका। जिनसे मेरी बातचीत हुई, वे सभी उदारीकरण, निजीकरण और भूमंडलीकरण के अंतर्संबंधों और इनके दुष्प्रभावों पर सोचने-समझने के अलावा सक्रिय गतिविधियों में भी लगे हुए हैं। कुछ सालों से बाजारोन्मुखी व्यवस्था को अपनाने और उसे मजबूत करने की जो नीतियाँ अपनाई गई हैं, उससे देश नए भँवर में फँस गया है। बिना सोचे-विचारे इन नीतियों को सरकार ने अपना लिया है। देश ने अपनी अर्थव्यवस्था की जरूरतों को नजरअंदाज कर विश्व व्यापार संगठन के नुस्खे

को मंजूर कर लिया है। अपनी अर्थव्यवस्था कृषि–आधारित है। उससे ही हमारी सभ्यता निकली है। इसके आपसी संबंधों का सही मूल्यांकन किए बगैर नीतिगत परिवर्तन का फैसला देश के अनुकूल नहीं होगा। लेकिन इस तरफ ध्यान नहीं दिया गया। हमने बिना विचारे वैश्वीकरण के सभी पक्षों को गले लगा लिया है। इसका नुकसान चौतरफा हो रहा है। अर्थव्यवस्था खोखली हो रही है। समाज में सांस्कृतिक अवमूल्यन हो रहा है। उपभोक्ता संस्कृति का बोलबाला बढ़ रहा है। सरकार को बाजारीकरण की नीति अपनाने से पहले आंतरिक प्रतिस्पर्धा, तकनीक के विकास, उत्पादकता और अन्य मसले जैसे आंतरिक वातावरण को मजबूत करने के उपाय करने चाहिए थे। इसकी बजाय देश असमान बाजार युद्ध में कूद पड़ा।

जो बातचीत हुई है, उससे यह समझ में आया है कि दो महत्त्वपूर्ण बातों पर ध्यान दिया जाना चाहिए, तभी देश की प्रगति सही दिशा में हो सकती है। पहला यह कि अपनी सामाजिक–सांस्कृतिक धरोहर की समझ हो और इतिहास की दृष्टि सही हो। समाज की परंपराओं से सामाजिक पूँजी बनती है। इसका प्रयोग राष्ट्र–निर्माण में किया जाना चाहिए। दूसरा यह कि अपना रास्ता चुनने से पहले किसी देश को अपनी जमीन, जल, जंगल और जानवर की चिंता करनी चाहिए। इनका लेखा–जोखा रखना चाहिए। इन दोनों बुनियादी बातों को साम्राज्यवादी ताकतों ने उखाड़ फेंकने के हर प्रयास किए। इससे इतना तो हुआ ही है कि एक खोखलापन आ गया है। हमारी बुनियादी ताकत को भारी झटका लगा है।

1947 में जब अंग्रेज गए तो हमने अपनी जमीन वापस पा ली। पर समाज, राष्ट्र और उसकी आत्मा घायल ही रही। आजादी के बाद इन बातों पर हमें गौर करना चाहिए था। इनकी निरंतर उपेक्षा होती रही। सार्वजनिक बहस से कुछ सवालों को परे रखा गया। उनमें सभ्यता, परंपरा और उससे बनी देशज संस्थाओं के सवाल खासतौर पर उपेक्षित रहे।

ऐसा क्यों और कैसे हुआ? क्यों परकीय प्रणाली में पर्याप्त परिवर्तन के प्रयास नहीं किए गए? हम क्यों उनसे शासित होते रहे, जो खुद ही मुख्य धारा से कटे हुए प्राणी थे? पिछले पचास सालों में राज्यवाद और बाजारवाद छाया रहा। हमने इस दौरान आम आदमी की न्यूनतम जरूरतों को क्यों नहीं पूरा किया? मैं इसके तीन कारण समझता हूँ—एक, औपनिवेशिक मानसिकता। इस मानसिकता के कारण हर वह वस्तु, विचार, संस्था उत्तम है, जो पश्चिम से आया है। इसे ही हमने प्रगतिशीलता मान लिया। यही हमारे रग–रग में प्रवेश कर गया है। इसने पश्चिम की सर्वोच्चता को

हमारे मन में बैठा दिया है। नतीजतन यह पूरे राष्ट्रजीवन पर छा गया है। दूसरा, देश विभाजन का असर। अल्पसंख्यक की अस्मिता का प्रश्न आज भी एक ऐसा मुद्दा है, जिसका समाधान ढूँढ़ा जाना है। अल्पसंख्यकवाद हमारी सोच पर छाया हुआ है। इस कारण राष्ट्रीयता को सांप्रदायिकता माना जाता है। अल्पसंख्यकवाद को सेक्युलर होने का मिथ्या अभिमान कायम है। इस बारे में पुनर्विचार की जरूरत होते हुए भी इसे महसूस नहीं किया जा रहा है। अतिवादी इसे दूसरे ढंग से देखते हैं। वे हर मुसलमान को पाकिस्तानी करार देते हैं। मुसलमानों में जो अतिवादी हैं, वे पाकिस्तान से ही प्रेरणा ग्रहण करते हैं। ये दोनों दृष्टिकोण गलत हैं। नुकसानदेह हैं। भारत विभाजन से यह दृष्टि बनी है। इससे अनेक अलगाववादी प्रवृत्तियों को बढ़ावा मिलता है। इसकी आड़ में अलगाववादी ताकतें अपने कामकाज का औचित्य साबित करती रहती हैं। उनमें अपनी कामयाबी का भ्रम भी इस कारण बना रहता है। यह मानसिकता समाज और राष्ट्र की एकता एकात्मता के लिए नुकसानदेह है। तीसरा, खोखला समाजवाद। हमारा समाज कर्तव्य की चेतनावाला रहा है। उस पर अधिकार की चेतना छा गई है। राज्यवाद के हाथ पाँव फैलते गए। शासन कुछ हाथों में सिमटता गया। इससे कामकाज का तौर–तरीका जो हमारा रहा है, वह नष्ट हो गया। लाइसेंस, परमिट, कोटा का राज, भाई–भतीजावाद, लालफीताशाही, भ्रष्टाचार और काले धन की अर्थव्यवस्था ने अपनी जकड़ मजबूत बनाई। विकेंद्रित शासन, समान और सबको न्याय की व्यवस्था अतीत की चीज हो गई। इसे भुला दिया गया। समाजवाद बहुरूपिया हो गया। इतना कि उसकी अपनी शक्ल–सूरत ही खो गई, यानी वह अपनी पहचान खो बैठा। वह लोकलुभावन नारे का सामान हो गया। इनका उपयोग निजी हितों के लिए नेताओं ने किया। गरीबों और दलितों के नाम पर नेताओं ने अपनी गरीबी दूर कर ली। इस प्रक्रिया में राज्य का कद बढ़ता गया। वह बरगद बन गया। उसके नीचे न कारोबार पनप सकता था, न उद्योग और न ही कारीगरी। वह उद्यम का विरोधी हो गया। जनहित तो तब सधता, जब आम आदमी की उद्यमिता को फलने–फूलने का अवसर मिलता। इन कारणों से पूरे तंत्र का रथ रुक गया है। सरकार और उसकी व्यवस्थाओं से सकारात्मक नतीजे निकलने बंद हो गए हैं। 35 साल के राज्यवाद और 15 साल के बाजारवाद ने भूख, गरीबी और बेरोजगारी को घटाने की बजाय बढ़ाया है। यह बुनियादी और सबसे बड़ी जरूरत है, जिससे इस पीढ़ी को पार पाना है। राष्ट्रीय पुनर्निर्माण का यह ककहरा होगा।

डेढ़ दशक के बाजारवाद ने हमें भूमंडलीकरण की अंधी गली में ढकेल दिया है। इस गली में इनसानियत के बदले पैसे की पूजा होती है। राष्ट्र को विश्व व्यापार संगठन

के अनजाने इलाके में पहुँचा दिया गया है। न कोई तैयारी हुई और न बहस। किसी ने इस बात की परवाह नहीं की कि देशवासी क्या सोचते हैं? हमारे प्रतिनिधियों ने अपने दस्तखत से देश को विश्व व्यापार संगठन के जाल में फँसा दिया। इससे हमारी दुर्दशा बढ़ी, फायदे कम हुए। मैं समझता हूँ कि इस तरह घोड़े के आगे गाड़ी खड़ी कर देने की कहावत चरितार्थ हुई, हमारी समस्याएँ जटिल हुईं। राष्ट्र की आर्थिक संप्रभुता का सौदा हुआ। मात्रात्मक प्रतिबंध हटाकर देश की अर्थव्यवस्था को चौपट करने का रास्ता खोल दिया गया। पिछले पाँच सालों के अनुभव से साबित हुआ है कि गाँवों में गरीबी बढ़ी है। किसानों की हालत बदतर हुई है। रोजगार के अवसर कम हुए हैं। छोटे उद्योगों को भारी नुकसान हुआ है। हमारे उद्योग इस प्रतिस्पर्धा के लिए तैयार नहीं थे। इस कारण वे टिक नहीं पा रहे हैं। हमारे नीति-निर्माताओं और योजना बनानेवालों ने ऐसे रेफरी की भूमिका स्वीकार कर ली है, जो कृषि, उद्योग और उत्पादनकर्ताओं के हितों पर ही चोट करनेवाले फैसले कर रहे हैं। ये लोग महाबली को ही जीने का अधिकार दे रहे हैं। यह दृष्टिकोण अमानवीय और प्रकृति विरोधी है। इस एकांगी प्रक्रिया से देश की क्षमता निरंतर घट रही है।

सवाल यह है कि हम यहाँ से किधर जाएँ? इस प्रक्रिया को कैसे बदला जाए, ताकि सुधार हो सके। पश्चिम की नकल से समस्याओं का समाधान नहीं होगा। आज की जटिल परिस्थितियों में हमें सोचना है कि नए और सही रास्ते क्या हैं? ये निष्कर्ष उन लोगों के हैं, जो इन सवालों पर सोच रहे हैं और काम कर रहे हैं। इनके अलावा भी कुछ सवाल हैं, जिन पर सोचने की जरूरत है। वे इस प्रकार हैं—

1. हम अपनी प्राकृतिक संपदा और संसाधनों मुख्यतः जल, जंगल, जमीन, जानवर, सामाजिक पूँजी (परिवार, बचत आदि) का किस प्रकार आर्थिक आकलन कर सकते हैं?
2. इनको किस प्रकार जन की न्यूनतम आवश्यकताएँ, जैसे भोजन, कपड़ा, मकान, पीने का पानी, स्वास्थ्य, शिक्षा, ऊर्जा आदि में प्रयोग कर सकते हैं?
3. कृषि को बाजार पूँजी और कर्ज पर निर्भर रखकर हम अपने किसानों में असुरक्षा की भावना पैदा कर रहे हैं। इसके कारण कुछ किसान आत्महत्या की ओर बढ़े और महिलाओं के कष्ट विशेष रूप से बढ़े। ग्रामीण युवक बेरोजगारी और गरीबी की तरफ अग्रसर हैं। कृषि मुख्यतः पर्यावरण और प्रकृति पर आधारित होती है। गौ माता की ग्रामीण समाज में महत्त्वपूर्ण भूमिका है और जिसका उपयोग कृषि में भी अधिक है। हरित क्रांति के नाम उत्पादकता बढ़ाने

के लिए यांत्रिक कृषि की ओर बढ़े, जिसमें रासायनिक खाद और जेनेटिक इंजीनियरिंग का प्रयोग बढ़ा। इससे कृषि में तात्कालिक लाभ तो मिला, लेकिन जैविक नियम टूटे। अन्न, चारा, खाद और ऊर्जा के पारिस्थितिकीय संतुलन बिगड़े। भूगर्भ जल का ट्यूबवेल के माध्यम से अत्यधिक दोहन हुआ, कम समय की फसलों की बहुतायत हुई, जिसके कारण चारे का अकाल हुआ। ऊर्जा की निर्भरता केरोसीन, डीजल और गैस पर बढ़ी। क्या हमारे पास कोई वैकल्पिक और बेहतर नीति है? इस नीति के दिशादर्शक बिंदु क्या हों?

4. क्या खेती का निगमीकरण उद्योग की तरह लाभदायक है? इसका दीर्घ और अल्पकाल में उत्पादकता, खाद्य सुरक्षा, पर्यावरण और लोगों पर क्या प्रभाव पड़ेगा?
5. कृषि पर आधारित वस्तुओं के दामों का नियमन और नापने के मापक क्या हों? दाम आँकने की, खरीदने की, लाभदायक दाम देने की नीति क्या हो? कृषि पर आधारित व्यापार उद्योगों से किस प्रकार मेल हो?
6. उद्योगों में दी जाने वाली सब्सिडी और कृषि सब्सिडी का स्वरूप कैसा है? कामचलाऊ उद्योगों और बीमार उद्योगों की परिसंपत्तियों की क्या स्थिति है?
7. हम 75000 करोड़ रुपए के तेल आयात के बोझ को कैसे कम करें? इसके विकल्प क्या हो सकते हैं?
8. बदली और खराब आर्थिक स्थिति की हालत में कौन से कदम उठाए जाएँ, ताकि लोगों को रोजगार मिल सके।
9. सूचना और प्रौद्योगिकी के क्षेत्र में हमारी कोशिशें क्या हों, इसकी अड़चनें क्या हैं, विकास में इसके योगदान को बढ़ाने के लिए क्या किया जाना चाहिए?
10. बहुराष्ट्रीय कंपनियों का पूँजी–निर्माण, रोजगार और विदेशी मुद्रा को अर्जित करने में हुए योगदान का वस्तुपरक मूल्यांकन हो। पिछले दस सालों का लेखा–जोखा तैयार होना चाहिए।
11. भारत में विदेशी पूँजी का निवेश कितना हुआ है? किस तरह हुआ है? इसका कितना उपयोग हुआ है? विदेशी पूँजी की आवश्यकता किस क्षेत्र में है। इसका विश्लेषण हो।
12. देश पर विदेशी कर्ज कितना है? क्या विदेशी कर्ज उपयोगी है? क्या उससे विकास में मदद मिलती है? विदेशी पूँजी हमें किन–किन शर्तों पर मिली है? उन्हें चुकाने का उपाय क्या होगा?

13. पेटेंट व्यवस्था के प्रभाव-दुष्प्रभाव का आकलन।
14. विश्व व्यापार संगठन में शरीक होने से देश को क्या लाभ मिला है? अगर उससे बाहर आ जाएँ तो उससे क्या नुकसान हो सकते हैं? उसकी भरपाई कैसे हो सकती है?
15. बजट की नई प्रणाली कैसे बने? ऐसा बजट, जो गाँव से केंद्र तक हो।
16. कानूनों में कहाँ-कहाँ परिवर्तन हो, जिससे राजनीति और अर्थव्यवस्था का भारतीय स्वरूप उभरे और वह आम आदमी की जरूरतों को पूरा कर सके।
17. भारतीय परंपरा की नींव पर आधुनिकता का निर्माण कैसे हो? किस प्रकार व्यवस्था परिवर्तन के प्रयास हों?
18. केंद्रीयकृत समाज के बदले स्वतःस्फूर्त समाज के निर्माण की दिशा में नीतिगत बदलाव के इस तरह के प्रयास करने की जरूरत है।

इन बातों पर आपका सुझाव चाहिए। उससे मुझे मदद मिलेगी। अगर संभव हो तो आप अपने सुझाव के अलावा इन क्षेत्रों में काम करनेवाले लोगों और विशेषज्ञों की जानकारी दें। उनसे मैं मिलना चाहूँगा। अपने पहले पत्र की प्रति भेज रहा हूँ। पत्रोत्तर की आशा में।

आपका

गोविंदाचार्य

□

टिप्पणी

गोविंदाचार्य के सवाल टाले नहीं जा सकते

भा.ज.पा. अध्यक्ष जना कृष्णमूर्ति के नाम गोविंदाचार्य के पत्र ऐतिहासिक दस्तावेज की तरह हैं। इसमें भूमंडलीकरण के अमानवीकृत प्रकृति विरोधी चेहरे का रूपांकन जिन सधे हुए शब्दों के जरिए किया गया है, उसकी पठनीयता आज भी जस-की-तस बनी हुई है। रामबहादुर राय का यह विश्लेषण—उन्हीं दिनों 2001 में गोविंदाचार्य द्वारा पत्र लिखने के एक हफ्ते बाद 'जनसत्ता' में प्रकाशित हुआ था।

खबर है जना कृष्णमूर्ति ने गोविंदाचार्य को हिदायत दी है। उसका प्रकार अभी किसी को मालूम नहीं है। अपने निर्देश सुनाने के लिए जना कृष्णमूर्ति ने टेलीफोन का रास्ता चुना। उन्होंने मिल-बैठकर बात नहीं की। फोन पर गोविंदाचार्य से कहा कि वे भा.ज.पा. के नाम और चुनाव-चिह्न वाले पैड पर पत्र न लिखा करें। साफ है कि वे पार्टी की कार्यसमिति के एक सदस्य को उसकी जायज अधिकार से वंचित कर रहे हैं। गोविंदाचार्य ने एक नीतिगत मामले का पत्र लिखा है। उसे करीब पाँच सौ लोगों को देश भर में भेजा गया है। सबसे पहले वह पत्र गोविंदाचार्य के एक सहयोगी ने जना कृष्णमूर्ति को दिया। उस पत्र के पहले पन्ने पर बाईं तरफ दो भाषाओं (हिंदी और अंग्रेजी) में गोविंदाचार्य का नाम है। दाईं तरफ भारतीय जनता पार्टी छपा है। बीच में कमल है। इसे ही आपत्तिजनक माना गया है। पत्र लंबा है। वह दो हिस्सों में है। एक हिस्से में अध्ययन, अनुभव का विवरण है और दूसरे हिस्से में कुछ सवाल हैं। पत्र के साथ संदर्भ के लिए पहली वह चिट्ठी नत्थी की गई है, जिसे गोविंदाचार्य ने 'पढ़ाई' शुरू करने से पहले भेजा था। उस पर 23 अक्तूबर, 2000 की तारीख अंकित है। नई चिट्ठी चौबीस मार्च की है।

इस चिट्ठी से भा.ज.पा. के चौकीदारों में हलचल मच गई है। वे नेता की तरह बरताव नहीं कर रहे हैं। वे पहरेदार बन गए हैं। अपनी पहचान भूल जाने से यही होता है। जना कृष्णमूर्ति को वही चिट्ठी मिली होगी, जिसे वे आसानी से पढ़ लें। पत्र अंग्रेजी और हिंदी दोनों भाषाओं में है। उसे पाने के बाद उनको पूरा पढ़ना चाहिए। उस पर वक्त लगाना चाहिए। कुछ लोगों से उन्हें सलाह भी लेनी चाहिए। इस बात की सलाह कि पत्र के मुद्दों पर भा.ज.पा. क्या करे। जो जानकारी भा.ज.पा. के किले से छनकर आई है, उससे पता चलता है कि अध्यक्ष महोदय ने रंज दिखाने के अलावा और कुछ नहीं किया। अध्यक्ष के नाते अपनी पहली प्रेस कॉन्फ्रेंस में वे आचार संहिता की बात कर रहे थे। हालाँकि जनप्रतिनिधियों के लिए आचार संहिता बनाने की उन्होंने बात की है। यह भी उसी पत्र की महिमा मानी जा रही है। पार्टी के नेताओं को अपने लिए भी आचार संहिता बनानी चाहिए। एक लोकतांत्रिक पार्टी की आचार-संहिता का पहला सूत्र यही होगा कि इस तरह के पत्र पर बहस कराई जाए। बेहतर होता कि वे पत्र की अपनी कॉपी को पार्टी में बहस के लिए जारी कर देते। एक कॉपी प्रधानमंत्री के विचारार्थ भिजवा देते। एक कदम और वे उठा सकते थे। वित्त मंत्री और वाणिज्य मंत्री से बात करते कि गोविंदाचार्य के पत्र में उठाए गए मुद्दों, खासकर विश्व व्यापार संगठन की बाबत कुछ हो सकता है या नहीं। इससे कुछ बातें जुड़ी हुई हैं। जैसे यह कि पार्टी का गोविंदाचार्य जैसा महत्त्वपूर्ण व्यक्ति अगर नीतिगत सवाल उठाता है तो उस पर क्या रुख अपनाया जाना चाहिए। दल में बहस हो या न हो, दल के नेताओं की जवाबदेही इस बारे में अवश्य बनती है।

नए पत्र से गोविंदाचार्य ने जानकारी दी है कि वे इन पाँच महीनों में देश के नौ राज्यों में गए। वहाँ चौबीस स्थानों पर उनकी लोगों से बातचीत हुई। इस तरह ढाई सौ लोगों से उनका विचार-विमर्श हुआ। इसका एक प्रयोजन है। उसके बारे में उन्होंने अपने पहले पत्र में लिखा था कि 'भूमंडलीकरण, उदारीकरण और बाजारवाद ने हमारे आर्थिक, सामाजिक, सांस्कृतिक ताने-बाने को गुणात्मक रूप से प्रभावित किया है। इसकी समीक्षा और विवेचना के लिए मैंने दो वर्ष के अध्ययन का कार्यक्रम बनाया है। उसका विषय है—राष्ट्रीय जीवन-प्रवाह पर वैश्वीकरण का प्रभाव एवं उपाय योजना।' इसी सिलसिले में उनकी यात्राएँ हुई हैं। वे चल रही हैं। उनका ही ब्योरा नए पत्र में है। 'जिनसे मेरी बातचीत हुई, वे सभी उदारीकरण, निजीकरण और भूमंडलीकरण के आपसी संबंधों तथा इनके दुष्प्रभावों पर सोचने-समझने के अलावा सक्रिय गतिविधियों में भी लगे हुए हैं। भूमंडलीकरण की आलोचना करना राजनैतिक

कर्म है। सरकार की इस नीति से जो भी असहमत हैं, वे एक समान मानसिक धरातल पर खड़े हैं। गोविंदाचार्य इसमें बिना भेदभाव किए हुए सबसे मिल रहे हैं।

उन्होंने अपने अनुभव से महसूस किया है कि कुछ सालों से बाजारोन्मुखी व्यवस्था को अपनाने और उसे मजबूत करने की जो नीतियाँ अपनाई गई हैं, उससे देश नए भँवर में फँस गया है। यह वस्तुस्थिति है। इसे दबी जुबान से सरकार के मंत्रीगण भी मानने लगे हैं। गोविंदाचार्य इससे आगे जाते हैं। वे बता रहे हैं कि 'बिना सोचे-विचारे इन नीतियों को सरकार ने अपना लिया है। देश ने अपनी अर्थव्यवस्था की जरूरतों को नजरअंदाज कर विश्व व्यापार संगठन के नुस्खे को मंजूर कर लिया है। अपनी अर्थव्यवस्था कृषि आधारित है। उससे ही हमारी सभ्यता निकली है। इसके आपसी संबंधों का सही मूल्यांकन किए बगैर नीतिगत परिवर्तन का फैसला देश के अनुकूल नहीं होगा, इस तरफ ध्यान नहीं दिया गया। हमने अविचारित ढंग से वैश्वीकरण के सभी पक्षों को गले लगा लिया है। इसका नुकसान चौतरफा हो रहा है। अर्थव्यवस्था खोखली हो रही है। समाज में सांस्कृतिक अवमूल्यन हो रहा है। उपभोक्ता संस्कृति फैल रही है। गोविंदाचार्य ने जोड़ा है कि सरकार को बाजारीकरण की नीति अपनाने से पहले आंतरिक प्रतिस्पर्धा की अपनी क्षमता को मजबूत करने के उपाय करने चाहिए थे। यह नहीं हुआ, इस कारण देश असमान बाजार-युद्ध में फँस गया है।

गोविंदाचार्य चाहते हैं कि देश को सही दिशा में मोड़ने के लिए समाज अपना रुख बदले; वह दो महत्त्वपूर्ण बातों पर ध्यान दे—अपनी सामाजिक-सांस्कृतिक धरोहर को वह समझे। इतिहास की दृष्टि को सुधारे। इन दो बातों पर सही समझ बनाकर अगला कदम उठाया जाना चाहिए। उन्होंने पत्र में लिखा है कि 'समाज की परंपरा से सामाजिक पूँजी बनती है। इसका उपयोग राष्ट्र-निर्माण में किया जाना चाहिए। विकास का रास्ता चुनने से पहले अपनी जमीन, जल, जंगल और जानवर की चिंता करनी चाहिए। इनका लेखा-जोखा तैयार होना चाहिए।' वे मानते हैं कि अंग्रेजों ने देश की इस मूलभूत ताकत को कमजोर किया। '1947 में जब अंग्रेज गए तो हमने अपनी जमीन वापस पा ली। पर समाज, राष्ट्र और उसकी आत्मा घायल ही रही।' उन्होंने इसे बड़ी भूल माना है कि 'सभ्यता, परंपरा और उससे बनी देशज संस्थाओं के सवाल, खासतौर पर उपेक्षित रहे। इन्हें बहस से परे रखा गया।'

मौजूदा समस्याओं के लिए वे तीन कारणों को जिम्मेदार मानते हैं। पहला, औपनिवेशिक मानसिकता। 'इस मानसिकता के कारण हर वह वस्तु, विचार, संस्था

उत्तम है, जो पश्चिम से आई है। इसे हमने प्रगतिशीलता मान लिया।' दूसरा, देश विभाजन का असर। 'अल्पसंख्यक की अस्मिता का प्रश्न आज भी एक ऐसा मुद्दा है, जिसका समाधान खोजा जाना है। अल्पसंख्यकवाद हमारे मन पर छाया हुआ है। इस कारण राष्ट्रीयता को सांप्रदायिकता मानने की भूल की जाती है। अल्पसंख्यकवाद को सेक्युलर होने का मिथ्याभिमान है।' इसके दो पहलू हैं। उनके बारे में अलग-अलग अतिवादी दृष्टिकोण हैं। गोविंदाचार्य दोनों को नुकसानदेह मानते हैं। उनके मुताबिक 'भारत विभाजन से यह दृष्टि बनी है।' वे लिखते हैं कि समाज और राष्ट्र की एकता-एकात्मता के लिए यह मानसिकता नुकसानदेह है। तीसरा, खोखला समाजवाद। इसका विश्लेषण उन्होंने विस्तार से किया है। उसे इन वाक्यों से समझा जा सकता है—'इस प्रक्रिया में राज्य का कद बढ़ता गया। वह बरगद बन गया। उसके नीचे न कारोबार पनप सकता था, न उद्योग और न ही कारीगरी।' इसे उन्होंने राज्यवाद कहा है। नया दौर बाजारवाद का है। अपने पत्र का सार वे इस तरह बता रहे हैं—'डेढ़ दशक के बाजारवाद ने हमें भूमंडलीकरण की अंधी गली में धकेल दिया है। इसमें इन्सानियत के बदले पैसे की पूजा होती है। राष्ट्र को विश्व व्यापार संगठन के अनजाने इलाके में पहुँचा दिया गया है। किसी ने इस बात की परवाह नहीं की कि देशवासी क्या सोचते हैं। हमारे प्रतिनिधियों ने अपने दस्तखत से देश को विश्व व्यापार संगठन के जाल में फँसा दिया है। इससे हमारी दुर्दशा बढ़ी। मैं समझता हूँ कि इस तरह घोड़े के आगे गाड़ी खड़ी कर देने की कहावत चरितार्थ हुई। हमारी समस्याएँ जटिल हुईं। राष्ट्र की आर्थिक संप्रभुता का सौदा हुआ। मात्रात्मक प्रतिबंध हटाकर देश की अर्थव्यवस्था को चौपट करने का रास्ता खोल दिया गया। इन पाँच सालों का अनुभव है कि गाँवों में गरीबी बढ़ी है। किसानों की हालत बदतर हुई है। रोजगार के अवसर कम हुए हैं। छोटे उद्योगों को भारी नुकसान हुआ है। हमारे नीति-निर्माताओं और योजना बनाने वाले ऐसे रैफरी बन गए हैं, जो कृषि, उद्योग और उत्पादकर्ताओं के हितों पर अपने फैसले से हथौड़े चला रहे हैं। ये लोग महाबली को ही जीने का अधिकार दे रहे हैं। यह रवैया अमानवीय और प्रकृति-विरोधी है।' इसके आगे विकल्प ढूँढ़ने में वे मदद माँग रहे हैं। इसीलिए पत्र भेजे गए हैं। पत्र में डेढ़ दर्जन सवाल हैं, जो सोचने-समझने की जरूरत पेश करते हैं।

इन बातों पर गौर करने और बहस कराने के बजाय जना कृष्णमूर्ति पार्टी को सरकार का अनुचर बनाए रखनेवाला रवैया अपना रहे हैं। बंगारू लक्ष्मण से खाली हुई अध्यक्ष की कुरसी पर बैठे जना कृष्णमूर्ति से बेहतर उम्मीद नहीं की जा सकती है। वे नया काम नहीं कर रहे हैं। पिछले चार सालों से जो लीक बन गई है, उस पर

वे बढ़िया सिपाही की तरह कदम बढ़ा रहे हैं। लेकिन दिखावा अध्यक्ष होने का है। वे ऐसी भावमुद्रा प्रकट कर रहे हैं कि मैं आ गया हूँ, सब ठीक हो जाएगा। अगर पहले ही आ जाता तो पार्टी को शर्मिंदगी नहीं उठानी पड़ती। यह रवैया बदली हुई भा.ज.पा. का ही हो सकता है। उन्होंने फिर से विरार जैसा मंथन शिविर करने का संकेत दिया है। पूछा जाना चाहिए कि उस मंथन का नतीजा क्या निकला? यही कि आखिरकार 1999 की जानकारी में भा.ज.पा. ने बंगलुरु में तय कर लिया कि सरकार पार्टी से ऊपर है। उसका ही फैसला माना जाएगा। इस रिश्ते को बदले बगैर भा.ज.पा. में नई जान नहीं आ सकती है। इसके लिए पहरेदारी के बजाय नेतृत्व का व्याकरण सीखना होगा। गोविंदाचार्य बड़े सवाल उठा रहे हैं। इन सवालों को टालने से राहत नहीं मिलेगी। कुछ भयानक सवाल जल्दी ही उठनेवाले हैं। पहरेदार भले ही बेखबर हों, पर प्रधानमंत्री अटल विहारी वाजपेयी को पता है।

—जनसत्ता, 31 मार्च, 2001

□

बिंदु-बिंदु विचार

❍ **गोविंदाचार्य**

• जारी रही मानसिक गुलामी

1947 में हम अंग्रेजों के प्रत्यक्ष शासन से तो मुक्त हो गए, लेकिन हम मानसिक रूप से उनके गुलाम बने रहे। उन्होंने अपने शासनकाल में हमारे अंदर जो हीनभावना भरी थी, वह कहीं-न-कहीं आज भी कायम है। हमारे नेताओं को यह विश्वास है कि यदि देश को गरीबी और दरिद्रता से मुक्ति दिलानी है तो हमें अंग्रेजों के दिखाए रास्ते पर ही चलना होगा। शिक्षा, स्वास्थ्य, प्रशासन, न्याय व्यवस्था एवं विकास के नाम पर हमारे देश में जो कुछ हो रहा है, उसमें भारतीय परंपराओं एवं यहाँ की आवश्यकताओं की समझ नहीं दिखाई देती, बल्कि सभी जगह औपनिवेशिक सोच एवं तौर-तरीकों की ही झलक देखने को मिलती है।

• जेपी आंदोलन ने क्या सिखाया ?

जेपी आंदोलन में लगने के कारण मुझे कई बातों को जानने और समझने का अवसर मिला। सबसे बड़ी बात यह समझ में आई कि देशभक्ति, परिश्रमशीलता, अनुशासन, निस्स्वार्थ भाव की सेवा, यह सब किसी एक विचारधारा या संगठन की धरोहर नहीं है। देश में ऐसे बहुत से लोग हैं, जो सही प्रेरणा से काम कर रहे हैं।

• राजनीति पर अंकुश जरूरी

राजनीति को बेलगाम नहीं छोड़ा जा सकता, क्योंकि आज के दौर में राजसत्ता की तारक शक्ति हो न हो, उसकी मारक शक्ति तो बहुत है।

• राजनैतिक दल की सीमाएँ

अपने लंबे सामाजिक जीवन के दौरान मेरा जिस सत्य से साक्षात्कार हुआ, उसके कारण मुझे लगने लगा कि मैं किसी राजनीतिक दल में काम करते हुए अपने मूल उद्देश्यों—भारत दुनिया का सिरमौर बने और भारत के प्रत्येक व्यक्ति की रोटी, कपड़ा और मकान की जरूरतें पूरी हों—को प्राप्त करने के लिए ईमानदारी से काम नहीं कर सकता।

• भारत विकास का सूत्र

हमारे पास एक मूलभूत ढाँचा है, जिस पर एक पूर्व निश्चित दिशा में गतिशील औद्योगिक और आर्थिक रूप से ऊर्जावान भारत का विकास किया जा सकता है।

• जरूरी है जनांदोलन

हमारे लक्ष्य व्यापक हैं। उन्हें प्राप्त करने की प्रक्रिया चुनावी रास्ते से पूरी नहीं हो सकती। जिस चुनाव प्रणाली के द्वारा सरकारों का चयन हो रहा है, उसको लेकर हम संतुष्ट नहीं हैं। इस चुनाव प्रणाली से कारगर नेतृत्व पैदा हो सकता है, इसमें हमें संदेह है। ऐसी परिस्थिति में जनांदोलन की प्रमुख भूमिका हो जाती है। जनांदोलन से ही वर्तमान सत्ता-संचालन की व्यवस्थाओं को बदला जा सकता है।

• सक्रिय राजनीति से दूरी

मैं जिन प्रश्नों का उत्तर तलाशने की सोच रहा था, वह काम फुटकर राजनीतिक दौड़-भाग में नहीं हो सकता था। इसी सोच के साथ मैंने धीरे-धीरे खुद को सक्रिय राजनीति से दूर करने का फैसला किया। अंतत: सितंबर 2000 में मैंने सक्रिय राजनीति से दो वर्ष का अवकाश लेने का फैसला किया।

• नई संस्कृति की बुनियाद

डेढ़-दो सौ वर्षों से चली आई दुनिया की मानसिकता में आदेश, आज्ञापालन और कार्यसंस्कृति का जोर है। इसकी काट के रूप में हमने संवाद, सहमति और सहकार की बुनियाद पर साहस, पहल और प्रयोग का सूत्र ढूँढ़ा है।

• पार्टीयुक्त समाज

आज भारत की संपूर्ण स्थितियों को ध्यान में रखते हुए हम कंपनियों और पार्टियों की प्रभुसत्ता से मुक्त एक स्वायत्त समाज चाहते हैं।

• भूमंडलीकरण और बाजारवाद

भूमंडलीकरण, उदारीकरण एवं बाजारवाद ने हमारे आर्थिक, सामाजिक, सांस्कृतिक ताने-बाने को गुणात्मक रूप से प्रभावित किया है। इस प्रभाव की समीक्षा, विवेचना, संभावित परिणाम एवं परिमार्जक उपाय के लिए मैंने दो वर्ष तक वस्तुपरक अध्ययन करने का निश्चय किया है। अध्ययन का विषय है—'राष्ट्रीय जीवन प्रवाह पर वैश्वीकरण का प्रभाव एवं उपाय योजना।'

• कर्म की प्रेरणा आवश्यक

जो इस देश को बचाने में लगे हुए हैं, वे सज्जन हैं, हमें इस सज्जनशक्ति को जोड़ना है। संवाद और सहकार के साथ यह संभव है। हम चाहते हैं कि लोग अपनी वैचारिक प्रेरणा की बजाय कर्म की प्रेरणा से हमसे जुड़ें।

• जो ठीक लगता है, करता हूँ

अपने कद के बारे में मैंने कभी नहीं सोचा। लोगों की प्रशंसा और निंदा की भी परवाह नहीं की। देश-समाज के संदर्भ में जो उचित लगता है, वही करता रहा हूँ।

• राज्यतंत्र का पुनर्गठन जरूरी

राष्ट्र-निर्माण के कार्य में सर्वप्रथम और सर्वाधिक जटिल समस्या आज राज्यतंत्र को पुनर्गठित करने और विभिन्न स्तरों पर राज्यतंत्र की संवेदनाओं एवं प्राथमिकताओं को भारत एवं भारतीय लोगों के पक्ष में परिवर्तित करने की रही है।

□

समय के सवाल

❍ गोविंदाचार्य

विकास अवधारणा का स्वरूप

- क्या स्थायी विकास आयात किया जा सकता है? अगर नहीं तो वैकल्पिक विकास का प्रारूप क्या हो सकता है? एक ऐसा विकास, जिसे भारतीय मूल्यों के आधार पर हासिल किया जाए?
- ग्राम स्तरीय, नगर स्तरीय एवं विश्व स्तरीय अर्थव्यवस्था का अलग-अलग प्रारूप कैसे बन सकता है? इनमें आपस में टकराव न हो, इसलिए समन्वय सेतु क्या हो सकते हैं?
- भारत जिस 'उपभोक्ता युग' की ओर बढ़ रहा है, उसके परिणामों के बारे में हमारा क्या कोई आकलन है? नागरिक और उपभोक्ता के बीच बढ़ती खाई को हम कैसे पाट सकते हैं?
- वैश्वीकरण के तहत प्रतिस्पर्धा के नाम पर आम आदमी के हक और हित पर चोट की जा रही है। प्रतिस्पर्धा को क्या न्यायसंगत बनाया जा सकता है? अगर हाँ, तो कैसे?
- विकास के लिए हो रहे सुधारों में जन-जुड़ाव कितना है? इस विकास की प्रक्रिया में अगर देश के संचित मूल्य ही बिखर गए तो वह विकास होगा या विनाश?

रोजगार/गरीबी

- हर हाथ को काम कैसे सुलभ हो सकता है?

- 'डॉलर टर्म' में गरीबी का आकलन कितना न्यायसंगत है?
- सबकी मूलभूत आवश्यकताओं की पूर्ति के लिए सरकार के अलावा समाज के स्तर पर क्या-क्या हो? सरकार की भूमिका एवं सीमा क्या हो?
- भारत में कर्म के अनुसार जाति के निर्धारण का एक लाभ यह था कि मनुष्य के सामने बेरोजगारी की समस्या नहीं होती थी। लेकिन उससे अन्य कई घातक समस्याएँ भी खड़ी हुईं। नई व्यवस्थाओं में मनुष्य के सामने रोजगार प्राप्त करना सबसे बड़ा संकट है। पश्चिमी टेक्नोलॉजी की सर्वस्पर्शता ने यह संकट और बढ़ा दिया है। भविष्य का रास्ता क्या होगा?
- समृद्ध लोगों में अपनी विलासिता की पूर्ति करने के लिए पैसे की उपासना की प्रवृत्ति बढ़ रही है? वे किसी भी कीमत पर अधिकाधिक धन-संग्रह के लिए एड़ी-चोटी का जोर लगा रहे हैं। ऐसे में वंचित लोगों की मूलभूत आवश्यकताएँ भी पूरी नहीं हो पा रही हैं। इस पृष्ठभूमि में अंत्योदय के पक्ष में वातावरण कैसे बनाया जाए?

बहुराष्ट्रीय कंपनियाँ, प्रत्यक्ष विदेशी निवेश, विदेशी संस्थागत निवेश

- बहुराष्ट्रीय कंपनियाँ किस क्षेत्र में पूँजी निवेश कर रही हैं, उसका देश की वास्तविक अर्थव्यवस्था से कितना सरोकार है?
- उनके पूँजी निवेश से रोजगार बढ़ रहा है या घट रहा है?
- विदेशी मुद्रा अर्जित हो रही है या देश की मुद्रा बाहर जा रही है? इसका अध्ययन क्या हुआ है और हुआ है तो उसका निष्कर्ष क्या रहा?
- आमतौर पर यह देखा जा रहा है कि विदेशी निवेशक थोड़ा पैसा बाहर से लाते हैं, बाकी यहीं के वित्तीय संस्थानों से उधार लेकर उद्यम स्थापित करते हैं। एनरान और लाफार्ज कंपनियाँ इसकी उदाहरण हैं। इससे निपटने के तरीके क्या हों?
- देश में हो रहे कुल निवेश का 1 से 1.5 प्रतिशत हिस्सा ही विदेशी पूँजी का होता है। इस पूँजी को लेकर सरकारें बहुत व्याकुल रहती हैं। लेकिन यह विदेशी पूँजी निवेश किस क्षेत्र में हुआ है, क्या इसे

जानने-समझने और नियोजित करने की कोई प्रणाली विकसित हो सकी है?

- विदेशी पूँजी का एक बड़ा हिस्सा देश के कुछ गिने-चुने राज्यों, जैसे—आंध्र प्रदेश, तमिलनाडु, गुजरात और महाराष्ट्र में लग रहा है। इसके कारण राज्यों के बीच जो असंतुलन पैदा होगा, उसके परिणाम क्या होंगे? उसका निराकरण कैसे किया जाएगा?
- विदेशी आर्थिक ताकतों की यदि देश की अर्थव्यवस्था में भागीदारी बढ़ेगी, तो इसका प्रभाव देश के राजनीतिक परिदृश्य पर भी पड़ेगा। ये ताकतें अपने अनुकूल राजसत्ता के लिए प्रयास करेंगी। इस संदर्भ में यह पता किया जाना चाहिए कि भारतीय राजनीति में विदेशी आर्थिक ताकतों के हस्तक्षेप के उदाहरण क्या-क्या हैं? उनके हस्तक्षेप को रोकने के लिए क्या किया जाना चाहिए?

किसान और किसानी

- कृषि के निगमीकरण के पक्ष में वातावरण बन रहा है। क्या इससे किसान जमीन से बेदखल होंगे? अगर हाँ, तो उसको रोकने का उपाय क्या है?
- कृषि क्षेत्र में निवेश के लिए पूँजी कहाँ से आए? श्रम को पूँजी में कैसे बदला जाए?
- कृषि को लाभकारी उद्योग बनाने के लिए पूँजी और निर्यात पर जोर दिया जा रहा है। इसके स्थान पर सर्वहितकारी कृषि के प्रारूप को बढ़ावा देने के लिए क्या किया जा सकता है?
- भारत में औसत किसान के पास डेढ़ हैक्टेयर भूमि है और सरकार द्वारा कहा जा रहा है कि वह निर्यात आधारित कृषि उद्योग विकसित करना चाहती है। जबकि अमेरिका और यूरोप में औसत किसान के पास 200 एकड़ जमीन है और वे प्रतिदिन अपने किसानों को अरबों रुपए की सब्सिडी देते हैं। तो क्या संभव है कि इतने भारी अंतर्विरोध के बाद भी भारत इस 'एग्रो मार्केट' विधि से बेहतर भविष्य की कल्पना कर सकता है? अगर हाँ, तो कैसे?
- अपने देश में अनाज को मिलनेवाले मूल्य के स्थान पर भूख को

महत्त्व देनेवाली 'ऋषि कृषि पद्धति' प्रचलित थी। अब भूख के स्थान पर मूल्य को महत्त्व देनेवाली 'कारपोरेट खेती' को बढ़ावा दिया जा रहा है। भविष्य में इसके क्या दुष्परिणाम होंगे? 'कैश क्रॉप' पद्धति को बढ़ावा देने का ही परिणाम है कि पिछले कुछ सालों में देश में हजारों किसानों ने आत्महत्या कर ली। यह कैश क्रॉप पद्धति भारत के लिए कितनी लाभकारी होगी? कैश क्रॉप की ओर ध्यान देने की बजाय वैविध्यपूर्ण आत्मनिर्भर उत्पादन प्रणाली की खेती की ओर किसानों की रुचि कैसे बढ़ाई जाए?

- रासायनिक खादों का उपयोग जमीन, अन्न और शरीर तीनों को दूषित करता है। उसके स्थान पर जैविक खेती अथवा परंपरागत खेती को कैसे बढ़ावा दिया जाए? उसमें आनेवाली कठिनाइयाँ क्या हैं? उन्हें कैसे दूर करें?
- कृषि उत्पाद के मूल्य-निर्धारण की वैज्ञानिक प्रक्रिया क्या हो सकती है?
- 'करखनिया माल' और 'खेतिया माल' के मूल्य में संगति कैसे बिठाई जाए?
- पानी, बिजली और उर्वरकों के दाम निरंतर बढ़ रहे हैं, जबकि फसल का दाम उस अनुपात में नहीं बढ़ रहा है। सब्सिडी भी घट रही है? इन स्थितियों में कृषि को लाभकारी कैसे बनाया जाए?
- किसानों को उपज का सही मूल्य और उपभोक्ताओं को कम मूल्य में अनाज मिले, इसमें समन्वय कैसे हो सकता है?

सूचना तकनीक एवं इ-कॉमर्स

- सूचना तकनीकी का स्वरूप क्या है? इसे जनोन्मुखी बनाने के लिए क्या किया जाना चाहिए?
- सूचना तकनीकी के द्वारा क्या केंद्रीयकरण की प्रवृत्ति बढ़ रही है? इसे किस प्रकार अपने देश और समाज के प्रति अनुकूल बनाया जा सकता है?
- आई.टी. अथवा सूचना तकनीकी के सामाजिक असर का हमारा क्या आकलन है?

- इ–गवर्नेंस अपने आप में केंद्रित व्यवस्था है। भारतीय संदर्भ में इ–गवर्नेंस का विकेंद्रीकरण से मेल कैसे बिठाया जाए?

जनसंचार माध्यम

- भारत में मीडिया का विकास विचार बाँटने के लिए हुआ था, न कि वस्तुओं का विज्ञापन करने के लिए, लेकिन आज यही हो रहा है। आगे का रास्ता क्या होगा?

समाज एवं संस्कृति

- जनसंचार माध्यम से विदेशी आर्थिक ताकतों के पक्ष में लोगों के दिमाग को ढालने की कोशिशें चल रही हैं। इसका प्रतिकार कैसे हो?
- मनोरंजन के नाम पर विभिन्न संचार माध्यमों में उपभोक्तावाद, स्वैराचार एवं सांस्कृतिक आक्रमण की भूमिका बनती दिख रही है। संचार माध्यम अपसंस्कृति के वाहक न बन सकें, इसके लिए रोकथाम और प्रतिकार के तौर पर क्या–क्या किया जाना चाहिए?

विविध

- आमतौर पर यह देखा जा रहा है कि विदेशी निवेशक थोड़ा पैसा बाहर से लाते हैं, बाकी यहीं के वित्तीय संस्थानों से उधार लेकर उद्यम स्थापित करते हैं। एनरान और लाफार्ज कंपनियाँ इसकी उदाहरण हैं। इससे निपटने के तरीके क्या हों?
- सरकारी या निजी या विदेशी कंपनियों की क्या भूमिका होनी चाहिए? इनके बीच क्या सामंजस्य बिठाया जा सकता है?
- वैश्वीकरण के तहत प्रतिस्पर्धा के नाम पर आम आदमी के हक और हित पर चोट की जा रही है। प्रतिस्पर्धा को क्या न्यायसंगत बनाया जा सकता है? अगर हाँ, तो कैसे?
- डब्ल्यू.टी.ओ. का राजनीतिक प्रणाली पर क्या असर हो रहा है? इसको जाँचने–समझने के उपकरण क्या हो सकते हैं?
- 'करखनिया माल' और 'खेतिया माल' के मूल्य में संगति कैसे बिठाई जाए?

- स्त्री–पुरुष संबंधों में सह–अस्तित्व की जगह प्रतिस्पर्धा का उदय हो रहा है। इसके सामाजिक दुष्परिणामों का हमारा क्या आकलन है? महिलाओं के लिए क्या कोई व्यापक नीति है?
- अंग्रेजी के माध्यम से अंग्रेजियत थोपी न जाए, इसके लिए क्या व्यवस्था की जानी चाहिए?

□

परिशिष्ट

परिशिष्ट-1

प्रस्थान

(अध्ययन अवकाश से लौटने के बाद गोविंदाचार्य का पहला सार्वजनिक भाषण)

गोविंदाचार्य का अध्ययन अवकाश अक्तूबर 2002 में पूरा हुआ। उसके अगले वर्ष (मार्च 2003) कॉन्स्टीट्यूशन क्लब दिल्ली में एक कार्यक्रम आयोजित हुआ। इसमें गोविंदाचार्य ने अपने अध्ययन का पहली बार सार-संक्षेप प्रस्तुत किया। उसे बाद में प्रज्ञा संस्थान ने पुस्तिका के रूप में प्रकाशित भी किया। यहाँ वह पुस्तिका हम जस-की-तस दे रहे हैं।

ॐ असतो मा सद्गमय, तमसो मा ज्योतिर्गमय, मृत्योर्मा अमृतं गमय।

प्रज्ञा संस्थान के इस कार्यक्रम के सम्माननीय अध्यक्ष जी, इस प्रबुद्ध संगोष्ठी में उपस्थित वरिष्ठजन और साथियो, पढ़ने, जानने, समझने के लिए दो वर्ष का समय लेकर लोगों से मिल रहा हूँ, सीखने की कोशिश भी कर रहा हूँ। इसी दौरान जो कुछ पाथेय जगह-जगह प्राप्त होता है, इसी को आपके साथ बाँटने की कोशिश भी करूँगा। स्पष्टत: अभी निष्कर्ष या अभिमत बताने की स्थिति में तो नहीं हूँ। कन्क्लूजन या ओपीनियन देना इस वक्त जल्दबाजी हो जाएगी। लेकिन यह सब जानने-समझने की जो इच्छा हुई, उसके पीछे कुछ कारण हैं। कुछ वर्ष पहले जब टेलीविजन स्क्रीन पर पहली बार इथोपिया, सोमालिया आदि के दृश्य देखे कि छोटे-छोटे बच्चे, जिनके शरीर में केवल हड्डियाँ हैं, पूरी-की-पूरी आबादी अपना इलाका छोड़कर कहीं जा रही है, अपना ही देश छोड़कर जा रही है, तो सवाल जरूर उभरा कि यह सब क्यों? उसकी जानकारी करते-करते कुछ बातें ध्यान में आईं। वहाँ के एक विशेष बादशाह होते थे हेलेसलासी, उनके बारे में उत्सुकता बहुत पहले से ही थी। जब बनारस में मैं पढ़ता था। एक बार वे बनारस आए थे, बड़ी ऊँची सफेद कलगी लगाए हुए, टोप पहनकर

आए थे। उनकी छवि काफी दिनों तक मन में बरकरार थी। बाद में ध्यान में आया कि वहाँ जो कुछ भी घटित हुआ है, वह अत्यंत क्रूर, हृदयविदारक घटनाओं का ही परिणाम है। उसमें कोई बहुत पहले से वर्षा नहीं होती हो, ऐसा भी नहीं है। उपज नहीं होती हो, ऐसा भी नहीं है। लोग वहाँ रहते ही थे। लेकिन उनके साथ कई ऐसी चालबाजियाँ हुईं, जिसके तहत वहाँ का आम आदमी अपने हितों की रक्षा कर नहीं पाया और हेलेसलासी तो यूरोपीय देशों के मेहमान बन गए, वहीं उनका शरीर भी छूटा, लेकिन त्रासदी ऐसी घटी कि पूरा-का-पूरा देश बरबाद हो गया।

आदमी भी वस्तु है

वर्तमान परिस्थितियों को देखें तो क्वांटिटेटिव रिस्ट्रक्शंस (मात्रात्मक प्रतिबंध) के खत्म होने की बात थी, उसके पहले से ही अपने देश में हल्ला मचने लगा कि छोटे उद्योगों का क्या होगा। किसान खेती कर भी पाएँगे या नहीं? आगे चलकर बाहरी कंपनियाँ आएँगी, बेलाग, बेरोकटोक। उनकी अपनी सोच है, उनका अपना फलसफा भी है। इस फलसफे में बाजार तो है, मनुष्य कहाँ है? इस नजरिए से मनुष्य भी तो एक खरीद-फरोख्त की ही वस्तु है, संसाधन छोड़कर और क्या है? बाजारवाद में कहीं मानवीय गरिमा का अस्तित्व ही नहीं है। संवेदनशीलता, सहानुभूति, दया, माया, क्षमता, करुणा वगैरह-वगैरह उनका तो दूर का भी रिश्ता नहीं है। और इन सबके कारण चिंता जरूर होती है। लक्षण भी ऐसे दिखने लगे, जिसके कारण यह जानना चाहिए और समझना चाहिए, यह इच्छा जगी। पहले वे घुसते हैं मुनाफे के लिए। बोलने को बड़ी लंबी-चौड़ी बातें हैं। हम आपकी मदद करेंगे। हम तो समझते हैं कि दुनिया अच्छी बन जाए तो सबसे अच्छा है। उसके लिए हम भी जो योगदान कर सकते हैं करें, वगैरह-वगैरह। लेकिन परिणाम तो वैसा दिखता नहीं है। कई बड़े-बड़े देश बरबाद हो चले और पूँजी कुछ लोगों के हाथ में इकट्ठी होती चली गई। कहते हैं कि 70 फीसदी दुनिया की संपत्ति 350 परिवारों तक सिमट गई। इतनी विषमता, ये सब दृश्य दिखने लगे। तो इन सबके मोटीवेशन के बारे में और इन सबके स्वभाव के बारे में ध्यान में आया। जैसे 'कैमल ऐंड द राइडर' कहानी सुनी होगी। ऊँट ने तो पहले केवल अपनी थूथन को इस टैंट में घुसाया था, लेकिन धीरे-धीरे राही बाहर, टैंट पर कब्जा जमाया ऊँट ने।

इन सब बातों के कारण, इसके पीछे की फिलॉसफी के कारण, जिसमें वे बोलते बहुत अच्छा, बताते बहुत अच्छा, पैकेज बहुत अच्छा, इसके कारण लोग धोखा भी

खाते हैं, लोग उनका समर्थन करते नजर आते हैं और भ्रम हो जाता है। साधारण आदमी का क्या कहें, कहते हैं रामचंद्रजी को भी भ्रम हो गया था। जब वे कर्नाटक की तरफ वनवास के दौरान थे तो पंपा सरोवर के पास शाम को सुस्ताने बैठे, लक्ष्मण भी साथ में थे। एक चट्टान पर बैठे सरोवर के किनारे, लक्ष्मण अलग–बगल टहलते रहे, अचानक एक खास दृश्य देखा लक्ष्मण ने, कहा कि भैया, कितना अच्छा है यहाँ का वातावरण कि एक बगुला भी जल में कितने हौले–हौले पैर बढ़ाकर आ रहा है। उस पर यहाँ के वातावरण की पवित्रता का प्रभाव तो इतना पड़ गया है कि वह अपनी हिंसा भूल गया, साधु के समान आ रहा है। कदम हौले–हौले इसलिए बढ़ा रहा है कि उसके पैरों तले कोई जीव न आ जाए। राम को भी जब ऐसा ही लगने लगा तो अचानक राम जिस चट्टान पर बैठे थे, उसके नीचे से आवाज आई, "भैया राम, आप भी मुगालते में आ गए हैं, भ्रम में पड़ गए। मैं बताता हूँ सही बात।" लक्ष्मण दौड़कर आए तो चट्टान के नीचे छिपे उस मेढक ने कहा कि "मैं यहाँ छिपा बैठा हूँ, क्योंकि वह बगुला, जिसके बारे में आप सोच रहे हैं, कोई अहिंसक नहीं हुआ, उसने हमारे पूरे तालाब के बाकी साथियों को खा डाला, हमारे कुल–खानदान को खा डाला, हमारे परिवार को खा डाला, अब मेरी ताक में है, मैं उसकी आहट न पा जाऊँ, इसके लिए वह बड़े हौले–हौले कदम रख रहा है। मैं तो भ्रम में नहीं पड़ता, क्योंकि मैं भुगता हूँ, आप भी भ्रम में न पड़ें, यह कहना चाहता हूँ।" ऐसा उस मेढक ने प्रभु रामचंद्र को कहा था। ऐसी भ्रम की स्थिति जरूर आती है। जब हम जग की वास्तविकता के साथ अपने को जोड़ते हैं, व्यवहार करते हैं, टैकल करना चाहते हैं, तब हमें इन बातों का ध्यान रखना चाहिए।

जूडाइक माइंड सेट

इन सबके पीछे की फिलॉसफी मार्केटाइजेशन केवल आज की है, ऐसा नहीं है। बहुत पहले से रही है। पहले से एक माइंडसेट था, जिसका एक महत्त्वपूर्ण अंग है, जिसको कहा जाए 'एक्सक्लूसिव जूडाइक थिंकिंग'। अर्थात् मैं ठीक, मेरा ही रास्ता ठीक, मेरे रास्ते पर ही सबको चलना चाहिए। मैं सबके भले के लिए हूँ 'मेरा ही तो ठेका है, तुम भी चलो मेरे साथ, मेरे रास्ते। न चलो तो ठीक नहीं होगा', चलना ही पड़ेगा मेरे साथ, क्योंकि 'मेरा ही रास्ता ठीक है, मैं तो तुमको अपने रास्ते पर चलने के लिए कहकर तुम पर उपकार कर रहा हूँ। न चले तो तुमकी जीने की कोई आवश्यकता नहीं है। तुम बेकार डिस्टरबेंस हो, तुम अब्सटेकल हो। 'एक्सक्लूसिव जूडाइक थिंकिंग'।

इसी की लहर दुनिया में समय-समय पर आती रही है और इसी के जवाब में एक समय कहा गया—"यूनान, मिस्र, रोमां, सब मिट गए जहाँ से, कुछ बात है कि हस्ती मिटती नहीं हमारी।"

यह जो ज्यादातर टकराव रहा है, उसके बारे में अगर कहना हो तो कहना होगा कि यह संस्कृतियों के बीच का टकराव है। अर्थात् उस चिंतन के साथ, जो यह कहे कि मेरी ही सोच ठीक, मेरा ही रास्ता ठीक, सबके लिए यही ठीक। और व्यवहारतः वैसा ही होगा, जैसे हम उस पौराणिक कथा में जानते हैं, जिसमें खाट बनाई थी दानव ने। लेटने को कहता था, अगर खाट बड़ी और आदमी छोटा, तो आदमी को खींचो, इस कदर खींचता कि बेचारा टें ही बोल जाए। खाट छोटी और आदमी बड़ा तो आदमी के पैर काटो, तब तो खाट के बराबर आएगा। ऐसा ही व्यवहार, ऐसा ही चिंतन है यह 'एक्सक्लूसिव जूडाइक थिंकिंग'। इसी का परिणाम है दुनिया में बहुत प्रकार के आक्रमण। हिलोर ही हिलोर सब जगह से। अब इसके तहत जो एक वैचारिक संघर्ष है, उसमें भारत का चिंतन भी है, जिसको हम कहते हैं अपनी संस्कृति। मैं भी ठीक तुम भी ठीक। तुम्हारा रास्ता तुम्हारे लिए ठीक, मेरा रास्ता मेरे लिए ठीक; हाँ, मिलकर आदान-प्रदान करें। मिलकर इस दुनिया को बेहतर बना सकें। उसके लिए मैं तुम्हारे यहाँ आऊँ, तुम पर राज करूँ, तुमको काबू में लाऊँ, यह जरूरी नहीं है। तुमको अगर ठीक लगे तो कुछ ग्रहण करो, न लगे, तुम्हारी मर्जी, तुम्हारा ही रास्ता तुम्हारे लिए ठीक हो सकता है, हम अपने रास्ते को दूसरे पर हावी क्यों करें। संस्कृति की ओर से रेजीमेंटेशन नहीं ह्यूमनाइजेशन की कोशिश। इसके विपरीत मनुष्य समुदाय के संदर्भ में सोचेंगे तो यह मानवता के विरुद्ध है, प्रकृति विरुद्ध है। इसी की अलग-अलग छटा, अलग-अलग समय पर दिखाई पड़ी। उसी में से कहीं दासता प्रथा भी थी। इसलिए देखने में आता है, पहले एक समय किसी एक साम्राज्य में 40 फीसदी लोग दास थे, किसी में 50 फीसदी दास थे, किसी सभ्यता में तो धर्म और पंथ में भी गुलामों की परंपरा वैधानिक रूप से स्पष्टतः स्वीकृत है। ये सब एक विशेष संस्कृति के लक्षण हैं। जिसको आज कहेंगे बाजारवाद। इसमें डॉलर ही पूज्य देवता है। इस संदर्भ में ही आज दुनिया में एक नया मोड़ आया है। विगत 2000 वर्षों के बारे में भी सोचेंगे तो इतिहास इसी प्रकार की सभ्यताओं का, 'सिविलाइजेशनल कंफलिक्ट' का एक रंगमंच रहा है, इसमें पिछली कुछ शताब्दियों में हम यह समझ सकते हैं कि हम तो छठी शताब्दी तक अपने देश में सभी प्रकार के आक्रमणों को परावृत्त करते गए, छठी शताब्दी के बाद कठिनाइयाँ बढ़ती गईं। जो आए, वे यहाँ रहते भी गए, मगर उसका राष्ट्रीय जीवन-

प्रवाह पर कोई विशेष प्रवाह पड़ा हो, ऐसा नहीं है। मगर धीरे-धीरे ध्यान में आता है कि सत्रहवीं-अठारहवीं शताब्दी में यूरोप अधिक हावी हुआ, पूर्व में थोड़ी रेसिस्टेंस की कोशिश हुई। इस पिछली शताब्दी के अंत तक दो महायुद्ध हो चुके थे, उन सबके बाद गुणात्मक परिवर्तन विश्व के समाजों में राजनीतिक और अन्य प्रकार से होता चला गया। लेकिन उसी के साथ-साथ जो हावी होने की कोशिश थी, उसने नया रूप लिया था। उसको आप आई.एम.एफ. कह सकते हैं, वर्ल्ड बैंक कह सकते हैं। उसका परिष्कृत रूप कहिए, एडीशनल इंस्ट्रूमेंटस कहिए। यह होता गया है, जिसके कारण हम इस पर विचार करने के लिए आज चिंतित हुए हैं, संवेदनशील भी हुए हैं। इन सबके पीछे के इस फलसफे को अगर हम ध्यान में लें तो अपनी कार्यनीति बनाने में हमें सुविधा होगी। इसलिए मैंने पृष्ठभूमि के नाते से इतनी बातें कहीं।

हम आगे के घटनाक्रम को जब देखते हैं तो पूरी दुनिया में धीरे-धीरे और बदलाव आता गया है। 1994 से 2000 तक की ही बात लें। 1900 में कभी दुनिया में सोचा नहीं गया था कि 1994 के अंत में विश्व का समाज इस प्रकार गठित होगा। जो यूफोरिया था ग्लोबल विलेज का, जो यूफोरिया था यूनीपोलर वर्ल्ड का, जो यूफोरिया था वर्ल्ड गवर्नमेंट का, कुछ लोग तो एक ही करेंसी की भी बात चलाने लगे थे, उस दुनिया में, जिसमें 728 प्रकार की करेंसियाँ आज भी चलती हैं, ये सब बातें 1990 से 1994 तक ही हो रही थीं, लेकिन वहीं दूसरी तरफ वाशिंगटन कंसेंसस के नाते विचार में धीरे-धीरे लोगों के ध्यान में आ गया कि शॉर्ट टर्म कैपिटल बहुत उपयोगी नहीं रहा। आई.एम.एफ, वर्ल्ड बैंक, ये संस्थान बहुत ज्यादा कारगर नहीं हुए। धीरे-धीरे यूनीपोलर की जगह पर मल्टीपोलर वर्ल्ड फिर से एमर्ज करता दिख रहा है। नए-नए चैलेंजर्स, कटेंडर्स भी सामने आते दिखाई पड़ रहे हैं। हाल में सिएटल मे भी जितना कुछ हुआ, वह आखिर यूरोप, अमेरिका के ही अंतर्विरोधों का ही परिणाम था। इसलिए सिएटल के बाद व्यापार संगठन की रणनीति में क्या बदलाव लाया जाए, सिएटल के बाद किस दिशा में उत्साह लिया जाए या न लिया जाए, यह विकसित देश सोचने लगे। विकासशील देश जिनको कहा जाता है, वे भी अपने हितों के प्रति सतर्क होकर और कुछ रणनीतियाँ बना पाएँगे क्या, इस सोच में वे भी लग गए हैं। यह तब जब अभी हाल के 6-7 वर्षों में ही हम दुनिया की हलचलों को देख पा रहे हैं।

इस दुनिया के 150 साल के अंतराल को अगर देखें तो भारत के भी संदर्भ में शायद राष्ट्रीय जीवन प्रवाह और जीवनीशक्ति 1750 से 1850 के बीच बहुत कमजोर रही और 1750 से 1850 का कालखंड वह था, जब यूरोप में नए-नए भगीरथ प्रयासों

के परिणाम आने लगे थे, औद्योगिक क्रांति कहिए, फ्रेंच रेवॉल्यूशन कहिए, नई-नई व्यवस्थाएँ बनीं, समाज में और ऊर्जा आँककर और भी कार्यकलापों का दौर उन दिनों चला। हमारे देश में हम थोड़े थके हुए थे, ऐसा लगता है, रेसिस्टेंस भी कर रहे थे और वह रेसिस्टेंस करने में हमको बहुत नुकसान भी उठाना पड़ रहा था। 1840 से 1940 तक भीषण उत्पीड़न अपने देश में अपने लोगों को सहन करना पड़ा। समाज की संस्थाओं को विशृंखलित किया गया, समाज के मानस पर आत्मनिंदा का ही माहौल पैदा करने की कोशिश की गई। समाज के आत्मविश्वास को तोड़ने की कोशिश की गई। आज भी आप अयोध्या की तरफ जाएँगे तो थोड़ी दूर कटरा पड़ेगा और कहीं जाएँगे चौरीचौरा, बरेली के पास आप देखेंगे, जिसको आप हार्ट लैंड ऑफ इंडिया कहिए तो उसको अन इनहैबीटेबल कैसे बना दिया जाए, यही कोशिश चली। जिसको हम बीमारू स्टेट्स कहते हैं, मेरा निवेदन है कि उनको बीमारू स्टेट्स कहना बंद करना चाहिए, वे हीरोइक डीड्स वाले स्टेट्स रहे हैं अपने समय के। उन्होंने मुकाबला किया है उस समय इन उपनिवेशवादियों का, जिसमें डेढ़-डेढ़ सौ, दो-दो सौ लोग फाँसी चढ़ गए पेड़ों पर। जहाँ बिहार के उत्तरी क्षेत्र में आज बाढ़ का प्रकोप देखते हैं, वहाँ पानी के संसाधनों को ठीक ढंग से नदी और समुद्र तट तक पहुँचाने के लिए कितने अवरोध खड़े कर दिए गए, खेती बरबाद कर दी गई, 1/3 भाग जमीन काम में न आए, ऐसी कोशिश हुई। 1770-90 के बीच में तो बंगाल प्रेसीडेंसी की एक-तिहाई आबादी को ही नेस्तनाबूद कर दिया गया। कितने लोग वहाँ से जगह छोड़-छोड़कर दूसरी जगह बसने के लिए मजबूर कर दिए गए। इतिहास की इन सारी कथाओं पर संसद् में बहस 1950 के दशक में हुई है। इन सब कहानियों को भी जब सोचें, जो सत्य है, तो भारत ने इसका कितना रेजिस्टेंस किया, इसका अंदाज आएगा। उन्होंने उत्पीड़न भी कितना किया, इसका भी अंदाज आना चाहिए। इसके आँकड़ों में न जाते हुए मैं यह जरूर कहूँगा, निवेदन करूँगा कि पंडित सुंदरलाल की किताब जानकारियाँ देती है। धर्मपाल की किताब 'ब्यूटीफुल ट्री', गांधीजी के मार्गदर्शन में जिन्होंने अध्ययन किया, बाद में 'साइंस ऐंड टेक्नोलॉजी इन एटींथ सेंचुरी इन इंडिया' लिखी। इन सबसे उस समय के भारत के ऊपर हुए हमले और उसके प्रतिकार की कोशिशें, इसका अंदाज कर सकते हैं। जैसे-तैसे 1947 में कई कारणों से अंग्रेज गए, भारत की जनता का प्रतिरोध उसमें बहुत बड़ा कारण अवश्य था। ज्यादातर पहलू पूरक रहे होंगे, लेकिन त्रासदी यह रह गई कि जो मन पर आघात हुआ था, उसके कारण चेहरे बदल गए थे, चाल वही रह गई थी। गांधी भी भारत के परिदृश्य से अस्त कर दिए गए।

वही औपनिवेशिक ढाँचा

तो जब वे देश से चले गए तो हमको अपने देश को, अपने घर को साफ-सुथरा करना था, सँवारना था, उसके लिए नई-नई सोच, नई बयार जो बहनी थी—आइडियाज, इमेजीनेटिवनेस, इनीशिएटिव, कलेक्टिविटी की, समाज को उसमें लगाने का काम करना था, 'प्राइड टू वर्क्स वंस आईडेंटिटी, प्राइड टूवर्ड्स वंस हिस्टरी, टेकंग केअर ऑफ दी जोगरफी'। दुनिया के दूसरे देशों ने अपनी उन्नति के लिए, आगे बढ़ने के लिए इन्हीं बातों पर ज्यादा ध्यान दिया। पूरे समाज को कैसे इसमें जुटा सकें, इसकी कोशिश करनी थी। मगर वही उपनिवेशवादी ढाँचा, वही उपनिवेशवादी तरीका, कुछ मुलम्मेबाजी के साथ वही लागू रखा गया और हम एक कॉलोनिअल हैंगओवर से मुक्त नहीं हो सके। अपनी निजी सोच के साथ, स्वाभिमान के साथ, अपने तरीके ईजाद करते हुए, प्रयोग करते हुए आगे बढ़ने की हिम्मत हम नहीं कर सके। उसी के साथ-साथ एक और हैंगओवर यहाँ के मनोविज्ञान में आया, विभाजन का हैंगओवर।

दूसरे देशों में भी यह हुआ है, दूसरे देशों की पृष्ठभूमि तो अपनी-अपनी रही है। रवींद्रनाथ ठाकुर ने कहा कि भगवान् ने हरेक देश को अपना-अपना प्रश्नपत्र दिया है, सबको अपनी बुद्धि से, अपने परिश्रम से अपने को दिए हुए प्रश्न-पत्र का हल ढूँढ़ना पड़ेगा। दूसरों की नकल कर उसका प्रश्न क्रमांक 7 वाला प्रश्न क्रमांक 7 एक न होने के कारण हमें परिणाम नहीं देगा, इसके लिए प्रयत्न करना पड़ता है, अध्यवसाय लगता है। कहीं से नहीं हो जाता, कोई दूसरा लाकर हमें नहीं कर देता। न रूस से, न चीन से, न अमरीका से, यहाँ आकर कोई हमें आबाद करने में मदद कर दे। हमारे अंदर था, हमने नहीं किया। तो लाइसेंस, परमिट, कोटा राज, पोलीटिकल करप्शन, स्टेगनेंसी इन इकोनॉमी! भारत के जो असेट्स थे, उनको हमने हैंडीकेप्ट समझा, हमने सारी बातों को जो इंडियन सिविलाइजेशन ऑफ आइडियाज थे, उनको पब्लिक डोमेन से बाहर रखा। हमने उनकी वैधता को स्वीकार ही नहीं किया। गाँव में पंचायत अपने ढंग से चलती है, हमने उसकी वैधता को नहीं माना और हमने अपनी ओर से कुछ और ग्रहण करने की कोशिश की, हमने वहाँ के लोगों को उनकी जरूरत के बारे में नहीं सोचा, वहाँ के सबसे कमजोर आदमी के हित की रक्षा के लिए प्रयोग की व्यवस्था क्या हो सकती है, इसका विचार नहीं किया। हमने केवल 10 प्रतिशत लोगों को ही देश मान लिया। हम सोचें कि अब हम क्या करें, सब तरफ मूल्यवृद्धि भी दिखती है, गरीबी भी वैसी ही है, बेरोजगारी वैसी ही है। हम क्या कुछ कर पाए,

तो अचानक हमको फिर एहसास हुआ, हमको लगा जो रास्ता पकड़ा था, वह गलत हो गया। तो 1980 के बाद बिना कुछ विचार किए हुए हमने गाड़ी की पटरी बदलने की कोशिश की। तो वे क्यों न आएँ? फिर तो टिड्डीदल की तरह वे भी हमारे बाजार की ओर लपकते आए, लेकिन जिनके लिए वह बाजार था, उतने भर के लिए ही उनकी जरूरत थी। उनको देश के बाकी 70–80 फीसदी लोगों से क्या मतलब होता। उनके कष्ट, दुःख, दीनता, असहायपन आदि के प्रति उनके मन में करुणा, दया, क्षमा, सहानुभूति, संवेदना आखिर होती ही क्यों?

1980 के बाद हमने दूसरी राह पकड़ी, बिना विचार किए हुए। कॉलोनिअल हैंगओवर, उसके बाद पार्टीशन का हैंगओवर, सोशलिज्म का हैंगओवर, लिये-लिये हमने एक कार्ट बिफोर दी होर्स की स्थिति उत्पन्न कर डाली। इसमें आंतरिक व्यवस्था, आंतरिक बातों में कोई बदलाव हमने नहीं किया। निर्णय प्रक्रिया वैसी-की-वैसी हुई। वैसे ही 'फार द चोजन फ्यू' हुई। इसके अलावा स्टेगनेंसी भी है, इसके अलावा स्टेटसकोइरट माइंडसैट है, उसके अलावा इनसेंजिटिव ऑपरेट्स है, उसके अलावा करप्शन। इसलिए आंतरिक उदारीकरण जो करना था, वह भी नहीं हुआ, जबकि चीन ने 1980 से वह प्रयोग पहले किया, अपने टर्म्स पर किया। वियतनाम जो अमरीका से क्षत-विक्षत हो चुका था, उसने भी अपनी ही चिंता की। जापान ने विश्व युद्ध में मार खाने के बाद भी फिर अपने रेसोर्सेस को चेनलाइज अपने ढंग से किया। कोरिया ने भी अपने तरीकों से परंपरागत सामाजिक संपदा को काम में लिया। उसके लिए उसने सरकार की ओर से भी अगर मदद करनी है, संरचना में तो सोचा कि चलो हम मिट्टी का नया प्रयोग करेंगे। हमने तो अपने बिजनेसमैन, अपने इंडस्ट्रियलिस्ट्स, इनको भी नफरत की निगाह से ही देखा, सोशलिस्ट हैंगओवर। सामान्य मनुष्य के लिए हमें क्या करना चाहिए, यह अटेंशन भी कम रखा। अब वेलफेअर स्टेट्स के नाते से करते रह गए, स्टेगनेंट इकोनॉमी भी होती चली गई। 1990 के बाद हम बदलते चले गए। हमने खोलना शुरू किया तो किसके लिए। हमें क्या करना है, अपनी खेती कैसे करें, इसके लिए हमको स्ट्रक्चरल एडजस्टमेंट क्या करना पड़ेगा, हमारे कारीगर अधिक काम कर पाएँ, इसके लिए उनको एक डेफीनेट स्किल के बारे में सोचने के बाद हमें सोचना होगा, उनकी ही फैक्टरी के द्वारा क्या उनको डिप्लोमाहोल्डर बना सकते हैं, उनको हैसियतमंद हम बना सकते हैं। वे अपने काम की मार्केटिंग कैसे बेहतर करें, क्या उसके लिए आधारभूत परिवर्तन हम ला सकते हैं? हमें अपने देश के लिए इंटरनल स्ट्रक्चरल चेंजेज क्या-क्या करने चाहिए,

यह सोचने के बजाय दूसरे ने जो निर्देशित किया, तुम यह करो तो अच्छा रहेगा, किस बात का आना चाहिए, तमाम असेंशल आइटम्स का। क्यों? क्योंकि मिडल क्लास असप्रेशंस है। उसका बैलेंस तो कुछ रखते, वह भी नहीं रखा। तो पिछले 20 वर्ष के अंतर्गत हम जिन स्थितियों में जा पहुँचे, उन स्थितियों के बारे में मैं फिर कहूँगा कि मैं आँकडेबाजी में नहीं जाता, लेकिन इतना निश्चित है कि ग्रामीण क्षेत्रों में गरीबी बढ़ी, जीवन अधिक कठिन हुआ है, बेरोजगारी बढ़ी है, विषमता, गैर-बराबरी बढ़ी है, छोटे उद्योग बहुत आहत, क्षत-विक्षत हुए हैं। कितने बचेंगे, कितने मरेंगे, इसका हिसाब रखनेवाला भी मानो कोई नहीं है।

हम फिर भ्रमित

जैसे बिल्ली के आँख मूँद लेने से सूर्य नहीं छिप जाता, वैसे ही हम अगर गरीबी की रेखा की परिभाषा में कुछ मानकों के बदल से सोच लें कि गरीबी दूर हो गई, ऐसा नहीं हुआ करता। आज देखने में आता है कि इन 20 वर्षों के नए प्रयोग के बाद आज हम फिर परप्लेक्स्ड से हैं, 'ईवन द ड्राइवर्स ऑफ दी सोकाल्ड ग्लोबलाइजेशन हैव लास्ट दी कॉन्फीडेंस इन देमसेल्वस।' (यहाँ तक कि वैश्वीकरण के ये संचालक भी खुद में विश्वास खो चुके हैं।) और इतना सिंपलीफिकेशन। हमें मालूम है कि ट्रिकलडाउन थ्योरी फेल हो गई, कहीं काम नहीं कर रही। हमें मालूम है कि क्या-क्या अनर्थ हुआ है बाकी जगह। फिर भी हम यह सोचते कि रोजगार तो अपने आप पैदा होगा, अगर ग्रोथ रेट हो जाएगी। काश इतना सिंपल होता जीवन! ऐसा होता नहीं है। इसलिए जी.एन.पी., ग्रोथ रेट के साथ-साथ एंड पॉइंट पर तो देखें। इनफ्लेशन अगर स्टेबल है तो मूल्य-वृद्धि क्यों हो रही है? एक तरफ मंदी भी है, निवेश भी है। निवेश उत्पादक है क्या? तो निवेश भी आ रहा है, उसका उपयोग हम उत्पादन क्षमता के लिए कर रहे हैं या फॉरेन एक्सचेंज रिजर्व को बनाए रखने के लिए डॉलर सिक्यूरिटीज के अंदर कुछ हिस्सा उसका भर रहे हैं। इन सबका भुगतान भी तो हमें करना पड़ेगा कभी, उसकी उपाय योजना की है क्या? हम एफ.डी.आई. को आमंत्रण तो दे रहे हैं। ठीक है, आवश्यकता होगी कुछ, मगर उसके परिणाम क्या-क्या होंगे, उससे बचत का भी कोई रास्ता हमने सोच रखा है क्या? टेक्सटाइल्स में हमने विदेशी पूँजी को आमंत्रित किया, ठीक है। उसमें कुछ लोग अपनी स्थिति ठीक कर लेंगे, हो सकता है, कुछ लोग मुकाबला कर लेंगे, मगर कितने ऐसे हाउस होल्ड्स हैं, जो यह कर पाएँगे। आज जब भारत में '63 परसेंट्स ऑफ हाउस होल्ड्स

हैव ओनली वन ब्रेक डिनर' और उसमें से अगर वह ब्रेक डिनर भी रोटी कमाने की स्थिति में नहीं रहेगा तो पूरे परिवार का क्या होगा? कितने इसमें से बेदखल होंगे?

आज चर्चा में है कॉण्ट्रेक्ट फारमिंग या कारपरोटाइजेशन ऑफ फारमिंग। क्या उनकी निगाह में आज से 10 साल के बाद हमारे छोटे किसान और सीमांत किसानों की हालात क्या होगी, कहीं कल्पना है क्या? क्या भारत सरीखी इतनी बड़ी आबादी खेती में लगी हो, ऐसा कहीं और दुनिया में हो और उन्होंने कुछ कर दिखाया हो, ऐसा हुआ है क्या? फ्रांस, अमेरिका का ज्ञान हमें कैसे काम आएगा? हम यहाँ के परिप्रेक्ष्य में चीजों को देख रहे हैं क्या? यह चिंता जरूर साल रही है सभी को।

इसलिए हम एक दिशा में बढ़ रहे हैं, वह भी जब बाकी पश्चिम के लोग अब पुनः चिंतन की ओर जा पड़े हैं, उन्हें लग रहा है कि उनका सोचा हुआ ठीक नहीं। पिछले 7-8 वर्षों में आई.एफ.एफ., वर्ल्ड बैंक भी अपने नुस्खों के प्रति खुद ही सशंकित हो गए हैं, वे लोग अपनी प्रगति की है या नहीं, इसके मानक बदल रहे हैं। अधिक-से-अधिक कैलोरी कंजम्शन, ड्रग्स कंजम्शन या एनर्जी कंजम्शन, यह प्रगति का मापदंड नहीं है, क्वालिटी ऑफ लाईफ इंडेक्स भी कुछ होता है, यह वे सोचने लगे हैं। वे सोचने लगे हैं कि उनकी अंधी दौड़ मैजिकल मंकीज सिद्ध हो रही है कि खोया ज्यादा, पाया कम।

वहाँ स्टेट्ससेंट्रिक सोसाइटीज हैं, समाज बहुत कमजोर है, राज्य न रहा तो समाज विश्रृंखलित हो जाएगा। यह उनका अपना डायलमा रहा होगा, इसीलिए सोसाइटीज कब कितना स्टेबल रहेंगी?—उन्हें ठीक-ठीक पता नहीं। वे भ्रम के बीच में जीने के अभ्यासी हैं। हमारे यहाँ समाज में स्थायित्व है, हमारे यहाँ परंपरा पर आधारित समाज है, कई फंक्शनिंग के मेकैनिज्म हैं, उन सबको पुनर्स्थापित करने के बजाय अनावश्यक करके उन सबको भी किनारे कर देंगे तो हम अपने समाज को कैसे चलाएँगे। 10-15 साल बाद का कोई खाका हमारे सामने है क्या? यह सब प्रश्न आज वैश्वीकरण के संदर्भ में खड़े हो गए हैं।

अनुभव ऐसा आता है कि इसमें हितों का टकराव भी है। अभी नारियल उत्पादकों से मिला था दक्षिण में। तो एक व्यापारी ने कहा कि हमको तो पामोलिन लाने की छूट है, हम क्यों न लाएँ, हमारी दुकान पर क्या धावा बोल रहे हैं ये। एक दूसरे ने कहा, मैं उपभोक्ता हूँ, नारियल तो हमारे लिए दुगुना महँगा है तो हम गरीब आदमी पापड़ तलकर क्यों न खाएँ पामोलिन से। यह हितों का टकराव है। इसमें इंडोनेशिया ने, श्रीलंका ने नारियल उत्पादन क्षेत्र में जितना सुधार किया, पेप्पर, जिंजर

आदि के क्षेत्र में, विशेषतौर पर कालीमिर्च को वियतनाम में जितना इंप्रूव कर लिया, हम 15 साल में कुछ नहीं कर पाए। हमने मोनोपलिस्ट को तो जरूर फायदा पहुँचाया कुछ, लेकिन हमारी कृषि का क्षेत्र यहाँ की जरूरतों के हिसाब से बहुत कम प्रगति कर सका तो उसका परिणाम अब हम भुगत रहे हैं। लेकिन ये परिणाम हैं, यह स्थिति है, यह कहने से कैसे काम चल जाएगा। हम केवल तटस्थ न्यायाधीश नहीं, कह दिया, इसके लिए तो हमारे देश की सरकार को पहले ही तैयार हो जाना चाहिए था, कुछ भी हो, देश अपना, हम यहाँ पर हैं, हमको भुगतना है, हमको जीना है, केवल सरकार पर दोष डाल दिया तो कैसे चलेगा, पिछली सरकार पर या आज की सरकार पर। हाथ झाड़ू देने से कैसे चलेगा, लोगों की जिंदगियाँ कैसे बदल पाएँगे हम, कैसे बेहतर बना पाएँगे? चिंता तो यह है, हम सबको जीना है यहाँ पर। चंद लोगों को शायद यहाँ जीना नहीं होगा, जिनको यहाँ से कंसर्न नहीं होगा, जिनकी आगे की पीढ़ी भी शायद बाहर विदेशों में जाकर सैटल होने की स्थिति में होगी, लेकिन अपने को तो जीना–मरना यहीं है। इसलिए हम सोचते हैं कि देश बचेगा तो मिटेगा कौन, देश मिटेगा तो बचेगा कौन?

अब तो सोचें

इस कंसर्न के साथ सोचना जब शुरू करें तो इन शिकायतों से तो काम नहीं चलेगा कि यहाँ टेक्नोलॉजी अपग्रेडेशन पहले होना चाहिए था, क्यों नहीं किया? सारी सिक मिल्स थीं, उन सबको हम सेलरी देते जा रहे थे, प्रोडक्शन जीरो था, अब हम क्या करें, सिक मिल्स को बेचें तो भी क्या फायदा। बाहर से लोग आकर माल यहाँ बेचेंगे, उसके बजाय वे यहाँ आकर माल बनाएँ और बेचें तो शायद कम नुकसान होगा। यह कैच 22 सिचुएशंस होगी, हाब्संस चॉयस की सिचुएशंस होगी, मगर हमको सोचना तो होगा ही। हम निरपेक्ष जज बनकर तो नहीं रह सकते। उन्होंने किया, किया तो किया, भुगत रहे हैं हम सब। उसका क्या। ऐसी स्थिति में जब सोचना हम शुरू करते हैं तो वैश्वीकरण के दुष्प्रभाव के बारे में सबको मालूम हो जाता है।

लोग कहते हैं कि हमने 50 साल तैयारी ही नहीं की। ठीक है, नहीं की, अब सोचें। अब हमको तैरना भी है, तैरना सीखना भी है, दोनों बातें हैं। ऐसी स्थिति में हम अपने देश के संदर्भ में सोचें। ठीक है, हमको क्लीन स्लेट नहीं मिली, हम जैसे–तैसे चलाएँगे, कुछ पीढ़ियों में देश बनेगा। एक पीढ़ी में देश नहीं बनता। अमरीका भी आज की स्थिति में है तो पिछले 200 वर्ष से लोगों ने मेहनत की होगी। अगर चीन

में भी लोग इतनी बड़ी रेलवे लाइन और बहुत बड़े-बड़े डेंजरस नदियों पर भी पुल अगर बनाने में सक्षम हो गए हैं तो मरवलेस फीट मेहनत का ही फल है। जापान में अगर छोटी-से-छोटी जमीन को भी उन्होंने हरा-भरा बनाने और जंगलों को भी बेहतर बनाने की कोशिश की तो मेहनत लगी होगी। बिना मेहनत के नहीं होता। बिना खून, पसीना, आँसू बहाए देश बड़े नहीं बनते। केवल सत्ता के आधार पर देश बड़े नहीं बनते। हम तो मानते ही हैं—व्यक्ति से बड़ा दल, दल से बड़ा देश।

वैश्वीकरण के प्रभाव के बारे में बहुत लिखा गया है। मेरा भी निवेदन है, हम अधिक जानें, पढ़ें। पिछले दिनों जो कुछ साहित्य इधर-उधर हाथ लगा, अरुण कुमारजी के लेख हाथ लगे, उसी तरह से मेक्रो रेफार्म्स के बारे में हाथ में कुछ लेख आए। एस.आर. रामास्वामी, उन्होंने 'द वुड्स ऑफ ग्लोबलाइजेशन' किताब लिखी। संदीप भाई कृष्ण ने बहुराष्ट्रीय कंपनियों का उद्धरण देते हुए वैश्वीकरण के बारे में एक किताब लिखी है। हम भी जरा सा हाथ पैर मारेंगे तो किन-किन क्षेत्रों में कितना नुकसान हुआ है, इसका अंदाजा लगा सकेंगे। आज हमें फूड सिक्यूरिटी की जरूरत नहीं है, यह सोचने की स्थिति में आए हैं। डब्ल्यू.टी.ओ. में अमेरिका ने अपने संविधान को सर्वोपरि माना। दस्तखत करते समय कहा कि डब्ल्यू.टी.ओ. रेगूलेशन और अमेरिकन कॉन्स्टीट्यूशन में अगर अंतर आएगा तो अमेरिकन संविधान को हम प्राथमिकता देंगे, भारत तो ऐसा नहीं कर पाया। सिएटल में हमारा योगदान कितना था, तीसरी दुनिया के अन्य देशों का योगदान कितना था और यूरोप तथा अमेरिका के अंतर्विरोधों का योगदान कितना था? सिएटल का टाक्स अगर फ्रूटफुल नहीं हुआ, तो इसकी भी अलग कहानी है।

इन सबके बारे में कुछ छपा है। जीवन-मूल्यों के बारे में बहुत कुछ छपा है। नागपुर की ज्योति शुक्ला ने 'इंपेक्ट ऑफ ग्लोबलाइजेशन ऑन वीमेन' पर काम किया है। तो मेरा निवेदन है कि इन सब संदर्भों में भी हम सोचें कि ग्लोबलाइजेशन का जो यह इंपेक्ट है, इंडिस्क्रिमिनेट हुआ है, इलथॉट है, इसका केलीब्रेशन नहीं हुआ, नॉट ऑन अवर टर्म्स, हम नहीं कर पाए. कारण कुछ भी रहा हो। माराकेशन में गए होंगे, 1986-87 के पहले भी उरुग्वे में ऐसा दिन आया होगा, जब ऑफीसर्स कहते थे, हमको पेटेंट के बारे में यह एटीट्यूड लेना चाहिए। सेंट्रल गवर्नमेंट की कॉन्फ्रेंस थी। अचानक एक दिन कहा जाता है कि नहीं, तुम रिट्रेस करो, अफसर रिट्रेस कर गए होंगे। कुछ लोग कैजुअलनेस का भी आरोप लगाएँगे। हो गया, उसका परिणाम बहुत खराब हुआ है, जिसके कारण आज हम आर्थिक संप्रभुता को ही संदेह के घेरे

में ला रहे हैं। इन्हीं कारणों से अन्य कई देशों को बनाना रिपब्लिक कहा जाता था, बहुराष्ट्रीय कंपनियों के राजनीतिक हस्तक्षेप और कुप्रभाव के उदाहरण भी पिछले 50 वर्षों में साफ पाए गए हैं। भारत में जब अलाइनेटेड माइंड सेट होगा तो अनर्थ की आशंका हम क्यों न करें?

अब इन सारी स्थितियों के तहत जब हम विचार करें तो उसके बाद क्या? ततः किम्? 'उसके बाद क्या' के बारे में हम अपने देश को समझें। हमारे असेट्स क्या हैं, इसको समझें, तो जन, जमीन, जल, जंगल, जानवर, हमारी विशेषता है। हमने इन विशेषताओं का पूरा समाकलन कर, समायोजन करने की कोई कोशिश नहीं की, वह हम करें। महानदी को कावेरी से हम जोड़ें तो लोग कहते हैं कि लाखों हैक्टर भूमि का सिंचन हो पाए। अगर गंगा नदी को और गहरा तथा ठीक बना दें तो वाटरवेज को बहुत कम लागत से ही हम बहुत संभव बना पाएँगे। बहुत से सुझाव आ रहे हैं। हम अनुपजाऊ जमीन के बारे में स्थानीय भागीदारी की बात क्यों न सोचें, जल प्रबंधन के इतने प्रयोग अपने देश में चल पड़े हैं, हम उन सबका समायोजन केंद्रीकृत ढंग से या विकेंद्रित ढंग से कैसे करें। हम टेंपरेट फॉरेस्ट, ट्रॉपीकल फॉरेस्ट के बारे में, अलग-अलग प्रकार की विद्या को समझते हुए किस विधि से काम में ला सकते हैं। विदेशी नस्ल की गाय तीन बच्चे देती है, हमारी गाय 7 देती है। उनके कूबड़ नहीं, हमारे यहाँ कूबड़ होता है बछड़े का। हम गाय को और प्रमुख स्थान कैसे कहाँ दिला सकते हैं, उसके लिए हमको नीतियों और कानून में क्या बदल करना पड़ेगा। 20 किलोमीटर रेडियस में हम सामान बैलगाड़ी पर ही ढोएँ तो बैलों को प्रोत्साहन मिले। पश्चिम में तो बैल किसी काम के लायक ही नहीं, इसलिए खाएँ। उनके यहाँ ऐसा है तो यहाँ भी हो यह उचित तो नहीं होगा। अतिवादिता की बात मैं नहीं करता। अब चीन में 2/5 जमीन खेती के लायक है, 3/5 वहाँ पर मवेशियों के चरागाह के लायक है, उन्होंने उसका उपयोग किया। जापान में जमीन ही कम है, तो इसका उपयोग वे कैसे करें, इस पर सोचने लगे। अमेरिका में शायद जमीन इफरात थी तो उन्होंने सोचा, जमीन बरबाद हो तो क्या हो गया, कुछ वर्षों के बाद फिर चला लेंगे, इसलिए उन्होंने बड़े-बड़े फार्म्स बनाए। उनको वह सुविधा थी, हमारे पास यह सुविधा नहीं। 4 फीसदी आबादी दुनिया की अमेरिका 40 फीसदी संसाधन उपयोग करने की स्थिति में होगा, 14-15 फीसदी आबादी दुनिया की हम 4 फीसदी ससाधन के मालिक। तो आप्टीमम यूसेज हम कैसे करें? अपनी जमीन, अपनी नदियाँ, अपने पानी, अपने जल संरक्षण, इसका हम अपना इनोवेटिव मैनेजमेंट खुद खोजें। इन सबमें मूल सात

होगा आदमी पर आधारित। स्थानीय आदमी को फोकस में लाकर, वहाँ के आदमी को केंद्र बिंदु बनाकर, उसका हित और उसमें भी एक कदम आगे बढ़ें, उसमें भी जो सबसे गरीब है, सबसे पीछे है, उसको सर्वाधिक महत्त्व, यहाँ तक कि उसके लिए वीटो पावर का प्रोविजन करना पड़े, तब तो वह कहीं बचे, नहीं तो आज के बुल्डोजर के जमाने में कहाँ क्या हो जाए।

हमारी प्राथमिकताएँ

वहीं दूसरी तरफ थोड़ा और आगे बढ़ें कि हमारे लिए प्राथमिकताएँ भी क्या हैं? पश्चिम में शब्द चल पड़ा है 'सोशल कैपीटल'। पहले तो संसाधन खनिज, बिजली वगैरह को कहते थे, बाद में कहने लगे 'मैन पावर' वगैरह। सामाजिक पूँजी के बारे में उनको तो कुछ ज्यादा मालूम ही नहीं है। हमारा परंपरागत समाज है। उनके यहाँ सामाजिक सुरक्षा राज्य पर निर्भर है, क्योंकि इंडिविजुअल और स्टेट के बीच रिश्ते ज्यादा नहीं हैं। उनके यहाँ परिवार की अवधारणा उतनी मजबूत नहीं रही, कम्युनिटी का कांसेप्ट ज्यादा नहीं रहा, क्रिश्चियनिटी में बिलीवर्स आर इक्वेवैलेंट टू कम्युनिटी, टूवड्र्स चर्च और सारा बाजारवाद की चपेट में आ जाने के कारण काम नहीं आया।

हमारे यहाँ सामाजिक पूँजी है परिवार। अगर सामाजिक सुरक्षा राज्य पर डाल देते, भारत में भी अमेरिका के समान, तब तो हमारा बाजा बज जाता। जबकि 40 लाख करोड़ रुपए की हमको जरूरत पड़ जाती। होता कैसे? इसलिए परिवार, समुदाय में हम विदेशी ढाँचा अगर यहाँ लाए हैं तो हमको जरा और सोचना पड़ेगा। उसको कैसे सुधारें, कैसे यहाँ के साथ ट्यून करें, यहाँ के लोगों के साथ सिंथसाइज कैसे करें। जैसे जापान ने अनुभव किया और चीन ने अगर कम्युनिटी की भागीदारी पर ज्यादा जोर दिया तो हम अपने ढंग से सोचें, उनकी भी हम नकल क्यों करें?

तो अब विचारों की जरूरत है, विश्वास की जरूरत है, प्रयोगों की जरूरत है। इसके लिए गट्स की भी जरूरत है। यह सबको मिलकर करना पड़ेगा। हमने बहुत बड़ी गलती की है कि सरकार पर ही आश्रित रहे हैं। इसलिए हम तो वोट दें, सरकार ही सबकुछ करे। सरकार सबकुछ अगर करेगी तो इसका मतलब है कि 'वी आर सरेंडरिंग ऑल अवर राइट्स टू द स्टेट इन बारगेन'। (हम सरकार के साथ समझौता करके अपने अधिकार उसे समर्पित कर रहे हैं।) फिर एकाधिकारवाद ही उसका नतीजा होगा। इसलिए लोकतांत्रिक मानस की पहल अपने हाथ में ही रखे।

इसमें से इंस्ट्रूमेंट्स क्या हों, प्राथमिकताएँ क्या हों? प्राथमिकताएँ तो सबसे

पहले हमारी निश्चित हैं कि देश के सब लोगों को रोटी, पीने का पानी, कपड़ा, छत, पढ़ाई, दवाई और ऊर्जा सबको प्राप्त हो, हमारी प्राथमिकता यह; इसलिए जी.एन.पी. किताब बढ़ा, रेट ऑफ ग्रोथ कितना हुआ यह माइक्रो इकोनॉमिक इंडीकेटर्स एक हद तक काम आएँगे। लेकिन पहले जन-भागीदारी, जन-सहयोग और जनाधिकार, इस आधार पर हमारे प्रयोग से देश को खड़ा करना, देश को ठीक करना, देश को बनाना, यानी इन सारे असेट्स को ठीक ढंग से अरेंज कर देना, फेसीलिटेट कर देना होगा। तो जो कॉलोनिअल हैंगओवर था कि राज्य ही नियंत्रक है, उसके बदले जनता के हितों की रक्षा करनेवाला हो। देश की संप्रभुता का रक्षक। इसलिए जहाँ बात करनी है, वहाँ 'इंडियन स्टेट शुड ऐंड रिफ्लेक्ट दी ग्लोरी ऑफ इंडियन सिविलाइजेशन। इन नो केस ईवन साइक्लॉजीकली नॉट टू बी सब सरविएंट' (भारतीय राज्य भारतीय सभ्यता की श्रेष्ठता को प्रदर्शित करता दिखना चाहिए), यह भी जनता के बीच में से ही आएगा। इसके लिए बहुत कानून में बदलाव करने पड़ेंगे, बदल तो बहुत से किए हैं, लेकिन किन के लिए, कुछ लोगों के लिए। उस आम आदमी के लिए हमको जो-जो बदल करना पड़े, करें। हमने एक लैंड सेटलमेंट किया होगा तो जंगल सरकार को लेने का हक कब से आ गया। जब हमने जमीन पर जोतनेवाले मालिक और जमींदार कोई भी रहे हों, उनको जमीन दे दी, जंगल ब्रिटिश ने अपने हाथ में क्यों रख लिया, फॉरेस्ट रेंजर कौन हो गए बड़े, वे मालिक कब से बन गए, क्यों बन गए? जंगल में रहनेवाले आदमी को इसकी मिल्कियत क्यों नहीं मिल पाई। बेसिक्स हैं। तो उपनिवेशवादी मानस रहा होगा। कुछ नया सोचें, कुछ अपना सोचें। व्यक्तिगत मिल्कियत क्यों, समुदाय की क्यों नहीं, कम्युनिटी की क्यों नहीं। गाँव में है, खेती करता है खेत उसका, गाँव में नहीं है तो खेती गाँव की, उसी की क्यों? अबसेंटीलैंडलारडिज्म का कोई और उत्तर हो सकता है क्या, खोजने की तो जरूरत होगी। कितने तनाव बढ़ते चले जाते हैं, क्यों बढ़ते हैं, क्योंकि स्क्वायर पेग इन दी राउंड होल वाली सिचुएशन है। इसलिए इसके इंस्ट्रूमेंट्स क्या हों, उसमें भारत में सोशल और मैं कहूँगा रिलीजस इंस्टीट्यूशंस का भी योगदान क्या हो, इस पर बहस होनी चाहिए। डागमेटिक होना जरूरी नहीं है। बिजनेसमैन या इंडस्ट्रियलिस्ट, इनके बारे में हम उनको केवल शोषक ही समझते चलें, यह भी पूरा सही नहीं होगा। हाँ, नार्म्स ऐंड यार्डस्टिक्स जो एक सर्वस्व त्यागी संन्यासी के लिए होंगे, वही बिजनेसमैन इंडस्ट्रीज के लिए भी हम लागू करें, यह भी उचित नहीं होगा। इन सब बातों का लिंकेजेज कैसे करें, मेकैनिज्म कैसे उत्पन्न करें, इसमें हमारे पोलिटी का रोल क्या

हो, इन सबके बारे में भी बहस चलाने की जरूरत है।

इन सबका अगर लब्बोलुआब कहना हो तो आज सत्तावाद, बाजारवाद, इन सबसे भी मुक्त होते हुए जनतावाद (पीपुलाइजेशन), जनता को हिस्सेदार बनाना, उनको वास्तव में मालिक बनाना, इनसे देश मजबूत होता है। जनता पर आस्था, श्रद्धा रखें, हमसे कम बुद्धिमान, जानकार नहीं हैं, वह भी कई बातें ज्यादा ही जानते हैं, हम उनकी मदद के लिए कुछ कर सकें तो ठीक है, उपदेशक के नाते से नहीं। हम विश्वास तो करें उन पर।

प्रतिरोध के रूप

मुझे तो ध्यान में आता है कि अपने देश में रेजिस्टेंस में एक समय बहुत बड़ा था, पोलिटिकल रेस्पोंस कभी रामचरित मानस का आया होगा उत्तर में, इसलिए वहाँ तक जाकर भी लोग चाहे माले में हो, मॉरीशस में हो, सब जगह लोगों ने बचा-बचाकर रखा है, उसने बहुत ताकत दी समाज को। गांधी ने बहुत ताकत दी समाज को। पढ़े-लिखे, अनपढ़, गरीब, सेठ, साहूकार सभी की ताकत की उपयोगिता गांधी ने जानी। गरीब-बेबस आदमी में हिम्मत जगा दी गांधी ने।

व्यवस्था परिवर्तन की बात कही, उसके बाद बहुत पोलिटिकल रेस्पांस, जो छोटे दायरे में केवल रह गया, वह राम जन्मभूमि को मानता हूँ। वह बहुत बड़ा पोलिटिकल मास रेस्पांस था भारत की जनता का, वह एक प्रतिरोध आंदोलन था कि देश जिस तरह से चलाया जा रहा है, वह ठीक नहीं है। उसका क्षितिज शायद और विस्तृत होना था, केवल सत्ता, राजनीतिक पार्टी, राजनीति का वह विषय नहीं था। वोट बनाने या चैक वाला विषय भी वह नहीं था। उसमें भारत की जनता की बहुत बड़ी ऊर्जा लगी, जिसको कई बार कॉलोनिअल हैंगओवर या सोशलिस्ट हैंगओवर रखनेवाले शायद कई लोग मान नहीं पाते हैं, इंडियन स्टेबलिशमेंट उसको वैसा माना नहीं जा सका। अभी जे.पी. आंदोलन के बाद फिर एक व्यवस्थागत परिवर्तन की आवश्यकता जनता को प्रतीत होने लगी है, सत्तावाद से नहीं हो पाया, बाजारवाद से होने की संभावना नहीं दिखती। और ज्यादा नुकसान, और ज्यादा कष्ट, यही आगे आसार नजर आ रहे हैं सबको। आत्मसम्मान पर कितनी बड़ी चोट लगी, कोई वर्ल्ड बैंक का चीफ यहाँ आकर हमको नसीहत दे जाए। हमें कहा जाए कि बिजली क्षेत्र में सुधार करो, तब हम स्वास्थ्य, शिक्षा के बारे में सोचेंगे। मजाक उड़ाया जाए आंध्र प्रदेश में ही बड़े जुबीलेंट होकर स्वागत करनेवाले मुख्यमंत्री का कि इनको

क्या आई.टी. मालूम है, हमको भी मालूम नहीं हैं, बातें इतनी बड़ी कर रहे हैं। हमारे देश की जमीन पर वे ऐसा मजाक कर जाए और हमको चोट नहीं लगेगी। तो एक तरफ यह व्यवस्थागत परिवर्तन, इसकी भी माँग देश-समाज में उभर रही है। अब तक जो हमने किया, वह पूरा ठीक नहीं रहा है, हमको और कुछ करना चाहिए, यह इच्छा भी जगी है। अभी की नई पीढ़ी जो 1960 के बाद जनमी है, उसमें जितना ऑफ इन्फॉर्मेशन है, जितने बोल्ड हैं वे लोग, जितना विश्वास है अपने प्रति, उनमें वे हैंगओवर्स बहुत कम हैं। इसलिए वे आगे की सोच रहे हैं और इसमें बहुत बड़ी ताकत हैं किसान, मजदूर कारीगर, छोटे उद्योग, प्रत्यक्षतः जिनको आँच अब लगने ही लगी है, वे भी आगे आएँगे। हम जितना कुछ कर पाए हैं, वह कम है, बहुत आगे हम कर लें, यह उद्देश्य है।

यह सब होते हुए इंस्ट्रूमेंट्स की तलाश, सिस्टमिक चेंज की तलाश, यह आज वक्त का तकाजा है और मैं अंत में अपनी बात खत्म करने के पहले यह कहना चाहूँगा कि ये सब जितनी बातें हैं, इनको मैं स्वदेशी मानता हूँ। स्वदेशी ओब्सकरेंटिस्ट नहीं है, स्वदेशी आइसोलेशनिस्ट नहीं है, स्वदेशी प्रोटेक्शनिस्ट नहीं है, 'स्वदेशी इज टू बिल्ड दी कॉन्फीडेंस, नाट दू रन अवे फ्रॉम, बट अंगेज दी वेस्ट ऑन अवर टर्म्स'। हम आइसोलेटेड क्यों होंगे। दुनिया हमें आइसोलेटेड रहने भी नहीं देगी और हम आइसोलेटेड होना भी नहीं चाहते, बट आन अवर टर्म्स, अगर 100 करोड़ का देश एंगेज नहीं कर सकता उन लोगों को तो भला कौन करेगा। हमारे सरीखे परंपरा वाला देश, ठीक है, आज कमजोर हैं, आज से 200 साल पहले भी वे वेयर द लीडर्स। विदेश व्यापार में 19 परसेंट हमारा शेयर था, आज ठीक है हम .6 या .5 परसेंट पर हैं। आई.टी. के बारे में बड़ा टामटाम किया जा रहा है, तो आई.टी. के बारे में भी क्या हुआ, हमारे पैकेज सोल्यूशंस में क्या शेयर है। .15 या .2 परसेंट और सॉफ्टवेयर में कितना शेयर है, हम उसके एवज में इंपोर्ट कितना कर रहे हैं, हम इसको और ज्यादा प्रोडक्टिव कैसे बना सकते हैं। हमारे इंटेलेक्चुअल मैन पावर को केवल सोफेस्टिकेटेड गिरमिटिया मजदूर बनाने की कोशिश न करें। इस पोटेंशल को हम बढ़ा सकते हैं, अपने तरीके से सोच सकते हैं, यह सब सोचने के लिए चाहिए संकल्प और आत्म विश्वास और यह आत्मविश्वास अपने देश की जनता की तरफ देखने से आएगा।

इसलिए मैं मानता हूँ कि 'स्वदेशी इज ए सिविलाइजेशनल आल्टरनेटिव, नॉट मिअरली इकोनॉमिक ऑल्टरनेटिव'। और यह करने के लिए जरूरी है 'सेल्फ

प्राइड इन अवर आइडेंटिटी ऐंड हिस्टरी' और साथ-साथ जरूरी है केयर ऑफ वंस जोगरफी। और इन सब बातों को हमें पहले ही महात्मा गांधी ने बताया है। ट्राई टूवड्र्स आईडेंटिटी, जब साउथ अफ्रीका से वे लौट बंबई उतरे तो अपनी पतलून वगैरह अच्छी पोशाक पहने हुए उतरे तो लोगों को अटपटा लगा होगा। उन्होंने कहा कि मुझे तो यहाँ जितने हिंदुस्तानी दिख रहे हैं, उससे अधिक हिंदुस्तानी साउथ अफ्रीका में मिले थे। यह है 'प्राइड इन वंस आइडेंटिटी ऐंड हिस्टरी'।

एक कदम काफी है

उसी तरह महात्मा गांधी ने बाद में कहा, हमें केवल सुराज नहीं चाहिए और अंग्रेज अच्छा राज करता था तो हम उसको रहने देते। आज यहीं कहें, बिल गेट्स तुम्हारा सुराज है तो हम अपना लें, अपनाने की बात सोचना यह आत्महीनता का परिचायक है, आत्मविश्वास का परिचायक नहीं है, वह भी उस आई.टी. से, जहाँ हमारे पास लोग हैं। और हमारे मुख्यमंत्री लोग अगर बिल गेट्स की चरणवंदना करने में लग जाएँ तो क्या इसे राष्ट्रीय अभिमान की बात कहा जाएगा? वह एक टुकड़ा फेंक दे और हँसता हुआ चला जाए, चोट नहीं लगती अपने को? गांधी ने कहा, सुराज केवल नहीं, आजादी केवल नहीं, स्वराज, हम अपने समाज को अपने ढंग से चलाएँगे और अपने समाज पर हमको पूरा विश्वास है, यह सब करते हुए महात्मा गांधी ने एक बात और कही थी कि वन स्टेप इज एनफ फॉर मी। एक कदम इस दिशा में चलिए। मुझे पूरा विश्वास है अपने देश की जनता पर। हम सबका हमेशा से मानना रहा है, व्यक्ति से बड़ा दल, दल से बड़ा देश। आज हम चेतें और कुछ करें, ऐसा न हो, कल को हम चेतें, बचाने के लिए निकलें और बचाने के लिए कुछ नहीं बचा हो।

इसलिए इस दिशा में सभी लोगों को आगे बढ़ना है, सभी लोगों को बहस चलानी है, किसी एक का ठेका नहीं है, किसी एक विचारधारा का भी ठेका नहीं है। इसमें उस अंत्योदय, उस आखिरी आदमी की जरूरत है, उसके चेहरे, उसकी भावना, उसकी इच्छा, उसके चेहरे पर मुसकान लाने के लिए हम सब और दूसरे लोग चाहे वे किसी भी विचारधारा के हों, साथ मिलकर राष्ट्र के स्वत्व और स्वाभिमान के लिए, आत्मविश्वास के साथ जूझने के लिए हम तैयार रहें और स्वदेशी रचना के लिए नए-नए प्रयोगों को अपनी-अपनी जगह पर शुरुआत करें, प्रोत्साहन दें। और नेटवर्किंग साथ में कर सकें, इस दिशा में सभी सोचें। यह मेरा निवेदन है,

क्योंकि हम ऐसा मानते हैं कि हिंदुस्तान की सोच दुनिया पर हमला कर कब्जा करने की नहीं है। कभी नहीं किया है, न आगे करेंगे। पूरी दुनिया को बेहतर बनाने का सपना हमेशा अपने देश के पुराने लोगों ने सँजोया है। हम वैसे ही रहनेवाले हैं। हाँ, करने के लिए हम पश्चिम को एंगेज तब करें, जब हम भी कुछ हैसियतमंद हो जाएँ।

इसलिए इस स्वदेशी आधार पर सोचने, प्रयोग करने में, इन सबमें सबकी शक्ति, बुद्धि, क्षमता का उपयोग हो, यह विनम्र प्रार्थना है।

अंत में आप सबकी ओर से, जो कामना पुराने ऋषियों ने की है, वही दोहराता हुआ।

सर्वे भवन्तु सुखिनः, सर्वे सन्तु निरामया,
सर्वेभद्राणि पश्यन्तु, मा कश्चित दुःखमाप्नुयात्।
ॐ शान्तिः शान्तिः शान्तिः।

□

परिशिष्ट-2

राष्ट्रीय स्वाभिमान आंदोलन का स्वरूप

अखिल भारतीय कार्यकर्ता सम्मेलन

विचारार्थ प्रारूप

अध्ययन अवकाश के बाद तय हुआ था कि बौद्धिक, रचनात्मक और आंदोलनात्मक तरीकों से देश में सज्जनशक्ति को जुटाना है। तदनुसार कौटिल्य शोध संस्थान की शुरुआत 3 फरवरी, 2003 को हुई। तब से लेकर अब तक इसके तहत कई काम हुए और कई गति पकड़ रहे हैं। इस अवधि में कौटिल्य शोध संस्थान के निम्नलिखित आयाम उभरकर सामने आए—

मंदिर आंदोलन—मंदिरों के साथ पाठशाला, अन्नशाला, धर्मशाला, आरोग्यशाला और गौशाला की व्यवस्था सुनिश्चित करना।

पौरोहित्य प्रशिक्षण—कर्मकांड, आगम-निगम के साथ वास्तु, कृषि, गौपालन, आयुर्वेद और कानून आदि का प्रशिक्षण सुनिश्चित करना।

गुरुकुल आंदोलन—प्राचीन शिक्षा प्रणाली का युगानुकूल आविष्कार।

राजनीति प्रशिक्षण—भारतीय संस्कृति पर आधारित राजनीति का अध्ययन-अध्यापन पीठ।

मनोरंजन क्षेत्र—सिनेमा आदि का संस्कार पर सूक्ष्म प्रभावी उपकरण के तौर पर अध्ययन।

साहित्य प्रकाशन

भारत विकास संगम

रचनात्मक कार्यों के जरिए सामाजिक बदलाव के महत्त्वपूर्ण कार्य में देश के अलग-अलग हिस्सों में सज्जनशक्ति प्रयासरत है। इसी प्रकार की पहल और प्रयोगों

को सहेजते हुए और उन सबके बीच संवाद, सहमति और सहकार के आधार पर रचनात्मक कार्यों को गति देने के मकसद से 20 नवंबर, 2004 को भारत विकास संगम की शुरुआत हुई।

विकेंद्रीकरण, विविधीकरण और स्थानिकीकरण के आधार पर बाजार का नियंत्रण न होकर बाजार की सामान्य हिस्सेदारी के साथ 'हमारा जिला (इलाका), हमारी दुनिया' को स्वयं पूर्ण स्वावलंबी बनाना है। इसके लिए कम पूँजी, कम लागत एवं स्थानिकता के पुट के साथ खेती, गौपालन, उद्यम, रोजगार, स्वास्थ्य, शिक्षा और ऊर्जा की व्यवस्था होनी चाहिए। जिले की प्रतिभा, श्रम, जन और संसाधनों के आधार पर 'सबको भोजन और सबको काम' मिले, इसकी व्यवस्था करनी है। इसके लिए विकास के मापदंडों में जमीन, जल, जंगल और जानवर का परस्पर संपोषण भी एक मापदंड होगा। इसमें अलग-अलग क्षेत्रों में कार्यरत लोगों को जोड़कर सहभागी बनाना ही सज्जनशक्ति को जोड़ना है।

विकास की दिशा में आवश्यक तत्त्व यह है कि समृद्धि और संस्कृति का संतुलन बैठाया जाए। कृषि, गौपालन, रोजगार, उद्यम, कारीगरी, स्वास्थ्य, पर्यावरण, जमीन, जल, जंगल, जानवर और शिक्षा आदि किसी भी क्षेत्र से सज्जनशक्ति को एकजुट करने और उसे रचनात्मक कार्यों की ओर मोड़ने की शुरुआत की जा सकती है। विगत 4-5 वर्षों में भारत विकास संगम के बौद्धिक और रचनात्मक आयाम स्वयं पूर्ण स्वावलंबी होकर विस्तार पाते गए हैं।

भारतीय पक्ष पत्रिका, प्रकाशन और वेबसाइट

भारतीय पक्ष पत्रिका ने पिछले चार साल में अपना अलग स्थान बनाया है। मुख्यधारा की मीडिया जिन मुद्दों को अपने व्यावसायिक हितों के चलते नहीं उठा पाती है, जन-सरोकारों वाले उन मुद्दों को इस पत्रिका ने बेहद संजीदगी के साथ उठाया है। इसके अलावा राष्ट्रीय स्वाभिमान आंदोलन के कार्यकर्ताओं के प्रबोधन में भारतीय पक्ष मासिक पत्रिका की भूमिका सराहनीय रही है। इसके अतिरिक्त कौटिल्य प्रकाशन, समाज नीति केंद्र, स्वाभिमान प्रकाशन एवं भारतीय पक्ष प्रकाशन की ओर से कुछ पुस्तकें भी प्रकाशित हुई हैं। भारतीय पक्ष पत्रिका की वेबसाइट भी सफलतापूर्वक चल रही है और भारतीय पक्ष स्वाभिमान आंदोलन, भारत विकास संगम और श्री के.एन. गोविंदाचार्य की वेबसाइट जल्द ही शुरू करनेवाली है।

समग्र शोध संस्थान

कालक्रम में 2008 में समग्र शोध संस्थान भी गठित हुआ। शोध का अपना एक अलग और विशेष महत्त्व है। इसी बात को दिमाग में रखते हुए शोध संस्थान की शुरुआत हुई। समग्र शोध संस्थान का मुख्य कार्य यह है कि भारतीय तत्त्वज्ञान के प्रकाश में राजसत्ता संचालन हेतु राष्ट्रीय जीवन के सभी क्षेत्रों के लिए समीचीन नीतियों का आलेख तैयार करें, जिसके आधार पर भारतपरस्त और गरीबपरस्त सरकार चलाई जाए।

राष्ट्रीय स्वाभिमान आंदोलन

13 मई, 2004 के चुनावी नतीजों के बाद विदेशी मूल की सोनिया गांधी प्रधानमंत्री बनने के काफी करीब पहुँच गईं। उस समय राष्ट्रीय स्वाभिमान आंदोलन के हस्तक्षेप से देश शर्मसार होते-होते बचा। 15 मई, 2004 को राष्ट्रीय स्वाभिमान आंदोलन की स्थापना का तात्कालिक कारण यह बन गया। हालाँकि, यह पहले से चल रहे कार्यों का ही विस्तार था। भारतीय समाज के संचालन में चार सत्ताओं की भूमिका रही है। वे हैं—धर्मसत्ता, समाजसत्ता, राजसत्ता एवं अर्थसत्ता। इन चार सत्ताओं में राजसत्ता सर्वाधिक संगठित एवं दृश्यमान सत्ता है। इस सत्ता को भारतपरस्त एवं गरीबपरस्त बनाए रखना राष्ट्रीय स्वाभिमान आंदोलन का मुख्य उद्‌देश्य होना चाहिए।

कार्य का स्वरूप

राष्ट्रीय स्वाभिमान आंदोलन को अपनी पूरी ताकत दो प्रकार के कार्यों में लगानी चाहिए—

1. चुनावी राजनीति में उन उम्मीदवारों की जीत सुनिश्चित करना, जिनमें भारतपरस्त एवं गरीबपरस्त नीतियों पर चलने की संभावना सर्वाधिक दिखाई देती हो।
2. सरकार को भारतपरस्त एवं गरीबपरस्त नीतियों पर चलने के लिए प्रेरित करना और ऐसा न होने पर लोकतांत्रिक तरीके से उनका विरोध करना।

राष्ट्रीय स्वाभिमान आंदोलन का कार्य-विस्तार

कालक्रम में राष्ट्रीय स्वाभिमान आंदोलन के कार्य का विस्तार हुआ। राष्ट्रीय

स्वाभिमान आंदोलन के अंतर्गत बिहार में अलख यात्रा हुई। साथ ही गंगासागर से हरिद्वार की गंगा महासभा के तत्त्वावधान में हुई गंगा संस्कृति प्रवाह यात्रा में स्वाभिमान आंदोलन के कार्यकर्ताओं की सहभागिता रही। स्वदेशी जागरण मंच की आंदोलनात्मक गतिविधियों में भी स्वाभिमान आंदोलन की सहभागिता रही। गठन से लेकर अब तक राष्ट्रीय स्वाभिमान आंदोलन के निम्न आयाम नजर आए हैं—

1. गंगा आंदोलन
2. गौरक्षा आंदोलन
3. मातृशक्ति आंदोलन
4. सूचना के अधिकार का प्रयोग
5. जनहित याचिका का प्रयोग
6. एस.ई.जेड. का विरोध
7. मॉल का विरोध
8. सांस्कृतिक मुद्दे
9. स्वाभिमान से जुड़े अन्य मुद्दे
10. व्यवस्था सुधार
11. शिक्षा सुधार
12. न्यायपालिका सुधार
13. संवैधानिक सुधार
14. प्रशासनिक सुधार
15. कर सुधार
16. पुलिस सुधार
17. चुनाव-सुधार
18. मीडिया सुधार
19. आर्थिक सुधार
20. प्रखंड स्तर पर विकास की समीक्षा

पिछले साढ़े चार साल की गतिविधियों पर जब हम निगाह डालते हैं, तो हमें पता चलता है कि स्वाभिमान आंदोलन अपने विभिन्न आयामों में उल्लेखनीय ढंग से आगे बढ़ा है।

भारत में उपनिवेशवादी पृष्ठभूमि के साथ उपजी कुव्यवस्था के स्थान पर भारत की तासीर, तेवर व जरूरत के हिसाब से व्यवस्था उपजे, यह सबसे बड़ी

आवश्यकता है। इस मकसद के साथ कई साथी पहले से कार्यरत थे, उन सबने प्रयासों को सँजोते हुए स्वतंत्र रूप से भारत रक्षा अभियान गठित किया है। राष्ट्रीय स्वाभिमान आंदोलन इसकी सराहना करता है और देश के लिए दिशादर्शक मानता है। ऐसे प्रयासों में राष्ट्रीय स्वाभिमान आंदोलन के कार्यकर्ता सहयोग करेंगे, अपना मानेंगे एवं सीखते चलेंगे।

कुव्यवस्था की जगह सुव्यवस्था को स्थापित करने की मुहिम, सांस्कृतिक, आर्थिक एवं राजनीतिक क्षेत्रों में मुहिम चलनी चाहिए। राजनीतिक क्षेत्र की मूल्यों और मुद्दों पर वापसी होनी चाहिए और एतदर्थ सत्ता की ओर राजनीति के बाहर से एवं अंदर से चल रहे प्रयासों पर भी राष्ट्रीय स्वाभिमान आंदोलन नजर रखे हुए है और इसके अनुरूप गतिविधियों को गति देने की दिशा में निरंतर कार्य कर रहा है।

आज लोकतंत्र और निगमतंत्र काबिज होता जा रहा है। विधायिका, कार्यपालिका, न्यायपालिका एवं मीडिया पर निगमों का और थैलीशाहों का प्रभाव और कब्जा बढ़ता गया है। इस वजह से इनकी सोच एवं कार्यप्रणाली प्रभावित होने लगी है। जनमानस को बाजार के नियंत्रण में लाने की कोशिश जारी है और जनमानस के कुछ हिस्से प्रभावित भी हुए हैं।

लोकतंत्र में जन की इच्छा की अभिव्यक्ति का जरिया चुनाव है। हम सब देख रहे हैं कि चुनावतंत्र थैलीशाहों से बुरी तरह प्रभावित हुआ है। निगमों ने भीमकाय पार्टियों और गठबंधनों को निगल लिया है। शासन, प्रशासन, चुनाव आयोग निगम-तंत्र के शिकार होकर चुनाव प्रणाली को निगम-तंत्र के आगे बलि चढ़ा रहे हैं। विधायिका, कार्यपालिका, न्यायपालिका और मीडिया को नियंत्रित करने की स्थिति में हैं। ऐसे में चुनाव जन की इच्छा को अभिव्यक्त नहीं कर पा रहे हैं। सभी प्रमुख राजनीतिक दल एवं गठबंधन जहाँ कहीं भी सरकारों में हैं, वे सब अमीरपरस्त, अल्पसंख्यकपरस्त एवं विदेशपरस्त नीतियाँ अपना रहे हैं। ऐसे में सरकारों की स्थापना का लक्ष्य (सरकारें उनके बचाव के लिए अस्तित्व में आती हैं, जो अपना बचाव खुद नहीं कर सकते), लोकतंत्र में अब गायब हो गया है। जन की इच्छाओं को नियंत्रित करना, मोड़ देना, मृग-मरीचिका में उलझा देना निगम-तंत्र की कार्यप्रणाली का सहज अंग है।

ऐसे में लोकतंत्र में सत्ता और दलीय राजनीति के अंदर से तथा बाहर से भी हस्तक्षेप की जरूरत है। एक तरफ देश के अंतिम, गरीब और बेबस आदमी के हित व हक के बचाव में आवश्यकतानुसार भारतीय मानस के अनुरूप नया संविधान,

तदर्थ नई संविधान सभा का गठन हो, इसके लिए जन-प्रबोधन, जनसंपर्क एवं जनदबाव उत्पन्न करने की जरूरत है। उसी के साथ वर्तमान स्थिति में व्यापक चुनाव-सुधार एवं दलीय सत्ता राजनीति में हस्तक्षेप भी उपयोगी होगा।

राष्ट्रीय स्वाभिमान आंदोलन के कार्यकर्ता नए संविधान की माँग के पक्ष में सक्रिय हों, व्यापक चुनाव-सुधार की दिशा में प्रयासरत रहें और भारतपरस्त, गरीबपरस्त राजनैतिक ताकतों के पक्ष में रहें, यह स्वाभाविक है। उपरोक्त उद्देश्यों से प्रेरित होकर कई छोटे-बड़े राजनैतिक दल-समूह सक्रिय हैं। राष्ट्रीय स्वाभिमान आंदोलन के कार्यकर्ताओं ने उनकी भी पहचान की है और उनसे संवाद की स्थिति में हैं।

भारत में सक्रिय ऐसे सहमना या सहविचारी संगठनों, समूहों को संवाद सहमति और सहकार्य के रास्ते चलना है। ऐसे समूह आपस में समझदारी के साथ मूल्यों और मुद्दों के बारे में एकता बनाते चलें और उससे राष्ट्रीय मोर्चा का स्वरूप उभरता चले, यह जरूरी है। वहीं यह भी समझना होगा कि लोकतंत्र के बिगड़े स्वरूप नोटतंत्र, गिरोहतंत्र और निगमतंत्र में जन की इच्छा को अभिव्यक्ति देने के लिए व्यापक चुनाव-सुधार पूर्व शर्त के नाते जरूरी हैं। अन्यथा भारतपरस्त, गरीबपरस्त राजनीतिक ताकतों के प्रभाव में सहभागिता से निगमतंत्र को स्वीकार्यता एवं वैधता मिल जाने का खतरा रहेगा।

व्यापक चुनाव-सुधार की दिशा में बढ़ते जाना उपयोगी तब होगा, जब 1946 में गठित संविधान सभा के संदर्भ में बहस छेड़ी जाए। वर्तमान कुव्यवस्था से सुव्यवस्था की ओर बढ़ने के लिए नई संविधान सभा की माँग जरूरी है, जिसमें अंतिम व्यक्ति के हक और हित का संरक्षण हो और सही हिस्सेदारी हो सके। इस दिशा में गंभीर प्रयास राष्ट्रीय स्वाभिमान आंदोलन के कार्य का स्वाभाविक हिस्सा है।

उसके साथ-साथ निगमतंत्र को चुनौती देते हुए व्यापक सुधार की ओर आंदोलन को बढ़ाते जाना राष्ट्रीय स्वाभिमान आंदोलन की शैक्षणिक, न्यायपालिका, पुलिस, कर-व्यवस्था, संविधान, प्रशासन आदि सुधारों के बाबत सक्रियता स्वाभाविक हिस्सा है।

भारतपरस्त और गरीबपरस्त राजनीतिक समूहों की पहचान के साथ संवाद, सहमति और सहकार के रास्ते सत्ता दलीय राजनीति में राष्ट्रवादी या राष्ट्रीय मोर्चे के नाते हस्तक्षेप हो, यह कार्यविधि का एक हिस्सा है। कुल मिलाकर देश में सज्जनशक्ति का उभार बौद्धिक, रचनात्मक और आंदोलनात्मक आयामों को

बढ़ाकर ही संभव है। एतदर्थ नए ढाँचे, नए तरीकों और नए लड़ाकों का प्रयोग ही उपाय है। पहले से ही बना-बनाया रास्ता सही नहीं है। साहस, पहल एवं प्रयोगों के रास्ते से ही गुजरना होगा।

आखिर में हमें यह समझना होगा कि संगठनशास्त्र विज्ञान एवं कला दोनों है। इसके कुछ बिंदु निम्न हैं, जिनके आधार पर अपने काम को आगे बढ़ाने में मदद मिलेगी—

1. संपर्क में आए व्यक्ति, शुभचिंतक, समर्थक, कार्यक्रमकर्ता, अच्छे जिम्मेदार कार्यकर्ता, निर्माण प्रक्रिया को जाननेवाले कार्यकर्ता तक पहुँचने की स्थिति में पहुँचना किसी भी संगठन के लिए अनिवार्य तत्त्व है। इसी से जनसमर्थन और जनसहभाग को स्थायी बनाया जा सकेगा। इसे ही कार्यकर्ता विकास प्रक्रिया कहा जाता है।
2. कार्यकर्ता, कार्यालय, कोष एवं कार्यक्रम—ये चार चीजें कुरसी के चार पैरों के समान बराबर होनी चाहिए। इसमें सभी की भूमिका अहम होती है, लेकिन कार्यालय और कोष पर ज्यादा जोर जरूरी होता है।
3. प्रवास, बैठक, टीमवर्क एवं संवाद—चारों पहलुओं की वैज्ञानिक विधि एवं बारीकियाँ कार्यकर्ताओं को मालूम रहना अधिक जरूरी और उपयोगी होगा।
4. किसी भी कार्यक्रम, अभियान, गतिविधि या प्रकल्प के लिए पूर्व योजना, पूर्ण योजना, चुस्त क्रियान्वयन, सही समीक्षा और त्वरित अनुवर्तन की व्यवस्था आवश्यक है।
5. समर्थक और कार्यकर्ता में अंतर है। कुछ निश्चित इलाके या कार्य की पूछताछ हो सके, ऐसी सुनिश्चित जिम्मेदारी जिसको हो, वह कार्यकर्ता कहा जाएगा, अन्यथा वह समर्थक की श्रेणी में आएगा।
6. उपरोक्त पहलुओं के बारे में समझदारी बढ़ते जाना, जीवन में उतरना संगठनशास्त्र का हिस्सा है।
7. कार्यकर्ता विकास आंतरिक प्रक्रिया है। कोई किसी का विकास नहीं कर सकता है। केवल दूसरों के विकास में मददगार हो सकता है।
8. राष्ट्रीय स्वाभिमान आंदोलन को गाँव-गाँव तक कार्यकर्ता बनाने हैं, ताकि प्रखंड स्तर तक हो रहे विकास कार्यों की समीक्षा ये कार्यकर्ता खुद कर सकें।

संगठन निर्माण

राष्ट्रीय स्वाभिमान आंदोलन को एक जनसंगठन बनाने के लिए निम्न प्रकार का ढाँचा खड़ा करना चाहिए—

राष्ट्रीय संयोजक—इस पद की जिम्मेदारी गोविंद जी निभाएँ।

प्रांत प्रभारी—सभी 38 प्रांतों (संघ व्यवस्था के अनुसार) के लिए गोविंद जी प्रांत प्रभारी नियुक्त करें। किसी व्यक्ति को उसके गृहप्रांत का प्रभार न दिया जाए। सभी प्रांत प्रभारी दिए गए प्रांत में आंदोलन से जुड़े सक्रिय लोगों की सूची तैयार करें और किन्हीं तीन लोगों को प्रांत संयोजक के नाते गोविंद जी को प्रस्तावित करें।

प्रांतीय संयोजक—प्रांत प्रभारियों से सलाह-मशविरा करने के बाद गोविंद जी प्रांत संयोजक के नाम की घोषणा करें।

राष्ट्रीय कार्यकारिणी—सभी प्रांत प्रमुखों एवं प्रांत प्रभारियों को मिलाकर राष्ट्रीय कार्यकारिणी का गठन किया जाए। राष्ट्रीय स्वाभिमान आंदोलन की यह सर्वोच्च नीति-निर्धारक संस्था होगी। इसकी हर तीसरे महीने बैठक आयोजित की जाए। इसके अलावा राष्ट्रीय संयोजक की इच्छानुसार इसकी कभी भी बैठक बुलाई जा सकेगी।

प्रांतीय कार्यकारिणी एवं जिला कार्यकारिणी—राष्ट्रीय कार्यकारिणी की तर्ज पर प्रांतीय कार्यकारिणी एवं जिला कार्यकारिणियों का गठन किया जाए। संगठन की न्यूनतम इकाई वार्ड लेवल पर हो और इसकी विभिन्न इकाइयाँ विभिन्न चुनावों के आधार पर तैयार की जाएँ।

सदस्य—भारत का कोई भी नागरिक राष्ट्रीय स्वाभिमान आंदोलन का पदाधिकारी बन सकता है, बशर्ते वह निम्न मानदंडों पर खरा उतरता हो—

- वह किसी राजनीतिक दल का सदस्य नहीं है।
- वह आपराधिक मामलों में संलिप्त नहीं है।
- स्थानीय इकाई के अनुसार वह बेदाग छवि का है।

सदस्यता अभियान—राष्ट्रीय स्वाभिमान आंदोलन के विचार एवं कार्ययोजना की जानकारी देते हुए परचे आदि बँटवाए जाएँ और उसके द्वारा लोगों को सदस्य बनने के लिए प्रेरित किया जाए।

सदस्यों एवं पदाधिकारियों के लिए नियम—

- पदाधिकारियों की नियुक्ति दो साल के लिए हो। एक ही पद पर किसी

पदाधिकारी की नियुक्ति तीन बार से अधिक (चाहे एक साथ या अंतराल के साथ) नहीं होनी चाहिए।

- किसी भी पदाधिकारी के लिए राजनीतिक चुनाव लड़ने पर पाबंदी होगी। वह किसी राजनीतिक दल के लिए काम नहीं करेगा।
- यदि कोई पदाधिकारी चुनाव लड़ना चाहता है तो उसके लिए जरूरी होगा कि वह अपने पद/सदस्यता से इस्तीफा दे। इस्तीफा देने के एक साल बाद उसे चुनाव लड़ने की इजाजत दी जाए।

□

परिशिष्ट-3

वे दिन, वे लोग

दीनदयाल जी का उत्तर

एक बार संघ के शिविर में दीनदयालजी आए हुए थे। भोजन के बाद एक स्वयंसेवक उनका हाथ धुलवा रहा था। उस समय उत्तर प्रदेश में चुनावी माहौल था।

स्वयंसेवक ने मौका देखकर उनसे पूछा कि इस चुनाव में आप कितनी सीटें जीतेंगे।

दीनदयालजी ने कहा 425 जीतेंगे।

स्वयंसेवक चकरा गया। 425 तो उत्तर प्रदेश विधान सभा के कुल विधायकों की संख्या है। उसने स्पष्ट करते हुए कहा कि उसका मतलब जनसंघ से है।

इस पर दीनदयालजी ने कहा कि तुमने तो पूछा था अपने कितने जीतेंगे। सो मैंने बता दिया। तुमने यदि पूछा होता कि जनसंघ के कितने जीतेंगे तो मेरा उत्तर कुछ और होता।

गुरुजी : मैं नहीं, तू ही

गुरुजी ने कहा था यदि हम षट्दर्शन की बात भूल जाएँ, किंतु दो बातें याद रखें तो भी हम अपनी संस्कृति का मूल सुरक्षित रख सकते हैं। पहली बात है प्रणव मंत्र की पवित्रता में आस्था और दूसरा यह भाव कि एक ही सत् सभी जड़-चेतन में अनुस्यूत है, गुँथा हुआ है।

कल्याण के संस्कृति अंक में एक बार गुरुजी को लिखने के लिए कहा गया। इस पर उन्होंने एक वाक्य लिखकर भेज दिया था, "मैं नहीं, तू ही।"

दत्तोपंत ठेंगड़ी : संघ और नेहरू

कांग्रेस के वरिष्ठ नेता द्वारका प्रसाद मिश्र ने एक बार दत्तोपंत ठेंगड़ी से पंडित

नेहरू के साथ हुई अपनी बातचीत का उल्लेख किया।

मिश्र जी ने नेहरू जी को उलाहना देते हुए कहा था कि आप तो संघ के बड़े शुभेच्छु हैं।

नेहरू सकपका गए। उन्होंने पूछा, यह क्या कह रहे हो?

मिश्र जी ने कहा, ठीक ही कह रहा हूँ। संघ पर प्रतिबंध लगाकर आपने उनके संगठन को और मजबूत बना दिया। यदि आपको संगठन कमजोर करना होता तो आप संघ के कार्यकर्ताओं को आरामतलब और उनके नेताओं को स्टेटस कांसस बना देते।

दत्तोपंत ठेंगड़ी इस बात को बार-बार बताते थे। उनका कहाना था कि किसी संगठन को नुकसान पहुँचाना हो तो उसके कार्यकर्ताओं को सुविधाकांक्षी बना दो। उनमें हैसियत का गुमान भर दो। ऐसा करनेवाले नेता जनता से कट जाएँगे। 2003 में स्वदेशी जागरण मंच के लोगों को उन्होंने मंत्र दिया था कि स्वस्थ संगठन में स्वस्थ कार्य पद्धति चलेगी और अस्वस्थ संगठन में स्वस्थ संगठन पद्धति की सीमाएँ हैं। कभी-कभी सही बात बेशक और जवाब देह लगे, लेकिन वह उचित है। अनुशासन के नाम पर गलत का समर्थन अनुचित है।

यशवंत राव केलकर : व्यक्तित्व निर्माण

एक बार यशवंतराव ने हमसे पूछा कि हम सभी पुनर्निर्माण के जिस काम में लगे हैं, उसका आधार क्या है?

हम ने तुरंत कहा, व्यक्ति निर्माण।

उन्होंने फिर पूछा कि अच्छा बताओ कि व्यक्ति निर्माण कितना होगा, जितना तुम हो या जितना तुम दिखोगे?

हमने कहा कि जैसे हम हैं, वैसे ही व्यक्ति का निर्माण कर पाएँगे।

इस पर उन्होंने कहा, बिल्कुल ठीक। इसलिए दिखने की चिंता मत करो। वे बार-बार कहते थे : बी ऐंड मेक।

जो व्यक्ति जैसा है, उसे वैसा ही स्वीकार करो और अपने अनुरूप गढ़ो, किसी को छोड़ो नहीं। वे प्राय: अंग्रेजी में कहते थे, There is no metal which does not have a melting point. Only that much heat and temperature is required. अर्थात् किसी भी व्यक्ति को बदला जा सकता है। इसमें बात इतनी

भर है कि बदलने की कोशिश करनेवाला व्यक्ति इसके लिए किस हद तक और किस प्रकार प्रयास करता है।

काम का बढ़ाव देखने के लिए काम का नुकसान होते देखते रहने का धीरज चाहिए।

किसी का स्खलन देखें तो क्षुब्ध, दुःखी या नाराज होने की जरूरत नहीं। तुम यह सोचो कि भगवान् ने कृपा करके तुम्हें ये दृश्य दिखाए हैं। वे मानो चेतावनी दे रहे हैं कि तू तो बहुत सामान्य सा है। अपनी चिंता ज्यादा कर।

प्रेरणा

गोविंदाचार्य ने 1993 में सोशल इंजीनियरिंग के जो प्रयोग किए, उसकी प्रेरणा उन्हें 1989-90 में उमा भारती से हुई बातचीत से मिली थी। एक बार संघ और भाजपा के जन्म और विकास को लेकर बात चल रही थी तो उमा भारती ने कहा था कि "गोविंदजी, संघ का काम शहरों से शुरू हुआ, फिर छोटे-छोटे शहरों में गया और वहाँ से गाँवों तक पहुँचा। इस दौरान कुछ जातियों और वर्गों में संघ की स्वीकार्यता अधिक रही। यह स्वाभाविक ही है। किंतु विचारधारा की सफलता तब है, जब एकात्म मानववाद का संदेश सभी जातियों और वर्गों तक पहुँचे। समाज में ऐसी तमाम जातियाँ और समूह हैं, जो भाजपा से अभी बहुत दूर हैं। ये सभी भाजपा को अपना मानें, इसके लिए जरूरी है कि उनकी जाति और समूह से कुछ नेता भाजपा में प्रमुख स्थिति में दिखें। उनकी प्रसिद्धि हो। इससे एक संदेश जाएगा और उनकी जाति के लोगों को लगेगा कि भाजपा उनकी भी है। लेकिन इसका मतलब यह मत निकालिएगा कि यह सब मैं अपने लिए कह रही हूँ। मैं दुनिया के 50 से अधिक देशों की यात्रा कर चुकी हूँ। पैसा, प्रतिष्ठा और जनता की भीड़ आदि बातों से मैं तृप्त हूँ।"

गोविंद जी अपनी आध्यात्मिकता का श्रेय उमा जी को देते हैं। उनका कहना है कि उमा जी के कारण ही व्रत अनुष्ठान, जप, ध्यान एवं अध्यात्म में उनकी रुचि बढ़ी।

गोविंदाचार्य : भारतीय व्यवस्था का संचालन

भारत का संचालन भगवत सत्ता से होता है। यहाँ धर्मसत्ता सर्वोपरि है। पिछले

सैकड़ों वर्षों की विकृतियों के बावजूद हमारे यहाँ धर्मसत्ता के अधीन रहते हुए समाज सत्ता, समाजसत्ता के अधीन रहते हुए राजसत्ता और राजसत्ता के अधीन रहते हुए अर्थसत्ता द्वारा सभी व्यवस्थाओं का संचालन होता है।

मेरी दृष्टि में संघ का परम वैभव, रामराज्य और प्रकृति केंद्रित विकास, सभी समानार्थी शब्द हैं।

□□□